AMERIKANISCHER SÜDWESTEN

Geschichte, Kultur, Mythos

Arno Heller

MONOGRAPHS

Editorial Board: T. D. Märk
Guest Editors: S. Bahn, G. Grabher

*i*up • *innsbruck* university press

www.uibk.ac.at/iup

Folgenden Sponsoren wird für die finanzielle Unterstützung der Drucklegung gedankt:
- Amerikanische Botschaft, Public Affairs Section, Wien
- Leopold-Franzens-Universität Innsbruck
- Bundesministerium für Bildung, Wissenschaft und Kultur in Wien
- Amt der Tiroler Landesregierung

Impressum:
© 2006 *innsbruck* university press
1. Auflage

Alle Rechte vorbehalten. Jede Verwertung außerhalb der Grenzen des Urheberrechts ist ohne Zustimmung des Autors unzulässig.

innsbruck university press (IUP)
c/o Vizerektorat für Forschung
Leopold-Franzens-Universität Innsbruck
Christoph-Probst-Platz, Innrain 52
A-6020 Innsbruck
www.uibk.ac.at/iup

Buchautor: Arno Heller; www.arnoheller.at; E-Mail: arno.heller@uibk.ac.at
Layout: Bernhard Nicolussi Castellan; Bilderstellung und Grafik: Matthias Heller
Herstellung: SteigerDruck GmbH, Axams

Umschlagbild vorne: Reste von Fort Union, NM (Arno Heller);
Umschlagbild hinten: Navajo-Land (Bernhard Nicolussi Castellan)
Innenklappe vorne: Französische Karte des Südwestens aus dem Jahr 1656; Photo Archives, Museum of New Mexico; hinten: Übersichtskarte, Map Resources

ISBN: 3-901249-91-5

INHALT

	Zu diesem Buch	5
1	**Anasazi**	7
	Synopsis einer versunkenen Kultur	7
	Habitats der Anasazi	11
	Kokopelli: Mythische Kultfigur des Südwestens	23
2	**Pueblos**	29
	Pueblos gestern und heute	29
	Lebensformen	38
	Religiöse Traditionen	42
3	**Spanische Entrada**	48
	Die Expedition des Francisco de Coronado	48
	Das Scheitern des Traumes von Eldorado	54
	Auf den Spuren der spanischen Conquistadores	56
4	**Kolonie Neuspaniens**	64
	Die Tragödie von Acoma und ihr historisches Umfeld	64
	Die franziskanische Mission	71
	Weltliche Macht: Santa Fe	78
	Koloniale Alltagskultur auf einer Hazienda	83
5	**Ankunft der Gringos**	87
	Amerikanische Entdecker und Trapper im Südwesten	87
	Santa Fe Trail	93
	Die militärische Besitzergreifung	99
6	**Vertreibung und Wiederkehr der Navajo**	104
	Mythos und Vorgeschichte	104
	Canyon de Chelly – Zufluchtsort eines geschlagenen Volkes	108
	Verbannung, Heimkehr und Neubeginn	112
	Die Navajo heute	120
7	**Alte indianische Kulturen in Arizona**	123
	Das rätselhafte Verschwinden der Hohokam	123
	Die Hopi	125
	Die Pima und die Jesuitenmission des Pater Kino	131

Inhalt

8	**Die Niederwerfung der Apachen**	141
	Herkunft und nomadische Lebensform	141
	Die Apachenkriege: Von Cochise bis Geronimo	144
	Die Apachen heute	155
9	**Wilder Südwesten**	158
	Die Rancherfehden der Open Range	158
	Billy the Kid: Ikone des Südwestens	162
	Tombstone, Arizona: Geschichte und Mythos einer Stadt	168
10.	**Boomtowns und Geisterstädte**	178
	Geisterstädte in New Mexico	180
	Kupfer-Boomtowns in Arizona	183
	Legendäre Bergbaustädte im südlichen Colorado	186
11	**Konstruktion eines Südwest-Mythos**	192
	Die utopische Künstlerkolonie von Taos	192
	D. H. Lawrence und Georgia O'Keeffe in New Mexico	197
	Schriftsteller, Filmemacher, Hippies: Ausklang eines Experiments	210
12	**Der Südwesten in Literatur und Film**	214
	Die „Wüstenliteratur" der Anglo-Amerikaner	214
	Literatur der Native Americans und Chicanos	224
	Film und populäre Literatur	230
13	**Südwesten heute: Versuch einer Zusammenschau**	238
	Industrialisierung und Urbanisierung	238
	Los Alamos und die Atombombe	243
	Route 66 und ihr populärkultureller Mythos	244

Farbbilderblock	nach 128
Anmerkungen	249
Bildnachweis	264
Register	266
Routenvorschlag	269
Besichtigungsorte	272
Überblickskarte	hintere Umschlagseite

Zu diesem Buch

Auf dem deutschsprachigen Buchmarkt erscheinen in den letzten Jahren gehäuft Publikationen, die die USA als Ganzes aus einer aktuellen europäischen Perspektive erörtern. Die politische, wirtschaftliche und militärische Rolle der USA steht im Mittelpunkt dieser zumeist kritischen Bücher. Angesichts der weltpolitischen Position der Supermacht USA haben diese Gesamtdarstellungen zweifellos ihre Berechtigung, dennoch blenden sie gerade das aus, was für mich dieses Riesenland wesensmäßig ausmacht: die bunte Vielfalt der Regionen und ihrer Bewohner, den Reichtum an regionaler und lokaler Geschichte, Literatur und Kultur. Über dieses andere, differenziertere Amerika wissen Europäer in der Regel wenig. Die paradoxe Situation ist, dass trotz der medialen Informationsflut die USA immer mehr zu einer unverstandenen, von Stereotypen und Vorurteilen überlagerten Nation werden und der Anti-Amerikanismus wächst. Hier möchte dieses Buch als erster Band einer amerikanischen Kulturgeschichte in Regionen ansetzen und einen Beitrag zum transatlantischen Verständnis leisten.

Der amerikanische Südwesten als gemeinsamer Kulturraum der Staaten New Mexico und Arizona sowie der südlichen Teile von Utah und Colorado bietet sich in diesem Zusammenhang in besonderem Maß an. Es ist jener Teil der USA, der auf Europäer schon immer die größte Faszination ausgeübt hat. Aber während sich deren Interesse hauptsächlich auf die großartigen Gebirgs-, Canyon- und Wüstenlandschaften in den Nationalparks richtet und weniger auf kulturhistorische Phänomene, geht dieses Buch einen anderen Weg: Es legt den Schwerpunkt auf geschichtlich und kulturell besonders herausragende und interessante Aspekte, Orte und Landschaften und verbindet persönliche, auf Forschungsaufenthalten und Reisen gesammelte Erfahrungen mit den Ergebnissen der in den USA intensiv betriebenen, jedoch in Europa kaum bekannten Regional- und Lokalforschung. Der thematische Bogen spannt sich in 13 Kapiteln von den frühen Indianerkulturen der Anasazi, Hohokam und Hopi über die Pueblowelt New Mexicos bis zu den Reservationen von heute; von den spanischen Entdeckern, Kolonisten und Missionaren des 16., 17. und 18. Jahrhunderts über die amerikanischen Trapper, Händler, Soldaten und Goldsucher im 19. Jahrhundert bis herauf zum industrialisierten und urbanisierten Sun Belt der Gegenwart. Eine Darstellung der einflussreichen Künstlerkolonie von Taos in den 1920er Jahren mit dem Bemühen berühmter Persönlichkeiten wie D. H. Lawrence, Georgia O'Keeffe, Willa Cather und Mary Austin um die Schaffung eines Südwestmythos und ein Aufriss der Literatur- und Filmgeschichte der Region runden das Buch ab.

Vorwort

Ziel des Buches ist, die Nahaufnahmen von Orten, Landschaften und Geschichte(n), von Kultur, Literatur und Film zu einem differenzierten Gesamtbild zusammenzufügen. Darüber hinaus sollen die zahlreichen Illustrationen und Farbbilder, eingestreute literarische Textzitate, Hinweise auf verwendete Quellen, ein ausführliches Register, ein Routenplan und eine Überblickskarte nicht nur FachwissenschaftlerInnen, sondern allen kulturinteressierten LeserInnen Impulse geben, sich noch intensiver mit dieser faszinierenden amerikanischen Region auseinanderzusetzen.

Ich bedanke mich herzlich bei allen, die mir bei der Erstellung des Buches geholfen haben: Bernhard Nicolussi Castellan für das Layout, meinem Sohn Matthias Heller für Bilderstellung und Grafik und meiner Frau Monika Heller für ihre unermüdliche, kritische Lektüre des Manuskripts.

Innsbruck, im August 2006   Arno Heller

1. Anasazi

Entstehung und Ausbreitung der frühhistorischen Anasazi-Indianer – Vor- und Entwicklungsstufen ihrer Kultur bis zur Blütezeit zwischen 1100 und 1300 n. Chr. – die Abwanderung bis ca. 1300 und ihre Hintergründe – 700 Jahre Vergessenheit und Wiederauffindung durch John Wetherill und andere amerikanische Entdecker im 19. Jahrhundert – Lebensrealität und Religion der Anasazi – die wichtigsten Siedlungsorte: **Mesa Verde, Chaco Canyon, Bandelier National Monument, Navajo National Monument** – indianische Felszeichnungen und ihre Deutung – der Kokopelli als mythische Kultfigur des Südwestens.

Synopsis einer versunkenen Kultur

Wer waren die Anasazi und woher kamen sie? Wie konnten sie in dem relativ kurzen Zeitraum von ein paar Jahrhunderten eine beachtliche Kultur hervorbringen? Warum gaben sie diese bald wieder auf und wohin zogen sie? Die Bezeichnung „Anasazi", die der amerikanische Archäologe Alfred V. Kidder in die Fachterminologie einführte, entstammt der Sprache der Navajo und bedeutet so viel wie „die vorher Dagewesenen" oder „das alte fremde Volk".[1] Die verschiedenen Gruppierungen dieses Volkes errichteten in den Canyons und auf den Hochplateaus des Südwestens von den Ausläufern der Rocky Mountains bis zum Grand Canyon, besonders im Gebiet der „Four Corners" von Utah, Colorado, Arizona und New Mexico zwischen 1000 und 1300 n. Chr. große Gebäudekomplexe oder eindrucksvolle Ensembles von Klippenhäusern (*cliff dwellings*) in den Felswänden der Canyons (s. Abb. 1). Darüber hinaus lebten sie in weit verstreuten Felswohnungen und kleinen Stein- und Lehmbauten in entlegenen Flusstälern. Sie jagten Wildtiere und sammelten Beeren, Nüsse und Wurzeln, ernährten sich aber hauptsächlich von angebauten Feldfrüchten wie Mais, Bohnen und Kürbissen. Sie rodeten, bewässerten und bepflanzten Felder, waren hervorragende Baumeister und geschickte Kunsthandwerker, flochten formvollendete Körbe und stellten Webereien und ästhetisch hochstehende Keramik her. Vor allem aber besaßen sie, wie aus ihren Kivas, Kultgegenständen und Felszeichnungen hervorgeht, eine hochentwickelte Religion.[2]

Die „klassische" Periode der Anasazi war nur von kurzer Dauer; nach einer 200-jährigen kulturellen Blütezeit

Grobgliederung der prähistorischen Indianerkulturen im Südwesten

gaben sie am Ende des 13. Jahrhunderts ihre Siedlungsgebiete innerhalb von nur fünfzig Jahren auf. Ein Klan nach dem anderen verließ den angestammten Wohnsitz, um sich woanders eine neue Bleibe zu suchen. Über die Ursachen dieses Exodus sind sich die Wissenschaftler nicht völlig einig. Der wichtigste Grund dürfte eine lange Dürreperiode gewesen sein, die den vom Ackerbau lebenden Stämmen allmählich die Existenzgrundlage entzog. Untermauert wird diese These von Baumring-Untersuchungen, die zwischen 1276 bis 1299 einen deutlich reduzierten Pflanzenwuchs festgestellt haben.[3] Außerdem lassen die unversehrt zurückgelassenen Häuser, Keramikgefäße und Körbe sowie das weitgehende Fehlen äußerer Gewalteinwirkungen einen geordneten Abzug vermuten. Dagegen spricht, dass sich die Chaco-Kultur schon ein Jahrhundert früher aufzulösen begann und sich andere indianische Stämme kurze Zeit später in der Region niederließen. Tiefgreifende soziale oder religiöse Verwerfungen innerhalb der Anasazi-Gruppierungen oder auch der wachsende Druck durch vordringende nomadische Indianerstämme könnten die Wanderbewegung ebenfalls ausgelöst haben. Möglicherweise sind diese Hypothesen im Zusammenhang zu sehen: Die Dürreperiode und damit die ausgelaugten Felder, der Rückgang des jagbaren Wildes verringerten die Nahrungsressourcen, verschärften den Überlebenskampf und führten so zu Spannungen unter den Klans und Stämmen. Unter dem Druck dieser wachsenden Bedrohung von innen und außen zogen die Anasazi schließlich in fruchtbarere und ruhigere Gebiete nach Westen und Süden, vor allem zum Rio Grande. Sie vermischten sich allmählich mit den dort ansässigen Indianerstämmen und bildeten mit ihnen zusammen die späteren Pueblo-Kulturen heraus. Ihre zurückgelassenen Siedlungen jedoch zerfielen in den nachfolgenden Jahrhunderten in Sonnenhitze, Regen, Schnee und Frost. Die vom Norden zugewanderten athapaskischen Völker der Navajo und Apachen mieden die Behausungen und Kultstätten der „Altvorderen" aus Furcht vor ihren Ahnengeistern. Und die spanischen Eroberer und Kolonisten nahmen von ihnen kaum Notiz.

Es waren anglo-amerikanische Abenteurer, Entdecker, Soldaten oder Cowboys, die an die 700 Jahre später auf die Reste der untergegangenen Welt stießen. So wurde 1849 ein US Armee-Expeditionskorps unter Leutnant James H. Simpson als erste Weiße von Jemez-Indianern in den Chaco Canyon geführt. Simpson, ein Vermessungsingenieur in militärischen Diensten und sein Illustrator und Kartograph Richard Kern waren zutiefst beeindruckt von den mächtigen, reich gegliederten und hervorragend gebauten Gebäudekomplexen, die sie vorfanden.[4] Sie erkannten, dass diese den zeitgenössischen Indianer-Kulturen weit überlegen waren, wussten jedoch nicht, dass die Großbauten des Chaco Canyon die Endphase einer jahrhundertelangen Siedlungsgeschichte bildeten. 40 Jahre später stieß Richard Wetherill, Cowboy, Rancher und Trader, in den Felswänden des Grand Gulch in Utah auf gut erhaltene Cliff Dwellings. Die Körbe, Keramikgefäße und Werkzeuge, die er in den Behausungen vorfand, sowie die kryptischen Felszeichnungen an den Sandsteinwänden ließen auch ihn auf eine erloschene, hoch entwickelte indianische Kultur schließen. Leider fanden die aufgefundenen Artefakte bald zahlungswillige Käufer, so dass die einsetzende „Topfjagd" (*pot hunting*) viel wertvolles indianisches Kulturgut verschleppte und zerstörte, bevor es überhaupt erfasst werden konnte. Erst als zu Beginn des 20. Jahrhunderts die wissenschaftlich betriebene Archäologie die untergegangene Kultur und ihre Vorstufen systematisch auszugraben und zu erforschen begann, kam es zu einem gesetzlichen Schutz der aufgefundenen Objekte. Heute sind fast alle größeren Anasazi-Wohnorte geschützte Nationalmonumente oder Nationalparks und werden alljährlich unter den wachsamen Augen der Park-Ranger von tausenden Menschen besucht und bestaunt.

In Wechselwirkung mit der im Norden angrenzenden Fremont-Kultur und den Mogollon- und Hohokam-Kulturen im Süden brauchten die Anasazi ungefähr 700 Jahre – von 400 bis 1100 n. Chr. – um ihre höchste Kulturstufe zu erreichen. Lange vor ihnen hatten indianische Ureinwohner (*Paleo Indians*) in verschwindend geringer Bevölkerungsdichte die riesigen Gebiete des Südwestens besiedelt. Sie waren nomadische Jäger und Sammler, die sich in primitiven, aus Ästen und Zweigen errichteten Unterschlüpfen vor den Einflüssen der Witterung schützten. Sie lebten über 10.000 Jahre ohne erkennbare Veränderungen und die einzigen Spuren, die sie hinterließen, sind Feuerstellen, Tierknochen und Steinwerkzeuge, am berühmtesten die Folsom-, Clovis- und Sandia-Speerspitzen aus gekehltem Stein, die man in den zwanziger und dreißiger Jahren des 20. Jahrhunderts an verschiedenen Orten des Südwestens fand.[5] Die große Leistung dieser Urbevölkerung war, dass sie in einer wenig fruchtbaren Region überlebten, auch als eine klimatische Erwärmungsphase die eiszeitlichen Gewässer und Grasflächen zurückdrängte und Großtiere wie Mammuts und Mastodons zum Verschwinden brachte. Ab ca. 2.000 v. Chr. verbreitete sich vom heutigen Mexiko ausgehend der Anbau von Mais, Bohnen und Kürbissen und das Anlegen von Nahrungsspeichern. Die vormals nomadischen Menschen wurden sesshafter und ihre provisorischen Lagerstätten wichen festen Behausungen: die Kultur der sog. „Korbflechter" (*basketmakers*) war im Entstehen. Richard Wetherill prägte diesen Terminus, als er in den tieferen Schichten der vorgefundenen Anasazi-Wohnstätten geflochtene Körbe, Matten und Sandalen aus einer noch früheren Zeit entdeckte. Sie entstammen der Spätphase der Basketmaker-Kulturen, de-

„Archäologen" gegen Ende des 19. Jahrhunderts am Werk

ren Anfänge im prähistorischen Dunkel liegen. Die Archäologen unterscheiden heute im Südwesten zwischen drei Basketmaker-Perioden von einer undatierbaren Frühzeit bis ca. 700 n. Chr. sowie fünf Pueblo-Perioden von 700 bis heute, wobei die Blütezeit der Anasazi-Kultur in die Phase Pueblo III von 1100 bis 1300 fällt.[6]

Die Korbflechter begannen in ihrer Spätzeit auch Tongefäße zu erzeugen und Erdgrubenhäuser (*pit houses*) zu bauen. Diese bestanden aus ca. 1.50 m tiefen Erdaushebungen, die sie mit Holzpfählen, Querstreben und Erdmaterial überdachten. Auf dem gestampften Lehmboden kochten sie in Keramikgefäßen über einer Feuerstelle, und ihre Mahlsteine und -tröge entwickelten sich im Lauf der Jahrhunderte zu überall verwendeten indianischen Gebrauchsgegenständen. Die Erdgrubenhäuser samt Maisspeicher lagen zumeist auf Anhöhen in der Nähe von Flussläufen und Anbauflächen. Später traten größere Gemeinschaftshäuser mit Wandkonsolen und Trennwänden hinzu, die heute als Vorläufer der Kivas gesehen werden. Der Übergang zur Anasazi-Kultur manifestiert sich vor allem in der zunehmenden Verwendung von Pfeil und Bogen anstelle des archaischen Schleuderspeers (*atlatl*) und in einer ornamentaler werdenden Keramikkunst. Nach ca. 1100 n. Chr. zogen sich die Ansazi von den Mesas in die Canyons zurück, wo sie ihre typischen Klippenhaussiedlungen anlegten. Ob der Grund für diese Veränderung ein stärkeres Sicherheits- und Verteidigungsbedürfnis war, oder ob sie ein drastischer Klimawandel dazu zwang, bleibt Gegenstand von Vermutungen. Die neuen Großanlagen fügten sich jedenfalls in die Felshöhlungen so ein, dass sie in der Sommerhitze im Schatten lagen, während im Winter die schräg einfallenden Sonnenstrahlen Wärme und Licht spendeten. Darüber hinaus boten die mehrstöckigen, nur mit Leitern erklimmbaren Häuser und Türme, die hoch gelegenen Vorratskammern und Fluchtwege gute Verteidigungsmöglichkeiten gegen Feinde von außen.

Dass das Leben der Anasazi alles andere als idyllisch war, ergibt sich aus den medizinischen Untersuchungen aufgefundener Skelette. So hinterließ die schwere Feldarbeit in gebeugter Haltung bei den Männern deutliche Abnützungen des Stützapparates, während bei den kornmahlenden Frauen Kniedeformationen auftraten. Die Einmischung von Sandkörnern beim Mahlen des Maismehls zerstörte die dentale Schmelzschicht und verursachte Karies, Zahnabszesse und Kieferinfektionen. Die einseitige, fast nur pflanzliche Ernährung führte zu Osteoporose und anderen Mangelkrankheiten, und das Hausen in den zugigen und feuchten Felshöhlen während der Wintermonate verursachte rheumatischen Erkrankungen.[7] Es verwundert nicht, dass die mittlere Lebenserwartung der Anasazi 33 Jahre war und die Kindersterblichkeit bei 50 Prozent lag. Das Gefühl des Ausgeliefertseins an eine allgegenwärtige, übermächtige, nicht immer freundliche Natur in einer klimatisch rauen Wüstenlandschaft schlug sich in den religiösen Bräuchen und Ritualen der Anasazi nieder. Die Aufrechterhaltung der lebensspendenden Kräfte der Natur – Sonne, Regen, Pflanzen, Tiere – die Abwehr böser Geister und die Besänftigung zürnender Naturgottheiten – Donner, Blitz, Dürre – waren den Menschen ein ständiges Bedürfnis, das in Gebeten, Zeremonien, Opfergaben und Amuletten seinen Ausdruck fand. Das gesamte religiöse Bestreben der Anasazi war darauf gerichtet, die als numinos erfahrenen Kräfte der Natur positiv zu beeinflussen, sie in Balance zu halten, um damit das Überleben des Stammes zu sichern.

Da es keine schriftlichen Überlieferungen gibt, muss alles, was wir über die religiösen Vorstellungen und Gebräuche der Anasazi wissen, aus aufgefundenen Artefakten, Kivas, Felszeichnungen und dem Vergleich mit noch bestehenden religiösen Traditionen erschlossen werden. So spielten in ihren Zeremonien der jahreszeitliche Zyklus, die Sommer- und Wintersonnenwende sowie Fruchtbarkeits- und Wiedergeburtsriten eine wichtige Rolle. Die aufgefundenen vogelförmigen Keramikgefäße, die Tabakpfeifen aus Ton oder Stein, die Holzflöten, die zusammengebundenen Vogelfedern, die Farb- und Schmucksteine, die Medizin-Bündel mit ihren Werkzeugen aus Holz, Knochen, Sehnen und Stein – sie alle hatten zeremoniale Funktionen.[8] Da viele der alten religiösen Vorstellungen, Riten und schamanistischen Praktiken in den späteren Pueblokulturen fortlebten, werden sie in Kapitel II, „Pueblos", ausführlich erörtert. Dabei wird sich zeigen, welch tiefe Spuren die Religion, die Lebens- und Wohnformen und das Kunsthandwerk der Anasazi in der Kultur des Südwestens hinterlassen haben.

Habitats der Anasazi

Anasazi

Anasazi
Anasazi,
eingeschmiegt in Felsenklüfte
Korn und Bohnen pflanzend auf kargen Feldern
tiefer und tiefer in Erde versinkend
bis zu den Hüften in Gottheiten
    der Kopf mit Adlerfedern geschmückt
      Knie und Ellenbogen vor Blitzen gebeugt
die Augen voller Pollen
der Geruch von Fledermäusen
der Geschmack von Sandstein
Sandkörner auf der Zunge.
Frauen
gebärend
am Fuß von Leitern in der Dunkelheit
rieselnde Bäche in verborgenen Canyons
unter der kalten Wölbung der Wüste
Mais-Korb   großäugiges
    rotfarbenes Baby
    Fels Lippe Haus,
Anasazi

Gary Snyder[9]

1 Anasazi

Cliff Palace in Mesa Verde

Fährt man im Osten des Colorado-Plateaus durch das breite Montezuma Valley zwischen Cortez und Mancos am steil aufragenden Nordabbruch der San Juan-Berge entlang, käme man nicht auf den Gedanken, dass sich in dieser Wildnis aus Felsen, Schluchten und Wäldern die Ruinenstadt einer untergegangenen Kultur verbirgt. Schon die Spanier im 17. Jahrhundert nannten das Felsplateau „Mesa Verde" – den grünen Tisch –, aber weder ihnen noch den Entdeckern und Trappern des frühen 19. Jahrhunderts kam es in den Sinn, in diese Wildnis einzudringen. So blieben die Cliff-Siedlungen der Anasazi in den Canyons der Mesa Verde über 600 Jahre unentdeckt. Es waren zwei Rancher aus dieser Gegend, Richard Wetherill und sein Schwager Charles Mason, die am 18. Dezember 1888 auf der Suche nach versprengten Rindern als erste Weiße die Riesenhöhle des Cliff Palace erspähten. In dichtem Schneetreiben bahnten sich die Männer zu Pferd einen Weg durch das Unterholz der Canyons, bis sie unvermittelt vor einem jähen Geländeabbruch anhielten. Wetherill stieß einen erstaunten Schrei aus, packte Mason am Arm und zeigte auf eine riesige muschelförmige Höhlung am gegenüberliegenden Mesarand. Dort erblickten sie durch das Schneegestöber die Umrisse einer großen Ansammlung von Klippenhäusern und Türmen. Sie kämpften sich im Schnee zum oberen Canyoneingang durch, ließen dort die Pferde zurück und überwanden die Steilstufe über abgestorbene Baumstämme. Kurz darauf standen sie atemlos und staunend unter dem riesigen Felsalkoven. Die prähistorische Stadt vor ihnen übertraf alles, was sie bis dahin gesehen hatten. Willa Cather hat diesen denkwürdigen Augenblick in ihrem Roman *The Professor's House* festgehalten:

Eine kleine schlafende Stadt aus Stein, eingefügt in eine riesige Höhle in der Felswand lag vor ihnen, regungslos wie eine Skulptur. Alles war harmonisch angeordnet gleich der Komposition eines Künstlers: die grauen kleinen Häuser aus Stein mit ihren Flachdächern, schmalen Fenstern und geraden Mauern waren dicht aneinander und übereinander geschachtelt. In der Mitte der Häusergruppe stand ein runder Turm. Er war wohl proportioniert, über dem Boden etwas breiter und nach oben zulaufend. Das massive Mauerwerk strahlte etwas Symmetrisches und Machtvolles aus. Der Turm glich dem Schlussstein eines Gewölbes, der das Häusergewirr zusammenhielt und diesem eine tiefere Bedeutung gab [...] Der Ort thronte über dem Canyon in der Stille der Ewigkeit. Die fallenden Schneeflocken verliehen ihm eine seltsame Erhabenheit, die schwer in Worte zu fassen ist. Ich begriff sofort, dass ich auf eine entschwundene Zivilisation gestoßen war, die über Jahrhunderte hinweg in dieser unzugänglichen Mesa verborgen lag. Die trockene Luft und die beständige Sonneneinstrahlung hatten diesen Ort, beschützt von Fels, Schlucht und Wüste, vor der Auflösung bewahrt wie die Fliege in einem Bernstein.[10]

Als die beiden Männer einige der Räume betraten, stellten sie fest, dass die ehemaligen Bewohner ihre Behausungen offensichtlich geordnet verlassen und nur das mitgenommen hatten, was sie tragen konnten. Überall lagen, von einer dicken Staubschicht bedeckt, Keramikgefäße, Körbe und andere Gegenstände herum. Von Entdeckerlust gepackt setzten Wetherill und Mason noch am gleichen Nachmittag ihre Erkundungen fort und fanden das Spruce Tree House. Am nächsten Morgen erforschten sie den Rest des Canyons und stießen auf das etwas weiter entfernte Square Tower House. Von Hunger und Kälte erschöpft traten sie schließlich den Rückweg an. Für Richard Wetherill wurden die zwei Dezembertage zum Wendepunkt seines Lebens, das er fortan der Entdeckung und Erforschung der Anasazi-Kulturen widmete.[11] In den darauffolgenden Monaten durchkämmte er allein oder in Begleitung seiner Brüder das gesamte Mesa Verde-Gebiet und stieß dabei auf insgesamt 182 weitere Cliff Dwellings. Er gab ihnen Namen, zeichnete Lagekarten, sammelte archäologische Artefakte und verkaufte sie an Sammler und Museen.

Keramik aus Mesa Verde

Heute ist **Mesa Verde** der eindrucksvollste Anasazi-Nationalpark der USA, wo Landschaft und Geschichte zu einer harmonischen Einheit verschmelzen.[12] Man erreicht den 1906 eröffneten Nationalpark über Mancos auf einer 15 km langen, 600 Höhenmeter überwindenden Straße. Vom höchsten Punkt des Parks nahe der Far View Lodge schweift der Blick über die nach Süden abfallende Mesa mit ihren zerklüfteten Felsrücken, Schluchten und Wäldern bis in die Wüstenebene hinunter, wo der vulkanische Felssporn des Shiprock in den Himmel ragt. Ein Gefühl der Grenzen- und Zeitlosigkeit geht von dieser Landschaft aus und man erahnt etwas von den numinosen Ängsten und Vorstellungen der Anasazi, die in dieser Abgeschiedenheit schon vor acht Jahrhunderten gelebt haben.

Das hervorragend gestaltete Chapin Mesa Museum bietet eine Fülle von Informationen über die Geschichte, das Leben und die religiösen Bräuche der Mesa Verde-Anasazi. In anschaulich gestalteten Dioramen, Schautafeln und Modellen wird dem Besucher die kulturelle Entwicklung von den Anfängen bis zur klassischen Blütezeit vor Augen geführt. Glasvitrinen mit archäologischen Gegenständen – Keramik, Werkzeuge, Korbwaren, Kleidungsstücke – zeigen ihre Alltagskultur und illustrieren ihren hohen Kulturstand. Vor allem die in schwarzer Farbe auf weißem Grund aufgetragenen geometrischen Muster der Keramik zeugen von einem erstaunlich hochentwickelten ästhetischen Formbewusstsein. Auf den beiden Rundfahrt-Schleifen durch den Park eröffnen sich nicht nur herrliche Tiefblicke in die umliegende Canyonlandschaft, sondern man durchfährt auch die verschiedenen Entwicklungsstufen der Mesa Verde-Kultur von den frühen Erdgrubenhäusern über ein Pueblo auf der Mesaoberfläche bis zum mysteriösen „Sonnentempel", der vermutlich astronomischen Beobachtungen gedient hat. Beim gut erhaltenen Spruce Tree House und dem burgartigen Square Tower House erhält man erste Eindrücke von den kompakten Anasazi-Wohnanlagen mit ihren vielen an- und übereinandergefügten winzigen Wohnkuben für die nur 1. 60 m großen Bewohner. Den absoluten Höhepunkt bildet der Besuch des „Cliff Palace" in der von hohen Ponderosa-Kiefern eingerahmten 100 m langen und 60 m hohen Felshöhlung. Der Ethnologe Jesse Fewkes hat 1909 die von Mauerwerk und Geröll halb verschüttete Siedlung ausgegraben und restauriert.[13] Mit seinen über 200 Räumen und 23 Kivas bot sie im 12. Jahrhundert Unterkunft für etwa 250 Menschen. Im Lauf der Zeit führte der wachsende Wohnbedarf der Familienklans zur Hinzufügung weiterer Räume, so dass allmählich eine große komplexe Baustruktur entstand. Die Mauern bestehen aus gleichmäßig behauenen, quaderförmigen Steinen, die mit wenig Mörtel verfugt waren. Sie müssen in relativer Eile gebaut worden sein, denn sie erreichen bei weitem nicht die Bauqualität der Großhäuser des Chaco Canyon. Das gesamte Mauerwerk war ursprünglich mit einer rötlich-gelben Putzschicht überzogen, was dem Ganzen einen einheitlichen Gesamteindruck gegeben haben muss. In einem der Wohntürme erblickt man durch eine Türöffnung die Reste der hölzernen Deckenbalken und des geometrischen Dekors an den lehmverputzten Wänden. Die verschiedenen Stockwerke und Flachdächer konnten über hochziehbare Leitern bestiegen werden. Mit einiger Phantasie kann man sich das emsige Auf und Ab in diesem menschlichen Ameisenbau vorstellen. Es muss eine buntes, dicht gedrängtes Gewimmel gewesen sein. Zum Mesarand hinauf gelangten die Bewohner durch enge Treppenschlüffe auf Trittsteigen, und ganz oben unter dem Felsdach lag eine langgezogene Speicheranlage. Wo heute Vögel ein- und ausfliegen, wurden damals große Mengen von Nahrungsvorräten kühl und vor Tieren und feindlichen Zugriffen geschützt eingelagert. In der Sommerhitze muss die im Schatten liegende Wohnanlage sehr angenehm gewesen sein und tagsüber bevölkerten vor allem Frauen und Kinder die Vorplätze, Terrassen und Plattformen. Während die Männer der Feldarbeit oder der Jagd nachgingen, mahlten die Frauen am Boden kniend das Maismehl, flochten Körbe und Matten, töpferten Keramikgefäße und bereiteten das Essen zu. Das nötige Wasser brachten sie von einer nahen

Anasazi-Alltag

Quelle in auf dem Kopf getragenen Krügen. Zwischen den Häusern spielten die Kinder und tummelten sich die Truthähne und Hunde, die einzigen Haustiere der Anasazi. Die stark verrußten Wände im hinteren Bereich der Felshöhlung weisen darauf hin, dass im Winter große Mengen von Holz verheizt wurden, und auch in den Schlaf- und Wohnräumen lassen sich Feuerstellen nachweisen. Da es keine Rauchabzüge oder Kamine gab, muss die Qualmentwicklung beträchtlich gewesen sein. Über die Funktion des großen runden Turmes in der Mitte der Anlage haben die Archäologen viel herumgerätselt. Architektonisch bildet er den beherrschenden Mittelpunkt, an den sich die anderen Gebäude anlehnen. Die Tatsache, dass sich direkt vor dem Turm eine große unterirdische Kiva befindet, in der vermutlich die Stammes- und Klanversammlungen stattfanden, lässt auf eine Verteidigungsfunktion schließen. Dafür spricht auch, dass es ursprünglich einen heute verschütteten unterirdischen Verbindungsgang zwischen dem Turm und der Kiva gab. Der Schluss liegt nahe, dass der Wunsch nach größerer Sicherheit zu dieser defensiven Bauanlage führte. Als Vergleich bieten sich die burgartigen Turmbauten im nahen Hovenweep National Monument an, die die Quellen und Wasserläufe eines fruchtbaren Canyons inmitten der umliegenden Wüste beschützten.

Die 23 Kivas der verschiedenen Klans sind kreisrund angelegt, und man erreicht ihre Innenräume jeweils über eine Leiter durch die Einstiegsöffnung in der Decke. In der Umfassungsmauer führte ein Lüftungsschacht Frischluft von außen, abgeblendet durch eine kleine Deflektormauer, zur zentralen Feuerstelle. Das schwere, mit Erde bedeckte Balkendach ruhte auf mehreren Steinsäulen, und an den Seitenwänden dienten Mauernischen zur Aufbewahrung der zeremonialen Gewänder und Kultgegenstände. Das „Sipapu", ein kreisrundes Loch als Ein- und Ausstieg für die Ahnengeister, bildete den sakralen Mittelpunkt der Kiva. Die Verstorbenen wurden in Yucca-Matten oder Decken aus Truthahnfedern in den nahen Abfallgruben unterhalb der Hausanlage beigesetzt. Offensichtlich empfanden die Anasazi dies nicht als Entwürdigung, denn die Seelen, so glaubten sie, verlassen nach dem Tod die Körper auf dem Weg ins Jenseits der Ahnengeister, während die physischen Überreste als leere Hülle zurückbleiben. Die Müllhalden erwiesen sich übrigens als wahre Fundgruben für Archäologen. Unter Massen von vertrockneten Maiskolbenresten, Knochen und anderem Abfall fanden sich große Mengen von Keramikscherben, Sandalen, Kleidungsstücken und Gebrauchsgegenständen aller Art.

Es gibt in Mesa Verde noch viele andere Klippenhäuser, etwa das vom norwegischen Archäologen Gustav Nordenskiöld ausgegrabene mächtige Long House mit seinen 150 Räumen und 20 Kivas.[14] Es ist die zweitgrößte Gebäudeanlage in Mesa Verde, aber weniger gut erhalten als der Cliff Palace. Ein Erlebnis besonderer Art bietet die luftige Felsenfestung des Balcony House im Soda Canyon, das man über steile Holzleitern und Trittstufen erreicht. Der atemberaubende Blick über die Brüstungsmauer in die senkrechten Felswände lohnt die Mühe. Eine Wanderung in den Navajo Canyon schließlich führt an herrlichen Aussichtspunkten und bunten Kakteenblüten vorbei zum Petroglyph Point, wo man die besterhaltenen Felszeichnungen von Mesa Verde bewundern kann. Die Darstellung eines spiralförmigen Sipapu, skurrile Kachina-Figuren sowie verschiedene Klan-Symbole in Form von Adlern, Bergschafen, Papageien, Löwen und Eidechsen lassen etwas von der religiösen Vielfalt und Lebendigkeit der Anasazi erahnen. Wenn man unter diesem Eindruck am späten Nachmittag zu dem in der Abendsonne golden leuchtenden Cliff Palace zurückkehrt, verbinden sich Natur- und Kulturerlebnis zu einem wunderbaren Ganzen.

Landschaftlich weniger spektakulär als Mesa Verde aber unverzichtbar für ein umfassendes Verständnis der Anasazi-Kultur ist ein Besuch des **Chaco Canyon**. Die 28 Meilen lange Anfahrt vom Nageezi Trading Post führt durch eine menschenleere, baum- und strauchlose Wüstenebene. Bei der Ankunft im Tal des Chaco Wash mit seinem ausgetrockneten Flussbett und den 100 bis 200 Meter hohen Randfelsen aus gelbem Sandstein kann man sich zunächst nicht vorstellen, dass sich hier vor 800 Jahren eine Großsiedlung mit über 10.000 Bewohnern befand. Das karge Land, die geringen Niederschlagsmengen, die brütende Sommerhitze und die eiskalten Winter müssen für die Menschen eine große Herausforderung gewesen sein. Allerdings, so vermuten die Archäologen, war das Land in der Anasazi-Zeit fruchtbarer und wasserreicher als heute. Die Reste zahlreicher Bewässerungsgräben im Talbecken lassen darauf schließen, dass Mais, Bohnen und Kürbisse großflächig angebaut wurden. Zahlreiche Knochenfunde von Antilopen, Bergschafen, Rehen, Bären und Berglöwen verweisen zudem auf einen damals großen Wildbestand. Der Jahrhunderte lange Raubbau an den ursprünglich vorhandenen Wäldern und die Erschöpfung des Bodens durch landwirtschaftliche Überstrapazierung und Dürreperioden haben auch hier längerfristig zum Zusammenbruch des Ökosystems geführt.

Dass der Chaco Canyon darüber hinaus auch ein wichtiges Handelszentrum gewesen sein muss, lassen die in alle Himmelsrichtungen hinausgehenden Verkehrswege vermuten.[15] Die Chaco-Kultur lag inmitten eines 400 Meilen umfassenden Netzwerks von Straßen, die eine Verbindung nicht nur zu den umliegenden Anasazi-Siedlungen, sondern bis ins nördliche Mexiko herstellten. Die ungewöhnliche Breite dieser Straßen und ihr solider Ausbau gibt jedoch den Archäologen Rätsel auf. Da es weder das Rad noch größere Tragtiere gab und alle Lasten zu Fuß transportiert wurden, müssen die Straßen noch eine andere, möglicherweise religiöse Funktion gehabt haben. Der Chaco Canyon, so nehmen heute viele Archäologen an, war auch ein wichtiges religiöses Zentrum, das Besucher und Pilger von weit her anzog. Der Aufstieg der Chaco-Kultur vollzog sich über 300 Jahre von ca. 850 bis 1150 n. Chr. und erreichte seinen Höhepunkt schon um ca. 1100, also wesentlich früher als in Mesa Verde. Bei den Grabungen stieß man auf zahllose archäologische Funde, die eine ungewöhnlich hoch entwickelte Handwerkskunst belegen. Vor allem die Herstellung von ornamentierter Keramik und Türkisschmuck erreichte hier ihre höchste Vollendung. Daneben fanden sich auch Gegenstände wie Kupferglocken, Papageienfedern und Triton-Muschelhörner, die auf einen regen Warentausch mit den Tolteken in Mexiko schließen lassen.

Die Baukunst der Anasazi erreichte in den „Great Houses" des Chaco Canyon einen absoluten Höhepunkt und übertraf an Qualität alle anderen präkolumbianischen Bauten in Nordamerika.[16] Die Baustrukturen basieren, wie aus den geometrischen Grundrissen hervorgeht, nicht auf einem bedarfsorientierten Wachstumsprozess wie in Mesa Verde, sondern auf einem architektonisch durchdachten Gesamtentwurf. So ist das Pueblo Bonito ein riesiges halbmondförmiges Gebilde, in das sich die Plazas und Gebäudeteile mit ihren über 600 Räumen harmonisch einfügen. Das Mauerwerk ist ästhetisch anspruchsvoll aus verschiedenfarbigen größeren und kleineren sorgfältig bearbeiteten Steinen gestaltet und vermittelt einen fast mosaikartigen Gesamteindruck. Erstaunlich ist, dass die Mauern trotz ihrer formvollendeten Ausführung zur Zeit ihrer Errichtung mit einer Lehmschicht und aufgemalten Farbbändern bedeckt waren. 800 Jahre lang lagen diese imponierenden Kulturbauten inmitten eines abgeschiedenen Wüstengebietes in prähistorischem Dunkel. Die Navajo, die ab dem 14. Jahrhundert in das Gebiet einwanderten, und die benachbarten Jemez-Indianer kannten die verfallenen Wohnanlagen und Kultstätten des „alten Volkes", rührten diese jedoch nicht an. Sie betrachteten sie als heilige Orte, die für sie

Kunstvolle Mauern im Chaco Canyon

tabu waren. In den 40er Jahren des 19. Jahrhunderts durchstreifte ein Angehöriger des Jemez Pueblo das Gebiet und gab den Ruinenkomplexen jene spanischen Namen, die sie bis heute tragen. 1849 fungierte er als Guide der schon erwähnten, von Leutnant James H. Simpson geführten militärischen Expedition. Dieser erstellte die erste Lagekarte des Chaco Canyon, gab erstaunlich präzise Beschreibungen der archäologischen Stätten und sein Zeichner Richard Kern fertigte Darstellungen der Great Houses an.

Es waren Informationen dieser Art, die Richard Wetherill im Jahr 1895 dazu veranlasst haben mögen, mit seiner jungen Frau Marietta für zwei Monate in den Chaco Canyon zu ziehen. Mit sieben Maultieren, drei Reitpferden und einem mit Wasser und Proviant vollgepackten Planwagen durchquerten sie von Farmington aus in sechs Tagen die Wüste und schlugen unter der nördlichen Umfassungsmauer des Pueblo Bonito ihr Lager auf. Auf einem alten Trittsteig erkletterte Wetherill die Mesa-Randfelsen und überschaute erstmals aus der Vogelperspektive den halbkreisförmigen Gesamtkomplex von Pueblo Bonito. Zu seinem Erstaunen übertraf er an Größe und Formvollendung alle anderen Anasazi-Bauten, die er gesehen hatte, einschließlich Mesa Verde. Welche archäologischen Schätze, so muss er sich gefragt haben, mochten unter

Pueblo Bonito vom Canyonrand gesehen

Rekonstruktionszeichnung von Pueblo Bonito (1877)

den zerfallenen Mauermassen verborgen sein? Der Wunsch, das Geheimnis der Anasazi-Stadt zu lüften, ließ Wetherill zeitlebens nicht mehr los. Schon im darauffolgenden Jahr beteiligte er sich an der von ihm angeregten, vom American Museum of National History in New York finanzierten Hyde Exploring Expedition. Diese erforschte zuerst das Pueblo Bonito, legte 190 der insgesamt 600 Räume sowie 8 Grabkammern mit über 100 Skeletten frei, vermaß und fotografierte alle Objekte und legte genaue Lagezeichnungen an. In weiteren Grabungsperioden wurden andere „Great Houses" wie Chetro Ketl, Pueblo del Arroyo und Casa Rinconada ausgegraben.

Während dieser Grabungen nahm Wetherill Kontakte mit den im Canyon lebenden Navajo auf, baute 1897 ein festes Haus mit einem Trading Post und versuchte eine staatliche Homestead-Bewilligung zu erlangen.[17] Aber ab 1900 gerieten er und das Hyde Unternehmen zunehmend in die Schusslinie öffentlicher Kritik. Man warf ihnen die kommerzielle Ausbeutung der Ausgrabungen sowie der indianischen Bevölkerung vor. Da es damals in den USA noch keine gesetzliche Regelung für archäologische Entdeckungen gab, wurde der Ruf nach öffentlicher Kontrolle immer lauter. 1902 wurden die Grabungarbeiten gestoppt, und Wetherill musste auf die Nutzung der archäologischen Stätten verzichten, um sein Wohnrecht im Chaco Canyon zu behalten. 1910 wurde er nach einem Zwist über ein gestohlenes Pony von einem Navajo aus dem Hinterhalt erschossen. Sein schlichtes Grab am Rand des Weges zum Pueblo Bonito erinnert bis heute an ihn. Im Jahr 1906 verabschiedete der Kongress den von Präsident Theodore Roosevelt eingebrachten Antiquities Act zum Schutz prähistorischer Stätten. 1907 wurde der Chaco Canyon zum Nationalpark erhoben, aber erst 1921 nahm ein bundesstaatlich autorisiertes Archäologenteam unter der Leitung von Neil M. Judd die Grabungen wieder auf. Judd wandte die damals neuesten wissenschaftlichen Methoden der Erdschichtenanalyse, der Baumring-Messung und später der Radiocarbon-Datierung an und kam zu ganz neuen Erkenntnissen.

Den absoluten Höhepunkt eines Besuches im Chaco Canyon bildet die Besichtigung des Pueblo Bonito. Mit seiner geometrisch strengen Halbkreisform, seinen ursprünglich fünf Stockwerken, 600 Räumen und 40 Kivas ist es der größte und am vollständigsten ausgegrabene Gebäudekomplex des Nationalparks. Frühe Baustufen konnten bis ins 8. Jahrhundert zurückverfolgt werden, aber die wichtigste Entstehungsphase war die Zeit von ca. 850 bis 1080. Das letzte im Pueblo Bonito verwendete Bauholz konnte auf das Jahr 1130 datiert werden. Der Großteil der Räume befindet sich im nördlichen Halbrund, an das die zentrale Plaza mit den Kivas anschließt. Im Süden wird das Areal durch eine gerade Mauer begrenzt, an deren Außenseite man große Mülldeponien fand. Die Umfassungsmauern wurden ohne Mörtel errichtet und die Zwischenräume zwischen den Bausteinen mit dünnen Steinplättchen verfugt. Hinter der Außenmauer wurde eine zweite, etwas gröbere Innenmauer hochgezogen und der dazwischenliegende Hohlraum mit Steinmaterial aufgefüllt. Durch die nach oben konisch zulaufende Bauweise entstand eine hohe statische Stabilität, so dass die Mauern mehrere Ebenen von Zwischendecken aus schweren Holzbalken und Füllmaterial tragen konnten. Die Baumstämme dafür wurden von einem 60 Meilen entfernten Waldgebiet herbeigeschafft. Über die Funktion des Gebäudekomplexes haben die Archäologen allerlei Spekulationen angestellt. Heute herrscht die Meinung vor, dass es ein öffentliches Gebäude für zeremonielle Zwecke war und die Wohnräume bei großen Anlässen von mehreren hundert Menschen bewohnt waren. Verschiedene astronomische Markierungen scheinen diese Theorie zu bestätigen.

Bei einem Rundgang gelangt man über die zentrale Plaza zur großen Kiva, die mit ihrem Riesendurchmesser von 15 Metern den eigentlichen Mittelpunkt des Pueblos bildet (s. Abb. 2). An weiteren kleineren Kivas vorbei betritt man schließlich den ehemals mehrstöckigen Wohnbezirk, dessen Zwischenböden weitgehend zusammengefallen sind. Nur an einer Stelle gelangt man durch eine niedrige Türöffnung in einen wunderbar erhaltenen Raum mit einer Deckenkonstruktion aus dem 11. Jahrhundert. Viele Räume wurden bei den Ausgrabungen freigelegt, aber anschließend mit dem Aushubmaterial wieder zugeschüttet. Außer Schlafmatten, Decken und Haken fand sich keine Inneneinrichtung. Wetherill und seine Navajo-Gehilfen stießen jedoch auf große Mengen archäologischer Artefakte: 114 zylindrische Gefäße, 22 Keramikschalen und -krüge, über hundert Türkisketten, 81 Pfeile, hunderte geschnitzte Gebetsstäbchen und Flöten aus Holz sowie mit Türkisen eingelegte steinerne Frosch- und Vogelfiguren. In den Abfallhalden des Pueblo Bonito fand man insgesamt über 150.000 Keramikscherben und 50.000 Artefakte aus Türkis, Stein, Holz oder Knochen. Alle Funde wurden in das American Museum of Natural History nach New York verfrachtet, wo sie bis heute verwahrt werden.[18]

Artefakte aus dem Pueblo Bonito

Auch die anderen Great Houses auf der acht Meilen langen Rundfahrt durch den Nationalpark sind sehenswert. So besticht der Una Vida-Komplex mit seinen ästhetisch anspruchsvollen, fast modern wirkenden Außenmauern. In der dahinter liegenden

Felswand am Canyonrand überrascht ein schönes Ensemble von Felszeichnungen: Sipapu- und Klansymbole, skurrile „Antennenkopf"-Kachinas und stilisierte Bergschafe und Schlangen. Von Chetro Ketl, einer großen Gebäudeanlage mit 500 Räumen und 16 Kivas, genießt man einen weiten Rundblick in die umliegende Landschaft. In den Mauernischen der zentralen Gemeinschaftskiva entdeckte man eine große Zahl von Ketten aus Stein, Türkis und Muscheln. Am Ende der Rundfahrt empfiehlt es sich, von Klin Ketso auf dem uralten Alta Mesa Trail zu den Randklippen des Chaco Canyon hinaufzusteigen und die zwei Meilen zurück in Richtung Pueblo Bonito zu wandern. Aus 200 Metern Höhe eröffnet sich noch einmal die ganze Großartigkeit der Anlage.

Der Frijoles Canyon, der 1916 zum **Bandelier National Monument** erhoben wurde, ist eine andere, ebenfalls eindrucksvolle Anasazi-Wohnstätte unweit von Los Alamos, New Mexico.[19] Der Park wurde erst in den 1930er Jahren durch eine asphaltierte Straße der Öffentlichkeit zugänglich gemacht und begeistert durch seine schöne Lage. Der üppige Baumbestand und ein dahinplätschernder Bach im Talgrund bilden einen bukolischen Kontrast zu den von Tuffsteinhöhlen durchlöcherten seitlich aufragenden Felswänden. Der Canyon wurde erst ab ca. 1300 besiedelt, zu einer Zeit also, als sich die Mesa Verde- und Chaco Canyon-Kulturen bereits aufgelöst hatten. Wahrscheinlich haben abgewanderte Anasazi aus den Dürreregionen in dem fruchtbaren Tal eine neue Heimat gefunden. Neben Mais und Kürbis bauten sie auch Bohnen an, was dem Canyon seinen Namen gab (span. *frijoles* – Bohnen). Die durch Erosion entstandenen Höhlen und Gewölbe im weichen Vulkangestein boten den Zuwanderern natürliche Behausungen, die sie nur erweitern und durch Leitern und Trittsteige zugänglich machen mussten. Im unteren Bereich der Felswand entstand zudem ein 260 m langer Anbau (*Long House*), der mit den darüber liegenden Höhlen einen integrierten Wohnbereich bildete. Dass die luftigen Höhlen tatsächlich bewohnt waren, belegen die vielen Rußreste und geometrischen Wandbemalungen. Einige Generationen später entstand im Talboden ein großer, drei Stockwerke hoher, kreisrunder Pueblo-Bau, dessen Grundmauern und Kivas bis heute existieren. Mit seinen 400 Räumen und seiner großen Plaza war es ein „Great House" nach Art des Chaco Canyon und wurde wahrscheinlich von einer wohlhabenden Oberschicht bewohnt (s. Abb. 3). Besonders beeindruckend ist die 40 Meter hoch liegende Ceremonial Cave am Talschluss, die man über lange steile Leitern erklimmt. Die ausgesetzte und abgelegene Kiva

Hier lebten Anasazi-Familien

muss besonderen, vielleicht geheimen Zeremonien und Zusammenkünften gedient haben. Um ca. 1550 verließen die Bewohner den Canyon aus unbekannten Gründen und zogen in die bis heute bestehenden Pueblos von Cohiti, Santo Domingo und Ildefonso.

Der Name des Bandelier National Monument geht auf den schweiz-amerikanischen Historiker und Schriftsteller Adolph F. Bandelier zurück, der den Canyon als einer der ersten Weißen betrat und erforschte.[20] Er wurde 1840 in Bern geboren und wanderte mit seinen Eltern in die USA aus, wo sie sich in Illinois niederließen. Bandelier übte viele Jahre einen Büroberuf aus und erwarb sich gleichzeitig durch autodidaktische Studien ein umfangreiches ethnologisches Wissen. Durch einen Briefwechsel wurde Lewis Henry Morgan, der damals prominenteste Anthroploge und Indianer-Ethnologe in den USA, auf ihn aufmerksam. Auf seine Empfehlung kam Bandelier im Jahr 1880 in den Südwesten, wo er im Auftrag des Archeological Institute acht Jahre lang die alten Indianerkulturen und Ruinenplätze der Region bereiste und erforschte, darunter besondes intensiv den Frijoles Canyon. Er führte unzählige Gespräche mit den Indianern, vertiefte sich in die vorhandene anthropologische Literatur, sammelte große Mengen von ethnologischem Material und wurde so bis zu seinem Tod im Jahr 1914 zum wichtigsten Wegbereiter der archäologischen Erforschung des Südwestens. Seine umfangreichen Berichte und Aufzeichnungen wurden erst 1966 veröffentlicht. Sein meist gelesenes Werk, der Roman *The Delight Makers* (1890), gehört zu den wenigen gelungenen Versuchen prähistorisches indianisches Leben fiktional zu gestalten.[21] Die genauen Beschreibungen von Sitten, Gebräuchen und religiösen Riten, eingebettet in eine Liebesgeschichte und einen Stammeskonflikt, beruhen auf eigenen Beobachtungen, die Bandelier in seinen Tagebüchern und wissenschaftlichen Berichten aufgezeichnet hatte.

Es ist in diesem knappen Rahmen nicht möglich, einen enzyklopädischen Überblick über die vielen anderen Wohnorte der Anasazi und ihrer Nachbarn im Südwesten zu geben. Das landschaftlich großartige **Hovenweep National Monument** in Utah oder die **Gila Cliff Dwellings** der Mogollon-Kultur im südlichen New Mexico müssten hier ebenso erörtert werden wie die Ruinenorte der Sinagua im Norden Arizonas, etwa das Felsennest von **Montezuma Castle** oder die Hügelsiedlungen von **Tuzigoot** oder **Wupatki**. Nur Betatakin, das spektakuläre Klippenhaus-Ensemble der Kayenta Region soll noch kurz Erwähnung finden. Die in eine riesige Felshöhle hineingebaute Hausanlage ist Teil des heutigen **Navajo National Monument** im nördlichen Arizona. Hier zeigt sich noch einmal, wie sehr die Anasazi bei der Auswahl ihrer Wohnplätze auf Si-

Betatakin Cliff Dwellings im Navajo N.M.

cherheit und Schutz vor Klimaunbillen bedacht waren. Von 1240 bis 1300, also nur zwei Generationen lang, hausten dort ca. 125 Menschen. Bedroht von der zunehmenden Dürre und Bodenerosion gaben sie ihre verstreuten Siedlungen in der Umgebung auf und zogen sich in das Felsengewölbe oberhalb einer wasserführenden Schlucht zurück. In den Abfallhalden, Felsnischen und Grabstätten stießen die Archäologen auf eine erstaunlich hochstehende Keramik, die sich formal von jener im Chaco Canyon und in Mesa Verde unterscheidet. Mit ihren streng geometrischen, in Schwarz und Rot auf braunem Grund gemalten Mustern ist sie als „Kayenta Polychromie" in die Kulturgeschichte der Anasazi eingegangen. Nur die Grabschalen der Mimbres in der Nähe der Gila Cliff Dwellings im Süden übertreffen sie noch an Darstellungssubtilität. Um 1300 gaben die Kayenta-Anasazi ihre letzte Zufluchtstätte auf und ließen sich weiter südlich im Gebiet des Little Colorado nieder. Es wird angenommen, dass die dort ansässigen Hopi ihre hochentwickelte Keramikkunst übernahmen, während die Navajo von den verlassenen Siedlungsgebieten Besitz ergriffen.

Kokopelli: Mythische Kultfigur

Der „klassische" Anasazi-Kokopelli

Die Felszeichnungen in den Felswänden und Canyons der Anasazi-Siedlungsgebiete gehören zu den faszinierendsten und rätselhaftesten Erscheinungen des prähistorischen Südwestens. Sie treten in einer so großen Vielfalt und Variationsbreite von Figuren, Formen und Stilarten auf und verteilen sich über lange Entstehungszeiträume, dass sie nur schwer auf einen gemeinsamen Nenner zu bringen sind. Eine der markantesten, am häufigsten vorkommenden und bis heute in den Pueblo-Kulturen des Südwestens tradierte mythische Figur ist der „Kokopelli". Der Name entstammt der Hopi-Sprache und bedeutete so viel wie „Geistwesen (*kachina*) mit Buckel". Es gibt zahllose Ausgestaltungen des Kokopelli. Am häufigsten erscheint er als Flötenspieler mit einem Höcker am Rücken und einem Kopf mit insektenartigen Fühlern, Hörnern und Federn und gelegentlich mit einem erigierten Penis. Er nimmt alle möglichen stehenden, liegenden, kauernden, sitzenden oder knienden Positionen ein, manchmal im Zusammenhang mit einer Jagdszene, einer Geburt oder einem Liebesakt. Zuweilen tritt er in größeren Gruppierungen auf oder in Verbindung mit Tieren wie Schlangen, Eidechsen, Insekten, Hunden und Vögeln. Um diese Figur kulturgeschichtlich einzuordnen und zu interpretieren, ist ein kurzer Exkurs in das Phänomen indianischer Fels-

1 Anasazi

Gezeichnete Umrisse von Kokopelli-Figuren

zeichnungen und ihrer Erforschung nötig.

Schon die spanischen Eroberer und Kolonisten konnten sich keinen Reim auf die kryptischen und skurrilen Zeichen und Bilder machen und ignorierten sie, und auch die Entdecker, Soldaten und Siedler des 19. Jahrhunderts nahmen von ihnen kaum Notiz. Erste Erwähnungen finden sich in den Expeditionsberichten von James H. Simpson und John W. Powell um 1849 bzw. 1869. Frühe impressionistische Beschreibungs- und Erklärungsversuche, etwa die des Armee-Offiziers Garrick Mallery um 1893, scheiterten an den unüberwindlichen Datierungs-, Zuordnungs- und Deutungsschwierigkeiten. Streng genommen begann erst um die Mitte des 20. Jahrhunderts die systematische Erfassung und wissenschaftliche Erforschung der vorgeschichtlichen Felszeichnungen. Polly Schaafsmas grundlegendes Buch *Indian Rock Art of the Southwest* (1980) ist bis heute die gültigste kulturhistorisch verankerte Darstellung.[22]

Man unterscheidet grundsätzlich zwischen „Petroglyphen" (*petroglyphs*), in den Felsen gemeißelten oder geritzten Felszeichnungen, und „Petrographen" (*petrographs*), mit Erd- und Mineralfarben auf Felsen oder Mauern mit der Hand aufgetragenen Bilder und Zeichen. Die gelegentlich vorgeschlagene Bezeichnung „Bilderschrift" ist irreführend, denn sie impliziert einen zielgerichteten kommunikativen Zweck, der wissenschaftlich nicht bewiesen ist. Andererseits ist auch der Begriff „Felskunst" (*rock art*) nur teilweise zutreffend, denn bei den Felszeichnungen handelt es sich zumeist um ästhetisch anspruchslose Darstellungen, die mit dem heutigen Kunstbegriff wenig zu tun haben. Moderne Vorstellungen von künstlerischer Individualität, Originalität und ästhetischer Komposition sind hier fehl am Platz. Selbst der Begriff „Kunsthandwerk" ist unpräzise, denn im Vergleich zu der von Frauen bemalten Keramik waren die männlichen Felszeichner Amateure ohne technische oder gestalterische Perfektion. Entgegen manchen modernistischen

Ein „Felszeichner" am Werk

Deutungseskapaden sind die Felszeichnungen der Anasazi nicht minimalistische Reduktionen komplexer Realität, sondern rudimentäre Versuche, religiöse und magische Motive zweidimensional darzustellen. Die vorwiegend schamanistischen Vorstellungen waren von kulturellen und religiösen Traditionen so stark geprägt, dass sich die prähistorischen Erschaffer weder reflektorisch noch individuell-künstlerisch über sie erheben konnten.

Über den Vergleich wiederkehrender Gestaltungsmuster innerhalb geographisch lokalisierbarer Räume hat die Wissenschaft verschiedene „Stile" herausgearbeitet und gewissen kulturellen Gruppierungen zugeordnet. So spricht man heute vom Fremont-Stil im Gebiet des heutigen Utah mit seinen markanten breitschultrigen und rundköpfigen Figuren und vom San Juan-Stil im östlichen Utah und in Colorado mit trapezoiden Körpern, Halsketten und insektenartigen Köpfen. Zuordnungen dieser Art bleiben jedoch problematisch, da sich in den ermittelten Regionen auf Grund zeitlicher Überlappungen auch andere Stilarten finden, die nicht ins Schema passen. Der Umstand, dass der Südwesten über Jahrtausende hinweg von Menschen in vielen verschiedenen Gruppierungen bewohnt war und es zu kulturellen Wanderbewegungen und gegenseitigen Beeinflussungen kam, hat zu komplizierten Untergliederungen auch der Anasazi-Kulturen geführt, auf die hier nicht näher eingegangen werden kann. Eine absolute zeitliche Datierung und damit eine exakte kulturelle Zuordnung erwiesen sich ohnehin als undurchführbar. Da im Gegensatz zu den Artefakten aus organischen Materialien wie Holz, Knochen oder Leder bei Felszeichnungen keine Carbonanalyse angewendet werden kann, sind nur relative Datierungen möglich. Sie basieren auf dem Umstand, dass die Felsflächen eine durch Witterungseinflüsse entstandene Patinaschicht aufweisen. Eingeritzte Felszeichnungen verletzten diese und legten den darunter liegenden Fels in Form hell-dunkler Farbunterschiede frei. Im Lauf der Zeit bildete sich die Patinaschicht nach, so dass man heute auf Grund der verschiedenen Helligkeitsgrade der bearbeiteten Stellen Rückschlüsse auf ihr relatives Alter ziehen kann. Das einzig wirklich Gesicherte, das sich letztlich über prähistorische Felszeichnungen sagen lässt, ist der Ort und die Zeitabfolge ihrer Entstehung sowie die Art und Weise ihrer graphischen Gestaltung. Sie dienten außerdem nicht vordergründigen Mitteilungs- und Informationszwecken, sondern waren auf Dauerhaftigkeit und Allgemeingültigkeit ausgerichtet. Felszeichner wollten nicht irgendwelche Botschaften oder ästhetische Gestaltungen der Nachwelt hinterlassen, sondern ein magischen Lebensgefühl zum Ausdruck bringen. Sie kommunizierten nicht mit ihren Zeitgenossen oder Nachfahren, sondern mit den mythischen Mächten und Ahnengeistern, von denen sie sich umgeben glaubten. An manchen Stellen, die man heute fälschlich als „Zeitungsfelsen" (*newspaper rocks*) bezeichnet, kam es zu einer großen Vielfalt von Darstellungen, die zu verschiedenen Zeiten entstanden sind und miteinander in nur loser Verbindung stehen.

Auf der Suche nach inhaltlichen Ordnungskriterien differenziert die Forschung zwischen gegenständlichen, die Realität abbildenden und abstrakten Felszeichnungen. Die gegenständlich stilisierenden Darstellungen gliedern sich in zoomorphe und anthropo-

Newspaper Rock im Canyonlands N.P.

morphe, wobei die Übergänge fließend sind. Die zoomorphen Bilder gestalten Tiere aller Art – am häufigsten variationsreiche Wildschafe, aber auch Antilopen, Bären, Büffel, Koyoten, Schildkröten, Schlangen, Vögel, Echsen und Spinnen. Schwer zu definierende Phantasiewesen erinnern an Drachen, Dinosaurier oder Mammuts und haben zu krausen Spekulationen über deren reale Existenz geführt. In vielen Fällen werden Tierdarstellungen als naturreligiöse Klan-Symbole gedeutet. Bei den anthropomorphen Darstellungen handelt es sich überwiegend um männliche Gestalten, die auf übernatürliche Gottwesen verweisen. Ihre surrealen Figurationen, trapezförmige und ornamentbedeckte Körper, insektenartigen Köpfe und antennenartigen Fühler erinnern an die bis heute im Südwesten existierenden Kachina-Darstellungen. Auch Waffen wie Speere, Wurfspieße, Pfeil und Bogen sind hier zu erwähnen, während Gegenstände aus dem häuslichen Bereich wie Gefäße, Nahrungsmittel oder Bekleidung fehlen. Überhaupt bleiben weiblich-domestikale Elemente gegenüber männlich-kultischen ganz im Hintergrund. Dies mag erklären, warum die indianischen Nachfahren Felszeichnungen als heilige Orte empfinden, denen sie sich mit Scheu und Ehrfurcht nähern. Auch nicht-gegenständliche Darstellungen kommen in großer Vielfalt vor. Sie reichen von einfachen Punktreihen und Linien über geometrische Figuren wie Drei- und Rechtecke, Kreise, Zick-Zack-Linien oder Spiralen bis zu komplexeren Kombinationen. Die Darstellungen haben oft zu spekulativen Deutungen geführt. Man sah in ihnen Wegweiser und Grenzzeichen, astronomische oder kalendarische Markierungen oder interpretierte sie überhaupt als Teile einer komplexen Bilderschrift. Wie die meisten anderen Versuche, die „Inhalte" von Felszeichnungen definitiv festzuschreiben, stießen auch diese Deutungen auf unüberwindliche Grenzen und verloren sich in widersprüchlichen Spekulationen und subjektiven Projektionen.[23] Die Erklärungen der indianischen Nachfahren unterschieden sich übrigens in dieser Hinsicht nur gradmäßig von den nichtindianischen. Im Bemühen, Außenstehenden indianisches Denken zu vermitteln, schießen auch sie häufig über das Ziel hinaus. Dennoch wäre es falsch, das Kind mit dem Bad auszuschütten und auf Deutungen und Interpretationen ganz zu verzichten, denn man kann durchaus allgemeine Schlussfolgerungen aus den Felszeichnungen ziehen. So beziehen sich die meisten von ihnen auf spezifisch männliche Vorstellungs- und Handlungswelten, d. h. auf eine primär kultisch-religiöse, und schamanistische Funktion. Eine enge Naturverbundenheit wird dabei überall sichtbar. Das weitgehende Fehlen von Darstellungen hierarchischer Machtverhältnisse in Form von Herrscherfiguren, Feldherren oder priesterlichen Potentaten lässt auf eine eher klassenlose, auf Gemeinsamkeit ausgerichtete Lebensform schließen. Die Seltenheit der Darstellung kriegerischer Aktivitäten – Kampf, Verletzung oder Tötung – erlaubt außerdem den Rückschluss auf eine friedliche Kultur mit wenig äußeren oder inneren Feinden.

Die relative Unbestimmtheit der Felszeichnungen macht im Grunde ihre Faszination für den heutigen Betrachter aus und beflügelt seine Phantasie und wissenschaftliche Neugier. Vor allem die schillernde, zwischen Mensch und Kachina wechselnde Figur des „Kokopelli" hat zu vielerlei Deutungen angeregt.[24] Die Navajo sehen ihn als einen Fruchtbarkeitsgott und die Pueblos am Rio Grande als fahrenden Sänger oder Schamanen, der mit einem Sack voll Liedern von Dorf zu Dorf zieht. Für die Hopi ist er ein sexueller Schwerenöter, der in seinem Rucksack Decken, Samen und Babies als Geschenke für junge Mädchen mit sich trägt. Die Zuni interpretieren ihn als Regenpriester, der mit seiner Flöte Regenwolken herbeizaubert. Seit jeher ist ja die aus Holz oder Knochen geschnitzte Flöte im Südwesten ein Musikinstrument, das bei der Brautwerbung, beim Maismahlen der Frauen und beim Herbeiwünschen von Regen verwendet wurde. In den südamerikanischen Anden gab es indianische Medizinmänner, die mit Kornsäcken die Stämme besuchten und ihre Ankunft mit Flötenspiel ankündigten. Möglicherweise waren es Gestalten dieser Art, die in prähistorischer Zeit das Mais-Saatgut vom Süden in den Norden brachten. Die Tatsache, dass sich die frühesten Kokopelli-Darstellungen in der südlichen Mogollon-Kultur finden, legt nahe, dass sie sich im Verlauf der Jahrhunderte von Süden nach Norden ausbreiteten. Manche Forscher sehen deshalb in den toltekischen Händlern, die den weiten Weg von Mexiko zu den Anasazi zurücklegten, die Vorläufer des Kokopelli. Sie waren mit einem Pflanzstab ausgestattet, von einem Hund begleitet, und trugen ihre Waren in einer Rückenkraxe oder auch Papageien in einem Vogelkäfig.

Wie aus der Vielfalt der Erscheinungen und Deutungen hervorgeht, kann der Kokopelli zwar als Figur leicht identifiziert werden, ist aber gleichzeitig von einer so proteushaften Unbestimmtheit, dass er sich allen eindeutigen Festlegungen entzieht. Man hat ihn zurecht mit der indianischen Figur des Schwindlers (*trickster*) verglichen, die in der Kultur und Literatur der Native Americans noch heute eine wichtige Rolle spielt. Mit dem Trickster teilt er das humoristische Element, das Chaotische, aber auch die Rolle des Lebens- und Fruchtbarkeitsspenders. Er ist ein gefinkelter, gutmütiger Clown, der in allen möglichen Verkleidungen und Funktionen auftritt. Wie immer man ihn deutet, als Kachina, Schamane, Medizinmann, Zauberer, Regenpriester oder Mädchenverführer, immer besteht eine enge Beziehung zur natürlichen Welt, zu Tieren und Pflanzen, zu Wasser, Fruchtbarkeit, Geburt und Sexualität. In seinen Verwandlungen und diffusen Verkörperungen lässt er sich mit der Gestalt des Pan in der griechischen Mythologie vergleichen. Wie Pan hat der Kokopelli die Jahrhunderte als mythische Kultfigur überlebt und bis heute nichts von seiner Beliebtheit und Volkstümlichkeit eingebüßt. Darüber hinaus lässt seine archaische und magische Vielschichtigkeit etwas von der verflochtenen mythologischen Vorstellungswelt der prähistorischen Indianerkulturen erahnen. Der Kokopelli wird sich in seiner Herkunft und Semantik wohl nie eindeutig festlegen lassen, aber seine große Bedeutung für die Pueblo-Indianer steht außer Frage. Heute ist er im Südwesten zu einer Ikone geworden, die auf Keramikgefäßen, Bechern, T-Shirts, Firmenschildern, Wassertanks oder in der Reklame allgegenwärtig ist. Die Verschmelzung dieser mythischen prähistorischen Figur mit heute gelebter Folklore ist ein herausragendes Phänomen der Südwestkultur geworden.

Kokopelli am Wassertank von Silver City

2. Pueblos

Entstehungsgeschichte und gegenwärtige Situation – **Indian Pueblo Cultural Center** in Albuquerque – **Taos Pueblo** gestern und heute – **Laguna Pueblo** – **Zuni Pueblo** – Lebensformen: Medizin, Architektur, Kunsthandwerk, Nahrung – Sprachen – Religiöse Traditionen und kosmische Weltdeutung – Kiva – Schöpfungsmythen – Zeremonien – Tanzriten – Textausschnitt aus Leslie Marmon Silkos Roman *Ceremony*.

Pueblos gestern und heute

Die indianischen Pueblos (span. *pueblo* – Dorf) New Mexicos können auf eine jahrhundertelange Entwicklung zurückblicken.[1] Ihre Anfänge liegen im Dunkel der Frühgeschichte und erst ab ca. 1000 n. Chr. nehmen sie als konkrete Siedlungsräume Gestalt an. Ethnologen vermuten heute, dass die nach 1300 aus dem Norden zugewanderten Anasazi einen wichtigen Beitrag zu ihrer Entfaltung geleistet haben. Sie mischten sich mit den bodenständigen Stämmen und Klans und vermittelten ihnen religiöse und kulturelle Errungenschaften, etwa die Art ihres Siedlungsbaus, und gaben damit Anstöße zur Herausbildung der späteren Pueblos. Zur Zeit der Ankunft der Spanier um die Mitte des 16. Jahrhunderts gab es im Bereich des heutigen New Mexico ungefähr 90 bewohnte Pueblos mit ca. 35.000 bis 40.000 Menschen. Unter der Kolonialherrschaft verringerte sich diese Zahl durch eingeschleppte Seuchen, kriegerische Auseinandersetzungen und Hungersnöte etwa auf die Hälfte.[2] Durch weitere negative Entwicklungen wie Abwanderungen und Umsiedlungen sind davon heute nur noch 19 übrig, allerdings mit einer fast gleich hohen Gesamteinwohnerzahl. Die anderen, etwa die Salinas Pueblos im Süden oder das Pecos Pueblo im Osten sind zu Ruinenorten verfallen, die man heute als archäologische Ausgrabungsstätten besichtigen kann. An manchen Orten, etwa Jemez oder Acoma, liegen aktive und museale Pueblos nebeneinander und in anderen, etwa in Taos, kommt es zu einer Mischung beider. Die heute noch bewohnten Pueblos bilden eine lange Kette entlang dem Rio Grande-Becken, von Isleta im Süden über Sandia, Santa Ana, Zia, San Felipe, Santo Domingo, San Juan, Cochiti, Tesuque, San Ildefonso bis nach Picuris und Taos im Norden. Acoma und Laguna liegen ca. 60 Meilen westlich von Albuquerque, die Zuni-Reservation an der Westgrenze New New Mexicos und Zia und Jemez am Rand der Jemez Mountains im Nordwesten.[3] Die Pueblos sind selbständige Reservationen mit kollektivem Landbesitz und unterschiedlichen Selbstverwaltungen. Sie sind auf Eigenständigkeit bedacht und nur lose miteinander verbunden, etwa durch das 1965 beschlossene gemeinsame Grundgesetz aller Pueblo-Stämme. Das größte Pueblo ist Zuni mit 9.000 Bewohnern; es folgen Laguna mit 6.000, Acoma mit 4.000, Santo Domingo mit 3.000 und San Juan und Taos mit je 2.000 Menschen, das kleinste ist Picuris mit etwa 200 Bewohnern.[4]

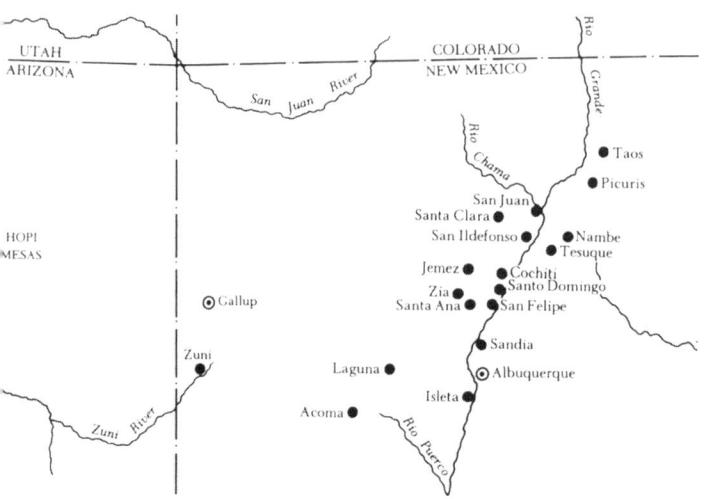

Die heutigen Pueblos

Die althergebrachten Lebensformen und Dorfgemeinschaften der Pueblos sind vielfach noch erstaunlich intakt. Während die hauptsächlich von der Büffeljagd lebenden Prärieindianer durch das Vordringen der Euroamerikaner ihrer Existenzgrundlage beraubt wurden, machte eine über Jahrhunderte betriebene Landwirtschaft, vor allem der Maisanbau, die Pueblos relativ autark. Was ihre Religion anbelangt, so sind zwar die meisten von ihnen offiziell katholische Kirchengemeinden mit Taufen, Trauungen und kirchlichen Beerdigungen, unter der Oberfläche jedoch leben alte religiöse Traditionen, Denkweisen und Bräuche weiter. So wird im Taos Pueblo die alte Kiva noch zu Kultzwecken verwendet und ist für Ortsfremde nicht zugänglich. Die Spannung zwischen „Traditionalisten" und „Progressiven", zwischen der Fortführung überkommenen religiösen Brauchtums und der Öffnung zur modernen amerikanischen Lebensweise hat in manchen Pueblos zu Konflikten, Fraktionsbildungen und Ausgrenzungen geführt. Zudem haben viele interethnische Berührungsebenen wie Mischehen, Schulen, Massenmedien und die Modernisierung der Landwirtschaft die alten Lebensformen erodiert. Die Möglichkeit, auf den Reservationen Spielcasinos zu errichten – insgesamt gibt es heute in den USA 290 Tribal Casinos – hat vielerorts zu zusätzlichem Stammeseinkommen geführt. Die meisten Pueblobewohner haben längst ihre früheren Wohnsitze gegen moderne Bungalows oder Wohnwagensiedlungen mit Strom, Fließwasser und Fernsehen eingetauscht, und der Kleinlastwagen (*pick-up truck*) ist zum allgegenwärtigen Transportmittel für Personen und Güter geworden. Dennoch vermitteln die alten Pueblo-Kulturen noch immer ein starkes Bewusstsein der Verwurzelung in Landschaft, Stammesgemeinschaft, Familie und Brauchtum. In manchen Pueblos ist es sogar zu kulturellen Restaurationsbewegungen gekommen. Besonders die jüngere Generation versucht, die alten Lebensformen und kunsthandwerklichen Traditionen neu zu beleben. Der Tourismus und der Verkauf von Keramik, Silberschmuck oder gewebten Tüchern ist mancherorts zu einem einträglichen Geschäft geworden. Viele Pueblos bieten heute eine große Vielfalt von kunsthandwerklichen Erzeugnissen an, etwa originelle Figuren in Cochiti, schwarze Hochglanzkeramik in San Ildefonso und Santa Clara, polychrome, mit geometrischen Mustern und abstrakten Tiergestalten verzierte Krüge und Schalen in Acoma und Zia oder fein zieselierte Amulette bei den Zuni. Darüber hinaus gibt es eine wachsende Zahl von individuellen Künstlern, die überkommene Formelemente auf moderne Weise weiterentwickeln und dabei oft originelle Wege gehen. Zu den bekanntesten unter ihnen zählt die Keramikkünstlerin Martina Martinez im Pueblo San Ildefonso.

Nicht wegzuleugnen ist jedoch, dass das Leben in den Pueblos nicht besonders harmonisch oder gar idyllisch ist. Alkoholismus und Gewaltverbrechen, Arbeitslosigkeit und Lethargie, eine unzureichende Gesundheitsvorsorge und niedrige Lebenserwartung sind wesentlich weiter verbreitet als außerhalb der Reservationen. Die Armut zwingt viele Bewohner in die umliegenden Städte auszupendeln, um wirtschaftlich überleben zu können. Die Tatsache jedoch, dass immer noch die Mehrheit der indianischen Bevölkerung das Leben im Pueblo dem standardisierten American Way of Life vorzieht, gibt Anlass zur Hoffnung. Leider ist es dem Besucher von außen zumeist nicht möglich, mit den Pueblobewohnern näher in Kontakt zu kommen und informative Gespräche zu führen. Über geheime Traditionen und religiöse Bräuche darf in vielen Fällen überhaupt nicht oder nur mit Erlaubnis des Stammesvorsitzenden gesprochen werden, und manche Pueblos versuchen, durch Fotografier- und Filmverbote oder reduzierte Bewegungsfreiheit die Kommunikation mit Besuchern von außen einzuschränken. Trotzdem sollte man sich nicht abhalten lassen, genau hinzusehen und hinzuhören, zu fragen, Erlebtes auf sich einwirken zu lassen, um sich ein eigenes Bild zu machen.

Da es ist in diesem knappen Rahmen nicht möglich ist, auf alle 19 noch bestehenden Pueblos näher einzugehen, sollen zumindest einige besonders wichtige und für Besucher zugängliche erwähnt werden. Im übrigen empfiehlt es sich, zuerst das Indian Pueblo Cultural Center in **Albuquerque** zu besuchen, um einen umfassenden Überblick über die Pueblo-Kulturen zu gewinnen.[5] Die Kooperation zwischen den Pueblos führte 1976 zur Errichtung dieser einmaligen Institution. Das Zentrum führt dem Besucher die Lebensformen der Pueblos und ihrer Geschichte von den Anfängen bis zur Gegenwart aus indianischer Sicht vor Augen. Neben den musealen Aufgaben verfolgt es darüber hinaus den Zweck, dem kulturellen Leben und dem vielfältigen Kunsthandwerk der Pueblos eine Art Heimstätte zu geben und sie einer breiten nicht-indianischen Öffentlichkeit zugänglich zu machen. Es finden regelmäßig Kunstausstellungen, Film- und Theatervorführungen statt, und ein eigenes Restaurant bietet indianische Speisen an. An den Wochenenden werden außerdem von jeweils verschiedenen Pueblos zeremonielle Tänze veranstaltet, und in den Sommermonaten kann man indianischen Kunsthandwerkern bei ihrer Arbeit zusehen.

Das Museum veranschaulicht das Entstehen und die Entfaltung der Indianerkulturen in New Mexico und beginnt mit den Jägern und Sammlern der Basketmaker-Periode. Eine Reihe von Schaukästen zeigen Grubenhäuser, Kivas, Geräte, Mahlsteine, geflochtene Matten und Körbe aus dieser frühen

Der Innenhof des Indian Pueblo Cultural Center

Epoche. Ein Saal stellt in einer Reihe von großen Schaukästen die einzelnen Pueblos vor: ihre traditionellen Bekleidungsformen, Handwerksobjekte und Kultgegenstände. Ein anderer Schauraum illustriert die Handelsmärkte der nördlichen Pueblos und ihren Warenaustausch mit den Prärie-Indianern. Ein weiteres Thema bildet die Ankunft der Coronado-Expedition um 1540, der Beginn der Kolonialisierung und die Veränderungen der Pueblo-Kulturen unter spanischem Einfluss, etwa durch die Einführung von Metallwerkzeugen oder des bis dahin in Nordamerika unbekannten Pferdes. Das Wirken der franziskanischen Mission macht eine andere Abteilung lebendig, die neben sakral-indianischer Kunst auch eine nachgebaute koloniale Kapelle samt Heiligenfiguren enthält. Mehrere Schaukästen zeigen Waffen, die in der Pueblo-Revolte von 1680 verwendet wurden, die Entstehung des Santa Fe-Trail und die Ankunft der ersten amerikanischen Trapper, Händler und Siedler. Die 1890 als Internat gegründete, längst aufgelöste Indianerschule von Albuquerque, die die Disziplinierung der Schüler und ihre Anpassung an den American Way of Life betrieb, ist ein weiteres kritisches Ausstellungsthema. Noch heute steht diese Schule als Verfallsobjekt am Ortseingang. Das Prunkstück des Museums ist eine von Präsident Lincoln persönlich unterschriebene, mit silbernen Stäben versehene Urkunde aus dem Jahr 1864, die den Pueblos weitgehende Autonomie zusicherte. Eine von der Smithsonian Institution zur Verfügung gestellte historische Fotoausstellung sowie mehrere Video-Präsentationen geben lebendige Einblicke in das Leben der Pueblos. Der letzte Raum der Ausstellung unter dem Titel „Heute" zeigt das Heraufkommen des Tourismus in Neu- Mexiko und die Wiederbelebung des indianischen Kunsthandwerks in den Pueblos. In einem daran anschließenden großen Verkaufsraum wird eine Riesenauswahl indianischer Artefakte wie Kachina-Figuren, Keramiken, Webereien, Lederwaren, Silber- und Türkisschmuck, nach verschiedenen Pueblos geordnet, zur Schau gestellt und zum Kauf angeboten. Eine Kollektion wichtiger Buchpublikationen zur Geschichte und Kultur der Pueblo-Indianer bietet dem Kulturinteressierten die Möglichkeit der Weiterbildung in diesem Bereich.

Taos Pueblo ist das berühmteste und meistbesuchte Pueblo des Südwestens, und seine bewegte Geschichte und Kultur verdienen besondere Beachtung.[6] Seit 1966 ist es ein National Historic Landmark und 1992 wurde es in die Weltkulturerbe-Liste der UNESCO aufgenommen. Es ist das nördlichste und höchstgelegene kontinuierlich besiedelte Pueblo in New Mexico und zeigt wegen seiner Randlage viele Berührungspunkte mit den Plains-Indianern. Seit Jahrhunderten wickelten die Pueblos auf dem jährlich stattfindenden Markt in Taos mit den östlichen Prärie-Stämmen ihre Geschäfte ab, wobei vor allem Büffelfelle und -fleisch gegen Mais, Bohnen, Nüsse, Baumwollstoffe und Töpferwaren getauscht wurden. Historisch tritt das Pueblo erstmals im Jahr 1540 in Erscheinung, als es Hernando de Alvarado, ein Offizier der Coronado-Expedition, auf einer seiner Erkundungsfahrten entdeckte. 1617 entstand am Rande des Pueblos die erste spanische Siedlung mit einer Missionskirche, die jedoch 1631 nach einem blutigen Aufstand und der Ermordung des Missionspriesters wieder aufgelassen wurde. Acht Jahre später führten die Repressalien der spanischen Kolonialherren zu einem zweijährigen Exodus der

Bewohner zu den benachbarten Jicarilla-Apachen. In den Mittelpunkt der historischen Ereignisse rückte Taos während der großen Pueblo-Revolte von 1680.[7] Der indianische Anführer Popé benützte den Ort als Hauptquartier für seine Aktionen gegen die spanischen Haziendas und Missionen. Die Bewohner töteten den Priester und etliche spanische Ortsbewohner und beteiligten sich anschließend an der Belagerung von Santa Fe. Im Gegenzug brannten die Spanier das Pueblo nieder. Während der

Das Nord-Pueblo von Taos

Rückeroberung durch Diego de Vargas im Jahr 1692 flohen die Bewohner in die nahen Berge, und 1696 kamen bei einem weiteren Aufstand fünf spanische Priester und 25 Siedler ums Leben. 150 Jahre später, im Jahr 1847, beteiligte sich das Pueblo am Aufstand gegen Charles Bent, den ersten amerikanischen Gouverneur des Territoriums.[8] Die 1706 errichtete San Geronimo-Kirche, in der sich die Aufständischen verschanzt hatten, wurde von den amerikanischen Truppen in Brand gesetzt. Reste der zerstörten Kirche im alten Pueblo-Friedhof bilden bis heute ein pittoreskes historisches Mahnmal. Der verwahrloste Friedhof mit seinen windschiefen, verwitterten oder auf einen Haufen geworfenen Holzkreuzen lässt erahnen, wie fremd den Bewohnern die christliche Form der Totenbestattung war und noch immer ist.

In den ersten Jahrzehnten des 20. Jahrhunderts kam es zu Auseinandersetzungen mit amerikanischen Zuwanderern und Bodenspekulanten, die es auf das Pueblo-Land abgesehen hatten. Die Eigenständigkeit des Pueblo sollte zerschlagen und der kollektive indianische Landbesitz an Außenstehende veräußert werden. Nur dem entschiedenen Auftreten der

Die Überreste der alten San Geronimo-Kirche mit Friedhof

Pueblos und ihres weißen Parteigängers John Collier im sog. Pueblo-Kreuzzug ist es zu verdanken, dass das Schlimmste verhindert wurde.[9] Aber erst 1970 wurde das von den Indianern als heilig erachtete Blue Lake-Gebiet in den Sangue de Cristo-Bergen nach jahrzehntelangem Rechtsstreit offiziell in den Stammesbesitz zurückgeführt und ist seitdem für Außenstehende nicht mehr zugänglich.[10]

Das Taos Pueblo selbst wird heute von den überkommenen religiösen und kulturellen Traditionen und der gemeinsamen Tiwa-Sprache zusammengehalten. Die Stammesregierung obliegt einem Ältestenrat (*tribal council*) bestehend aus 50 männlichen Stammesangehörigen. Die ausführenden Organe sind der Governor, sein Stellvertreter sowie 20 Beamte. Das Governor's Office ist für die öffentlichen Aufgaben des Pueblos und für die Außenbeziehungen zuständig, während der War Chief das Reservationsgebiet außerhalb des Pueblos verwaltet und für den Fortbestand der traditionellen Stammesbüffelherde verantwortlich ist.[11]

Das Pueblo besteht aus zwei separaten, sich gegenüberliegenden, heute kaum noch bewohnten Gebäudekomplexen südlich und nördlich des Taos-Flusses. Die beiden Ortsteile sind durch eine Holzbrücke und einen Steg miteinander verbunden. Die übereinander gebauten fünf Stockwerke und Terrassen und die voneinander getrennten Familienwohnungen waren ursprünglich nur über Holzleitern erreichbar. Im Erdgeschoß gab es aus Sicherheitsgründen keine Eingänge, und bei Gefahr konnten die Leitern hochgezogen und das Haus von den Wohnterrassen aus verteidigt werden. Die Decken und Dächer bestehen aus Dachbalken und Querhölzern, auf die Erdmaterial aufgeschüttet wurde. Die Außenmauern aus groben Adobeziegeln werden Jahr für Jahr neu mit braunem Lehm verputzt. Die übereinander geschachtelten Kuben mit ihren blau oder grün gestrichenen Türen und kleinen Fensteröffnungen sowie die Plazas und engen Gässchen im Südteil der Anlage erwecken noch immer einen ursprünglichen Eindruck (s. Abb. 4).

Hausverputz im Taos Pueblo

Bis heute gibt es in den Gebäuden weder elektrisches Licht noch fließendes Wasser. Das Trinkwasser wird mit Tonkrügen aus dem Fluss geholt und jede Verunreinigung des am Blue Lake entspringenden Flusses wird streng geahndet. Vor dem Nordhaus stehen noch alte Holzgerüste (*ramadas*), auf denen früher Tierhäute, Felle, Fleischstreifen, Maiskolben, Gemüse und Gewürze an der Sonne getrocknet wurden. Die in den Erdgeschoßen der Häuser untergebrachten ehemaligen Vorratsräume dienen heute größtenteils als Verkaufsläden. Mit dem Verkauf von Kachinas, federgeschmückten Dream Catchers und Gebetsstäben, Trommeln, Keramik- und Webwaren, Silber- und Türkisschmuck hat sich das Pueblo längst von der alten, an Handel wenig interessierten Lebensform entfernt. Auch die Adobe-Backöfen (*hornos*) vor den Häusern erinnern an die Zeiten, als es im Pueblo noch ein intaktes indianisches Alltagsleben gab.

Die weiß getünchte San Geronimo-Kirche am Ortsrand mit ihren braun-weißen Außenmauern und den farbenfrohen Pflanzen- und Tiermalereien im Inneren strahlt eine heitere Lebendigkeit aus. Der indianische Dekor des Altars mit seinen Blumen-

Die neue Kirche San Geromino

blüten und Maisstauden lässt die Madonna wie eine indianische Naturgottheit erscheinen. Die Heiligenfiguren stammen größtenteils aus der alten Missionskirche, und die geschnitzten Deckenbalken und Adobemauern sind dem spanischen Kolonialstil nachempfunden. Auf der großen zentralen Plaza zwischen den Hausanlagen finden in regelmäßigen Abständen die traditionellen Tanzzeremonien statt, die alljährlich tausende Besucher nach Taos locken. Vor allem der Corn Dance an den Festtagen im Juni und Juli sowie das San Geronimo-Fest am 29. September mit dem berühmten Sundown Dance sind zu einer beliebten Touristenattraktion geworden. Der amerikanische Lyriker Robinson Jeffers, der 1930 eine dieser Tanzveranstaltungen besuchte, beendet sein Gedicht „New Mexican Mountain" mit folgender kulturkritischer Betrachtung:

Die Trommel ist voller Selbstvertrauen; sie glaubt, die Welt hat sich nicht verändert; der Herzschlag als einfachster aller Rhythmen. Sie glaubt, die Welt hat sich nicht verändert. Aber sie ist eine Träumerin, ein Herz ohne Hirn. Die Trommel hat keine Augen.

Aber die Touristen haben Augen. Hunderte von ihnen, weiße Amerikaner, folgen begierig dem Tanz, andächtig und ohne zu lachen. Sie sind Pilger aus der Zivilisation, auf eifriger Suche nach Schönheit, Religion und Poesie. Pilger aus dem Vakuum.

Sie sind Bewohner der Großstadt, bestrebt wieder zu Menschen zu werden. Erbärmlich, wie sie andere leer saugen! Die Indianer werden leer gesaugt. Denn zweifellos gab es hier nie genug Religion, Schönheit oder Poesie, um die Amerikaner satt zu machen.

Nur die Trommel ist voller Selbstvertrauen; sie glaubt, die Welt hat sich nicht verändert. Offenbar nur ich selbst, die dröhnende Stammestrommel und der Felsen des Taos-Berges erinnern daran, dass die Zivilisation nur eine vorübergehende Krankheit ist.[12]

Es ist möglicherweise nur mehr eine Frage der Zeit, bis das Pueblo ganz zum Museum geworden ist. Dann wird kein Brot mehr in den Hornos gebacken, die Indianerfrauen tragen keine Brennholzbündel über die steilen Leitern in ihre Behausungen, und die spielenden Indianerkinder verschwinden von der Plaza. Schon jetzt gibt es Erscheinungen, die den Besucher des Pueblos befremden, etwa der hohe Eintrittspreis, die zusätzlich zu zahlende Foto-Erlaubnis für jeden Fotoapparat und jede Video-Kamera. Darüber hinaus machen Beschränkungen und Verbote den Besuch des Pueblo zu einem eher ambivalenten Erlebnis. Eine Diskrepanz zwischen der angepriesenen traditionsträchtigen Spiritualität des Ortes und seiner tatsächlichen Öde und Geschäftemacherei macht sich überall bemerkbar. Schon 1922 muss D. H. Lawrence Ähnliches empfunden haben, als er seine Eindrücke vom Taos Pueblo folgendermaßen zusammenfasste: „Dies ist also das Pueblo, wie es seit langen Zeiten existiert. Das langsame, dunkle Gewebe indianischen Lebens ist immer noch spürbar, wenn auch nur noch brüchig. [...] Ein Gefühl von Dürre, Müdigkeit und Stillstand lastet über ihm. Das Sich-Einlassen auf die indianischen Vibrationen des Ortes erweckt in mir ein Gefühl des Krankseins, als ob man Chlor einatmete." [13]

Ein Besuch des **Laguna Pueblo** am Highway 40 nach Westen lohnt sich vor allem wegen seiner wunderschönen Kirche San José de Laguna aus dem Jahr 1706 (s. Abb. 8 und 9). Sie wird im 4. Kapitel im Zusammenhang mit der franziskanischen Mission erörtert. Der Ort selbst wurde im Jahr 1699 während der spanischen Wiedereroberung von Flüchtlingen aus Cochiti und Santo Domingo gegründet; später kamen mehrere Familien aus Acoma hinzu. Ein Konflikt entbrannte gegen Ende des 19. Jahrhunderts, als sich im Pueblo presbyterianische Missionare niederließen und Indianerfrauen heirateten. Als einer der Missionare im Jahr 1880 die Leitung des Pueblos übernahm, verließen die alteingesessenen, traditionsgebundenen Familien den Ort und zogen samt ihren kultischen Gegenständen und Gewändern nach Isleta.[14] Seitdem ist Laguna ohne religiöse indianische Führung und gilt ironischerweise als eines der progressivsten Pueblos New Mexicos. Während des Zweiten Weltkrieges wurde auf Reservationsgebiet Uran gefunden und abgebaut, was später zu großen Problemen mit radioaktiver Verseuchung führte. Die aus dem Uranabbau gewonnenen Stammeseinkünfte wurde unter anderem auch für Schul- und Universitätsstipendien verwendet. Eine der Nutznießerinnen war die bekannte Indianerschriftstellerin Leslie Marmon Silko, die 1948 als Abkömmling einer mischblütigen Familie im Pueblo geboren wurde und dort aufwuchs. Mittels Stipendien konnte sie die University of New Mexico besuchen, wurde dort Dozentin und machte sich später als freie Schriftstellerin einen großen Namen.

Das **Zuni Pueblo** mit seinen 9.000 Einwohnern ist die größte Indianersiedlung New Mexicos.[15] Sie liegt 25 Meilen südlich von Gallup an der Grenze zu Arizona und gilt als der letzte übriggebliebene Ort jener legendären „sieben Städte von Cibola", die Coronado auf seiner Expedition im Jahr 1540 entdeckte (s. 3. Kap.). In den verstreuten würfelförmigen Lehmziegelhäusern des Ortes entlang der Durchfahrtsstraße fällt es zunächst schwer, das Zentrum im Umkreis der alten Missionskirche zu finden. Sie ist für Besucher nicht betretbar und von einem ummauerten verwahrlosten Friedhof umgeben. Erbaut wurde sie 1705 von spanischen Missionaren, verfiel aber im Lauf der Zeit zur Ruine und wurde erst 1968 restauriert. Der über 150 Jahre lange erbitterte Widerstand der Zuni gegen christliche Missionierungsversuche, die Ermordung mehrerer Missionare, die aktive Teilnahme am Pueblo-Aufstand von 1680, die Repressalien durch die Spanier und die wiederholt erzwungene Flucht auf die nahe Towayalane-Mesa halten, so scheint es, das Interesse der Bewohner am alten Gotteshaus in Grenzen. Intensiver als andere Pueblos pflegen die Zuni hingegen ihr traditionelles religiöses Brauchtum und führen die überkommenen Kultgemeinschaften weiter. 15 matriarchale Klans führen noch immer ihre alten Bezeichnungen wie Bären-, Adler-, Truthahn- oder Sonnen-Klan. Berühmt ist das alljährlich Ende November stattfindende, sich über mehrere Tage hinziehende Shalako-Fest mit seiner dramatischen Inszenierung des Schöpfungsmythos der Zuni und verschiedener Fruchtbarkeits-, Regen- und Initiationszeremonien.[16] Das Fest wird von den Klans sehr ernst genommen, und die Einübung der komplizierten Tanz- und Gesangsrituale nimmt das ganze Jahr in Anspruch. Höhepunkt des Festes ist der Auftritt der sechs Götterboten (*shalakos*) auf hohen Stelzen und mit skurrilen Vogelmasken. Die Tänze dauern die ganze Nacht hindurch bis ins Morgengrauen an und münden schließlich in ein großes Festgelage, zu dem auch auswärtige Besucher Zutritt haben. Angesichts des starken Festhaltens der Zuni am überkommenen kultisch-religiösen Leben enttäuscht das wenig attraktive äußere Erscheinungsbild des Ortes mit seinen staubigen Straßen, Wellblechdächern und TV-Antennen. Wie in anderen Indianerreservationen scheinen auch hier Anspruch und Realität auseinanderzuklaffen. Entschädigt wird man allerdings durch die gediegene Handwerkskunst, die im Geschäft der Stammeskooperative zum Kauf angeboten wird. Durch die Erzeugung von Fetischen und

Shalako-Tanzgruppe im Zuni Pueblo (1899)

Amuletten in Form feiner Einlegearbeiten aus Türkis, Perlmutt und Sterlingsilber hat sich das Pueblo unter Kennern einen Namen gemacht.

In den 1880er Jahren lebte der amerikanische Ethnologe Frank Hamilton Cushing im Auftrag des Bureau of American Ethnology fünf Jahre lang bei den Zuni und erlangte als der „Mann, der zum Indianer wurde" Berühmtheit. Mit Leidenschaft und Zähigkeit verfolgte er das Ziel, in die religiösen Bräuche und Stammeshierarchien der Zuni einzudringen und die Erfahrungen ethnologisch auszuwerten. Er wurde schließlich in die Stammesgemeinschaft aufgenommen, trug indianische Kleidung, lernte die Zuni-Sprache, aß die ortsübliche Nahrung und beteiligte sich an den Kriegszügen gegen die Apachen und Navajo. Cushing gelang es sogar vorübergehend Mitglied einer der geheimen Kultgemeinschaften zu werden, und nur sein Wunsch, aktiv an den Tanzzeremonien teilnehmen zu dürfen, wurde ihm nicht erfüllt. Aus gesundheitlichen Gründen musste er schließlich das Reservat verlassen. In seinen viel beachteten Veröffentlichungen gibt Cushing eindringliche Beschreibungen und Zeichnungen der Mythen, Rituale und Zeremonien der Zuni.[17] Damit verletzte er jedoch das Geheimhaltungsgebot des Stammes, was ihm dieser bis heute nicht verziehen hat. Die strikt ablehnende Haltung des Pueblo gegenüber Einmischungen von außen dürfte auf diese Negativerfahrung zurückgehen.

Lebensformen

Wie sehr die Pueblokulturen von der sie umgebenden Naturlandschaft geprägt sind, zeigt sich an ihren Siedlungsformen und ihrer Architektur.[18] So hat die Landschaft des Südwestens mit ihren gelb-braunen bis roten Farbtönen, den klaren Formen der Wüstenebenen und Mesas in den Bauformen der Pueblos ihren Niederschlag gefunden. Die Anordnung der Häuser fügt sich in die topographischen und ökologischen Gegebenheiten harmonisch ein, und es fehlen herausragende, die Umgebung beherrschende Gebäude. Die gleichförmigen und variablen Wohnformen zeugen von einer relativ hierarchielosen sozialen Ordnung. Die grundsätzliche Gleichwertigkeit aller natürlichen Wesen im religiösen Denken der Pueblos schlug sich auch in einer Gemeinschaftsform nieder, in der Macht und Autorität eine ebenso untergeordnete Rolle spielten wie materieller Besitz. Die Pueblos verfügten über keine strenge hierarchische Struktur, sondern bestanden aus einem losen Verband von Familienklans und Sippen mit der jeweils ältesten Klan-Mutter als Oberhaupt. Die Pueblo-Frauen waren die eigentlichen Inhaber und Hüter des Hauses, das nach matrilinearer Tradition von der Mutter an eine Tochter oder Schwester weitergegeben wurde. Ein angeheirateter Mann zog in das Haus der Familie seiner Frau. Kam es zum Abbruch einer ehelichen Verbindung, dann musste der Mann das Haus verlassen und in den Familienverband der Mutter oder Schwester zurückkehren. Acker- und Weideland waren nicht Privatbesitz, sondern gehörten der Gemeinschaft, wobei ein Ältestenrat die Nutzungsrechte von Grund und Boden an die Familien verteilte. Bekam eine Familie Zuwachs, konnte sie ihre Behausung erweitern, starb eine Familie aus, wurde das Haus aus Furcht vor den Geistern der Verstorbenen aufgelassen. Da Besitz stets im Sinne seiner Nutzung und nicht als Wert an sich verstanden wurde, war ein Handel mit Grund- und Hausbesitz ausgeschlossen. Das Haus gehörte einer Familie, solange sie es bewohnte und ein Stück Land, solange sie dieses bebaute. Dies mag der Grund dafür sein, warum die Pueblos keine ausgeprägten Herrschaftsstrukturen entwickelten. Wurde einem Häuptling in Zeiten äußerer Bedrohung Befehlsgewalt übertragen, so war diese zeitlich begrenzt. Nur das geistliche Oberhaupt, der Kazike, der für das religiöse Leben im Pueblo verantwortlich war, konnte sein Amt auf Dauer ausüben. Er war auch für die innere Disziplin des Gemeinwesens und die Bestrafung von Verstößen zuständig.[19] Außerdem gab es Gruppierungen, die für kriegerische Aktivitäten oder die Einhaltung des mündlich überlieferten Rechtskodex des Stammes zuständig waren. Für medizinische Belange, d. h. für die Abwehr und Heilung von Krankheiten und die Vertreibung böser Geister sorgten die Medizinmänner. Wenn ein Stammesmitglied verunglückte, schwer erkrankte, oder von bösen Geistern befallen wurde, d. h. psychisch gestört war, musste ein Medizinmann in Aktion treten und die rituellen Heilungsprozeduren in Gang setzen. Diese bestanden neben Gebeten, Sandzeichnungen, Geisteraustreibungen oder dem Anbringen von Amuletten auch aus konkreten medizinischen Maßnahmen – dem Schienen gebrochener Glieder, dem Aufschneiden von Geschwüren oder dem Verabreichen von Salben und Heiltrunks. Der Medizinmann, so glaubte man, stand in magischer Verbindung mit den Gottheiten und hatte Zugang zu den Heilkräften der Natur, die er den Kranken zukommen ließ.[20]

Die Pueblo-Siedlungen folgten insgesamt einem einheitlichen Planungs- und Bauprinzip mit neben- oder übereinander geschachtelten Hauskuben, Flachdächern, Terrassen und dazwischen liegenden Kivas und Plätzen. An geeigneten Orten, etwa an Flüssen, auf Anhöhen oder an Bergrändern errichteten die Erbauer rechteckige Holzgerüste, Stein- oder Adobemauern, die sie mit Lehm verputzten. Darauf legten sie Dachbalken, bedeckten diese mit Erde und setzten, wenn notwendig, weitere Stockwerke darauf. Im Erdgeschoß gab es anfänglich aus Sicherheitsgründen keinen Eingang, und die oberen Stockwerke und Terrassen konnte man über bewegliche Leitern erreichen. Der Einstieg in die Innenräume war nur von oben durch Öffnungen in den Decken möglich. In späterer Zeit wurden auch ebenerdige Holztüren und Fenster eingefügt und in der Regel mit grünen und blauen Naturfarben bemalt (s. Abb. 4). Die Pueblos unterschieden sich voneinander im Grunde nur durch die Art und Farbe des verwendeten Baumaterials. So beeindrucken die Mauerreste des Jemez Pueblo durch das leuchtende Rot des dortigen Sandsteins, während in Taos gelbe und braune Lehmfarben vorherrschen. War ausreichend Steinmaterial vorhanden, wie etwa in den Salinas Pueblos im Süden, dann wurden die Mauern auch aus Stein errichtet. In den Gebäudekomplexen stand jeder Familie ein zwei mal fünf Meter großer und zwei Meter hoher, mit Gips verputzter Raum zur Verfügung. Bei Familienerweiterungen wurden weitere Räume hinzugefügt und mit dem Hauptraum durch niedrige Türöffnungen verbunden. In den Behausungen gab es Feuerstellen, deren Rauch durch ein Mauerloch ins Freie entweichen konnte. In der Ausstattung der Häuser und der Art ihres Zusammenlebens unterschieden sich die Pueblo-Bewohner kaum von einander. Innerhalb der Familien gab es keine Privatsphäre, aber man respektierte die Eigenständigkeit der anderen Familien und mischte sich in deren Angelegenheiten nicht ein. Herrschafts- und Konkurrenzdenken, emotionale Ausbrüche oder Gewalt innerhalb der Dorfgemeinschaft waren verpönt.

Das einzige „Mobiliar" waren Yucca-Matten und Baumwolldecken, niedrige trommelförmige Holzhocker und Kochöfen aus Ton. Noch heute werden diese Utensilien auf den Straßenmärkten der Pueblos in großen Mengen angeboten. Töpfe, Krüge und Schalen aus Tonerde dienten als Koch- und Essgeschirr, und zu ihrer Herstellung verwendete man dieselben Materialien und Farbtöne wie im Hausbau. In den meisten Pueblos waren vor allem die Frauen geschickte Töpferinnen und Kunsthandwerkerinnen. Sie erzeugten die Keramikschalen, Krüge und Becher und verzierten sie mit den traditionellen Gestaltungselementen des Stammes.[21] Die Formen, Muster und Darstellungen sind in der Regel geometrisch abstrakt oder gestalten stilisierte Motive aus der Tier-, Pflanzen- und Kachinawelt (s. Abb. 7). Die Frauen waren auch für alle häuslichen Belange zuständig: Sie bereiteten die Mahlzeiten, nähten, flickten, reinigten die Kleidung, fegten Haus und Vorhof mit Reisigbesen und beaufsichtigten die Kinder. Sie mahlten das Korn nach uraltem Brauch in einem flachen steinernen Trog (*matite*) mit mehreren Steinwalzen *(manos)*. Je glatter die verwendeten Mahlsteine waren, desto feiner wurde das Mehl. Anschließend wurde dieses geröstet und in den Hornos zu Tortillas und Fladenbrot verarbeitet.

Für die Herstellung von Stoffen waren sowohl Männer als auch Frauen zuständig. Stoffe aus Baumwolle und Yucca-Fasern wurden mittels einfacher Webstühle in einer Vielfalt von Farben und Mustern erzeugt. Metallgegenstände gab es in den frühen Zeiten keine; alle Geräte waren aus Keramik, Stoff, Holz, Stein, Leder, Federn oder Tierknochen. Neben den Webstoffen dienten auch Häute, Felle und Sehnen zur Erzeugung von Bekleidung. Diese war stets gleichförmig, einfach und konventionsgebunden und keinen Moden oder Rangunterschieden unterworfen. In der heißen Jahreszeit gab es außer Lendenschürzen oder kurzen Röcken keine Bekleidung, im Winter trugen die Männer lederne Kniebundhosen, gewebte Hemden, Umhänge, eine Kopfbinde und Sandalen. Die Frauen waren mit einem Umhang bekleidet,

Mais-Mahlsteine

der an der Taille durch einen verzierten Gürtel zusammengehalten wurde. Die Umhänge der Männer und Frauen in der kalten Jahreszeit waren häufig mit wärmenden Truthahnfedern durchsetzt. Als Schmuck dienten Männern und Frauen Ketten, Ohrgehänge und Armreifen, die aus Knochen, bunten Steinen, Türkis, Glasperlen und Muscheln gefertigt wurden.

Die Männer waren für die öffentlichen, religiösen, bautechnischen und kriegerischen Aktivitäten, für die Jagd und den Ackerbau sowie für die Ausbildung der männlichen Jugend in diesen Bereichen zuständig. Sie bauten die Häuser und Getreidespeicher, legten Bewässerungsanlagen an, bestellten die Felder und ernteten die Feldfrüchte. Mais, Bohnen und Kürbisse waren die Hauptnahrungsmittel, ergänzt durch Beeren, Nüsse, wilde Pflaumen und Zwiebeln und anderes Gemüse. Was die Versorgung mit Fleisch anbelangt, so domestizierten die Pueblo-Indianer in der Regel keine Tiere zu Nahrungszwecken. Auch die Truthähne dienten hauptsächlich der Produktion von Eiern und Federn. In freier Wildbahn lebende Tiere, wie Wildschafe, Präriehunde, Antilopen, Rehe und Hasen wurden jedoch gejagt, und einmal im Jahr zog eine Gruppe von Männern auf die Büffeljagd in die Prärien im Osten, oder der Stamm erwarb Büffelfleisch durch Tauschgeschäfte mit anderen Indianerstämmen. Das Fleisch wurde in dünne Streifen geschnitten und in der Sonne so lange gedörrt, bis es gelagert werden konnte. Als Getränke wurden neben Wasser verschiedene Pflanzentees verwendet. Alkohol gab es nicht, so dass später die Einführung alkoholischer Getränke durch die Weißen vielen Indianerstämmen zum Verhängnis wurde. Mit der zunehmenden Hispanisierung erweiterte sich der Speisezettel: Tomaten, Chili-Schoten, Schaf-, Rind- und Schweinefleisch sowie eine Menge neuer Obstsorten kamen hinzu (Abb. 6). Insgesamt verfügten die Pueblo-Indianer über ein wohlgeordnetes, durch jahrhundertelange Erprobung bewährtes Selbstversorgungssystem, und ihr friedliches und bedächtiges Zusammenleben wurde kaum von innerem Unfrieden getrübt. Nur die Überfälle nomadischer und räuberischer Indianerstämme, die es vor allem auf die Viehherden und Maisspeicher der Pueblos abgesehen hatten, bildeten eine ständige Bedrohung.[22]

Die Pueblos unterscheiden sich voneinander im wesentlichen nur durch die formalen Besonderheiten ihrer Handwerksprodukte und durch verschiedene Sprachen und mündliche Traditionen.[23] So existieren im Südwesten mehrere Sprach- und Kulturtraditionen nebeneinander: Die westlichen Pueblos im Rio Grande-Gebiet gliedern sich in zwei größere Sprachgruppen – die Keres- und die Tano-Dialekte. Keres-Sprachen werden in verschiedenen Varianten in den Pueblos von Laguna, Acoma, Zia, Santo Domingo, Santa Ana und San Felipe und Cochiti gesprochen, während die Tano-Sprachen mit ihren Tewa-, Tiwa- und Towa-Dialekten in Taos, Picuris, Santa Clara, San Ildefonso, Tesuque, Isleta und Jemez verwendet werden. Die im Westen liegenden Pueblos der Hopi gehören zur uto-aztekischen Sprachgruppe, während die Zuni der im Westen beheimateten Penuit-Sprachfamilie zuzuordnen sind. Leider sind viele Sprachen und Dialekte, vor allem der kleineren Gruppierungen, verloren gegangen oder vom Aussterben bedroht. Die Vorherrschaft des Spanischen und später des Englischen in der Umgebung der Pueblos ist zur großen Bedrohung der Indianersprachen geworden. Besonders in der Gegenwart hat die Dominanz des Englischen in den Medien, Schulen und im täglichen Leben dazu geführt, dass die jüngere Generation die Stammessprache oft nicht mehr ausreichend erlernt. Dies wirft neben der sprachlichen Verarmung auch kulturelle Probleme auf, denn wegen des Fehlens einer Schrift kann nur die mündliche Tradition die alten Geschichten, Stammeserinnerungen, Legenden und Riten von einer Generation zur anderen weitergeben. Der Verlust der überkommenen Sprache gefährdet deshalb längerfristig auch die kulturelle und religiöse Identität der Pueblos.

Religiöse Traditionen

Die religiösen Überlieferungen der Pueblos unterscheiden sich in manchen Details voneinander, dennoch sind die Grundvorstellungen, Handlungsweisen und Bräuche, die sich aus ihnen herleiten, im Grunde ähnlich und erlauben eine übergreifende Zusammenschau.[24] „Religion" war ein so allgegenwärtiger und selbstverständlicher Bestandteil indianischer Existenz, dass es nicht einmal ein eigenes Wort dafür gab. Religion war nicht etwas, das man wählen oder durch Missionierung verbreiten konnte, sondern die einzig existierende Lebens- und Vorstellungswelt. Manches von den alten Traditionen und mündlichen Überlieferungen hat sich bis heute erhalten, wenn auch oft nur in eingeschränkter Form. So interpretieren die Pueblo-Indianer in verschiedenen Variationen die Welt insgesamt als eine in sich gegliederte, vernetzte und prozesshafte Ganzheit, die von einer Art kosmischem Energiestrom getragen und erhalten wird. Dieser entspringt einem numinosen Zentrum, dem „großen Geist", läuft entlang von Achsenlinien in verschiedene Richtungen und mündet in einen kosmischen Kreis von Tiergottheiten. Alles Lebendige bewegt sich in einem ewigen Kreislauf aus Entstehen, Wachsen, Vergehen, Absterben und Wiedergeburt.[25]

Während in der euroamerikanischen Vorstellungswelt die gerade Linie vorherrscht,

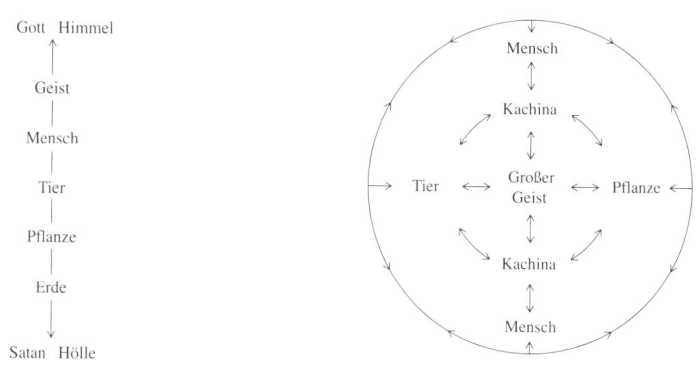

Christliche Weltvorstellung   Indianische Weltvorstellung

dominiert die Kreisform fast alle Aspekte der indianischen Kulturen: Kiva, Tänze, Rituale, Gesten, Kunst und Erzählungen. Die Spiralform eines Schneckenhauses mit seiner organisch gewachsenen Harmonie und inneren Symmetrie könnte als Metapher dieser Vorstellungswelt dienen. Sie entspringt der Erfahrung einer konkreten, lokalen und natürlichen Realität, greift aber gleichzeitig hinaus in die Tiefe der Erde und in die Unendlichkeit des Kosmos. Oben und Unten, Himmel und Erde laufen in einer Art Weltnabel (*sipapu*) zusammen, der in Form eines kreisrunden Loches das heilige Zentrum einer jeden Kiva bildet. Durch das Sipapu betreten die Seelen der Menschen die Welt und verlassen sie auch wieder. [26]

Die Kiva ist das religiöse Zentrum der verschiedenen Kultgemeinschaften in den Pueblos. Ihre kreisrunde Form und das Eingesenktsein in der Erde verweisen symbolisch auf die Schöpfungsgeschichten, in denen der Mensch aus dem Uterus der Erde hervorkommt, um die Welt zu bevölkern. Die Kiva ist ein spiritueller Ort des Übergangs, des Hervorkommens und des Zurückkehrens, wo die Kräfte der oberen und unteren Welt miteinander korrespondieren und auf geheimnisvolle Weise den Austausch zwischen Leben und Tod vollziehen. Auch die Einstiegs- und Ausstiegsöffnung der Kiva sowie die aus dem Dunkel ins Licht führende Leiter versinnbildlichen die Brücke zwischen Erde und Himmel, zwischen religiösem und weltlichem Dasein. Ein kleiner „Altar" mit Feuerstelle, ein in die Mauer eingelassener, durch eine kleine Steinplatte regulierbarer Ventilationsschacht, Sitzsimse entlang der Wand sowie Nischen für die kultischen Gewänder und Geräte waren die einzigen Einrichtungen. Über ihre kultische Funktion hinaus diente die Kiva der Einübung zeremonieller Handlungen und der Initiation junger Männer in das religiöse Wissen und Handeln des Stammes. Nicht zuletzt war sie auch ein Versammlungsort, wo die männlichen Mitglieder des Stammes ihre religiösen und weltlichen Angelegenheiten berieten.

Jeder Stamm erzählt seinen eigenen Schöpfungsmythos, in dem die fünfte sonnendurchstrahlte Welt, in der die gegenwärtigen Menschen leben, aus vier vorhergehenden chaotischen, von verschiedenen Fabeltieren und Zauberwesen bevölkerten Unter- und Übergangswelten hervorgegangen ist.[27] Am Anfang allen Lebens steht der Sonnenvater als lebensspendende Ur- und Zeugungskraft. Am Ende des Tages versinkt er in einem numinosen See, durchquert die untere nächtliche Welt, um am Morgenhimmel neu zu erstrahlen und die obere Welt zu erhellen und zu wärmen. Die zweite

Die Kiva-Öffnung als religiöses Symbol

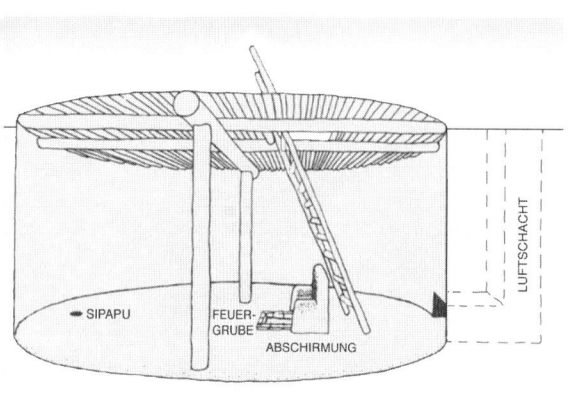

Grundform einer Kiva (SIPAPU, FEUERGRUBE, ABSCHIRMUNG, LUFTSCHACHT)

religiöse Urmacht ist das in der Wüstenregion so lebenswichtige Wasser – Regen, Quellen, Flüsse und Seen. Die verstorbenen Ahnen, die in einer jenseitigen Welt weiterleben, kommen in Form von Regenwolken zurück und schicken den Nachfahren das lebensspendende Nass. Insgesamt wird die Verbindung zwischen Sonnenvater und Erdenmutter als eine Art kosmische Ehe aufgefasst, aus der alles Lebendige – Pflanzen, Tiere und Mensch – hervorgeht. Die Gebete, Opfergaben und Rituale, die das religiöse Leben der Pueblos prägen, dienen dem Zweck, diese fruchtbare aber fragile Harmonie aufrecht zu erhalten. Sie verkörpern sich in kultischen Gegenständen wie z.B. den mit religiösen Symbolen bemalten, federbehängten Gebetsstöckchen. Diese werden in den Häusern und Kivas verwahrt, in den Feldern vergraben und an Flussrändern oder auf Bergspitzen aufgestellt. Bei Zeremonien werden sie herumgetragen und den Toten als beschützende Amulette und Fetische ins Jenseits mitgegeben. Auch Kornmehl und Pollen werden als sichtbare Weihgebete in die Luft, auf die Erde, auf Menschen, Gräber und Tiere verstreut. Da es neben den guten, lebenserhaltenden Kräften auch böse Geister, Dämonen und Hexen gibt, die das Leben und die Gesundheit der Menschen bedrohen, müssen diese durch Gebete und Zeremonien aller Art abgewehrt werden. Gebete können an Personen delegiert werden, etwa an Priester, Schamanen, Medizinmänner, oder auch in Zeremonien vom Stamm kollektiv zelebriert werden. Deshalb veranstalten die Pueblos an bestimmten Fest- und Feiertagen rituelle Tänze und Gesänge zu Besänftigung bestimmter Gottheiten oder zur Bannung böser Geister.[28] Die Tänze bestehen aus rituell genau festgelegten Schrittfolgen und vorher eingeübten choreographischen Figuren, die zum monotonen Rhythmus der Trommeln ausgeführt werden. Dazu werden bestimmte kultische Gewänder, Masken und Kopfschmuck getragen, die Ahnengeister (*kachinas*) oder symbolische Tiergestalten verkörpern, um so zwischen den Gottheiten und den Lebenden zu vermitteln. Die Identifikation der Tanzenden mit den Kachinas dient dem Zweck, Fruchtbarkeit, Regen, Kriegs- und Jagdglück, die Heilung von Krankheit oder die Abwendung eines Übels herbeizubeschwören. Die Tänze dauern in der Regel mehrere Stunden und münden am Ende in Tracezuständen, in denen Geist und Körper, Numinoses und Irdisches magisch verschmelzen. Die Aufhebung der dualen Trennung und das Aufgehen in einer kosmischen Ganzheit ist das angestrebte Ziel.

Die Naturgottheiten, denen der jeweilige Tanz gewidmet ist, etwa der Sonne, dem Regen, dem Korn oder verschiedenen Tierarten variieren von Pueblo zu Pueblo. Um die ganze Variationsbreite und Bedeutungsvielfalt der rituellen Formen und symbolischen Gestalten in den vielfältigen Korn-, Sonne-, Adler-, Elch-, Antilopen-, Schildkröten-,

Schlangen- oder Büffel-Tänzen im einzelnen zu verstehen, sind differenzierte ethnographische und anthropologische Kenntnisse nötig. Da diese jedoch, um eine etwaige Entweihung zu verhindern, strenger Tabuisierung unterliegen, sind sie Außenstehenden nur schwer zugänglich. Allen pantomimischen Ritualtänzen gemeinsam ist jedoch ihre kultische Funktion: Der Selbstverlust des Tänzers im Aufgehen in einer Tier- oder Kachinagestalt soll immer etwas Erwünschtes herbeibeschwören oder etwas Befürchtetes abwehren. Für den modernen westlichen Menschen ist dieses animistische Denken schwer nachvollziehbar, aber die Buntheit und groteske Originalität der Masken, Kleider und Bemalungen, die eigentümliche und geheimnisvolle Ästhetik der Trommeln, Gesänge, Tanzbewegungen, Körper und Gesten machen den Besuch einer indianischen Tanzzeremonie jenseits aller kulturellen Barrieren zu einem unvergesslichen Erlebnis. Die Tänze werden sorgfältig vorbereitet und eingeübt, die Tanzflächen gefegt, Reinigungs-, Bekleidungs- und Fastenvorschriften eingehalten und die in den Kivas aufbewahrten Kultgegenstände, vor allem Masken, Kopfschmuck und zeremonielle Umhänge hervorgeholt. Die Masken bestehen zumeist aus Holz, Fellen, Leder und Truthahnfedern. Die in wechselnden Gewändern und Masken sich endlos hinziehenden Tänze, das Stampfen der Männer und die hüpfenden Bewegungen der Frauen sind von einer zeremoniellen und rituellen Monotonie, die die nicht-eingeweihten, an schnellere und abwechslungsreichere Rhythmen gewöhnten Besucher bald ermüdet. Die Skeptischeren unter ihnen werden ohnehin das Ganze als folkloristischen Mummenschanz zu Show-Zwecken abtun. Der ethnisch und anthropologisch Interessierte mag sie als Versuch verstehen, alte Lebensformen und Traditionen zu bewahren, oder er sieht in ihnen im Idealfall den Ausdruck authentischer Religiosität. D. H. Lawrence hat die Ambivalenz des nicht-indianischen Betrachters gegenüber dem indianischen Ritualtanz in mehreren Essays in *Mornings in Mexico* (1927; dt.: *Mexikanischer Morgen*)[29] erörtert und auch C. G. Jung und Frank Waters haben sich eingehend mit dieser Thematik befasst.

Die schon erwähnte Schriftstellerin Leslie Marmon Silko aus dem Laguna-Pueblo umkreist in ihrem Werk immer wieder die

Zuni-Tanzzeremonie im Pueblo Cultural Center in Albuquerque

Spannung zwischen euro-amerikanischer und indianischer Weltsicht. Im Roman *Ceremony* (1977) getaltet sie einen jungen Indianer namens Tayo, der zwischen moderner, westlich-zivilisatorischer Identität und den alten Traditionen seines Stammes hin- und herschwankt. Am Ende überwindet er seine innere Zerrissenheit und kehrt zur Weisheit der Vorväter und Großmütter zurück. Der Roman veranschaulicht, wie tief Landschaft und Natur in die religiöse Vorstellungswelt des Stammes, in seine Geschichten, Legenden und Gesänge eingedrungen sind. Berge werden zum Sitz von Gottheiten, Höhlen und Wasserquellen zu Eingangstoren ins Numinose, Flüsse, Bäche und Seen zu heiligen Lebensspendern und Tiere zu Verkörperungen religiöser Botschaften. Die folgende Passage ist der deutschen Übersetzung des Romans entnommen:

Die Spinne kam zuerst heraus. Sie trank vom Rand des Teiches und hielt dabei die zarten Eiersäcke an ihrem Bauch sorgfältig aus dem Wasser heraus. Sie ging ihren Weg zurück und hinterließ dabei in dem feinen gelben Sand zarte Krakelmuster. Tayo erinnerte sich an Geschichten über sie. Sie wartete an bestimmten Örtlichkeiten darauf, dass Menschen um Hilfe zu ihr kamen. Sie allein hatte gewusst, wie man dem Ka't'sina aus den Bergen beikommen konnte, der die Regenwolken im Nordwestzimmer seines Zauberhauses eingesperrt hatte. Spinnenfrau hatte Sonnenmann erklärt, wie er die Sturmwolken vom Großen Spieler zurückgewinnen, sie befreien konnte, damit sie den Menschen Regen und Schnee brachten. Er wusste, was die Weißen von den Geschichten hielten. In der Schule hatte der Naturkundelehrer erklärt, was Aberglauben war, und dann hatte er das Naturkundebuch hochgehalten, um der Klasse den wahren Quell wissenschaftlicher Erklärungen zu zeigen. Tayo hatte diese Bücher studiert, und er hatte keinen Grund, noch an die alten Geschichten zu glauben. Die naturwissenschaftlichen Bücher erklärten die Ursachen und Wirkungen. Aber die alte Großmutter sagte immer: „Einst in unvordenklicher Zeit waren die Dinge anders, die Tiere konnten noch zu den Menschen reden, und es geschahen noch viele magische Dinge". Er verlor nie das Gefühl, das er in der Brust hatte, wenn sie diese Worte sprach, jedesmal, wenn sie ihnen Geschichten erzählte; und er meinte immer noch, dass es wahr sei, trotz allem, was sie ihn in der Schule gelehrt hatten – dass vor langer langer Zeit die Dinge wirklich anders gewesen waren und die Menschen verstehen konnten, was die Tiere sagten, und der Große Spieler einmal die Gewitterwolken auf seinem Berggipfel gefangenhielt.
Libellen kamen und standen über dem Teich. Sie zeigten alle Schattierungen von Blau – ein puderähnliches Himmelblau, ein dunkles Nachtblau, in fast schwarzem irisierendem Licht schillernd, und Bergblau. Es gab auch Geschichten über die Libellen. Er drehte sich um. Wohin er blickte, sah er eine Welt aus den Geschichten, den uralten, unvordenklichen Geschichten, wie die alte Großmutter sie nannte. Es war eine lebendige Welt, immer in Veränderung und in Bewegung; und wenn man wusste, wo man zu suchen hatte, konnte man sie sehen, manchmal fast unmerklich, wie die Bewegung der Sterne über den Himmel.[30]

Das Zusammenleben der Pueblos war durch uralte, von einer Generation zur nächsten weitertradierte Geschichten, Regeln, Bräuche, Gewohnheiten und Riten geordnet. Die Gemeinschaft stand dabei stets über dem Individuellen, das Religiöse über dem Weltlichen. Es ist verständlich, dass dieser Lebensform gerade das fehlte, was die Dynamik neuzeitlicher europäisch-amerikanischer Kultur ausmacht: die Entwicklung der individuellen Persönlichkeit, das kompetitive Streben nach materiellem Besitz, Ansehen und Macht. Die Pueblos besaßen eine statische, sich nur sehr langsam weiterentwickelnde Kultur, die auf den Ansturm der westlich-europäischen Zivilisation nicht vorbereitet war. Dass sich die Pueblos im Südwesten, im Vergleich zu den Indianerstämmen des übrigen Amerika, dennoch relativ gut halten konnten, liegt an den besonderen historischen Voraussetzungen dieser Region. Indem sich die Pueblos nach der spanischen Reconquista offiziell der katholischen Kirche unterwarfen, konnten sie gleichzeitig unter der christlichen Oberfläche viele ihrer alten Traditionen fortsetzen. Sie lebten und leben zum Teil noch heute eine merkwürdige Doppelexistenz, die sich über die Jahrhunderte hinweg gut bewährt hat.

„Dream Catcher"

3. Spanische Entrada

Cabez de Vacas und die Erstdurchquerung des amerikanischen Südwestens 1534 bis 1536 – der neuspanische Vizekönig Mendoza und die Entsendung einer Erkundungsexpedition unter Fray Marcos de Niza – die Ermordung des Mohren Esteban durch Zuni-Indianer – die „Entrada" des Francisco de Coronado 1540/41 – Winterlager und Unterwerfung der Pueblos am Rio Grande – der Aufbruch in die Prärien des Ostens und das Scheitern des Traumes vom Gold – auf den Spuren der Conquistadores: der Wüstenrastplatz **El Morro**, das Winterlager im **Coronado State Monument**, die Ruinenstätte des **Pecos Pueblo**.

Die Expedition des Francisco de Coronado

Das Hauptmotiv für die „Entrada" – so nannten die Spanier die Erkundung und Besitzergreifung des nordamerikanischen Südwestens – war das Gold. Nicht territoriale Eroberungswünsche, sondern die alte Legende von den sieben goldenen Städten von Cibola irgendwo im unbekannten Norden beflügelte ihre Phantasie.[1] Aber der Wunsch, ein Erkundungsprojekt in Angriff zu nehmen, hielt sich lange Zeit in Grenzen. Zwar hatte Neuspanien in den ersten drei Jahrzehnten des 16. Jahrhunderts im Bereich des heutigen Staates Mexiko eine flächendeckende Kolonialverwaltung eingerichtet, aber Antonio de Mendoza, der erste Vizekönig, baute noch an seiner Residenz in Mexico City und war an neuen Abenteuern wenig interessiert. Da tauchten völlig unvermittelt im Jahr 1536 drei ausgemergelte, völlig abgerissene und halb verhungerte Spanier und ihr schwarzer Sklave Esteban unter der Führung von Cabeza de Vaca im Norden Mexikos auf. Wie sich herausstellte, waren sie die einzigen Überlebenden der spanischen Narvaez-Expedition, die 1528 mit ca. 300 Mann von Kuba aus in See gestochen war, um in Florida eine spanische Kolonie zu gründen.[2] Die Expedition scheiterte an Indianerüberfällen, Hunger und Krankheiten; die übriggebliebenen 242 Spanier verfehlten die Versorgungsschiffe und versuchten mittels selbstgebauter primitiver Boote aus Holz und Pferdeleder entlang den Küsten des Golfs von Mexiko nach Neuspanien zu gelangen. Im November 1528 fand dieser Versuch nach monatelangem Bemühen ein abruptes Ende, als die fragilen Barken in den einsetzenden Herbststürmen kenterten und die wenigen Überlebenden in der Nähe des heutigen Galveston an die texanische Küste gespült wurden. Die dort ansässigen Indianer nahmen sie auf, zwangen sie jedoch bald zu Sklavendiensten. Erst 1534 gelang den vier Männern die Flucht. Von unbeugsamem Überlebenswillen getrieben schlugen sie sich zwei Jahre lang von einem Indianerstamm zum anderen nach Westen durch. Wie de Vaca später in seinem Reisebericht erzählt, konnten sie die Indianer durch angebliche Wunderheilungen für sich gewinnen.[3] Die Spanier waren die ersten Europäer, die die endlosen Landstriche des amerikanischen

Südwestens vom heutigen Texas bis zum Westrand Mexikos durchquerten. Nach ihrer Rückkehr in die koloniale Zivilisation konnten sie jedoch von keinen Gold- oder Silberschätzen berichten. Außer Keramik, Türkis-, Korallen- und Federschmuck hatten sie nichts gesehen, was die Begehrlichkeit der Spanier hätte auf sich lenken können. Die nomadischen Indianer des Südens, mit denen sie verkehrten, erzählten ihnen jedoch von aus Stein gebauten Städten im Norden , und es war diese vage Information, die das Interesse des Vizekönigs weckte.

Unter Leitung des tatendurstigen Fray Marcos de Niza ließ Mendoza eine Erkundungsexpedition zusammenstellen, die 1539 unter Führung des „Mohren" Esteban nach Norden aufbrach. Über die Route, die diese Expedition wählte, ist wenig bekannt, außer dass sie an der Westseite Mexikos nach Norden zog, die Sonorawüste und das südliche Arizona durchquerte und schließlich bei der Zuni-Stadt Hawikuh am Westrand des heutigen New Mexico anlangte.[4] Esteban, der den Vortrupp anführte, signalisierte dem Tross mittels Holzkreuzen unterschiedlicher Größe Informationen über den jeweiligen Stand seiner Erkundungen. In Hawikuh jedoch ereilte ihn sein Schicksal. Während seine Begleiter fliehen konnten, wurde er von den feindseligen Bewohnern gefangen gesetzt, auf Geheiß des Ältestenrates getötet und sein Körper in Stücke zerhackt. Über die Ursachen dieser Bluttat ist viel gerätselt worden. Es bleibt ungeklärt, ob die Indianer ihn wegen seiner schwarzen Hautfarbe für einen bösen Zauberer oder den Abgesandten einer feindlichen Eroberungsmacht hielten. Nach alter Zuni-Überlieferung erregte der freizügige Umgang des Schwarzen mit Indianerfrauen ihren Unmut. In der Tat befand sich in seinem Gefolge zum Missfallen der Geistlichen, die eine Gefährdung der Truppenmoral befürchteten, auch eine Schar indianischer Sklavinnen. Esteban war ein furchtloser, arroganter und exotischer Draufgänger, der in bunter, mit Federn und Türkisen geschmückter Kostümierung auftrat und sein Kommen mit Schellen und Rasseln ankündigte. Für die Indianer, die noch nie zuvor einen Schwarzen gesehen hatten, muss er ein unheimlicher Dämon gewesen sein.

Die Nachricht von Estebans Tod löste bei Fray Marcos und seinen Männern Entsetzen aus. Sie wagten es nicht, Hawikuh zu betreten und machten sich unverzüglich auf den Rückmarsch. Ob es eine optische Täuschung war, die das Pueblo aus mehreren Meilen Entfernung größer erscheinen ließ, als es in Wirklichkeit war, oder ob Marcos halb verstandenen indianischen Erzählungen auf den Leim ging, bleibt im Dunkel der Geschichte verborgen. Jedenfalls war er ein Prahler und die von ihm verfassten Berichte strotzen von Ungereimtheiten aller Art. Im Zusammenhang mit Cibola ist zwar nicht von Gold und Silber die Rede, aber von einer mit Türkisen geschmückten ansehnlichen Stadt mit mehrstöckigen Häusern aus Stein und großzügigen Terrassenanlagen. Der Hinweis, dass Hawikuh laut indianischen Erzählungen nur eine von sieben Städten war, ließ die Neuspanier außerdem vermuten, dem legendären Cibola auf die Spur gekommen zu sein. Der Vizekönig war jedenfalls von dem Berichteten so beeindruckt, dass er unverzüglich die Entsendung einer Großexpedition unter Leitung des energischen jungen Vizegouverneurs der Provinz Nueva Galicia, Francisco Vasquez de Coronado,

49

3 Spanische Entrada

in die Wege leitete.[5] An Kosten wurde nicht gespart: Drei Versorgungsschiffe wurden ausgestattet, die unter Leitung des Kapitäns Hernando de Alarcon die Expedition der Westküste entlang bis ins heutige Kalifornien begleiten sollten. 225 Kavallerie- und 62 Fußsoldaten, gerüstet mit Helmen, Kettenhemden, Lederschilden, Schwertern, Lanzen, Arkebusen, Armbrüsten, Musketen und Pistolen, mehrere Priester und an die 1.200 indianische Begleiter und Sklaven wurden aufgeboten. 1.500 Tragtiere, etwa 1.000 mitgeführte Rinder, 3.000 Schafe, Ziegen und Schweine dienten als lebende Versorgungsbasis der Expedition.[6] Coronado und seine Soldaten, überwiegend junge adelige Offiziere (*hidalgos*), erhielten die strikte Weisung, den Indianern auf faire und christliche Weise zu begegnen und Blutvergießen zu vermeiden. Am 22. Februar 1540 brach die Expedition in Compostela nach der feierlichen Verabschiedung durch den Vizekönig mit großem Pomp in den Norden auf.

Das meiste, was wir über die Entrada des Coronado wissen, stammt aus der 20 Jahre später verfassten Reisebeschreibung von Pedro de Castaneda, der als einfacher Soldat an der Expedition teilnahm. Die Originalhandschrift ist nicht erhalten; eine wörtliche Abschrift aus dem Jahr 1596 befindet sich in der Lennox-Bibliothek in New York. Die folgenden Ausführungen basieren auf der von George P. Winship im Jahr 1922 veröffentlichten Übersetzung ins Englische, die auch die Briefe Coronados an den Vizekönig enthält.[7] Der von Fray Marcos geleitete Marsch führte durch die menschenleere, nur von einigen Indianerpfaden durchzogene Wüstenlandschaft Nordmexikos und Arizonas, die *despoblado*, wie sie die Spanier nannten. Die Expedition erwies sich schon bald als entbehrungsreicher und schwieriger als ursprünglich angenommen. Die mitgebrachte Proviantierung wurde knapp und Wasser und Weideplätze für die mitgeführten Tiere waren kaum zu finden. Die Versorgungsschiffe, die den Golf von Kalifornien hinauffuhren, entfernten sich immer weiter von der Expedition und gelangten bis an den Unterlauf des Colorado. Dort kehrten sie schließlich unverrichteter Dinge um, da sich ein weiterer

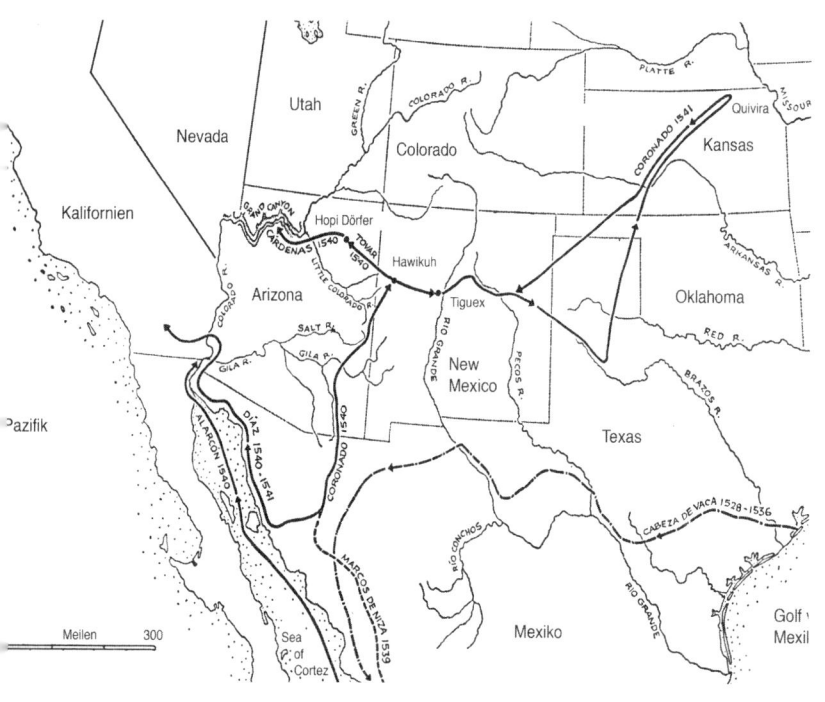

Die Coronado-Expedition

Vorstoß in Richtung Cibola als undurchführbar erwies. Ein nach den Schiffen ausgesandter Suchtrupp unter Melchior Diaz fand nahe der Einmündung des Gila-Flusses in den Colorado lediglich ein großes Holzkreuz mit der Aufschrift „Bis hierher kam Alarcon" sowie einige hinterlegte Briefe. Eine Rückmeldung an Coronado kam nicht mehr zustande, da Diaz auf dem Rückweg bei einem Jagdunfall den Tod fand und das Unternehmen abgebrochen wurde.

Coronado bildete mit 80 Reitern und 30 Fußsoldaten die Vorhut, während der schwerfällige Tross unter der Leitung von Tristan de Arellano langsam nachfolgte. Der mühsame monatelange Marsch und der immer unerträglicher werdende Nahrungsmangel ließen den Unmut der Expeditionsmitglieder so explosiv werden, dass Coronado dringend eine Lösung finden musste. Dies geschah bei der Ankunft in Hawikuh, von dem heute nur noch ein paar Mauerreste 30 Kilometer südwestlich des Zuni Pueblos übriggeblieben sind. Die Frustration der Spanier erreichte ihren Höhepunkt, als sich die von Marcos in höchsten Tönen gepriesene Stadt als eine bescheidene Ansammlung von gemauerten Terrassenhäusern herausstellte. Fray Marcos wurde der Lüge bezichtigt und unverzüglich nach Mexiko zurückgeschickt, um ihn vor der wütenden Mannschaft zu retten. Zu allem Unglück setzten sich die Bewohner Hawikuhs gegen die fremden Eindringlinge, die es auf ihre Nahrungsvorräte abgesehen hatten, erbittert zur Wehr und begannen schon in der ersten Nacht Angriffe auf die erschöpfte und ausgehungerte Truppe. Eine gewaltsame militärische Unterwerfung des Pueblo wurde unter diesen Umständen unvermeidlich. Vorsorglich hatten die Zuni alle Frauen, Kinder und Alten aus der Stadt auf eine 15 Meilen entfernte Mesa in der Nähe des heutigen Zuni-Pueblo evakuiert. Verstärkt durch Krieger aus den umliegenden Orten verschanzten sich mehr als 400 Verteidiger auf den Terrassen und Dächern des Pueblo; 300 weitere Krieger standen in Kriegsformation vor dem Eingang der Stadt. Sie zogen eine Linie aus geweihtem Kornmehl, die die Spanier nicht überschreiten durften.

Die von Coronado vollzogene offizielle Verlesung der königlichen Proklamation (*requerimiento*) in spanischer Sprache mit der Aufforderung zur Unterwerfung unter den christlichen Gott und den König von Spanien, ließ sie ebenso unbeeindruckt wie die angebotenen Geschenke. Schon bald prasselte ein Pfeilregen auf die Spanier herab, der traditionelle „Santiago"-Schlachtruf erschallte als Angriffsbefehl und der

„Clash of Civilizations"

Kampf begann. Blitzschnell zogen sich die Zuni-Krieger auf die Häuserterrassen zurück, brachten die Leitern hoch und bewarfen die nachdrängenden Spanier mit Steinen. Diese mussten sich von einer Terrasse zur anderen durchkämpfen, wobei Coronado mit seiner vergoldeten Rüstung und dem federgeschmückten Helm zum Hauptangriffsziel der Verteidiger wurde. Von Steinen am Kopf, an Armen und Beinen getroffen und mit einem Pfeil im Fuß konnte er im letzten Augenblick von seinen Offizieren Cardenas und Alvarado gerettet und ohnmächtig von der Kampfstätte getragen werden. Nach einer Stunde war das Gemetzel zu Ende, die Indianer waren niedergerungen und verjagt, und die Eroberer konnten sich über die zurückgelassenen Nahrungsvorräte – Mais, Bohnen, Truthähne, Kürbisse und Zwiebeln – hermachen. Sonst aber ergab die Durchsuchung der Stadt nur Enttäuschungen – kein Gold und Silber, keine Edelsteine, nicht einmal die von Fray Marcos erwähnten Türkise. Der Traum von den goldenen Städten von Cibola hatte sich als Schimäre entpuppt. Am 3. August 1540, fast einen Monat später, war Coronado gesundheitlich so weit hergestellt, dass er seinen berühmten Brief an den Vizekönig von New Mexico schreiben konnte. Dieser bringt seine desillusionierte Stimmung zum Ausdruck, bemüht sich aber auch um eine objektive Darstellung des Erlebten und Gesehenen. Der Brief ist heute eines der wichtigsten frühen ethnographischen Dokumente nordamerikanischer Geschichte:

Es geziemt mir, Ihnen über die sieben Städte zu erzählen, jene Provinz, über die Ihnen schon der Provinzial [=Marcos de Niza] berichtet hat. Um es kurz zu machen, ich versichere Ihnen, dass nichts von dem Berichteten wahr ist, sondern – abgesehen von den erwähnten Steinbauten – das genaue Gegenteil. Die Häuser haben keine Ziegelmauern und sind nicht mit Türkisen verziert; sie sind jedoch solide gebaut und drei bis fünf Stockwerke hoch. Sie haben durch Gänge verbundene Wohnungen sowie unterirdische gepflasterte Räume, die an Badehäuser (estufas) erinnern. Die sieben Städte sind kleine, einander ähnliche Orte, etwa vier Wegstunden voneinander entfernt. Zusammen bilden sie das Königreich Cibola. Den Ort, wo wir derzeit wohnen, habe ich Granada genannt, denn er hat einige Ähnlichkeit mit der Stadt, aus der Sie stammen. Zusammen mit den außerhalb dieser Mauer liegenden Häusern sind es an die fünfhundert. Ich lege eine Skizze bei.
Die Menschen in diesen Städten sind ziemlich groß gewachsen und machen auf mich einen intelligenten Eindruck. Sie sind kaum bekleidet. Von den farbigen Webstoffen, die sie tragen, übersende ich Ihnen einen. Sie pflanzen keine Baumwolle an, weil das Land dafür zu kalt ist. Sie tragen Umhänge (mantas) und ihr Haar krönt wohlgeformt ihren Kopf wie bei den Mexikanern. Sie besitzen möglicherweise Türkise, haben diese jedoch zusammen mit anderen Habseligkeiten weggeschafft. Nur der Mais ist zurückgeblieben. Bei unserer Ankunft haben wir keine Frauen gesehen, auch keine Männer unter fünfzehn oder über sechzig. Wir fanden nur zwei Smaragde, einige eher unbedeutende granatfarbige Steine und ein paar Kristalle.
Wir sahen auch Truthähne, die die Indianer domestizieren und die größer sind als in

Mexiko. Ihrer Aussage nach verwenden sie diese nicht als Nahrung, sondern halten sie nur wegen ihrer Federn. Dies glaube ich jedoch nicht, denn dazu sind sie zu wohlschmeckend. Es gibt keine Obstbäume; das Land ist flach, nicht von hohen Bergen, sondern von ein paar Anhöhen und Felskuppen umgeben. Es gibt wenig Vögel, wohl wegen der nicht vorhandenen Berge. Es fehlen Bäume für gutes Feuerholz.
Die Nahrung in diesem Land besteht hauptsächlich aus Mais, der in großer Menge vorhanden ist, sowie Bohnen. Sie essen Wild, obwohl sie dies verschweigen – aber wir fanden Felle von Rehen, Hasen und Kaninchen. Sie produzieren als Hauptnahrung die besten Tortillas, die ich je gegessen habe. Sie haben sehr gute Geräte zum Mahlen von Getreide. Eine indianische Frau mahlt in der gleichen Zeit so viel Mehl wie vier Mexikaner zusammen. Sie haben gutes kristallisiertes Salz, das sie von einem nahen Salzsee holen. So weit ich feststellen konnte, beten die Indianer das Wasser an, weil es den Mais als ihren Lebensunterhalt gedeihen lässt und es ihre Vorfahren ebenso taten.
Die Frauen tragen lange Roben, die bis zu den Füßen reichen und mit einem Gürtel und Wollschnüren zusammengehalten werden. Da die Indianer sich weigern, mir ihre Frauen zu zeigen, habe ich sie um einige Muster ihrer Kleidung gebeten. Von den zwei gewebten Umhängen, die sie mir gebracht haben, übersende ich Ihnen einen.[8]

Trotz der vielen Enttäuschungen und Fehlschläge war Coronados Forscherdrang zu diesem Zeitpunkt noch keineswegs am Ende. Ein von Hawikuh nach Norden ausgesandter Erkundungstrupp unter Pedro de Tovar entdeckte den Ort Tusayan, Vorläufer der heutigen Hopi-Siedlungen im nördlichen Arizona. Garcia Lopez de Cardenas gelangte auf einem langen Wüstenmarsch, der ihn durch die Painted Desert und den Petrified Forest führte, bis an den Südrand des Grand Canyon. Ein Abstieg in den Canyon zum Colorado hinunter misslang, da man die Distanz falsch einschätzte. Im übrigen hinterließen die grandiosen Landschaften bei den Entdeckern offenbar keinen besonderen Eindruck – sie waren schließlich nicht ins Land gekommen, um schöne Landschaften zu entdecken, sondern Gold!

Positivere Zukunftsaspekte eröffneten sich, als Bigote (span. für Schnurrbart), ein zu den Zuni gestoßener schnauzbärtiger und stattlich aussehender Pecos-Häuptling, und ein ihn begleitender Schamane von fruchtbaren Landschaften, reichen, an einem großen Fluss liegenden Siedlungen sowie von riesigen Büffelherden in den Grasebenen im Osten berichteten. Der erwähnte Fluss, den die Spanier „Rio de Nuestra Senora del Norte" nannten, ist der heutige Rio Grande, und die Ortschaften, die Bigote vermutlich meinte, waren die Pueblos im Umkreis der heutigen Stadt Bernalillo. Hernando de Alvarado wurde unter Führung der beiden Pecos-Männer vorausgeschickt, um den Wahrheitsgehalt des Berichteten festzustellen. Der Erkundungstrupp zog an der auf einem hohen Felssockel thronenden Pueblo-Festung Acoma vorbei, ohne sich dort länger aufzuhalten, erreichte die am Rio Grande liegenden Pueblos und stieß schließlich zum Pecos Pueblo am Rande der von Büffelherden bevölkerten Prärie vor. Die zurückgeschickten

Boten überbrachten positive Eindrücke, so dass Coronado beschloss, am Rio Grande sein Winterlager zu errichten. Die zwölf Pueblos von Tiguex, die Coronado vorfand, waren nicht aus Stein, sondern aus Adobe-Lehm gebaut; ansonsten unterschieden sie sich in Bauweise und Organisation nur wenig von jenen der Zuni. Aber die Maisfelder und üppigen Weißpappel-Wälder (*cottonwoods*) entlang des wasserreichen Flusses sowie die dahinter emporragenden Sandia-Berge müssen für die Expedition nach den heißen und wasserarmen Wüstenebenen, die sie durchquert hatte, erholsam und vielversprechend gewesen sein. Zudem erwiesen sich die Pueblo-Bewohner zunächst als freundlich, hilfsbereit und freigiebig.

Womit die Spanier jedoch nicht gerechnet hatten, war die ungewöhnliche Härte und Kälte des Winters in New Mexico. Der alsbald hereinbrechende Frost veranlasste die nur unzureichend bekleideten Spanier, eines der Pueblos für sich in Anspruch zu nehmen. Sie zwangen die Indianerfamilien zum Auszug und hausten dicht gedrängt in den niedrigen, provisorisch adaptierten Räumen. Außerdem requirierten sie große Mengen an warmer Kleidung und Decken. Die Folge war, dass sich die anfänglich gastfreundlichen Indianer gegen die immer fordernder werdenden Spanier zur Wehr setzten. Es kam zu einer Eskalation feindseliger Begegnungen und kriegerischer Auseinandersetzungen, in deren Verlauf 13 Pueblos ausgeräuchert und niedergebrannt wurden. Nach wochenlanger Belagerung und dem Abschneiden der Wasserzufuhr wurden die halb verhungerten und verdursteten Bewohner in die Berge vertrieben. Der grausamste, für die Indianer traumatische Tiefpunkt trat ein, als nach der Belagerung des Arenal Pueblo 200 indianische Krieger, die sich schon ergeben hatten, getötet wurden. 30 von ihnen wurden auf Scheiterhaufen an Pfähle gefesselt bei lebendigem Leib verbrannt. Castaneda beendet seinen Augenzeugenbericht über dieses grässliche Geschehen ohne die geringste gefühlsmäßige Anteilnahme. „Als die Hinrichtung beendet war", so schreibt er, „fing es an zu schneien. Wir verließen den Ort und kehrten in unser Lager zurück."[9] Nach dieser Niederlage flüchtete die indianische Bevölkerung in abgelegene Orte und mied jeglichen Kontakt mit den Eindringlingen, die alle Regeln der gegenseitigen Achtung und Fairness gebrochen hatten.

Das Scheitern des Traums von Eldorado

Der Winter 1540/41, mit seiner beißenden Kälte, seinem Schnee und dem ständigem Hunger wurde für die Spanier zur absoluten Zerreißprobe. Die Hoffnungen richteten sich nun verständlicherweise auf die Ebenen im Osten. Bei ihrem ersten Besuch des Pecos Pueblo, das die Spanier Cicuye nannten, waren Alvarado und seine Leute von Bigote zunächst mit großer Gastfreundschaft empfangen worden.[10] Die Frauen wurden zwar auch hier vor den Spaniern versteckt, aber im übrigen überhäufte man sie mit festlichen Begrüßungen und Geschenken. Leider machte eine Verkettung unglücklicher Umstände diese freundlichen Beziehungen schon bald zunichte und überschattete den ganzen weiteren Verlauf der Coronado-Expedition. In Pecos stießen die Spanier auf den in Bigotes Diensten stehenden Prärie-Indianer, den sie wegen seines exotischen Aussehens „el turco", den Türken, nannten. Dieser berichtete von einem im Osten gelegenen Königreich namens Quivira, von großen Reichtümern an Gold und Silber und einem Fluss mit pferdegroßen Fischen und riesigen Ruderbooten. Als Beweis für das Gesagte erwähnte er ein Goldarmband, das ihm allerdings, wie er behauptete, von Bigote abgenommen worden war. Kurzerhand ließ der misstrauisch gewordene Alvarado den vormaligen Freund und Führer gefangensetzen, in Fesseln nach Tiguex bringen und mit Hilfe von auf ihn losgelassenen Hunden zu einem Geständnis zwingen. Aber all dies führte zu nichts, außer dass sich dieser ungeheure Verstoß gegen die Gastfreundschaft in den Pueblos wie ein Lauffeuer herumsprach und zum endgültigen Kippen der ursprünglich freundlichen Haltung gegenüber den Spaniern führte.[11] Bis heute rätseln die Historiker darüber, warum der „Türke" diese Lügenmärchen von sich gab und noch mehr, warum die Spanier sie glaubten. Wollte er der Leibeigenschaft in Pecos entkommen, indem er die Spanier in seine Heimat führte, oder stimmt die später von ihm vorgebrachte Begründung? Die Pecos-Indianer, so beteuerte er, zwangen ihn, die lästigen spanischen Eindringlinge mittels fantastischer Erzählungen in die endlosen nahrungs- und wasserarmen Weiten im Osten und damit in ihr eigenes Verderben zu locken.

Coronado fiel jedenfalls auf die Lügengeschichten herein und fasste im Frühling 1541 den Entschluss, nach Osten aufzubrechen, um die Goldschätze von Quivira zu finden. Die für damalige Begriffe ungewöhnlich ausgedehnte Expedition führte die Spanier in 72 Tagen 1.600 km weit über den texanischen „Pfannenstiel" (panhandle) und am Llano Estacado vorbei bis in die Nähe des heutigen Dodge City in Kansas. Die Mitglieder der Expedition waren, wie Castanedas folgende Beobachtung andeutet, überwältigt von der ungeheuren Weite der Prärie-Landschaft: „Das Land, in dem die Büffel grasen, war so unendlich flach und leer, dass man, wenn man diese Tiere anschaute, nichts als Himmel zwischen ihren Beinen sah. Aus der Ferne sahen sie aus wie gestutzte Baumstümpfe mit einer Baumkrone darüber."[12] Was die Expedition am Ende des langen Weges schließlich vorfand, nämlich die Grashütten der Wichita-Indianer, war für sie so abgrundtief enttäuschend, dass sie den trügerischen „Türken" kurzerhand erdrosselten und sich schleunigst auf den Rückweg machten. Coronado erkannte nun endgültig, dass seine Expedition, auf die Neuspanien so große Hoffnungen gesetzt hatte, ein Fehlschlag war. Der Traum von den goldenen Städten war endgültig ausgeträumt. Nach einer zweiten Überwinterung in Tiguex und einem fast tödlichen Reitunfall befahl er im April 1542 den Abbruch der Expedition und kehrte nach Mexiko zurück. Nur Pater Padilla und eine Schar christianisierter Indianer erhielten die Erlaubnis, nach Quivira zurückzukehren, um die dortigen Prärie-Indianer zu missionieren. Padilla bezahlte diesen Entschluss mit seinem Leben, als er bald nach seiner Ankunft von aufständischen Indianern ermordet wurde.[13] Der Rückmarsch des Coronado-Heeres war entbehrungsreich und ständig von indianischen Überfällen bedroht, die es vor allem auf die mitgeführten Pferde und Viehherden abgesehen hatten. Coronados Empfang durch den Vizekönig in Mexico City war erwartungsgemäß kühl. Coronado musste sich wegen des ihm vorgehaltenen grausamen Vorgehens gegenüber den Indianern vor Gericht verantworten. Entgegen den ausdrücklichen Weisungen des Königs und der Kirche hatten die Spanier die Pueblo-Indianer letzten Endes mit Feuer und Schwert unterworfen. Der Preis, den sie dafür bezahlen mussten, war, dass die Hoffnung auf stabile und friedliche Beziehungen zur indianischen Bevölkerung im Südwesten endgültig begraben werden musste. Die Pueblos waren zwar vorübergehend besiegt und ihre Bewohner vertrieben worden, aber sie wurden nicht auf Dauer unterworfen oder versklavt.

Der weitere Verlauf der Geschichte hat den kühnen und in seinen Handlungen relativ maßvollen Coronado inzwischen rehabilitiert. Aus heutiger Sicht ist seine Expedition, die insgesamt über zehntausend Kilometer zurücklegte, die größte und wichtigste Unternehmung der nordamerikanischen Entdeckungsgeschichte überhaupt. Sie erschloss nicht nur bis dahin in Europa völlig unbekannte riesige Landgebiete, sondern vermittelte darüber hinaus erstmals einen konkreten Begriff von der ungeheuren Ausdehnung des amerikanischen Kontinents. Es war dieses geographische Wissen, das längerfristig der Ausdehnung des neuspanischen Imperiums nach Norden und der Kolonialisierung des Südwestens den Weg bahnte.

Auf den Spuren der spanischen Conquistadores

Wenn man heute im klimatisierten Auto auf modernen Highways oder mit der Eisenbahn durch die Wüstengebiete Arizonas und des westlichen New Mexico reist, kann man sich die Strapazen und Mühsale, die die von Süden kommenden spanischen Eroberer (*conquistadores*) in dieser Region ertragen mussten, kaum noch vorstellen. Der große Tross von Pferden und Viehherden, die die Expeditionen begleiteten, kam in der weg- und wasserarmen Einöde nur sehr langsam voran, so dass die Reise zum Rio Grande ungefähr sechs Monate in Anspruch nahm. Diese Umstände erklären, warum der 12 Meilen östlich vom heutigen Zuni-Pueblo gelegene Felsen von **El Morro** zu einem der legendärsten Rastplätze des ganzen Südwestens

Wüstenebene mit Santa Fe-Eisenbahn

Felsformation von El Morro   Wasserloch am Fuß von El Morro

werden konnte. Mitten in der sonnendurchglühten Ebene ragt diese 70 Meter hohe Felsformation als weit sichtbarer Markstein in den Himmel.

Auf der Plateaufläche der Mesa sammelt sich Schmelz- und Regenwasser in den vielen Felswannen und -höhlen. Es bahnt sich durch Rinnen und Spalten Wege zum Mesa-Rand und fällt schließlich über eine senkrechte Felswand in ein tiefes Wasserloch. Der Schatten des Felsens, die hohen Bäume und das kühle Wasser des Beckens ergeben einen geradezu idyllischen Rast- und Lagerplatz. Der Ort wurde von den Indianern über Jahrhunderte hinweg benutzt, wie die in der Sandsteinwand eingeschlagenen Fuß- und Handgriffe sowie die vielen Petroglyphen erkennen lassen. Außerdem führte der uralte Verbindungspfad zwischen den Zuni-Siedlungen und den Pueblos am Rio Grande hier vorbei. Die spanischen Expeditionen des 16., 17. und 18. Jahrhunderts hielten hier Rast, bevor sie die kontinentale Wasserscheide überschritten und das unwegsame Malpais-Lavagebiet weiter östlich durchquerten. Auch Coronado, oder zumindest ein Teil seiner Expedition, kam dem alten Indianerweg folgend an diesem Ort vorbei, ohne jedoch Spuren zu hinterlassen. Der früheste spanische Bericht über El Morro befindet sich im Reisejournal des Diego Perez de Luxian, der dort am 11. März 1583 seinen Wasservorrat ergänzte. Zahlreiche Namenseinritzungen von spanischen Soldaten, Kolonisten, Priestern und Ordensleuten oder auch von kolonialen Gouverneuren wie Don Juan de Onate oder Don Diego de Vargas zeugen von dieser Zeit.[14] Onates in den Fels geritzte Eintragung besagt, dass er am 16. April 1605 auf dem Rückweg von seiner Erkundungsexpedition zum Golf von Kalifornien hier vorbeikam: „Paso por aqui el adelantado Don Juan de Onate, descubrimiento de lar mar del sur a 16 de April de 1605." („Hier ist der Gouverneur Don Juan de Onate nach seiner Entdeckung des Südmeeres am 16. April 1605 vorbeigekommen"). Es war nicht das erste Mal, dass er in El Morro sein Lager

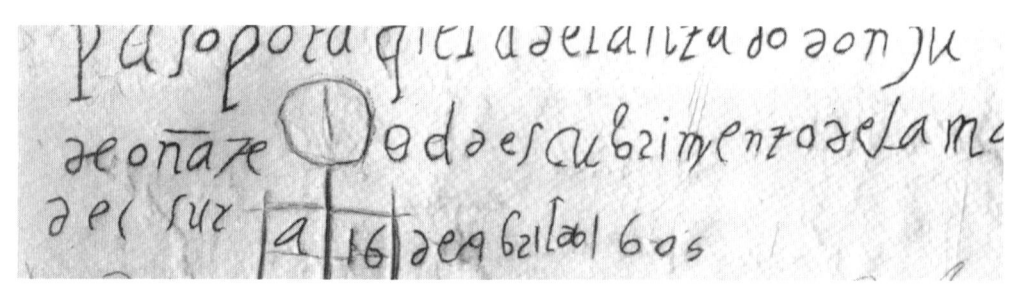

Die Inschrift von Juan de Onate

aufschlug; 1598 hatte er an diesem Ort die Schreckensbotschaft vom Überfall der Acoma-Indianer auf seine Soldaten erhalten.

Die längste Eintragung stammt von dem wegen seiner antiklerikalen Haltung in die Geschichte New Mexicos eingegangenen Gouverneur Juan de Eulate vom 29. Juli 1620. Auf dem Rückweg von Friedensverhandlungen mit den feindseligen Zuni verewigte er sich prahlerisch als „allerchristlicher [...] und hervorragender und edler Soldat". Ein ihm offensichtlich nicht wohlgesonnener Pater oder Priester hat das hier zu vermutende Wort „Edelmann" nachträglich getilgt. Die geschichtlich bedeutsamste Inschrift neben jener Onates stammt aus dem Jahr 1692 von General Don Diego de Vargas, dem Rückeroberer und ersten Gouverneur von New Mexico nach der Pueblo Revolution: „Aqui estuvo General Don Diego de Vargas, quien conquisto a nuestra Santa Fey a la Real Corona todo el Nuevo Mexico a su costa, Ano de 1692" („Hier weilte General Don Diego de Vargas, der für den Heiligen Glauben und für die königliche Krone ganz New Mexico auf eigene Kosten eroberte, im Jahr 1692"). An ein tragisches Ereignis erinnert die Inschrift eines neuspanischen Soldaten namens Lujan aus dem Jahr 1632: „Se pasaron a 23 de marzo de 1632 anos a la venganza de muerte del Padre Letrado. Lujan." („Sie kamen hier am 23. März 1632 vorbei, um den Tod des Padre Letrado zu rächen. Lujan"). Padre Ledrado war der Erbauer der ersten Missionskirche im Salinas Pueblo Gran Quivira, bevor er im Februar 1632 zu den Zuni versetzt wurde. Diese ermordeten ihn kurze Zeit nach seiner Ankunft. Aus der in der Inschrift angekündigten „Rache" wurde allerdings nichts, da sich die Zunis wie immer bei drohender Gefahr auf ihre Flucht-Mesa zurückzogen.

Die meisten anderen Eintragungen am Sandsteinfelsen von El Morro stammen von amerikanischen Entdeckern, West-Pionieren, Abenteurern, Soldaten und Siedlern des 19. Jahrhunderts. Die erste englischsprachige Inschrift stammt von Lt. James H. Simpson und Richard H. Kern. Beide gehörten einem militärischen Erkundungstrupp an, der hier im September 1849 Rast machte. Kern hat sich mit Landschaftszeichnungen, die er für die Armee anfertigte, sowie mit seinen ethnographisch bedeutsamen Skizzen der Pueblos und ihrer Bewohner einen Namen gemacht. Von ihm stammen auch die ersten authentischen Kopien der spanischen Inschriften in El Morro. Vier Jahre später wurde Kern auf einer Expedition mit John Gunnison in Utah von Indianern grausam ermordet.

Historisch interessant ist auch die Eintragung „John Udell. Age 63. July 8 1858. First Emigrant". Udell war ein Babtistenprediger, der mit seiner Frau an einem Siedlertreck nach Kalifornien teilnahm. Der Wagenzug wurde einige Zeit später am Colorado River von Indianern überfallen, wobei einige der Emigranten getötet und die mitgeführten Tiere geraubt wurden. Udell, seine Frau und andere Überlebende mussten die weite Strecke nach Albuquerque zu Fuß zurücklegen. Die Lust zu einer weiteren Eintragung auf dem Rückweg war ihm wahrscheinlich vergangen. Am eindrucksvollsten ist die kalligraphische Inschrift von E. Pen Long, einem Mitglied der von Lt. Edward Beal geleiteten Versuchskarawane, die im Jahr 1857 die Brauchbarkeit von Kamelen in den Wüsten des Südwestens testete.

Bei näherer Betrachtung der Inschriften fällt auf, dass es auf den Felsen viele abgeschabte Stellen gibt und dass nach 1900 kaum noch Eintragungen existieren. Dies ist darauf zurückzuführen, dass übereifrige Bürokraten der Nationalparkverwaltung in den 1930er Jahren hunderte von Inschriften, von deren Unbedeutendheit sie überzeugt waren, tilgten. Unter den abgekratzten Inschriften befanden sich möglicherweise auch jene von Kit Carson und Billy the Kid, die an diesem Ort vorbeikamen. Dieselben Beamten haben auch vor dem Visitor Center eine große Sandsteinplatte aufgestellt, damit die Besucher dort und nicht am Felsen ihre Unterschriften hinterlassen können. Eine wahrhaft pragmatische amerikanische Lösung!

Man muss sich an diesem wunderschönen, geschichtsträchtigen Ort genug Zeit nehmen, die vielen Namenseintragungen am Inscription Rock sowie die indianischen Petroglyphen studieren und die Phantasie in die Vergangenheit schweifen lassen. Am späteren Nachmittag sollte man unbedingt auf die Mesa hinaufsteigen. Der Blick von den windverblasenen Steinplatten der höchsten Erhebung in den blutroten Sonnenuntergang vor der schwarzen Silhouette der Mesas am westlichen Horizont bleiben dem Besucher unvergesslich. Ein gut ausgebauter, mäßig ansteigender Weg führt auf der Rückseite des Felsmassivs, an den reichlich beschriebenen und bekritzelten rötlich-gelben Felswänden vorbei durch alte Ponderosa-Pinienbestände hinauf zum Rand des bewaldeten inneren Canyons. An seinem Südostrand stößt man auf die 700 Jahre alte Anazasi-Siedlung A'ts'ina und genießt von dort einen großartigen Blick über die Wüstenebenen hinüber zum im Norden liegenden Mount Taylor, dem heiligen Berg der Keres-Indianer. Von den ehemals mehrstöckigen Steinbauten sind heute nur noch ein paar Grundmauern übriggeblieben. Die Bewohner haben spätestens um 1400 die luftigen Höhen verlassen und sind nach Westen in die Zuni-Siedlungen gezogen. Der Rückweg führt auf einem etwas steileren, aber gut gesicherten Felspfad zurück zum Visitor Center. Der ganze Rundweg ist samt Besichtigungen in zwei Stunden leicht zu schaffen.

In der Nähe von Bernalillo liegen an der Interstate 40 die spärlichen, stark restaurierten Überreste jenes „Tiguex", wo Coronado mit seinen Männern Ende 1540 ihr Winterlager errichtet haben sollen. Das dort anlässlich des 400jährigen Jahrestages eingerichtete **Coronado State Monument** erinnert an diese historischen Ereignisse. Das Kuaua-Pueblo, wie der ursprüngliche indianische Name lautet, wurde um ca. 1300 n.

Chr. besiedelt und entwickelte eine blühende Landwirtschaft entlang dem Rio Grande. Interessant sind die Reste präkolumbianischer indianischer Wandmalereien, die man bei Ausgrabungen in den 1930er Jahren in der sogenannten Painted Kiva fand. Es handelt sich um große, geometrisch und in mehreren Schichten gemalte Figuren, deren religiöse Bedeutung unklar ist. Von Coronado und seinem Lager wurde allerdings an diesem Ort keine Spur gefunden. Hingegen entdeckten Archäologen im Jahr 1986 zwei Meilen weiter südlich am Rand des ehemaligen Santiago Pueblo Reste alter Holzkohle-Feuerstellen mit Lochreihen von Zeltpflöcken, zahllose Schafsknochen, Keramikscherben, einen eisernen Hufnagel, ein Stück einer Eisenrüstung sowie sechs Spitzen von Armbrustpfeilen, davon eine in einem menschlichen Skelett. Da es vor Coronado kein Eisen und keine Schafe in New Mexico gab und die Coronado-Expedition die letzte mit Armbrüsten ausgerüstete Truppe war, kann angenommen werden, dass es sich bei diesem Fundort um Coronados Winterlager im Jahr 1540 handelt.[15] Auch die Karbondatierungen haben diese Vermutung bestätigt. Das State Monument liegt also offensichtlich an einem falschen Ort, was jedoch niemanden in New Mexico zu stören scheint. Die landschaftlich schöne Lage des ehemaligen Tiguex Pueblo direkt am Rio Grande, die Painted Kiva und das kleine historische Museum mit seiner Sammlung indianischer und spanischer Artefakte machen den Ort sehenswert. Der Rio Grande ist hier keineswegs ein mächtiger Strom, wie man aus seinem Namen ableiten könnte, sondern eher ein gemächlich dahinplätschernder, mäandernder, schilf- und wiesengesäumter Fluss inmitten üppig grüner Felder und Weißpappel-Wälder. Dahinter ragen majestätisch die Sandia-Berge empor. Im nahegelegenen **Rio Grande Nature Center** kann man sich ein Bild von der reichen Tier- und Pflanzenwelt der damaligen Zeit machen und sich vorstellen, wie paradiesisch den Spaniern nach dem monatelangen Marsch durch die heißen, baum- und wasserlosen Wüsten im Westen dieser Ort erschienen sein muss. Die Beschreibung, die Hernando de Alvarado, der Führer des vorausgeschickten Erkundungstrupps, in seinem Bericht an Coronado gibt, vermittelt etwas von dieser positiven Stimmung: „Der Fluss unserer heiligen Jungfrau [=Rio Grande] fließt durch eine weite offene Ebene mit Maisfeldern, Wäldern und zwölf Dörfern. Die Häuser sind aus Lehm gebaut und zwei Stockwerke hoch. Die Menschen sind stattlich, eher bäuerlich als kriegerisch. Sie haben große Nahrungsvorräte aus Mais, Bohnen, Melonen und Geflügel. Sie kleiden sich in Baumwolle, Leder und in Federkleidung und tragen ihre Haare kurz. Sie verehren die Sonne und das Wasser. Wir fanden Erdhügel außerhalb des Ortes, wo sie ihre Toten begraben."[16] Der Empfang durch die Bewohner des Pueblos war freundlich; sie hießen Alvarado und seine Männer mit Trommeln und Flötenspiel willkommen und überreichten ihnen Türkis-Schmuck und gewebte Tücher als Geschenke. Leider war diese friedliche Situation, wie berichtet, schon bald für immer vorüber.

Bis heute ist im Tal des Rio Pecos ca. 20 Meilen östlich von Santa Fe die große Ruinenanlage des alten **Pecos Pueblo** erhalten geblieben. Der Ort ist sowohl in landschaftlicher als auch in historischer Hinsicht sehenswert. Die Ruinen liegen auf einem felsigen Plateau über einem grünen Talbecken am Rand der Sangre de Cristo-Berge. Über den

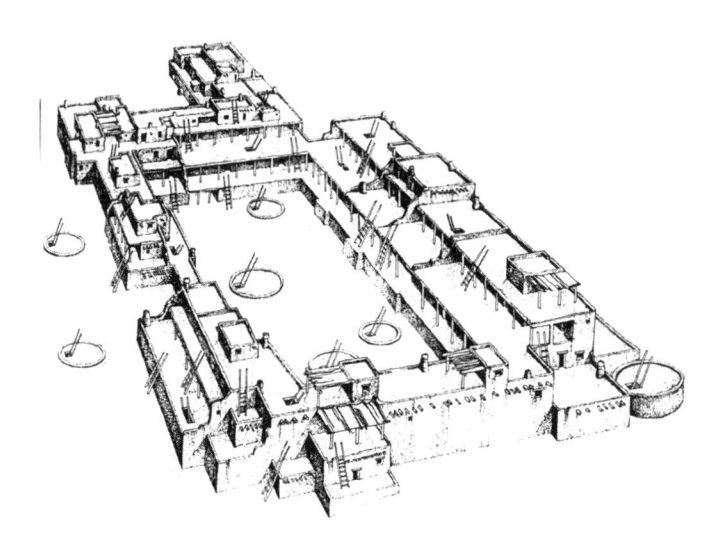

Pecos Pueblo

ausgegrabenen Grundmauern des alten Pueblo ragen die Reste der alten Missionskirche empor. Davor liegt als indianischer Antipode eine große sorgfältig restaurierte kreisrunde Kiva. Pecos war einer der wichtigsten Orte im gesamten Südwesten und fungierte als Durchgangstor der Pueblo-Indianer auf dem Weg in die Gras- und Büffelebenen im Osten.[17] Es war der östlichste Punkt der Pueblo-Kultur, wo die Pueblos mit den nomadischen Prärie-Indianern ihre Handelsgeschäfte abwickelten. Keramik, Webstoffe und Türkisschmuck wurden gegen Büffelfelle, Büffelfleisch und Feuersteine getauscht, und die Pecos-Indianer fungierten dabei als Gastgeber, Dolmetscher und Vermittler. In den unterhalb des Pueblo liegenden Feldern wurden noch Spuren der alten Tipi-Bodenringe gefunden. Die Spanier verwendeten Pecos als Stützpunkt auf ihren Expeditionen in den Osten, und auch der spätere Santa Fe Trail führte hier durch.

Seit dem frühen 15. Jahrhundert war das Pecos-Tal von Indianern besiedelt. Auf den Feldern wurden Mais, Bohnen und Kürbisse angebaut, und die umliegenden Wälder lieferten Feuerholz, Nüsse und Beeren. Die Bewohner waren auffallend kleinwüchsig – nur etwa 1,50 Meter groß – die Männer trugen Tierfelle und die älteren und verheirateten Frauen an einer Schulter zusammengehaltene, mit Truthahnfedern besetzte Umhänge. Das große und eindrucksvolle Pueblo war zu seiner Blütezeit um die Mitte des 16. Jahrhunderts von ca. 2.500 Menschen bewohnt; der große U-förmig angelegte Gebäudekomplex bestand aus 660 zum Teil mit Fenstern versehenen Räumen und 22 unterirdischen Kivas. Auf den oberen Gebäudeterrassen konnte man ungehindert das ganze Pueblo begehen und die Aussicht genießen. Castaneda, der 1540 zusammen mit Alvarado als einer der ersten Europäer unter Trommel- und Flötenklang vom Häuptling Bigote durch den Ort geführt wurde, gibt folgende Schilderung:

3 Spanische Entrada

Cicuye ist mit seinen 500 Kriegern ein im ganzen Land gefürchtetes Pueblo. Es ist rechteckig angelegt und liegt mit seinen Kivas (estufas) auf einer felsigen Anhöhe inmitten eines ausgedehnten Platzes. Die Häuser sind gleichförmig und vier Stockwerke hoch. Die Terrassen auf der zweiten Ebene, auf denen man durch die ganze Stadt gehen kann, werden von einer breiten Brüstung in Form überhängender Balkone begrenzt, unter denen man Schutz findet. Die Bewohner benützen bewegliche Leitern, um zu den höheren Gängen an der Innenseite des Pueblo hinaufzusteigen. Das ganze Pueblo ist von einer niedrigen Steinmauer umgeben. Innerhalb dieser befindet sich eine Quelle, deren Wasser in die Häuser geleitet wird. Die Bewohner und ihre Lebensgewohnheiten gleichen jenen anderer Pueblos. Die Mädchen sind bis zu ihrer Verheiratung nackt, weil auf diese Weise, so sagen sie, Fehltritte alsbald sichtbar und deshalb vermieden werden. Sie schämen sich nicht, so herumzulaufen, wie sie auf die Welt kamen.[18]

Als Onate im Juli 1598 nach Pecos kam, setzten ihm die Bewohner keinen Widerstand entgegen. Nach der üblichen Verlesung des Requerimiento schworen sie ohne Widerstand den Unterwerfungseid. Nach dem Scheitern eines früheren Missionierungsversuches ließen sich die ersten Franziskaner um 1620 unter Führung von Fray Andres Juarez im Pueblo nieder. Sie beseitigten alles Heidnische und errichteten mit Hilfe der indianischen Bewohner innerhalb von vier Jahren die 52 mal 27 Meter umfassende, massive erste Missionskirche Nuestra Senora de los Angeles. Mit ihren bis zu fünf Metern dicken Stützmauern, ihren sechs Türmen und 300.000 Adobeziegeln und einem Gesamtgewicht von 6.000 Tonnen war es die größte Kirche im damaligen Neu-Mexiko – ein alles überragendes Symbol spanischer Macht und der Stolz der franziskanischen Mission. Davor lag das Convento mit seinen Empfangs-, Wohn-, Unterrichts-, Handwerks- und Vorratsräumen. Die Franziskaner legten Obst- und Gemüsegärten an und hielten Schafe und Ziegen im angrenzenden Korral. Die Indianer wurden offiziell zum Katholizismus bekehrt und zu einer spanisch-europäischen Lebens- und Arbeitsweise angehalten, bewahrten aber insgeheim ihre alten Bräuche und Überlieferungen. Dies zeigte sich, als sie in der Pueblo-Revolte im Jahr 1680 das spanische Joch abschüttelten, alle religiösen Gegenstände vernichteten, den Priester töteten, die Kirche

Missionskirche und Kiva von Pecos

in Brand setzten und bis auf die Grundmauern niederrissen. Erst 1967 konnten diese durch archäologische Grabungen wiedergefunden und freigelegt werden.

Vor der alten Kirche, anstelle des vormaligen Konvents, erbauten die Bewohner demonstrativ die schon erwähnte riesige Kiva. Aber elf Jahre später, nach der Rückeroberung Neu-Mexikos durch die Spanier, verhielten sie sich friedlich und empfingen Diego de Vargas ohne Feindseligkeiten. Der Bau einer neuen, kleineren Kirche wurde in Angriff genommen, aber die Einweihung erfolgte erst 1717. Im Verlauf des 18. Jahrhunderts sank die Bevölkerung durch häufige Komanchen-Angriffe sowie durch Schafblattern- und Masernepidemien auf unter 100. Die letzten 17 Bewohner verließen 1838 das Pueblo und zogen in das 80 Meilen entfernte, die gleiche Sprache sprechende Jemez-Pueblo. Schon zu dieser Zeit wurde Pecos zu einer Art indianischer Geisterstadt. Spätestens ab 1858, als die Holzteile der Kirche von einem frühen weißen Siedler abgetragen und zum Bau eines Korrals verwendet wurden, war auch die zweite Missionskirche dem Verfall preisgegeben.[19]

Die früheste amerikanische Erwähnung von Pecos findet sich in einem 1821 verfassten Bericht von Thomas James, einem der ersten Reisenden aus Missouri auf dem Weg nach Santa Fe. Er und die vielen Reisenden des Santa Fe Trails, die nach ihm im 19. Jahrhundert durch den Ort kamen, schlugen in der Nähe ihre Camps auf. Sie bestaunten die spektakulären Ruinen, rätselten über ihre Herkunft und umrankten sie mit allerlei Geschichten und Mutmaßungen. So wurde von einer in der Kiva versteckten Riesenschlange erzählt oder von einem geheimnisvollen, auf Montezuma zurückgehenden ewigen Feuer. Auch Susan Magoffin, eine der ersten weiblichen Reisenden nach New Mexico, gibt in ihrem Reisetagebuch *Down the Santa Fe Trail* (1847) eine anschauliche Beschreibung der Ruinen. Interessant ist an ihrer Schilderung, dass im Jahr 1847 die alte Missionskirche noch nicht völlig demoliert war und die geschnitzten Deckenbalken, die große hölzerne Eingangstür und der Altar noch vorhanden waren.[20]

Zwei Jahrzehnte später wurde die Santa Fe Railway durch das Pecos-Tal gebaut und die Besichtigung der historischen Ruinen mittels Plakaten und Broschüren propagandistisch und kommerziell ausgebeutet. Ab 1915 grub der Archäologe Alfred V. Kidder in 12 Grabungssaisonen das Pueblo systematisch aus, wobei er auf eine große Abfallgrube mit zahlreichen, aus verschiedenen Epochen stammenden Artefakten und Grabstellen stieß. Insgesamt legte er 1.200 Skelette frei, und sammelte hunderttausende von Keramikscherben, die er und seine Frau sorgfältig ordneten und säuberten. Auf der Grundlage dieser Funde aus verschiedenen Schichtebenen erarbeitete Kidder erstmals eine kulturhistorische Chronologie der Pueblo-Indianer. 1927 legte Kidder zusammen mit anderen Archäologen auf der Basis der Grabungsergebnisse die bis heute in ihren Grundzügen gültige Klassifikation der Basketmaker- und Pueblo-Kulturphasen fest.[21] 1965 wurde der geschichtsträchtige Ort zum National Monument erhoben und 1990 zum National Historical Park erweitert.

4. Kolonie Neuspaniens

Juan de Onates Koloniegründung im Jahr 1598 – das Massaker von Acoma, seine historischen Hintergründe und Folgen – **Acoma Pueblo** und die Missionskirche San Esteban del Rey – die Pueblo-Revolte von 1680 – die Reconquista des Don Diego de Vargas im Jahr 1692 – die franziskanische Mission und ihre alten Kirchen: **Jemez National Monument, Laguna, Chimaio, Las Trampas, Ranchos de Taos** und **Salinas Pueblos** – die Geschichte der spanischen Kolonie – die Raubzüge der „wilden" Indianerstämme – der Dauerkonflikt zwischen weltlicher und kirchlicher Macht – die Großgrundbesitzer als Machthaber der Kolonie – **Santa Fe** und der Gouverneurspalast – Alltagskultur in der **Hacienda de los Martinez** in Taos.

Die Tragödie von Acoma und ihr historisches Umfeld

Etwa achtzig Meilen westlich von Albuquerque führt von Laguna aus eine Straße in südwestlicher Richtung zum Acoma Pueblo. Dieses überragt auf einem 120 Meter hohen Felsplateau die Wüstenebene und ist seit dem Ende des 11. Jahrhunderts bewohnt. Heute leben nur noch ein paar Familien ohne Fließwasser und Strom in der luftigen „Sky City", denn die ursprüngliche Bevölkerung ist längst in die umliegenden Dörfer der Reservation weggezogen. Schon 1540 fiel die spektakuläre Lage des Ortes den spanischen Entdeckern auf. Hernando de Alvarado, ein Erkundungsoffizier Coronados, beschreibt ihn in seinem Bericht als eine schwer erklimmbare, uneinnehmbare Festung.[1] 58 Jahre später, im Januar 1598, kam es an diesem Ort zum tragischsten Massaker der Kolonialgeschichte New Mexicos, in dem an die 1.000 Indianer einen grausamen Tod fanden. Was waren die historischen Hintergründe dieser Katastrophe und welche Folgen hatte sie für die Weiterentwicklung der spanischen Kolonie?[2]

Die Desillusionierung über die „gescheiterte Expedition" Coronados – das Ausbleiben von Gold und Silber – dämpfte Jahrzehnte lang das Interesse Neuspaniens an den neu entdeckten Gebieten im Norden. Au-

Die Felsfestung von Acoma

ßerdem ließen reiche Silberfunde in Mexiko zu dieser Zeit die Spekulanten im eigenen Land ihr Glück versuchen. Als vierzig Jahre später nach einigen nicht-autorisierten und fehlgeschlagenen Unternehmungen die Besitzergreifung der Nordregion wieder offiziell ins Auge gefasst wurde, war die Gier nach Edelmetallen nicht mehr das Hauptmotiv. Ein königliches Dekret aus Madrid im Jahr 1583 forderte den Vizekönig von Neuspanien auf, die Kolonialisierung Neu-Mexikos und die Missionierung der dort lebenden Indianer wieder aufzunehmen. In Hinblick auf die vielen blutigen Übergriffe, die in den mittel- und südamerikanischen Kolonien schon geschehen waren, verbot der König die Anwendung von Gewalt gegenüber der indianischen Bevölkerung und erließ strikte Verhaltensregeln für Soldaten, Kolonisten, Priester und Ordensleute. Die alte Forderung des Dominikanermissionars und „Apostels der Indianer" Bartolomé de las Casas (1474-1566), die indianische Bevölkerung nicht zu versklaven, hatte sich zumindest auf dem Papier durchgesetzt. Der Begriff Eroberung (*conquista*) wurde aus dem offiziellen Vokabular gestrichen und durch Befriedung (*pacificacion*) ersetzt. Um eigenmächtigen Abenteurern einen Riegel vorzusetzen, unterstanden ab sofort alle Unternehmungen in der neuen Kolonie dem persönlichen Oberbefehl des Königs. Der reiche Silberminenbesitzer Don Juan de Onate aus Zacatecas erhielt den offiziellen Auftrag, einen großen Treck zum Rio Grande zu führen und die Kolonialisierung auf eigene Kosten in Angriff zu nehmen.[3] Für seine Dienste erhielt er ein jährliches Salär von 6.000 Dukaten, das Recht der Landvergabe und den Titel eines Gouverneurs (*adelantado*). Onate brach im April 1598 mit 83 Planwagen, acht Ordensleuten und Priestern, 400 Soldaten und Kolonisten, darunter 130 Familien, einer großen Schar indianischer Begleiter und einer riesigen Viehherde nach Norden auf. Beim heutigen El Paso nahm er Nueva Mexico offiziell für König Philipp II. in Besitz und erreichte im August den oberen Rio Grande. Unweit der Einmündung des Chama-Flusses errichtete er sein erstes Hauptquartier, verlegte es jedoch einige Monate später auf die andere Flussseite nach San Gabriel. Ein eindrucksvolles, 1991 errichtetes und von der indianischen Bevölkerung abgelehntes Reiterdenkmal Onates erinnert bis heute an diese Ereignisse. Der 1.300 Meilen lange Weg von Ciudad de Mexico nach San Gabriel wurde hinfort El Camino Real, der „Königliche Weg", genannt.

Anfangs schien die Gründung der Kolonie nach Plan zu laufen. Im Pueblo von Santo Domingo, dem Hauptsitz (*custodia*) des Franziskanerordens, ließ Onate die Stammeshäuptlinge zusammenkommen und den Unterwerfungseid auf die katholische Kirche und den König von Spanien schwören. In den Pueblos wurden Ortsvorsteher eingesetzt und Distriktverwaltern unterstellt. Eine Tributpflicht der indianischen Bevölkerung (*encomienda*) und die Verpflichtung zu Lohnarbeit für die Kolonie (*repartimiento*) wurde eingeführt. Gleichzeitig sandte Onate Requirierungstrupps in die Pueblos aus, um die immer knapper werdenden Nahrungsreserven zu ergänzen. Diese Unternehmungen arteten jedoch bald zu reinen Plünderungszügen aus und schürten den Hass und den Widerstand der Indianer gegen die spanischen Eindringlinge. Andererseits verstärkte das königliche Verbot, indianische Siedlungs- und Anbaugebiete mit Gewalt in Besitz zu nehmen, den

Unmut der Kolonisten. Sie warfen Onate vor, dass er sie unter Vorspiegelung falscher Hoffnungen in die unwirtliche Fremde gelockt hatte und forderten härtere Maßnahmen gegenüber den Indianern oder die unverzügliche Rückkehr nach Mexiko. Dies ist der bedrohliche Hintergrund, auf dem sich die Tragödie von Acoma zusammenbraute.[4]

Am 4. Dezember 1598 ritt eine 18 Mann starke Abordnung unter Leitung von Juan de Zaldivar zum Acoma Pueblo, um Nahrungsmittel einzufordern. Die Indianer ließen die nichtsahnenden Soldaten auf dem „Katzensteig" zu ihrer Zitadelle hinaufsteigen, führten sie in ihr verzweigtes Speichersystem, um sie so von einander zu trennen. Dann fielen sie völlig unerwartet über die Spanier her und töteten 13 von ihnen, darunter den sich verzweifelt wehrenden Juan de Zaldivar. Fünf Männer konnten durch tollkühne Sprünge in die Tiefe entkommen, wobei einer zu Tode stürzte. Der Vorfall hatte verheerende Folgen und brachte die Kolonie an den Rand des Scheiterns. Die Indianer erkannten, dass die weißen Halbgötter nicht unbesiegbar waren, und verstärkten ihren Widerstand. Angesichts der Gefahr eines konzertierten Pueblo-Aufstandes beschloss Onate ein Exempel zu statuieren und einen Kriegszug mit „Blut und Feuer" (*guerra de sangre y fuega*)[5] gegen Acoma zu führen. Am 12. Januar 1599 stand eine Strafexpedition von 70 spanischen Soldaten unter Führung von Juan de Zaldivars Bruder Vicente unter der Felsenfestung. Sie waren hoch zu Ross und bis zu den Zähnen mit Feuerwaffen, Schilden, Schwertern, Spießen, Äxten, Morgensternen und Haubitzen bewaffnet. Oben am Felsenplateau jedoch bereiteten ihnen über tausend johlende und tanzende Krieger, von denen einige die Helme und Rüstungen der Erschlagenen trugen, einen furchterregenden Empfang und ließen Pfeile und Steine auf sie herabprasseln.

Unter Vortäuschung eines Frontalangriffs lenkten die Spanier die Aufmerksamkeit auf sich, während ein kleiner Elitetrupp von 11 Mann unter Zaldivars Führung heimlich einen Nebenfelsen erklomm und sich dort verschanzte. In der Nacht wurden Holzbalken hochgehievt, um die schmale Kluft zwischen Nebenfelsen und Hauptplateau zu überbrücken, und zwei Haubitzen mit je 200 Kugeln wurden in Stellung gebracht. Als die Indianer die List entdeckten und die Spanier unter dem Feuerschutz der

Kanonen ins Pueblo eindrangen, begannen erbitterte Kämpfe, die sich über drei Tage hinzogen. In immer neuen Wellen wehrten sich die Acoma-Krieger, bis sie schließlich niedergerungen werden konnten. An die 800 Acoma, darunter viele Frauen, wurden niedergemetzelt. Festgenommene Krieger wurden in einer unterirdischen Kiva gefangen gehalten und am dritten Kampftag Mann für Mann herausgeholt, getötet und in den Abgrund geworfen. Die Spanier ihrerseits erlitten auf Grund ihrer systematischen Kampfstrategie und überlegenen Waffen kaum Verluste. Nur zwei von ihnen blieben auf der Strecke. Alle Unterwerfungsangebote der Besiegten wurden zurückgewiesen und das gesamte Pueblo bis auf die Grundmauern zerstört und niedergebrannt. In ihrer Verzweiflung stürzten sich etliche Bewohner in den Abgrund, Familienmitglieder töteten einander, um der Gefangennahme zu entgehen, während andere in ihren Hütten verbrannten. An die 500 Frauen und Kinder und 80 Männer überlebten das Gemetzel, wurden nach Santo Domingo gebracht und vor ein Strafgericht gestellt. Am 12. Februar wurde das grausame Urteil verkündet: Allen männlichen Gefangenen im Alter von über 25 Jahren wurde ein Bein abgehackt. Zusammen mit den Frauen und den über 12jährigen Kindern wurden sie außerdem zu zwanzigjähriger Zwangsarbeit in der spanischen Kolonie verurteilt. 60 minderjährige Acoma-Mädchen wurden nach Neuspanien verschleppt und in Konvente gesteckt. Zwei Hopi-Indianern, die sich während des Massakers in Acoma aufhielten, wurde zur Abschreckung die Hand abgeschlagen. Die Kunde vom Sieg der 70 Spanier über tausend indianische Krieger auf der als uneinnehmbar geltenden Festung verbreitete sich wie ein Lauffeuer in der ganzen Region und führte zur völligen Demoralisierung der Pueblos. Der indianische Widerstand brach bis auf wenige Ausnahmen zusammen und die Spanier konnten mehr oder weniger ungehindert von Neu-Mexiko Besitz ergreifen.[6]

Die heutigen Besucher von Acoma erfahren von dieser Katastrophe vor Ort nichts, denn die offiziellen Fremdenführer und die im Visitor Center verkauften Broschüren schweigen sich darüber aus. Die Tatsache, dass über tausend Vorfahren auf ihrem Stammessitz von so wenigen Weißen vernichtend geschlagen wurden, lastet wie ein verdrängtes Trauma über dem Ort. Es ist auch nicht möglich, sich auf eigene Faust ein Bild von dem historischen Geschehen zu machen, da das Pueblo nur in Besucherbussen über eine neue Asphaltstraße an der Rückseite der Mesa erreichbar ist. Im Ort wird man in Gruppen an den Keramik- und Schmuckständen vorbei durch die etwas desolat wirkenden Straßen geschleust. Ein individuelles Verweilen und Erkunden ist nicht gestattet. Dennoch lohnen die alten, braunen Adobe-Häuser mit ihren Flachdächern, Leitern und Horno-Backöfen, die dazwischen herumradelnden Indianerkinder (s. Abb. 5) und die prächtige Aussicht in die umliegende Mesa-Landschaft einen Besuch dieser historischen Stätte.

Einen Eindruck besonderer Art hinterlässt die mächtige alte Missionkirche San Esteban del Rey. Bezeichnenderweise wurde sie erst 1629, fast drei Jahrzehnte nach dem Massaker errichtet.[7] In elfjähriger Bauzeit ließ sie Pater Juan Ramirez an der Südwestkante des Plateaus mittels indianischer Sklavenarbeit erbauen. Um das Material von der

Ebene nach oben zu bringen, musste ein ausgesetzter Steig, bis heute „Camino de los Padres" genannt, in den Felsen gehauen werden. Die Mauern der Kirche sind bis zu drei Meter dick und 12 Meter hoch; zwei massige Türme begrenzen links und rechts die Frontseite. Die 30 m langen Holzbalken für die Deckenkonstruktion mussten die Indianer vom 50 Meilen entfernten Mount Taylor herbeischleppen. Die religiöse Trutzburg sitzt wie ein Fremdkörper im Ort; noch im 18. Jahrhundert wurde ein tyrannischer Priester von den aufgebrachten Bewohnern überwältigt und in den Abgrund geworfen. Das Innere der Kirche ist von einer monumentalen und dumpfen Schlichtheit. Ursprünglich gab es keine Kirchenbänke, und man kann sich vorstellen, wie die indianischen Familien in ihren bunten Gewändern am Boden sitzend der Messe beiwohnten. An die Kirche schließt das Konvent an mit seinen Wohn-, Unterrichts-, Lagerräumen und Werkstätten. Das auffallendste Detail ist eine aufgesetzte, zum Pueblo hin gerichtete Loggia mit einer geschnitzten rosafarbenen Ballustrade. Sie diente den Franziskanern nicht nur als luftige Aussichtsstelle, sondern auch als eine Art Kontrollturm, von wo die Vorgänge im Pueblo überblickt werden konnten. Willa Cather hat in ihrem Roman *Death Comes for the Archbishop* (1940) dieser Loggia ein litera-

Kirche San Esteban in Acoma

Alter Stich des Inneren von San Esteban

risches Denkmal gesetzt. Ihr Protagonist, der französisch-stämmige Bischof Latour, kommt auf einer Inspektionsreise nach Acoma, liest in der alten Kirche die Messe und empfindet seine stummen indianischen Zuhörer mit ihren „eingemuschelten Lebensformen" als „vorsintflutliche Wesen auf dem Meeresgrund". Während der Nacht, die er auf der Loggia verbringt, gehen ihm düstere Grübeleien durch den Kopf. Sie spiegeln ein zutiefst gestörtes Verhältnis zwischen Indianern und Weißen, jenen „Clash of Civilizations", der bis heute in der Kultur des Südwestens spürbar ist:

Von der Loggia aus sah er die Sonne untergehen, die Wüste dunkel werden und die Schatten heraufkriechen. Er war auf einem nackten Felsen in der Wüste, in der Steinzeit und erlag dem Heimweh nach seinesgleichen, nach seiner eigenen Epoche, dem europäischen Menschen und dessen glorreicher Geschichte der Sehnsüchte und Träume. Durch all die Jahrhunderte, in denen sich sein Teil der Welt verändert hatte wie der Himmel im Morgengrauen, war dieses Volk reglos geblieben, weder an Zahl noch an Wünschen gewachsen. Felsschildkröten auf ihrem Stein. Etwas Reptilhaftes spürte er hier, etwas, das in der Starre überdauert hatte, ein Leben außer Reichweite, wie das der Krustentiere in ihrem Panzer.[8]

Die Kunde von Onates brutalem Durchgreifen in Acoma stieß trotz des vordergründigen Erfolges bei den obersten weltlichen Behörden in Neuspanien und am Hof in Madrid auf großes Unbehagen. Man brandmarkte seine grausame, dem königlichen Gewaltverbot zuwiderlaufende Vorgangsweise und stellte ihn nach seiner Amtsenthebung im Jahr 1607 vor Gericht. Sogar ein Abbruch der Koloniegründung wurde eine Zeit lang erwogen, jedoch wegen der ersten Missionserfolge der Franziskaner wieder fallen gelassen. Aber die folgenden Jahrzehnte liefen für die Pueblos alles andere als gut. Es gab wiederholt Missernten und Hungersnöte und von den Spaniern eingeschleppte Seuchen dezimierten die indianische Bevölkerung. Allein im Jahr 1640 starben 3.000 Menschen an einer Pockenepidemie. Die mehr als 90 Pueblos, die es bei der Ankunft Onates in New Mexico gab, sanken auf die Hälfte herab. Der Widerstand gegen die als Bedrohung empfundenen Spanier und ihre Religion verstärkte sich und löste wiederum Repressalien auf Seiten der Kolonie aus. So verboten die Franziskaner den Besuch der Kivas und rituellen Tänze und verfolgten aufmüpfige Schamanen mit rigorosen Strafen. Trotz wachsender Unzufriedenheit sollte es dennoch acht Jahrzehnte dauern, bis sich die Pueblos vom Acoma-Schock erholten und den großen Aufstand wagten. Dies geschah im gewaltigen Kraftakt der Pueblo-Revolte von 1680, die der spanischen Kolonie ein vorübergehendes Ende bereitete.[9] Eine starke Führerpersönlichkeit war nötig, die Pueblos dazu zu bewegen, sich gegen das spanische Joch in einer gemeinsamen Aktion zu erheben. Dieser Führer erwuchs ihnen in der Gestalt eines Schamanenführers (*cacique*) aus dem San Juan Pueblo namens Popé. Wegen seines unbeugsamen Festhaltens an der althergebrachten Religion wurde er von den Spaniern eingesperrt und ausgepeitscht – eine Demütigung, die er nie überwinden konnte. In jahrelanger Agitation und Überzeugungsarbeit gelang es ihm, fast alle Pueblos auf seine Seite zu bringen. Als die Zeit reif war, wurden geknotete Kalenderschnüre aus Yucca mit dem festgesetzten Beginn des Aufstandes durch Boten an die Vertrauensleute ausgesandt. Aber die Spanier bekamen durch Verrat Wind von dem Unternehmen und Popé musste früher zuschlagen als geplant. Er alarmierte die Pueblos mit Rauchsignalen, ging unverzüglich zum Angriff über und zerstörte innerhalb von ein paar Tagen die meisten spanischen Besitzungen. In der ersten Angriffswelle auf die verstreut liegenden spanischen Haziendas, Siedlungen und Missionen wurden an die 400 Spanier samt Frauen und Kindern sowie 21 Priester getötet. Altäre, Kreuze, Kirchenglocken, Heiligenbilder, Santos und andere kirchliche Gegenstände und Einrichtungen wurden entweiht und vernichtet, Missionskirchen und Haziendas niedergebrannt. Kirchlich geschlossene Ehen und Taufen wurden rückgängig gemacht, die Kivas geöffnet und die alten Zeremonien wieder aufgenommen. Alles, was die Spanier ins Land gebracht hatten – Kleider, Werkzeuge, Waffen, Wagen, Haustiere, Obstbäume – sollten aus den Pueblos verbannt werden. Dieser Befehl wurde jedoch von den Pueblos nur sehr eingeschränkt befolgt. Zu sehr hatten sie sich in der Zwischenzeit schon an die Annehmlichkeiten der spanischen Zivilisation gewöhnt.

An die tausend überlebende Kolonisten flüchteten in die Hauptstadt Santa Fe.[10] Dort verbarrikadierten sie sich im Gouverneurspalast und verteidigten diesen zusammen mit den Soldaten der Garnison. Bei einem Ausfall wurden 300 Indianer getötet, 50 weitere gefangengenommen und öffentlich hingerichtet. Erst durch die Zerstörung der Wasserleitungen gelang es schließlich den Aufständischen, die Oberhand zu gewinnen und die Spanier samt Gouverneur Antonio de Otermin aus Santa Fe zu vertreiben. Diese schlugen sich zum Isleta Pueblo durch und setzten sich mit anderen Flüchtlingen nach Süden in Richtung El Paso ab. Ungefähr die Hälfte der Kolonisten kehrte nach Mexiko zurück, während die anderen in Hoffnung auf eine Rückeroberung (*reconquista*) ausharrten. Ein Versuch Otermins im darauffolgenden Jahr, Neu-Mexiko zurückzuerobern, schlug fehl. Erst 12 Jahre später begann sich das Blatt zu wenden, als Popés Bemühen, die Pueblos an der Stange zu halten, an seinen autoritären Herrschaftsallüren scheiterte. Die Pueblos verweigerten sich der fortdauernden kriegerischen Solidarisierung und nahmen ihre alten Rivalitäten wieder auf. Die Spanier nutzten diese Entwicklung, spielten die Pueblos geschickt gegeneinander aus und gewannen allmählich ihre strategische Überlegenheit zurück. Im August 1692 brach General Don Diego de Vargas mit einer Streitmacht von 100 Soldaten und Scharen von

Don Diego de Vargas

indianischen Überläufern nach Norden auf und nahm Santa Fe und einige Pueblos ohne größeren Widerstand in Besitz. Aber erst im Oktober des folgenden Jahres wagte es ein Siedlertreck mit 73 Familien, 18 Priestern und einer großen Viehherde unter militärischem Schutz nach Norden aufzubrechen. Der Widerstand der Tano-Indianer, die in der Zwischenzeit Santa Fe wieder besetzt hatten, wurde bald gebrochen und die restlichen rebellischen Pueblos unterworfen. Die Rückkehrer führten eine alte Marienfigur mit sich, die sie 13 Jahre zuvor aus der Missionskirche von Santa Fe gerettet und ins Exil mitgenommen hatten. „La Conquistadora", wie sie sie nannten, wurde nun im Triumph zurückgebracht und erinnert bis heute in der Kathedrale von Santa Fe an diese unruhigen Zeiten. Die größte und erfolgreichste Revolution, die je von einer indianischen Bevölkerung gegen eine weiße Unterdrückermacht unternommen wurde, war endgültig zusammengebrochen.[11]

Die franziskanische Mission

Die Missionsarbeit der Franziskaner war angesichts der geringen Zahl an Priestern, der Weite und Unwirtlichkeit des Landes und der zumeist widerspenstigen indianischen Bevölkerung beachtlich.[12] Schon im ersten Viertel des 17. Jahrhunderts entstanden in New Mexico nicht weniger als 50 Missionskirchen, die von ca. 30 Ordenspriestern unter der Oberaufsicht eines Präsidials mit Sitz im Pueblo Santo Domingo betreut wurden. Wie die alten, ästhetisch ansprechenden Missionskirchen oder die Ruinen, die von ihnen übriggeblieben sind, zeigen, waren die Franziskaner sehr geschickte Planer und Baumeister.[14] Sie setzten ihre Sakralbauten gewöhnlich an den Rand eines Pueblo, also in unmittelbare Nachbarschaft der zu missionierenden Indianer. Sie beuteten deren Arbeitskraft aus, lehrten sie jedoch gleichzeitig, mit Werkzeugen wie Eisenäxten, Spaten, Sägen, Bohrern, Hobeln, Hebeln und Winden umzugehen. Die Padres ihrerseits übernahmen von den Pueblos die Adobe-Bauweise, die sie durch die Verwendung von Ziegelpressen verbesserten. Sie nutzten auch die Geschicklichkeit der indianischen Frauen, mit bloßen Händen den Mauerflächen die eigentümliche Qualität einer lebenden Körperhaut zu geben. Spanische Verfeinerungen wichen durchwegs einfacheren Formen und Materialien. So gibt es im kolonialen Südwesten kaum runde Mauerformen, Apsiden oder Kuppeln und keine großflächigen Glasfenster. Außer den Türmen und Ballustraden an der Frontseite sind die Bauelemente massiv und kubisch; die Dachbalken (*vigas*) ragen über die tragenden Mauern hinaus, und die Dächer bestehen aus aufgeschütteter Erde. Um die Statik der meterdicken Adobemauern und schweren Dachstrukturen zu erhöhen, fügten sie mächtige, bis zu drei Meter dicke Stützmauern an die Außenseiten und ließen kaum Fensteröffnungen zu. Die meisten Kirchen sind 40 mal 10 Meter breite Quader, manchmal mit kleinen gedrungenen Querschiffen. Im mystisch-halbdunklen Inneren mischt sich die archaische Massivität der Baustruktur mit der Buntheit mexikanischer Barockmalerei und indianischer Naturornamentik. Auf den weiß verputzten Innenwänden konnten indianische Maler ihre geometrischen Muster, Pflanzen- und Tiermotive oder die Symbole von Sonne, Mond oder Regenbogen anbringen.

Die Missionen verfügten zumeist über kleine Landwirtschaften, pflanzten Getreide und züchteten aus Europa eingeführte Obstsorten wie Äpfel, Pfirsiche, Aprikosen, Zitronen, Feigen, Pflaumen und Weintrauben. Sie hielten Schafe, Rinder und Schweine in eigenen Korralen und Weiden. Die Padres durften zwar keine Tribute einheben wie die weltlichen Herren, dafür konnten sie indianische Dienst- und Arbeitsleistungen aller Art in Anspruch nehmen. Praktisch alle manuellen Arbeiten verrichteten die Indianer; darüber hinaus dienten sie als Knechte, Mägde, Diener, Hausbesorger, Köche, Gärtner, Hirten und Sakristane. Sie bildeten den Kern der Missionsgemeinde und stellten die Verbindung zum übrigen Pueblo her. Neben der Religionsausübung und dem Katechismus versuchten die Padres, den Indianern auch die spanische Zivilisation und Kultur nahe zu bringen und lehrten sie Spanisch, Malen, Singen und Musizieren. Sie verfügten über alles, was für den Unterricht, die Messen und die Sakramentsverwaltung nötig war. Wie die erhalten gebliebenen Listen der Ordenspräsidiale bezeugen, wurden den Missionen in den alljährlichen, aus 30 Ochsenkarren bestehenden Trecks Altarbilder, Heiligenfiguren, Messgewänder, liturgische Geräte, Kandelaber, Werkzeuge, Stoffe, Lederwaren, Gebetsbücher, Musikinstrumente, Kirchenglocken aber auch Wein, Gewürze, Nahrungsmittel und Medizinen aus Mexiko geliefert. Wegen der sprachlichen Verständigungsschwierigkeiten blieben die Messen zumeist liturgisch und sakramental und die Predigt spielte eine untergeordnete Rolle. Die sprachlichen und kulturellen Barrieren machen auch verständlich, warum die Pueblos ihre eigenen religiösen Traditionen im Verborgenen weiterführen konnten. Alle Versuche der Padres, durch Überredung, Verbote oder Strafen die zeremonialen Tänze und Kiva-Rituale zu unterbinden, scheiterten letztlich am hartnäckigen Festhalten der Indianer an ihrer überkommenen Religion.

An vielen Orten des Südwestens stehen bis heute die alten massigen Missionskirchen der Kolonialzeit, entweder als Ruinen oder als sorgfältig restaurierte barocke Juwele. Vor allem die Kirchen im Jemez National Monument, in Laguna, Chimaio, Las Trampas, Ranchos de Taos und den Salinas Pueblos gehören zu den hervorragendsten Beispielen kolonialen Sakralbaus.[13] Manche von ihnen sind wahre Zitadellen aus Adobe, halb Festung halb Gotteshaus, die majestätisch über den Pueblos thronen und durch ihre Größe und Prachtentfaltung die Indianer beeindrucken und von der spanischen Macht überzeugen sollten. Im heutigen **Jemez State Monument** in der Nähe von San Ysidro tritt dem heutigen Besucher der Machtanspruch der katholischen Kirche in erdrückender Direktheit entgegen. Das über 500 Jahre alte, in einen Canyon hineingebaute Pueblo gehört zu den eindrucksvollsten historischen Anlagen New Mexicos und erlaubt einen aufschlussreichen Einblick in die Lebensrealität der Kolonialzeit. Die eng aneinandergeschmiegten niedrigen Steinmauern und Gässchen des verfallenen Dorfes überragt furchterregend die Ruine der Missionskirche San Jose de los Jemez aus dem Jahr 1620. Mit ihren 2.50 Meter dicken ziegelroten Adobemauern, winzigen Fenstern und riesigen Torbalken erhebt sie sich wie eine steinerne Riesenglucke über das eingeschüchterte

Küken des Wohnbereiches. Von den ehemaligen in New Mexico seltenen Fresken, die frühe Besucher der Kirchenruine erwähnen, ist leider nichts mehr vorhanden. Ähnlich wie Taos leistete das Jemez Pueblo von Anfang an erbitterten Widerstand gegen die Spanier. Die verhasste Kirche wurde während der Pueblorevolte von 1680 zerstört und nie wieder aufgebaut. 1694 griff Diego de Vargas auch das Fluchtdorf auf der nahen Mesa an, wohin sich die Bewohner des Ortes zurückgezogen hatten. Daraufhin flohen die Bewohner zu den Hopi und kehrten erst 1703 wieder in ihr Tal zurück. Ihre Nachkommen leben heute im 16 km entfernten neuen Jemez Pueblo.

Jemez State Monument

Wesentlich heiterer gibt sich die wunderschöne Missionskirche San Jose im **Laguna Pueblo**. Die 1706 erbaute Kirche steht wie ein mächtiges weißes Flaggschiff über der eher ärmlich wirkenden verstreuten Ansammlung von Häusern (s. Abb. 8). Der große, bunt bemalte Altar, eine erstaunliche Mischung von europäischen, mexikanischen und lokalen Einflüssen, gehört zweifelsohne zum Feinsten, was die koloniale Sakralkunst in New Mexico hervorgebracht hat. Das Prunkstück wurde von einem anonymen Franziskanerpater geschaffen, der als „Laguna Santero" bekannt ist und in New Mexico über 30 Altarbilder aus Pinienholz geschnitzt und bemalt hat. Der zentrale Gottvater mit Christuskind – beide in prächtigen Gewändern und mit strahlenden Kronen am Kopf – wird von zwei Heiligenfiguren, der Heiligen Barbara rechts und dem Heiligen Johannes Nepomuk links, eingefasst. Eine an der Decke befestigte Tierhaut ist mit den indianischen Symbolen von Sonne, Mond, Sternen und Regenbogen bemalt und stammt von einem christianisierten Pueblo-Indianer. Der Altar und auch die symbolreichen Dekor-Wandmalereien im Längsschiff, die von Frauen des Papageien-Klans gemalt wurden, strahlen eine erfrischend naive Heiterkeit und Verspieltheit aus und unterscheiden sich wohltuend von der sonst üblichen, eher schmerz- und todesorientierten spanisch-kolonialen Sakralkunst (s. Abb. 9).

An der Old High Road von Espaniola durch die Berge nach Taos liegt die ehrwürdige Kirche **El Santuario de Chimayo**. Sie wurde 1805 als Privatkapelle der wohlhabenden Abeyta-Familie erbaut und ist bis heute der beliebteste Wallfahrtsort New Mexicos (s.

Abb. 10). Obwohl das alte indianische Wasserheiligtum (ind. *tsimajo*) versiegt ist, pilgern die Indianer der umliegenden Pueblos zum Santuario, um sich mit der geweihten Tonerde (*tierra bendita*) aus einem Erdloch im Seitenflügel der Kirche den Körper einzureiben. Viele tragen die Erde auch in Tüchern nach Hause, um sie dort in Wasser aufzulösen und als Heilmittel zu trinken. Auch in Oblatenform gepresste Tonerde wird als Heilmittel angeboten. Besonders zu Ostern pilgern die Gläubigen zu Hauf in das amerikanische Lourdes, um die Heil- und Segenskräfte des Heiligen Jakobus zu erbitten. Das Innere der kleinen Kirche besticht durch seine lebendigen, farbenprächtigen Malereien und Holzskulpturen im Hauptaltar, die vom bekannten Holzschnitzer Molleno aus Santa Fe geschaffen wurden. Eine Kopie des schwarzen Christus von Esquipulas, dem berühmten Wallfahrtsort in Guatemala, ist ein Wahrzeichen der Kirche. In einem Nebenraum häufen sich die Heiligenfiguren (*santos*), wobei die Heilande hier besonders leidend und die Marienstatuen magerer als anderswo aussehen (s. Abb. 11).

15 Meilen weiter kommt man über das landschaftlich schön gelegene Truchas, wo Robert Redford den Film *The Milagro Beanfield War* drehte, nach **Las Trampas**. Dort steht die 1760 errichtete Kirche San Jose de Gracia, einer der unverfälschtesten alten Sakralbauten aus der Kolonialzeit New Mexicos. Zwei Glockentürme umrahmen die Frontfassade, deren Mitte ein Balkon mit Leitern und Türnischen ziert. An den Adobebau mit seinen herausragenden Dachbalken stemmen sich massige Stützmauern, und das Ganze ist von einer Umfassungsmauer mit geschwungenem Torbogen eingerahmt. Im Inneren prangt eine üppig bemalte Altarwand. Im linken Seitenaltar reitet ein elegant gekleideter Spanier mit schwarzem Cordoba-Hut auf weißem Pferd über einen Haufen von Leichen. Es ist niemand anderer als Santiago, der Maurenbezwinger. Die massigste und trutzigste aller franziskanischen Missionskirchen ist San Francis de Asis in **Ranchos de Taos**. Mit ihren zwei hochragenden Türmen, festungsähnlichen Stützmauern, vorspringenden Vigas und einem ummauerten Friedhof ist die Kirche die wohl klassischste Ausformung kolonialer Baukunst. Georgia O'Keeffe und der Kunstfotograf Paul Strand haben ihre unge-

Kirche von Ranchos de Taos

wöhnlichen Flächen wiederholt als Motiv für ihre formalen Gestaltungsexperimente benutzt, und noch immer ziehen die klobigen und unregelmäßigen lichtbraunen Baumassen mit ihrem Spiel aus Licht und Schatten die Künstler an. Jedes Jahr werden die Außenmauern der aus dem späten 17. Jahrhundert stammenden Kirche mit Adobelehm neu verputzt.

50 bzw. 80 Meilen südlich von Albuquerque liegen die Pueblo-Ruinen von Abó, Gran Quivira und Quarai. Sie sind heute im **Salinas Pueblo Mission National Monument** zusammengefasst und lassen sich zusammen mit dem Visitor Center in Mountainair in einem Tagesausflug von Albuquerque aus besichtigen. Auf der Fahrt durch das Rio Grande-Tal nach Süden drängt sich dem Reisenden unwillkürlich ein Vergleich mit dem Niltal auf. Wie dieses durchzieht der Rio Grande einen grünen Streifen fruchtbaren und kultivierten Landes inmitten einer sonnendurchglühten Wüstenlandschaft. Nach ca. 30 Meilen Fahrt zweigt man bei Belen nach Südosten ab. Auf einer schnurgeraden Straße geht es durch eine baum- und hauslose Wüstenebene, deren gelber Sand mit einer dünnen Grasschicht, Sagebrush und Wacholdersträuchern bedeckt ist. Links und rechts der Straße ziehen sich endlose Stacheldrahtzäune hin, die nur in großen Abständen von den Einfahrtstoren zu den entlegenen Ranches unterbrochen werden. Das Netzwerk von tausenden Kilometern Stacheldraht macht ein Durchqueren dieser Landschaften abseits der Straßen praktisch unmöglich. In der dunst- und hitzeflimmernden Ferne kriechen unendlich lange Güterzüge langsam wie Riesenraupen dahin. Was für eine Erleichterung für Reisende und Siedler der Bau der Eisenbahn in den achtziger Jahren des 19. Jahrhunderts durch die endlosen Wüstengebiete gewesen sein muss!

Nach Erreichen der südlichen Ausläufer der Manzano-Berge gelangt man über den Abó-Pass zu den Salinas Pueblo Missions, deren Name auf die riesigen Salzseen 23 Meilen weiter im Osten zurückgeht. 1598 besuchte Juan de Onate als erster Europäer diese Siedlungen und unterwarf sie der spanischen Krone. Aber die neuspanischen Kolonisten verspürten zu dieser Zeit kein großes Verlangen, sich in dieser gottverlassenen Gegend niederzulassen. Erst im frühen 17. Jahrhundert, als die Franziskaner ihre ersten Missionskirchen errichteten, wagten sich auch Siedler in die Gegend, betrieben Viehzucht und bauten Weizen und Obst an. Die drei Pueblos liegen in einem Umkreis von 25 Meilen im Estancian-Becken, einem ausgetrockneten Urzeitsee, wo sich in einer fruchtbareren Klimaphase Mammuts und Bisons auf grünen Grasebenen tummelten und prähistorische Mogollon-Siedlungen entstanden. Die Überreste von Abó liegen auf einer kleinen Anhöhe unweit eines Flusses in einem weiten, von Pinien- und Juniper-Wäldern gesäumten Tal. Darüber kreisen gewöhnlich ein paar Raubvögel und Ruinen und Landschaft strahlen eine große Ruhe aus. Vom alten indianischen Pueblo ist außer der Kirche nichts mehr zu sehen. Die einstigen zweistöckigen Steinhäuser, in denen zur Zeit der Kolonisation bis zu 800 Menschen wohnten, liegen zerfallen und unausgegraben unter kakteenbewachsenen Grashügeln. Die indianische Bevölkerung von Abó und den anderen Salinas Pueblos setzten sich gegen die spanischen Eindringlinge verzweifelt zur Wehr. Im Jahr 1601 musste Onate seinen Haudegen Vicente de Zaldivar in die Provinz entsenden, um einen Aufstand blutig niederzuwerfen. Drei Pueblos wurden niedergebrannt und angeblich 900 Menschen getötet.

Die Missionskirche San Gregorio de Abó, deren Ruinenreste heute noch stehen, wurde 1651 unter Anleitung des baubegeisterten Fray Francisco de Acevedo von indianischen Zwangsarbeitern errichtet. Sie steht an der Stelle einer früheren, kleineren Kirche und besticht durch ihre sorgfältig behauenen, kunstvoll übereinandergefügten, mit wenig Mörtel verfugten roten Sandsteinziegel. Eine Reihe von Stützmauern gaben den eher schmalbrüstigen, nur einen halben Meter dicken zwölf Meter hohen Steinmauern ihre erstaunliche Statik. Die Kirche war ursprünglich mit einem Zinnen-Parapet und Glockenturm gekrönt und bildete zusammen mit dem anschließenden Konvent einen burgartigen Gebäudekomplex, der spanisches Formgefühl mit indianischer Baukunst verband. Merkwürdigerweise befand sich im Patio ursprünglich eine kreisrunde Kiva, die später mit Schüttmaterial aufgefüllt wurde. Erst bei archäologischen Ausgrabungen im 20. Jahrhundert wurde sie wieder freigelegt. Historiker rätseln über ihre Funktion inmitten der franziskanischen Kirchenanlage und vermuten, dass sie in der ersten Missionierungsphase den Indianern als religiöser Übergangs- oder Anpassungsraum zum neuen Glauben diente. Das Innere des Kirchenschiffes enthielt keine Bestuhlung; die weiß getünchten Wände waren neben den Altären und Heiligenfiguren mit roten, blauen und schwarzen indianischen Motiven bemalt und die massiven Dachbalken mit geschnitzten Blumenmustern verziert. All dies ist längst verschwunden und kann nur aus archäologischen Überresten erschlossen werden. Die Mission unterhielt mehrere Nebenstationen (*visitas*) in den umliegenden Pueblos und war das größte franziskanische Unternehmen der Kolonie. Einer Urkunde nach hatte die Kirche sogar eine Orgel und einen indianischen Kirchenchor. Die Padres verfügten neben den üblichen Empfangs-, Wohn-, Refektoriums-, Küchen-, Handwerks- und Unterrichtsräumen auch über einen ummauerten Innenhof, einen Obstgarten und einen Korral für die Rinder und Schafe. Idyllisch kann das Leben im Pueblo trotzdem nicht gewesen sein, denn schon nach wenigen Jahrzehnten wurde Abó wieder aufgelassen. Lange Dürreperioden, Hungersnöte, Schafblattern-Epidemien sowie häufige Apa-

Die Ruinen von San Gregorio de Abó

chenüberfälle machten das Leben in der Mission auf Dauer unerträglich. 1673 verließen die Pueblo-Bewohner den Ort und zogen nach El Paso.

Die Weiterfahrt führt auf der einsamen, an alten Grundstücksgrenzen in rechtwinkligen Schwenks entlangziehenden US 55 zur 25 Meilen weiter südlich gelegenen Mission von Gran Quivira. Zu ihr gehört das alte Pueblo Las Humanas, das größte der drei ausgegrabenen Salinas Pueblos. Die Namensgebung wird Onate zugeschrieben, der angeblich die Indianer dieser Gegend wegen ihrer Gesichtsbemalung die „Gestreiften" (*los jumanos*) nannte. Wie einige in der Nähe ausgegrabene Erdgrubenhäuser verraten, gab es an diesem Ort schon eine prähistorische Siedlung. Die Bewohner ernährten sich Jahrhunderte lang von den auf den umliegenden Hängen angelegten Mais- und Kürbisfeldern, von Bisons, Antilopen und Rotwild. Der Ort profitierte vom Handel mit den nomadischen Plains-Indianern, wobei das aus den nahen Salzseen gewonnene Salz als wichtige Handelsware diente. Ab dem 17. Jahrhundert wurde das Salz nicht nur für das Würzen und Pökeln von Fleisch, sondern auch als chemischer Zusatz

Gran Quivira

beim Einschmelzen von Silber verwendet. Ganze Wagenladungen mit Salz wurden in Trecks nach Mexiko gekarrt. Im 16. und 17. Jahrhundert lebten an die 1.500 Menschen in dem rechteckig angelegten, labyrinthischen Häusergewirr aus grauem Kalkstein, das teilweise über einem 200 bis 300 Jahre älteren kreisrunden Pueblo erbaut wurde. Die unterschiedliche Qualität des Mauerwerks, die dem aufmerksamen Besucher auffällt, erklärt sich aus den verschiedenen Altersstufen. Einige zwischen den Häusern versteckte Kivas, in denen Kultgegenstände gefunden wurden, und eine große, im 17. Jahrhundert zugeschüttete Gemeinschaftskiva im Zentrum des alten Rundpueblos lassen vermuten, dass die Bewohner auch nach der Missionierung an ihrer alten Religion festhielten. Mit etwas Phantasie kann man sich das Getümmel in diesen engen Bienenwaben aus ursprünglich weiß verputztem Stein vorstellen: die maismahlenden oder töpfernden Frauen, die in den kleinen Plazas spielenden Kinder und Hunde und die Männer, die abends von der Feldarbeit oder Jagd ins Dorf heimkehrten. Wie sehr das Leben dieser Menschen von der angrenzenden Kirche und der ständigen Arbeitsverpflichtung für die Padres überschattet war, kann man nur ahnen. Ein von den Spaniern blutig niedergeworfener Aufstand im Jahr 1601 lässt jedenfalls auf erbitterten Widerstand schließen. Erst 1629, mehrere Jahre nach der Gründung der Mission, begann Pater Francisco Letrado mit dem Bau einer Kirche, aber ließ sich kurze Zeit später zu den Zuni versetzen, wo er, wie aus einer Inschrift in El Morro hervorgeht, den Märtyrertod erlitt. Eine 1659 in Angriff genommene größere Kirche, deren Reste bis heute existieren, wurde nie vollendet. Die Padres scheiterten an den widrigen Umständen dieser Zeit: lange Dürre- und Hungerperioden, ständige Überfälle der Apachen und Komanchen und eingeschleppte Seuchen. Im Jahr 1671 verließen die letzten Bewohner den Ort und suchten in anderen Pueblos Zuflucht. Die franziskanische Mission der Salinas Pueblos hatte ihr definitives Ende gefunden. Die alten Kirchen, Konvente und Dörfer verfielen und verschwanden unter Sand und Gestrüpp, bis sie im 20. Jahrhundert wieder entdeckt und teilweise ausgegraben wurden. Für die heutigen Besucher sind die Ruinen in dieser stillen und verlassenen Gegend faszinierende Gedenkstätten einer untergegangenen Epoche.

Während der mehr als 200-jährigen Kolonialzeit hielt die Kirche New Mexicos unabänderlich an ihrer konservativen Grundhaltung fest und griff mit Sakramentsverwaltung und Brauchtum tief in das Alltagsleben der Menschen ein, gleichgültig ob spanisch oder indianisch. Das Fehlen einer zentralen Kontrollinstanz in Form eines Bischofsitzes führte jedoch bei Priestern und Ordensleuten schon bald zu Missbrauch und hedonistischen Auswüchsen, etwa zu einem sehr laxen Umgang mit dem Zölibat. Eine eigenartige Mischung von kirchlicher Macht, Provinzialität und Permissivität machte sich breit und es erstaunt nicht, dass sich radikale Gruppierungen gegen das korrumpierte kirchliche Establishment auflehnten. So erinnern schwarze Holzkreuze und Kulthäuser (*moradas*) in manchen Orten Neu-Mexikos bis heute an die Bruderschaft der „Penitenten". Die Leidens- und Todesmystik dieser düsteren, politisch ultrakonservativen Vereinigung fand ihren Ausdruck in masochistischen Kreuzigungs- und Flagellationsritualen, die manchmal sogar zum Tod von Beteiligten führten.[15] Erst die Einsetzung eines Episkopats in Neu-Mexiko im Jahr 1851 und die Berufung des reformfreudigen, französischstämmigen Jean Baptiste Lamy zum ersten Erzbischof von Santa Fe führte zu positiven Veränderungen. Willa Cather hat dem Bischof in ihrem schon erwähnten Roman *Death Comes for the Archbishop* (1940) ein literarisches Denkmal gesetzt.

Weltliche Macht: Santa Fe

Die Entwicklung der neuspanischen Kolonie im 17. und 18. Jahrhundert verlief ruhig und mit Ausnahme der Pueblo-Revolte ohne nennenswerte Umwälzungen.[16] Außer einer Liste wohlklingender spanischer Adelstitel und Namen der sich alle vier Jahre ablösenden, zum Teil korrupten Gouverneure hat die Geschichte dieser Zeit wenig Berichtenswertes aufzuweisen. Die einzige Bedrohung der provinziellen Geruhsamkeit bildeten die in den umliegenden Bergregionen lebenden „wilden" Indianerstämme, vor allem die Navajo und Apachen. In regelmäßigen Abständen überfielen diese nicht nur indianische Pueblos, sondern auch die spanischen Siedlungen, Missionen und Haziendas. Sie plünderten die Vorratsspeicher, entführten Viehherden, brandschatzten und mordeten alles, was sich ihnen in den Weg stellte. Die schwache militärische Präsenz der Kolonialmacht, das Ende der alten Handels- und Tauschbeziehungen zwischen den Pueblos und den nomadischen Stämmen, der Mangel an einer ausreichenden agrarischen Selbstversorgung und die dadurch bedingte Nahrungsknappheit bildeten den Hintergrund für die Überfälle und Beutezüge. Aber auch die Pueblos und spanischen Kolonisten waren ihrerseits nicht zimperlich und führten blutige Straf- und Versklavungszüge gegen ihre Feinde. Die Unfähigkeit, diese dauerhaft zu „zähmen", unterband die territoriale Ausweitung der Kolonie in neue Lebensräume im Norden und Westen. Gleichzeitig festigte die ständige Bedrohung von außen durch einen gemeinsamen Feind das Zusammenleben zwischen den Pueblos und der Kolonie. Als sich Mexiko nach der mexikanischen Revolution im Jahr 1821 vom spanischen Mutterland loslöste und einen unabhängigen Staat bildete, wurde dies in Neu-Mexiko zunächst kaum wahrgenommen. Erst der Zerfall des kolonialen Merkantilismus und der ab 1830 immer stärker werdende Zustrom von amerikanischen Trappern, Händlern und schließlich Soldaten führte allmählich zur Erkenntnis, dass das feudale, autokratische und traditionalistische Gesellschaftssystem dem Untergang geweiht war.

Der einzige innenpolitische Dauerbrenner in der Kolonie war das Gezänk zwischen weltlicher und kirchlicher Verwaltung um die Aufteilung von Besitz und Einfluss.[17] So schuf die Ausbeutung indianischer Arbeitskräfte durch die Missionen schon bald Konflikte mit den Großgrundbesitzern, die für sich die gleichen Rechte beanspruchten. Diese hatten zwar anfangs das Privileg der *encomienda*, d. h. der Tributeinhebung in Form von Naturalien, aber die Versklavung von Pueblo-Indianern war ihnen verboten.[18] Nur „heidnische" Indianer, die außerhalb der Missionsgebiete lebten, wurden in den erwähnten Vergeltungszügen entführt und versklavt, so dass fast jeder größere Kolonialhaushalt über indianische Arbeitssklaven verfügte. Die Behörden tolerierten diese verbotene Praxis stillschweigend und traten darüber hinaus für eine schärfere Gangart auch gegenüber den Pueblos ein. Die Ordensgeneräle lehnten dies als Gefährdung der Missionstätigkeit ab und protestierten gegen die materielle Ausbeutung der zum Teil schon oberflächlich christianisierten Indianer in Form von Leibeigenschaft und Landraub. Schon im Jahr 1613 kam es zu einer spektakulären Kontroverse, als der Ordensgeneral Isidor Ordonez die Eintreibung von Tributen im Taos Pueblo durch Gouverneur Don Pedro Peralta untersagte. Als dieser sich über das Verbot hinwegsetzte, exkommunizierte ihn Ordonez kurzerhand. Bei einer Konfrontation feuerte der wutentbrannte Gouverneur einen Pistolenschuss auf den Ordensgeneral ab und verfehlte ihn nur um Haaresbreite, worauf dieser seinen Widersacher verhaften ließ. Der Streit wurde schließlich dadurch beendet, dass die beiden Gegner von den obersten weltlichen und kirchlichen Behörden in Mexiko ihrer Ämter enthoben wurden.[19]

Spannungen und Vorfälle dieser Art – und es gab viele davon – untergruben längerfristig die moralische und politische Autorität der Kolonie bei der indianischen Bevölkerung und verstärkten ihre Ablehnung alles Spanischen, gleichgültig ob kirchlich oder weltlich. Weder den Missionaren noch den Kolonisten gelang es auf Dauer, die Indianer für sich zu gewinnen und die Kulturgegensätze zu überwinden. Am Rande der sich ausbreitenden kolonialen Zivilisation existieren die Pueblos bis heute als relativ unterentwickelte und isolierte kulturelle Enklaven weiter. Zwar unterwarfen sie sich nach der Reconquista pro forma der Kirche, den Gouverneuren und der kolonialen Gerichtsbarkeit, aber unter der Oberfläche pflegten sie ihre alten Traditionen und Lebensformen weiter. Eine Art Koexistenz entstand und ließ die Zeit in der alltäglichen provinziellen Routine stillstehen. Die Encomienda wurde nach der Revolte nicht wieder eingeführt, die Kivas nicht verboten und die Schamanen nicht mehr verfolgt. Die Pueblos bildeten einen relativ autonomen Teil der Kolonie, mit dem man Handel trieb und Arbeitskräfte ausverhandelte, darüber hinaus aber gab es wenig Berührungspunkte. Spanische Besucher waren in den Pueblos unerwünscht, die Beziehungen beschränkten sich auf Dienstleistungen und gelegentliche Liebschaften der neuspanischen Dons mit indianischen Mägden und die daraus entspringenden außerehelichen Kinder. Auch zwischen der einfachen männlichen Landbevölkerung und Pueblo-Indianerinnen kam es häufig zu Verbindungen und sogar Eheschließungen. Die daraus entstehende Durchmischung der Bevölkerungsgruppen durch *mestizo*-Familien führte im Lauf der Zeit zu einer für den Südwesten typischen Komponente kultureller Hybridisierung.

Um 1800 gab es in Neu-Mexiko ca. 35.000 spanische oder mischblütige Bewohner in den über hundert spanischen Siedlungen und an die 10.000 bis 15.000 Indianer in 26 übrig gebliebenen Pueblos.[20] Die politische Autorität in den kleinen Städten und Orten oblag den „Alkalden", die Legislative, Exekutive und Gerichtsbarkeit in sich vereinigten und einem Distriktspräfekten unterstanden. Es gab keine öffentlichen Schulen, keine Geschworenengerichte, kaum Rechtskundige und außer dem Gouverneur keine höhere Berufungsinstanz. Institutionen wie die Kirche oder das Militär waren von der Gerichtsbarkeit ausgenommen. Außer den üblichen Tributen und Pönalen existierte auch kein allgemeines, geregeltes Steuersystem und Bestechungen und Korruption waren an der Tagesordnung. Wenn die Mißstände allzu krass wurden, enthob die Zentralregierung gelegentlich einen Gouverneur seines Amtes. Im übrigen waren die feudalen Grundbesitzer (*ricos*) auf ihren Haziendas die eigentlichen Machthaber im Land und herrschten über die von ihnen abhängigen und verschuldeten Kleinbauern (*peons*). Das hierarchische Kastensystem führte im Lauf der Zeit dazu, dass an die 20 Familien-Klans, unter ihnen die Peraltas, Chavez, Martinez, Montoyas, Oteros und Pinos das Land mehr oder weniger in der Hand hatten und sich die Macht untereinander und mit den jeweiligen Gouverneuren aufteilten.

Der Patron herrschte über seinen Klan und große Scharen von indianischen oder halbblütigen Knechten, Mägden und Leibeigenen. Er war das autokratische und patriarchale Oberhaupt, von dessen Entscheidung alles abhing. Er verwaltete den Besitz und die Ländereien, pflegte die Kontakte zu den Behörden in Santa Fe, setzte Söhne zu Erben ein oder verstieß sie, verehelichte seine Töchter nach Gutdünken und versorgte seine unehelichen Mischlingskinder. Im übrigen war sein Leben eher eintönig, denn außer Glücksspiel, Hahnenkämpfen und der alljährlichen Handelsreise (*conducta*) nach

Chihuahua gab es wenig Abwechslung. Die Söhne einer kolonialen Gutsbesitzerfamilie erhielten eine private Schulbildung und damit später Zugang zum öffentlichen und politischen Leben, während die Töchter so gut wie ohne Bildung aufwuchsen. Sie erlernten die alltäglichen Fertigkeiten und Umgangsformen und wurden in der Regel im Alter von 14 oder 15 Jahren verheiratet und zu einem rein häuslichen Dasein verpflichtet. Die Aufzucht der zahlreichen Kinder sowie Nähen, Sticken und Kerzendrehen waren ihre Hauptbeschäftigungen. Nachbarschaftsbesuche und Bälle (*fandangas*) waren die wenigen Gelegenheiten, mit der Außenwelt in Kontakt zu treten, wobei heimliche Amouren während der langen Abwesenheiten des Ehemannes keine Seltenheit waren. Da die Ernährung kalorienreich und üppig war – drei Hauptmahlzeiten aus getrocknetem Büffel-, Rind- oder Schweinefleisch, Mais-Tortillas mit Käse, Bohnen, Melonen, süßen Kürbissen und Wein – waren die Frauen im Gegensatz zu ihren körperlich aktiveren Männern oft schon mit dreißig fettleibig und hatten eine niedrige Lebenserwartung.[21]

Das offizielle Zentrum der kolonialen Regierung und politischen Verwaltung war seit 1610 **Santa Fe**.[22] Bis heute steht der Gouverneurspalast an der zentralen Plaza der Stadt und ist das älteste kontinuierlich benutzte öffentliche Gebäude der USA. Bis zu seiner Umwandlung in ein Geschichtsmuseum im Jahr 1909 diente er als Regierungssitz nicht nur für die spanischen und mexikanischen, sondern auch für die späteren amerikanischen Gouverneure. Vom historischen Baukomplex ist allerdings nur noch ein Rumpfteil mit angebautem Laubengang übrig. Ursprünglich erstreckte sich der Palacio und das Militärpräsidium über eine viermal so große Fläche wie heute und war von einer hohen Ringmauer umgeben. Das heute noch erhaltene unscheinbare Restgebäude umgibt einen Innenhof und besteht aus langgezogenen Zimmerfluchten. Dort dokumentieren an die 17.000 Ausstellungsgegenstände – alte Darstellungen, Landkarten, Dokumente, Möbel, Gebrauchsartikel, Fotosammlungen – die Geschichte Neu-Mexikos vom 16. Jahrhundert bis zur amerikanischen Machtübernahme im Jahr 1845. Besondere Prunkstücke sind ein alter Holzkarren (*carreta*) aus der Kolonialzeit und verschiedene Kutschen aus dem 19. Jahrhundert. Darüber hinaus gibt es eine Unmenge von Porträts historischer Persönlichkeiten, am eindrucksvollsten das überlebensgroße Ölgemälde von Don Diego de Vargas, dem Rückeroberer der Kolonie. Der alte Audienzsaal des Gouverneurs, einige der Empfangs- und Sitzungszimmer sind ebenfalls Teil des Museums. Außerhalb des Palastes bieten die Pueblo-Indianer in einer langgezogenen

Indianisches Kunsthandwerk am Gouverneurspalast

4 Kolonie Neuspaniens

überdachten Passage ihre Handwerkskunst an. Es ist kein spontaner Straßenhandel wie an anderen Orten, sondern ein durch ein staatliches Gesetz geregeltes Gewerbe. Wer sich auskennt, kann hier echtes indianisches Kunsthandwerk kaufen. Insgesamt jedoch ist der Markt eher eine Touristenfalle und man sollte nicht verabsäumen, die schönen Galerien, Antiquitätengeschäfte und Boutiquen an der nahen Canyon Road zu besuchen. Auch die alten spanischen Adobehäuser samt Innenhöfen aus dem 18. Jahrhundert entlang dem Santa Fe River, etwa das Juan Jose Prada House, laden zu einem Besuch ein.

Die alte Plaza vor dem Gouverneurspalast mit ihren indianischen und spanischen Verkaufsläden bildet noch immer den geschäftigen Mittelpunkt der Stadt. Einen Block westlich stehen die zwischen 1869 und 1884 im neoromanischen Stil erbaute St. Francis-Kathedrale und davor das Bronzedenkmal ihres Erbauers, Erzbischof Jean Baptiste Lamy. Der schönste Sakralbau von Santa Fe ist jedoch die am Ende des Old Spanish Trail liegende, angeblich älteste Kirche Amerikas, Mission San Miguel. Der auf das Jahr 1625 zurückgehende Adobebau mit seinen schrägen Stützmauern wurde während der Pueblorevolte beschädigt und erhielt 1710 seine spätere, danach noch mehrere Male restaurierte Gestalt. Im Gegensatz zu ihrem unscheinbaren Äußeren überrascht die Kirche im Inneren durch ihr stilvolles Interieur und den schön bemalten Hochaltar aus der Kolonialzeit. Im Umkreis liegen einige alte Häuser aus dem 18. Jahrhundert, von denen eines das älteste Haus der USA sein soll. Auch wenn dies nicht eindeutig nachweisbar ist, so könnte die „Casa Vieja" auf dem Grundriss eines älteren indianischen Gebäudes hier tatsächlich einmal gestanden haben.

Das „älteste" Haus der USA

Als die ersten amerikanischen Händler zu Beginn des 19. Jahrhunderts nach Santa Fe kamen, spotteten sie in ihren Reisejournalen über die Schäbigkeit der „Hauptstadt" New Mexicos mit ihren niedrigen, von Flachdächern bedeckten braunen Adobeschachteln. „Santa Fe ist völlig ungeordnet angelegt," schreibt Josiah Gregg im Jahr 1844, „die Straßen sind nichts anderes als Verbindungswege zwischen den verstreuten, von Maisfeldern durchsetzten Siedlungen. Die Stadt hinterlässt einen flachen und primitiven Eindruck, wobei die Häuser eher Ziegelbrennereien als menschlichen Behausungen ähneln."[23] Heute hat sich das Bild völlig gewandelt. Die vielen restaurierten alten oder im Pueblo Revival-Stil gestalteten neuen Gebäude geben Santa Fe sein charakteristisches Gepräge. Vor allem das 1917 fertiggestellte Museum of the Fine Arts, das traditionelle und zeitgenössische Kunst des Südwestens ausstellt, das neue Georgia O'Keeffe-Museum, das am Stadtrand gelegene Museum of Indian Arts and Culture oder das berühmte La Fonda-Hotel sind wegen ihres ansprechenden Adobe-Äußeren sehenswert. Seit 1957 sorgt ein städtischer Denkmalschutz für die Erhaltung und Neugestaltung von Adobe-Häusern und Plätzen, was die architektonische Gesamtatmosphäre der Stadt stark vereinheitlicht hat. Wenn auch das meiste nur Nachahmung ist und die alten, witterungsanfälligen Materialien längst durch adobefarbenen, auf Drahtgittern aufgespritzten Zement ersetzt werden, ist das Bausensemble von Santa Fe beeindruckend. Es ist das erste und einzige Mal in den USA, dass ein ursprünglich indigener Baustil, verbunden mit modernen Formlementen, das Erscheinungsbild einer ganzen Stadt prägt.[24] (s. Abb. 12)

Koloniale Alltagskultur auf einer Hazienda

Es gibt viele Bilder, Berichte, Beschreibungen aus der Zeit der spanischen Kolonie und mehrere regionale Museen, die das Alltagsleben auf den Haziendas und in den Dorfgemeinschaften veranschaulichen.[25] Durchreisende aus den USA im 19. Jahrhundert fanden die spanisch-koloniale Lebenswelt fremdartig, exotisch und rückständig. Sie schildern die Männer in der Regel als heißblütige, arrogante Machotypen mit einem ausgeprägten Ehrenkodex. Sie waren in schwarzen, mit Silberknöpfen versehenen Ledergewändern gekleidet, hatten Schnurr- und Vollbärte und banden ihr langes Haar in Nackenzöpfen zusammen. Als Kopfbedeckung trugen sie schwarze Cordoba-Hüte und um die Schulter einen verzierten Umhang (*serape*). Die Frauen waren bei gesellschaftlichen Anlässen stark geschminkt, trugen Röcke aus Satin, Seide oder rotgefärbter Wolle, darüber ein tiefausgeschnittenes, kurzärmliges Mieder und einen gold- oder silberbestickten Schal (*rebozo*). Die Umgangsformen waren nach spanischer Manier verfeinert und zeremoniell. Stilisierte und gedrechselte Anreden und Grußformen, häufiges Verbeugen oder das gravitätische Abnehmen des Hutes gehörten zu den alltäglichen Ritualen. Neben den häufigen Bällen bildeten das Gitarrespiel, das Rezitieren von Balladen (*corridos*) und das Erzählen volkstümlicher Geschichten (*cuentos*) die Hauptelemente kulturellen Lebens. Abgesehen von religiösen Erbauungsschriften und Gebrauchstexten gab es kaum Bücher. Der Besuch von Nachbarn mit dem obligaten Kakao-Trinken aus Silberschalen gehörte ebenso zum gesellschaftlichen Leben wie amouröse Intrigen, Familienfehden und Duelle. Ausgeritten wurde auf Pferden mit silberbeschlagenen Ledersätteln. Als Wagen dienten klobige, von einem Pferd gezogene, völlig aus Holz gebaute zweirädrige Karren (*carretas*), deren Holzachsen laute, weit hörbare Quietschtöne abgaben. Nur die Ricos verfügten über eigene Kutschen.

Abseits der Straßen New Mexicos sieht man gelegentlich Überreste der alten Haziendas aus der spanischen Kolonialzeit. Die massigen lehmfarbenen Adobe-Quader stehen wie Festungen in der Landschaft, und als solche haben sie in den Zeiten der Indianerüberfälle auch gedient. Eine davon ist die **Hacienda de los Martinez** am Ortsrand von Taos, die 1803 Antonio Severino Martinez, Abkömmling einer alteingesessenen Kolonialfamilie, errichtete und bewirtschaftete. Das vormals halbzerfallene Gebäude wurde 1972 von einem privaten Mäzen erworben, restauriert und als Museum der Öffentlichkeit zugänglich gemacht. Es gibt einen überaus aufschlussreichen Einblick in das Leben der kolonialen Gutsbesitzerfamilien. Diese lebten von ihren Erzeugnissen und waren nur bei den Luxusgütern auf die spanische Zivilisation angewiesen. Die Hazienda war von einer kleinen Dorfgemeinschaft umgeben, in der die abhängigen Bauern und Dienstboten wohnten. Ihr Reichtum stammte neben der Landwirtschaft aus einem regen Warenhandel mit Nordmexiko und später mit Santa Fe. So besaß Martinez Karawanen von Packtieren, mit denen er Schafwolle, wollene Decken und Bekleidungstücke sowie Leder und andere landwirtschaftliche Produkte zum Markt in Chihuahua transportierte und dort gegen Seidentücher, Medikamente, Bücher, Keramik, Silberwaren und Altar- und Heiligenbilder eintauschte. Nach seinem Tod übernahm sein jüngerer Sohn die Hazienda, während der ältere, Antonio José Martinez in Mexiko zum Priester und Rechtsgelehrten ausgebildet und zum bekanntesten religiösen und politischen Führer seiner Zeit wurde.[26] Willa Cather widmet ihm in ihrem Roman *Death Comes for the Archbishop* ein eigenes, sehr kritisches Kapitel.[27] Der weltläufige, macht- und geldbewusste, hedonistische Feudalherr und Vater von fünf unehelichen Kindern stand in ständigem Streit mit der Kirchenbehörde in Santa Fe, die ihn vor allem wegen seines offenen Bruchs des Zölibats bekämpfte. In den Pueblos war Padre Martinez wegen seiner Ablehnung der Kirchensteuer und seines Eintretens für eine bodenständige, auch für indianische Traditionen offene Religiosität sehr populär. Er gründete die erste Schule in Taos, richtete die erste Druckerpresse in New Mexico ein und gab eine politische Propagandazeitung heraus. Als Großgrundbesitzer, Traditionalist und Vertreter des politischen Katholizismus wurde er später zum Hauptagitator des mexikanischen Widerstandes gegen die Amerikaner.

Hacienda de los Martinez bei Taos

Man betritt das große Gebäudegeviert der Hazienda durch das massive, mit schweren Eisenriegeln gesicherte Holztor. Die gesamte meterdicke Adobe-Außenmauer hat aus Sicherheitsgründen keine Fenster. Die dicken Dachbalken ragen an den Seitenwänden ins Freie und tragen das aus Gras- und Erdmaterial aufgeschüttete Flachdach. Das Innere des Gebäudes besteht aus zwei durch einen Torbogen miteinander verbundenen Innenhöfen (*placitas*). Der vordere Innenhof mit seinem Ziehbrunnen und schattenspendenden Weidenbäumen diente in erster Linie der Familie des Patrons als Wohnbereich, der hintere bestand aus Speichern, dem Pferdestall, einer Schmiede, Sattlerei, Weberei und den Unterkünften der Bediensteten. Bei Indianerangriffen wurden Rinder und Pferde aus den umliegenden Korralen in die geräumigen Placitas getrieben und die Hazienda vom Dach aus verteidigt.

Josiah Gregg gibt in seinem Buch *Commerce of the Prairies* (1844) eine anschauliche Beschreibung einer typischen Hazienda: „Der allgemeine Bauplan eines mexikanischen Hauses," schreibt er, „ist überall derselbe. Ob aus Repräsentationslust oder aus Furcht vor Indianerangriffen, die Ricos bauten ihre Gebäude stets in Form einer maurischen Burg, so dass ihr Äußeres eher einer kompakten Festung als einem Wohnhaus gleicht. Aber trotz dieser Grobheit des Äußeren, sind sie im Inneren äußerst komfortabel."[28] Die beiden Innenhöfe der Hazienda sind von insgesamt 21 Räumen und einer davor liegenden Holzveranda eingefasst. Die Sala Grande in der Mitte des linken Flügels diente für Versammlungen und gesellschaftliche Veranstaltungen. Im Unterschied zum gestampften Lehmboden aller anderen Räume, ist der Saal mit einem aufwendig gezimmerten Holzboden ausgestattet. Vorne rechts liegt der Aufenthaltsraum der Familie (*sala*), der auch als Unterrichtsraum für die männlichen Kinder diente. Gedämpftes kühles Licht fällt durch die hofseitigen Fenster. Auffallend ist die eher spärliche Möblierung, die in ihrer spartanischen Einfachheit an maurische Innenräume erinnert. Ein grober handgefertigter dunkler Holztisch, ein paar bocksteife, mit Leder bezogene Holzstühle, geschnitzte Truhen für Kleidung und Wertgegenstände, ein paar Wollteppiche mit schwarz-weißen Mustern, eine mit indianischen Webereien bedeckte Sitzkonsole entlang der inneren Wand und ein großer steinerner Kaminofen gehören zur Grundausstattung. Die Wände sind mit Gips weiß getüncht und mit ca. 1 1/2 Meter hohen bunten Tüchern aus Baumwolle behängt. Das einzige Dekor bilden goldgerahmte Spiegel und ein Eckschrein mit Heiligenbildern und Kandelabern.

An die Sala schließen die Schlafzimmer der Familie an; im Elternschlafraum steht ein schmales, von einem reichbestickten Bettüberwurf bedecktes Doppelbett, darüber ein Bild der Heiligen Jungfrau von Guadalupe. Ein Näh- und Sticktischchen für die Hausfrau, ein Adobe-Ofen in der Ecke, eine Waschschüssel und ein Krug aus Kupfer sowie Trinkgläser am Fenstersims bilden den Rest der Einrichtung. Die Kinderzimmer sind mit zur Wand hochklappbaren dünnen Matratzen und roten Navajo-Decken versehen. Auffallend ist, dass sich in der ganzen Hazienda keine Baderäume oder Waschräume finden, was auf eher bescheidene hygienische Verhältnisse schließen lässt. Wenn man sich wusch, dann wohl nur mit Hilfe von Waschschüsseln. Auch Toiletten gab es weder innerhalb noch außerhalb der Hausanlage; die Exkremente wurden offensichtlich in Leibschüsseln und

Im Innenhof der Hacienda de los Martinez

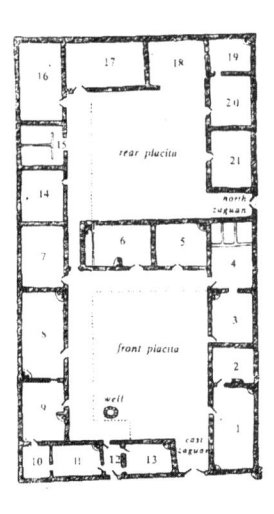

1	Sala
2	Schlafzimmer
3	Kapelle
4	Getreidespeicher
5	Verkaufsraum
6	Küche
7	Kühlraum
8	Sala Grande
9 - 13	Wohnräume
14 - 18	Werkstätten
19 - 20	Dienstbotenzimmer
21	Raum für die Geräte und Sattelzeug

Grundrissplan der Hazienda

Eimern von den Bediensteten nach draußen getragen und in Latrinen geschüttet.

Die anschließende Hauskapelle mit Glockentürmchen und gedrechselten Deckenbalken enthält einen kleinen Hausaltar. Dieser besteht aus einem gemalten Kruzifix, umgeben von silbernen Kerzenhaltern, Votivfiguren (*milagros*) und den von fahrenden Künstlern (*santeros*) geschnitzten bunt bemalten Lieblingsheiligen der Familie (*santos*). Der Raum diente dem täglichen Gebet der Familie und auch für religiöse Feiern wie Trauungen, Taufen und Aufbahrungen. Wie hoch die Wertschätzung der Nahrung war, zeigt sich darin, dass der Getreidespeicher mit seinen Kornkästen unmittelbar an die Kapelle anschließt. In der Mitte zwischen den beiden Innenhöfen liegt gleichsam als Herz der gesamten Hausanlage die geräumige Küche. Hier versammelte sich die Familie samt den Bediensteten zu den Mahlzeiten und nahm das Essen nach indianischer Art am Boden sitzend ein. Das Keramikgeschirr, die Schüsseln, Krüge und Gläser waren auf groben Holzregalen untergebracht. Der Herd besteht aus einer großen steinernen Kochfläche, auf die heiße Kohle aus dem offenen Kamin unter die kupfernen Pfannen und Töpfe geschaufelt wurde. Der Rauch zog durch einen großen offenen Kamin ins Freie ab.

In ihrer Gesamtheit demonstrieren die ausgewogene Funktionalität, Geschlossenheit und unaufdringliche Ästhetik der Hazienda das Bemühen ihrer Bewohner, in der zivilisationsfernen Abgeschiedenheit ein kulturelles Refugium zu schaffen. Die aus Spanien importierte Hochkultur verschmolz dabei durch Vereinfachung und Vermischung mit indianischen Kulturelementen zu einer gediegenen bodenständigen Volkskultur. Die natur- und traditionsgebundene Qualität der Hazienda und die ruhige Energie und provinzielle Selbstvergessenheit, die sie ausstrahlt, ziehen den schnelllebigen und reizüberfluteten Besucher von heute in ihren Bann und laden ihn zum Verweilen ein.

5. Ankunft der Gringos

Zebulon Pike, der erste amerikanische Explorer im mexikanischen Südwesten – amerikanische Trapper und Pelzhändler in Taos – **Bent's Fort** als Brückenkopf der amerikanischen Besitzergreifung. – Kit Carson: Realität und Mythos eines Westhelden – der **Santa Fe Trail** und seine Geschichte – **Fort Union**, die größte amerikanische Militärbastion des Südwestens – der Feldzug des General Kearny im Jahr 1846 – die Proklamation von **Las Vegas, N. M.** – die amerikanische Besitzergreifung von New Mexico – die Ermordung des ersten U.S-Gouverneurs Charles Bent in **Taos** 1847.

Amerikanische Entdecker und Trapper im Südwesten

Mit der Zerschlagung der mexikanischen Herrschaft in Texas im Jahr 1846 war für die USA die Zeit reif geworden, vom Südwesten Besitz zu ergreifen und den Weg zum Pazifik zu bahnen. Offiziell brachte der Friedensvertrag von Guadalupe-Hidalgo im Jahr 1848 die vormals zu Mexiko gehörenden Gebiete von Texas, New Mexico, Arizona und Kalifornien endgültig unter US-Oberhoheit. Der Diktatfrieden bildete den Abschluss einer Entwicklung, die sich über mehrere Jahrzehnte hinzog. So begann die Infiltrierung New Mexicos durch amerikanische Explorer schon um 1806, als Leutnant Zebulon Pike mit einer kleinen militärischen Erkundungstruppe im Auftrag der Regierung in Washington in das Territorium der spanischen Kolonie vorstieß.[1] Ein Jahr nach dem Aufbruch der Lewis und Clark-Expedition im Nordwesten wurde Pike in den Südwesten beordert, um das Gebiet geographisch und politisch auszukundschaften. Er zog von Missouri aus den Arkansas River entlang bis in die Rocky Mountains, wo er den heute nach ihm benannten Pike's Peak bestieg, und anschließend ins nördliche New Mexico vorstieß. Dort errichtete er im Februar 1807 am Oberlauf des Rio Grande ein Blockhaus und hisste die amerikanische Flagge. (Heute erinnert das Pike Stockade State Historical Monument 24 Meilen südlich von Alamosa an dieses Ereignis). Die Kunde von den amerikanischen Eindringlingen gelangte bald nach Santa Fe. Eine spanische Militäreinheit spürte Pike und seine Männer auf, stellte sie unter Arrest und eskortierte sie nach Santa Fe. Aufgrund verdächtiger Dokumente, die man bei Pike fand und die den Anspruch der USA auf die Oberläufe der zum Mississippi fließenden Flüsse enthielt, wurde er nach Chihuahua überstellt und dort verhört. Aber die Sache verlief sich bald im Sand und er und seine Gefährten durften in die USA zurückkehren. Das wichtigste Ergebnis dieses Abenteuers waren Pikes genaue Beobachtungen und Berichte, die erstmals Licht auf die bis dahin in den USA unbekannte spanische Kolonie warfen.

Aufgrund dieser Informationen wagten sich schon bald die ersten amerikanischen Trapper (*mountain men*) in die Flusstäler des nördlichen New Mexico, um dort mehr oder weniger ungehindert Pelztiere zu jagen.[2] Gelegentliche Festnahmen und Konfiskationen der Pelzausbeute durch die mexikanischen Behörden konnten sie von ihrem Vorhaben nicht abbringen. Die damals in der westlichen Welt aufkommende Hutmode hatte den Biberpelz zu einer begehrten, sehr gut bezahlten Handelsware gemacht und Abenteurer und Glücksritter haufenweise in die Wildnisgebiete des Westens gelockt. Der mexikanische Südwesten bot den Trappern den zusätzlichen Vorteil, ihre Unternehmungen außerhalb der Fanggebiete der großen amerikanischen Pelzgesellschaften im Norden auf eigene Faust zu betreiben. Allerdings war die Pelztierjagd ein gefährliches Geschäft, denn die Indianer unternahmen alles, um den weißen Eindringlingen das Handwerk zu legen. Mit Vorliebe überfielen sie die Trapper am Ende einer Jagdsaison, um ihnen die Jahresausbeute abzujagen. Deshalb gehörte es bald zum Ehrenkodex der Mountain Men, in Bedrängnis geratenen Berufsgenossen zu Hilfe zu kommen und die indianischen Räuber gemeinsam zu verfolgen und zur Rechenschaft zu ziehen. Dies und die alljährlichen Begegnungen an den Sammelorten (*rendezvous*) erklärt, warum sich die meisten Trapper trotz der riesigen geographischen Räume, in denen sie operierten, untereinander kannten.

Die Hauptfangzeit dauerte von der Schneeschmelze im Frühling bis in den Frühsommer hinein. Die erjagten Biberpelze wurden zumeist in unterirdischen Verstecken (*caches*) zwischengelagert, bevor sie auf Tragtieren, Booten oder Flößen zum nächsten Rendezvous-Ort transportiert und an Pelzhändler verkauft wurden. Die beträchtlichen Erlöse brachten sie dann zumeist mit Glücksspiel, Whisky und leichten Frauen in kurzer Zeit wieder durch. Den Rest der Zeit verbrachten viele Trapper bei gastfreundlichen Indianerstämmen, wo sie sich im Lauf der Zeit von ihrer zivilisatorischen Herkunft entfremdeten. Sie kleideten sich mit selbstgefertigten Leder- und Pelzkleidern, trugen schulterlanges Haar und Amulettketten aus Bärenklauen und übernahmen die Verhaltensweisen der Indianer, vor allem ihre Kampfmethoden, das lautlose Sich-Anpirschen im Gelände oder das Skalpieren von besiegten Gegnern. Die meisten Trapper, besonders jene franko-kanadischer Herkunft, nahmen sich indianische Frauen, was ihnen im Osten die abschätzige Bezeichnung "Squaw Men" einbrachte.

Im Südwesten zogen manche der Trapper während der jagdfreien Zeit das Leben in einem Frontierort vor, wo sie sich häufig mit mexikanischen Frauen verbanden und sich häuslich niederließen. Einer der gefragtesten Orte dieser Art war der alte indianische Handelsplatz Taos.[3] Zwischen 1810 und 1830 wurde er zum wichtigsten Umschlagplatz und Aufenthaltsort der Trapper und Pelzhändler im Südwesten und damit zu einem Einfallstor des amerikanischen Einflusses. Einer der ersten amerikanischen Siedler franko-kanadischer Herkunft, der sich als Trapper und Pelzhändler in Taos niederließ, war Ceran Saint Vrain, von den Einheimischen "Senor San Brano" genannt. Zusammen mit dem Brüderpaar Charles und William Bent, zwei jungen tüchtigen Trappern aus St. Louis, gründete er 1833 eine eigene Pelzhandelsgesellschaft, Bent, St. Vrain & Company. Er erwarb von der mexikanischen Kolonialregierung einen großen Landtitel (*land grant*) im Nordosten New Mexicos und gründete Bent's Fort, den wichtigsten frühen Brückenkopf in der amerikanischen Besitzergreifung des Südwestens.[4] 150 aus

New Mexico herbeigebrachte Landarbeiter errichteten die meterdicken, fünf Meter hohen Adobemauern einer trapezförmigen Anlage von 45 mal 60 Metern und zwei sechs Meter hohe Verteidigungstürme. Letztere waren mit Kanonen bestückt, die bei einem Angriff die Außenmauern unter Beschuss halten konnten. Das praktisch uneinnehmbare Fort diente anfangs neben seiner Bollwerksfunktion gegen feindliche Indianer als Pelzhandels- und Versorgungsplatz für die Trapper der Region sowie als Rast- und Aufenthaltsort für durchreisende Goldsucher, Händler, Siedler und Soldaten.

Bent's Fort liegt 14 Meilen westlich von Los Animas in der Südostecke Colorados am Arkansas River, am Übergang von der Prärie in die Gebirgslandschaften des nördlichen New Mexico. Ursprünglich sollte es das gesamte Gebiet entlang der Rocky Mountains bis nach Wyoming mit Nachschub versorgen, aber das 1836 von der Hudson Fur Company übernommene Fort Laramie am North Platte River begrenzte den Einflussbereich im Norden. Bent's Fort lag im Stammesgebiet der Cheyenne-Indianer und diente über zwei Jahrzehnte auch als Umschlagsplatz für die Büffelfelle, die die Indianer alljährlich in großen Mengen gegen Waren eintauschten. Darüber hinaus wurde es bald zum bedeutendsten Trading Post am Santa Fe Trail, der die Durchreisenden mit allem versorgte, was sie brauchten: Nahrungsmittel, Whisky, Ausrüstungsgegenstände und Werkzeuge aller Art, Trag- und Zugtiere, Gewehre, Schießpulver, Bleikugeln, Medikamente, aber auch Luxusartikel wie Kaffee, Süßwaren, Konservendosen und Navajo-Decken. Um 1840 war das Fort, das in seiner massigen Wehrhaftigkeit an eine mittelalterliche Burg erinnert, der größte Gebäudekomplex zwischen dem Mississipi und der Pazifikküste und konnte bis zu 200 Personen und 400 Tiere aufnehmen. (s. Abb. 14)

Über dem Toreingang des Forts erhob sich ein Wachturm mit Fenstern und darüber ein Glockenturm und der Fahnenmast. Innerhalb der Mauern gab es ein Blockhaus für die Bediensteten, Geschäfts- und Lagerräume, Schmiede-, Tischlerei- und Schneiderwerkstätten, Vorratsspeicher, eine zentrale Küche, 25 Wohnräume und einen großen Speisesaal für die Trapper, Trader und Offiziere. Im oberen Stockwerk lag westseitig der Wohnbereich der Eigentümer und privaten Gäste. Abends unterhielten sich die Männer in einem eigenen Billardsaal samt Bar, während sich die Frauen im Salon aufhielten. Die zentrale Placita war tagsüber mit emsiger Aktivität und dem Lärm der Handwerker und Haustiere erfüllt. In der Mitte des Hofes standen ein Brunnen, eine Presse für das Bündeln der Biberpelze und Büffelfelle sowie eine Messingkanone, die im Notfall vor dem Eingangstor schnell in Stellung gebracht werden konnte. Alle Mauern bestanden aus ungebrannten Adobeziegeln; nur die überdachten Gänge entlang der Placita und die Dächer und die inneren Trennwände bestanden aus Holzbalken. Die mit Parapeten umgrenzten Flachdächer waren mit Gras, Lehm und Kies abgedeckt und dienten zu Verteidigungszwecken, aber an lauen Sommerabenden benützten sie die Bewohner und Gäste auch als Aussichtspromenade. Für die Besucher war Bent's Fort nach langen Aufenthalten in der Wildnis oder einer wochenlangen Wagenreise durch die Prärie eine Oase der Zivilisation. Die 19jährige Susan Magoffin, eine der ersten Frauen am Santa Fe Trail, die nach ihrer Ankunft im Fort eine Fehlgeburt erlitt, gibt in ihrem 1846 geschriebenen Reisetagebuch *Down the Santa Fe Trail and into Mexico* eine anschauliche Beschreibung des Lebens an diesem Ort.[5]

Während des amerikanisch-mexikanischen Krieges wurde Bent's Fort als Ausgangspunkt und Nachschublager für militärische Operationen benützt. So diente es 1846 als Sammelplatz für General Kearnys "Army of the West" vor der Okkupation New Mexicos. Nach dem Tod von Charles Bent im Jahr 1847 versuchte sein Bruder William das Fort an die Unionsarmee zu verkaufen. Als dies wegen unklarer Besitzverhältnisse scheiterte und außerdem die Feindseligkeiten zwischen den Prärie-Indianern und den weißen Zuwanderern eskalierten, gab William auf. Im August 1849 räumte er das Fort und brannte es mit Hilfe der eingelagerten Pulverfässer bis auf die Grundmauern nieder. In den 1960er Jahren wurde Bent's Old Fort nach alten Vorlagen, Beschreibungen und Ansichten authentisch restauriert und ist heute ein viel besuchtes historisches Nationalmonument. Das in der Kleidung des frühen 19. Jahrhunderts ausstaffierte Personal und die im Stil dieser Zeit ausgestatteten Räume und Werkstätten bieten dem Besucher einen lebendigen und authentischen Einblick in eine turbulente Epoche amerikanischer Westgeschichte.

Der berühmteste Trapper, der je im Südwesten agierte und dessen Name eng mit Fort Bent verbunden ist, war Kit Carson.[6] Zusammen mit den Bent-Brüdern bildete er den Kern der „American Party" in Taos. Aufgrund seiner außerordentlichen Fähigkeiten als Trapper und Jäger stellte ihn Charles Bent 1838 in den Dienst des Forts. Im weiteren Verlauf seines Lebens diente er als Armeescout, Superintendent of Indian Affairs und US-Offizier und brachte es bis zum Brigadegeneral. Er erlangte legendäre Berühmtheit nicht nur im Südwesten, sondern in den USA insgesamt: Christopher Houston Carson, wie sein offizieller Namen lautet, wurde 1809 in Madison County, Kentucky geboren. Die Familie übersiedelte nach Missouri, wo Carson nach dem Tod seines Vaters in Franklin eine Ausbildung zum Sattler absolvierte. Als er von dort 1822 die großen Wagenzüge nach Santa Fe aufbrechen sah, packten auch ihn Fernweh und Abenteuerlust. 1826 brannte er als 17-Jähriger durch und schloss sich als Viehhüter-Junge einer von Charles Bent geführten Wagenkarawane nach New Mexico an. Von 1829 bis 1841 führte er die gefährliche Existenz eines Pelzjägers im damals noch von Indianerstämmen kontrollierten Westen. Sein Handwerk erlernte er bei bekannten Mountain Men wie Jim Bridger oder

Kit Carson (1865)

Thomas Fitzpatrick. 1829-31 nahm er an Ewing Youngs legendärer Pelzfang-Expedition teil, die ihn von New Mexico durch die Mohave-Wüste bis an die Pazifikküste in Kalifornien führte. Anschließend beteiligte er sich an Trapper-Unternehmungen in den nördlichen Rocky Mountains und stand einige Zeit im Dienst der Hudson Bay Company. Der entscheidende Wendepunkt in Carsons Lebens trat ein, als der junge Armeeleutnant John C. Fremont, der mit einer militärischen Forschungsexpedition auf dem Weg in die Rocky Mountains war, den indianerfahrenen Frontiersmann anheuerte. Die langjährige Zusammenarbeit und persönliche Freundschaft zwischen den beiden Männern, die sich daraus entwickelte, wurde zu einer der wichtigsten Antriebskräfte der amerikanischen Westexpansion. Carson diente in Fremonts US Army Corps of Topographical Engineers in drei Expeditionen als Scout, Jäger und Kurier. Aufgrund seiner enormen geographischen Kenntnisse trug er wesentlich dazu bei, dass die letzten weißen Flecken auf der Landkarte westlich der Rocky Mountains erforscht und kartographisch erfasst und damit die Siedlerwege nach Oregon und Kalifornien eröffnet wurden.[7] Es ist kein Zufall, dass im Zusammenhang dieser Unternehmungen der New Yorker Zeitungsherausgeber John L. O'Sullivan in einem berühmten Artikel erstmals die Doktrin der "Manifest Destiny" als nationales Glaubensbekenntnis formulierte: "Es ist unsere vorausbestimmte Mission (*manifest destiny*), den gesamten amerikanischen Kontinent, den uns die Vorsehung zugewiesen hat, zum Zweck der freien Entfaltung von Millionen von Menschen unserer rasch wachsenden Bevölkerung zu erschließen und zu besiedeln."[8] Besonders Fremonts dritte Expedition in den Jahren 1845/46 durch das Great Basin nach Kalifornien weitete sich zu einer politischen Mission aus und trug maßgeblich zur Annexion des mexikanischen Kaliforniens durch die USA bei. Die offizielle Besitzergreifung erfolgte am 7. Juli 1846 durch die amerikanische Marine unter Admiral Stockton im Hafen von Monterey, aber nur vier Tage später hissten Fremont und Carson unabhängig davon die US-Fahne über Sutter's Fort in der Nähe der heutigen kalifornischen Hauptstadt Sacramento.[9]

Der amerikanische Kongress veröffentlichte 1845 die Expeditionsberichte Fremonts sowie die genauen Landkarten des deutschstämmigen Expeditionskartographen Charles Preuss.[10] Das in einer Riesenauflage publizierte Werk machte nicht nur Fremont, sondern auch Kit Carson in ganz Amerika bekannt. Auch Fremonts Memoiren, die mit Hilfe seiner schreibgewandten Frau Jessie Benton zum nationalen Bestseller wurden, preisen Carson in höchsten Tönen und verbreiten seine legendäre Mythisierung als Westheld und Zentralfigur der Westeroberung. Seine größte Popularität und den Ruf

Old Time Mountain Mann

eines formidablen Indianerbezwingers erlangte Carson durch die Niederwerfung und Vertreibung der Navajo in den Jahren 1863 bis 1868. Dies aber ist Inhalt von Kapitel 6 in diesem Buch.

Carsons *Autobiography*, die er als Analphabet im Jahr 1856 einem befreundeten Wundarzt diktierte, liest sich wie ein spannender Westroman. In ungezählten Indianerüberfällen entkam er nur mit knapper Not dem Tod oder erlitt schwere Verwundungen. Immer wieder konnte er sich durch Kaltblütigkeit, Geistesgegenwart, Umsicht, List, Schnelligkeit und Schießkunst behaupten. Augenzeugenberichte preisen außerdem seine überragenden Führerqualitäten, seine Instinktsicherheit und seine genaue Ortskenntnis. Wie sehr sich in der Rezeption seiner Persönlichkeit Realität und Mythos vermischten, zeigt sich an den vielen, schon zu seinen Lebzeiten in großen Auflagen erschienenen Groschenromanen, die die offiziellen Berichte phantasievoll ausschlachteten und Carsons Abenteuer in melodramatischer Übersteigerung glorifizierten. Die folgende Episode, die Carson in seiner Autobiographie erwähnt, illustriert dieses Phänomen. Bei einem Indianer-Überfall am Santa Fe Trail wurde ein Trader aus Missouri namens James White samt Fuhrleuten getötet und seine Frau entführt. Carson nahm mit einer Militärpatrouille die Verfolgung auf und spürte die Bande auf. Diese aber konnte aufgrund eines zögernden US Offiziers entkommen, wobei Whites Frau im letzten Augenblick durch einen Pfeilschuss getötet wurde. Als Carson zusammen mit seinen Männern das Lager durchstreifte, stieß er auf einen Groschenroman, der ihn als Westhelden verherrlichte:"Wir fanden im Camp ein Buch, das erste dieser Art, das ich je sah," berichtet Carson; "es stellte mich als großen Helden dar, der hunderte von Indianern besiegt hat. Mir wurde bewusst, dass Mrs. White dieses Buch gelesen und von meiner Nähe gewusst haben muss. Sicher hat sie darum gebetet, dass ich zu ihrer Rettung erscheine." Nur das Versagen des unfähigen Offiziers, so fügt er resigniert hinzu, habe dies vereitelt.[11]

1843 heiratete Carson, nachdem er sich vorher katholisch taufen ließ, die bildschöne 15-jährige Josefa Jaramillo, Tochter einer alteingesessenen mexikanischen Familie in Taos, und Schwester von Charles Bents Frau Ignacia. Die Trauung wurde vom berühmten Pater José Martinez in der Guadalupe-Kirche von Taos vollzogen. Als Hochzeitsgeschenk für seine Braut erwarb Carson südlich der Plaza ein Haus, das er mit seiner Frau und sieben Kindern – mit vielen langen Unterbrechungen – bis zu seinem Tod im Jahr 1868 bewohnte.

Sein Ehrengrab in Taos ist bis heute ein touristischer Anziehungspunkt, und sein geräumiges Adobe-Haus beherbergt das *Kit Carson Museum*, das seit der Eröffnung im Jahr 1951 von über einer Million Menschen besucht wurde. Es legt seinen Schwerpunkt auf Carsons Zeit als Trapper und Mountain Man. Zwei Räume veranschaulichen Carsons Leben und seinen historischen Hintergrund, ein weiterer zeigt eine Sammlung von Gewehren, Sätteln und Geräten aus der Trapper- und Frontierzeit. Die Imitation eines Verkaufsladens aus derselben Periode enthält die Gebrauchsgegenstände, die für einen Frontiersmann unentbehrlich waren. Der übrige Teil des Hauses, die Küche und diverse

Wohn– und Schlafräume sind im Stil des 19. Jahrhunderts eingerichtet. Da das ursprüngliche Haus angesichts der vielen, manchmal jahrelangen Abwesenheiten Carsons wohl eher die Domäne seiner mexikanischen Frau war, könnte ein ortsübliches mexikanisches Interieur dem Museum zweifellos noch einen authentischeren Anstrich verleihen.

Santa Fe Trail

Kit Carson-Museum

Die Trapper, die über die weglosen Gebirgs- und Waldlandschaften und entlang der Flussläufe nach New Mexico gekommen waren, bildeten trotz ihrer Wegbereiterfunktion nur ein kurzes Vorspiel zur nachfolgenden amerikanischen Übernahme des Südwestens. Noch mehr als die Trapper wurden die Händler zur treibenden Kraft der Westward Expansion in diesem Teil der USA. Das Ende der spanischen Kolonie, die Unabhängigkeiterklärung Mexikos im Jahr 1821 und die anschließende Auflösung des merkantilistischen Wirtschaftmonopols und seiner Handelsbeschränkungen ließen den Handelsweg nach Santa Fe (*Santa Fe Trail*) in kurzer Zeit zu einem der wichtigsten Wirtschaftsfaktoren im Westen werden.[12] Am Anfang dieser Entwicklung stand ein eher zufälliges Ereignis: William Becknell, ein Kleinhändler aus Franklin, Missouri, zog im Jahr 1821 mit vier Begleitern und bepackt mit Handelswaren durch die Indianergebiete im nordöstlichen New Mexico. Eine mexikanische Militärpatrouille, der sie in die Arme liefen, verhielt sich zu ihrer großen Überraschung nicht feindselig, sondern teilte den Gringos voller Stolz mit, dass Mexiko und damit auch New Mexico das koloniale Joch abgeschüttelt habe. Becknell sollte deshalb seine Waren besser nach Santa Fe als zu den Indianern bringen. Dieser befolgte den Rat, setzte auf der Plaza Central in Santa Fe seine Waren mit 300 Prozent Gewinn ab und machte die Bonanza seines Lebens. Die Kunde von dem Erfolg, der den krassen Mangel an industriell gefertigten Gebrauchsgütern in New Mexico offenlegte, verbreitete sich in den USA wie ein Lauffeuer. In Windeseile sprangen ab 1822 in Missouri Handelsgesellschaften aus dem Boden und machten sich von Independence aus auf den Weg nach New Mexico. Die von Becknell empfohlene 780 Meilen lange Route umging den beschwerlichen Weg über den Raton-Pass und führte über die weiter südlich gelegene Cimarron-Abkürzung. 1824 transportierten schon 25 Wagenzüge Waren im Wert von $ 35.000.- nach Santa

5 Ankunft der Gringos

Fe und heimsten einen Gegenwert von $ 190.000.- in Form von Gold, Silber und Pelzen ein. Zwei Jahre später rollten über 60 Wagen durch die Prärien in den Südwesten. Erst als sich immer mehr Händler auf den Weg machten, begann die Nachfrage etwas abzuflachen und die Gewinne pendelten sich bei ca. 40% ein. Gehandelt wurde mit allen Waren, die in New Mexico aufgrund fehlender Manufakturen schwer zu bekommen waren – vor allem Baumwollstoffe, Eisen- und Glaswaren, Haushaltsgegenstände aller Art, Musikinstrumente, Bücher und Medikamente

Wagenzug über den Raton Pass

Ab 1831 wurden die anfänglich verwendeten Packtiere und Maultierkarren durch Ochsenwagen mit wesentlich höheren Ladekapazitäten ersetzt. Es waren großrädrige, rot und blau gestrichene, ursprünglich in Pittsburgh hergestellte Gefährte aus eisenverstärktem Eichenholz mit einem Ladegewicht von bis zu zwei Tonnen. Die nach außen abgeschrägten Seitenwände verhinderten ein Verrutschen der Ladung und über Rundbögen gespannte weiße Leinentücher schütz-ten Waren und Insassen vor Witterungseinflüssen. Nach dem amerikanisch-mexikanischen Krieg wurden über fünf Meter lange Wagen verwendet, die bis zu drei Tonnen Waren aufladen konnten. Diese behäbigen "Prärie Schooner" wurden von achtköpfigen Ochsengespannen durch das Grasmeer gezogen. Für die schnellere Rückfahrt mit den leeren Wagen wurden die Ochsen gegen Maultiere eingetauscht. Dauerte die Hinfahrt bis zu zehn Wochen, so konnte der Rückweg in fünf bis sechs Wochen bewältigt werden. Aufgebrochen wurde jeweils im Frühling, wenn die Prärie genug frisches Futtergras für die Zugtiere hergab; die Rückreise begann gewöhnlich Anfang September.

Die Wagen erreichten das mexikanische Siedlungsgebiet in der Nähe des heutigen Las Vegas, New Mexico. Im benachbarten San Miguel mussten die notwendigen Zollformalitäten erledigt werden, die zumeist willkürlich und unberechenbar waren und zu einem ständigen Zankapfel zwischen Amerikanern und Mexikanern wurden. Der Zoll bestand im Grunde aus Bestechungsgeldern, die die mexikanischen Zöllner abkassierten. Josiah Gregg, der Chronist des Santa FeTrail, berichtet in *Commerce of the Prairies* (1844), dass höchstens ein Drittel des Geldes an die mexikanischen Behörden weiterfloss, der Rest landete in privaten Taschen.[13] Als die Regierung unter Gouverneur Armijo im Jahr 1839 den Einfuhrzoll auf $ 500.- pro Wagen pauschalierte, lud man häufig die Waren vor Erreichen der Zollstation auf eine geringere Zahl von Großwagen um und senkte damit die Zollkosten. In Santa Fe angekommen, wurden die Warenladungen zumeist als Ganzes an einen Großhändler verkauft, der sie an ein Verteilernetz kleinerer Händler weiterleitete. Auf diese Weise entstand ein lebhafter mexikanischer Sekundärhandel, der sich bis nach Mexiko ausdehnte. In der ersten Phase des Santa Fe-Handels zwischen 1830 und 1840 wurden ungefähr die Hälfte der Warenladungen nach Chihuahua weitergeleitet. Auch die Mexikaner beteiligten sich zunehmend am Santa Fe-Handel und Transport, was jedoch in den amerikanischen Geschichtsbüchern zumeist unerwähnt bleibt.

Der Höhepunkt jeder Santa Fe-Reise war die Ankunft auf der zentralen Plaza der Stadt. Die Bewohner begrüßten die ankommenden Wagenkolonnen enthusiastisch mit lautstarkem Jubel und Gejohle und die Atmosphäre des Ortes änderte sich schlagartig. Wo kurz zuvor noch Müßiggang und Stillstand herrschten, prägten nun lebhaftes Treiben, Lärm und Geschäftigkeit das Straßenbild. Dies ist Josiah Greggs authentische Schilderung einer Ankunft:

> *Die Ankunft löste bei den Einheimischen höchste Erregung und Begeisterung aus. "Los Americanos!" so erschallte es überall. "Los carros!" und "La entrada de la caravana!" Trauben von Frauen und jungen Burschen drängten sich an die Angekommenen heran, und der sich zusammenballende Pöbel schaute, wo er etwas mitgehen lassen konnte. Auch die Wagenführer teilten den Enthusiasmus des Augenblicks. Schon am Morgen hatten sie sich für den bevorstehenden Empfang aufgeputzt und präsentierten sich jetzt den neugierigen Blicken schwarz blitzender Augen mit gewaschenen Gesichtern, glatt gekämmten Haaren und in bester Sonntagskleidung. Jeder Fuhrmann hatte seine Peitsche, das Symbol seiner Autorität, mit einer neuen Schnur versehen und suchte mit ihrem lauten Schnalzen die Konkurrenten zu übertreffen. Unsere Wagen wurden in den Warenmagazinen des Zollhauses entladen, so dass einige Tage des Ausspannens und der Erholung nach der zehnwöchigen anstrengenden Reise in Aussicht standen. Nur die Kaufleute bemühten sich, ihre Ware so bald wie möglich aus dem Zollhaus herauszubringen und zum Höchstpreis an die Händler zu verkaufen, die zu diesem Zweck eigens in die Hauptstadt gekommen waren.* [14]

Am Ende des Trails, während der vierwöchigen Ruhepause in Santa Fe, schwelgten die Trader und Fuhrleute bei üppigen Mahlzeiten, Alkohol und Tanzveranstaltungen, wobei die freizügigen mexikanischen Frauen, die sie bei dem Treiben kennenlernten, dem Ganzen einen romantischen Anstrich gaben. Der Santa Fe-Boom bewog manche amerikanische Händler, etwa den legendären irisch-katholischen Colonel James Magoffin aus Kentucky, sich in Santa Fe auf Dauer niederzulassen, einheimische Frauen zu heiraten und die mexikanische Staatsbürgerschaft anzunehmen. Wie die Mountain Men vor ihnen trugen auch sie maßgeblich zur späteren amerikanischen Übernahme New Mexicos bei. Während des amerikanisch-mexikanischen Krieges kam der Santa Fe-Handel 1846 kurze Zeit zum Erliegen, blühte jedoch rasch wieder auf, als die in New

Mexico stationierten amerikanischen Truppen mit Nachschub versorgt werden mussten. Insgesamt waren zwischen 1821 und 1860 an die 10.000 Mann mit ca. 28.000 Ochsen, 16.000 Maultieren und 3.000 Wagen im Santa Fe-Handel unterwegs. Fast eine Million Tonnen an Waren wurden in diesem Zeitraum nach New Mexico transportiert, und der Staat Missouri profitierte kräftig von diesem blühenden Handel. Erst die Fertigstellung der Santa Fe-Eisenbahnlinie im Jahr 1880 setzte dem bunten Treiben ein Ende, und die Prärie-Schooner verschwanden von der Bildfläche.

Neben der Erfolgstory gab es aber auch weniger erfreuliche Aspekte des Santa Fe Trail. So war die Reiseroute mit großen Risiken verbunden: Achsen- und Radbrüche, Unfälle aller Art, Wasser- und Brennholzmangel, Blizzards, Präriefeuer, Krankheiten, vor allem aber Indianerüberfälle waren an der Tagesordnung.[15] Zwar wurden mit den Prärie-Indianern Verträge geschlossen, die den Wagenzügen freie Durchfahrt durch ihre Stammesgebiete zusicherten, aber diese waren nicht das Papier wert, auf dem sie geschrieben waren. Um sich gegen Indianerüberfälle abzusichern, schlossen sich die Wagen nach der ersten Etappe in Council Grove zu großen Karawanen zusammen. Diese wurden von erfahrenen *captains* geführt, die für alle Organisations- und Sicherheitsvorkehrungen zuständig waren. In den besonders gefährlichen Indianergebieten fuhren die Wagenkolonnen in Viererreihen, um möglichst wenig Angriffsfläche zu bieten. Bei einem drohenden Überfall konnten sie sich rasch zu Wagenburgen formieren. Während der Nacht wurden die Wagen im Halbkreis abgestellt, in dessen Mitte die Koch- und Feuerstellen eingerichtet und die Zugtiere versorgt wurden. Insgesamt konnten sich die Durchreisenden auf Grund ihrer Verteidigungstaktik relativ gut gegen indianische Attacken schützen. Die Indianer hatten keine geplanten Angriffs- und Belagerungsstrategien, sondern griffen stets in vollem Galopp und mit ungestümer Wildheit an. Wenn die Weißen die Nerven behielten, gewannen sie in der Regel mit ihrer systematischen Abwehr und den technisch überlegenen Gewehren die Oberhand. Dennoch wuchsen mit der Zahl der Durchreisenden auch die Überfälle und die Verluste an Menschenleben und Gütern. Der gefürchteste Streckenabschnitt war der Cimarron Cutoff zwischen dem Arkansas und dem Cimarron River, ein baumloses, von den Indianern leicht kontrollierbares Wüstengebiet. Bei der ersten Durchquerung der wasserlosen 50 Meilen langen Strecke wa-

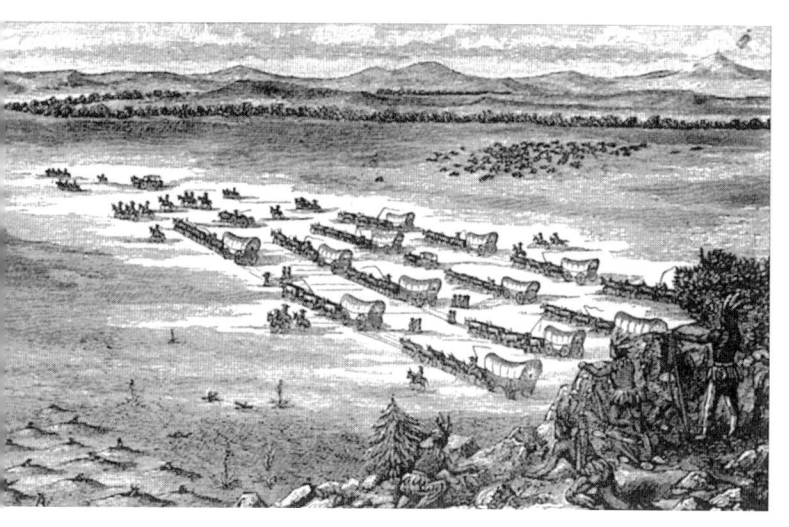

Wagenzug in Viererkolonnen

ren schon Becknell und seine Männer fast verdurstet. Nur das Blut abgeschnittener Maultierohren, einige geschlachtete Hunde und ein erlegter Büffel retteten ihnen das Leben. 1831 wurde Jedidiah Smith, der berühmte Mountain Man und Explorer, bei einen Komanchenüberfall am Cimarron getötet. Allein im Jahr 1847 fielen 330 Wagen und 6.500 Zugtiere in die Hände räuberischer Komanchen und Kiowa, und 47 Weiße kamen ums Leben. 1850 wurde ein Overland Mail-Transport bei Wagon Mound von Ute-Indianern aus dem Hinterhalt überfallen, wobei alle Männer den Tod fanden. Eine Suchpatrouille fand die grausam verstümmelten Leichen inmitten der weit verstreuten, ausgeraubten Poststücke. Der Ruf nach militärischem Schutz, entweder in Form von Militäreskorten oder durch die Errichtung eigener Militärforts entlang des Trails wurde nun immer lauter.[16] Im April 1851 bekam Colonel Edwin V. Sumner als militärischer Oberbefehlshaber von New Mexico den Auftrag, das US-Verteidigungssystem im Südwesten auf eine neue Basis zu stellen. Im ersten Schritt seiner Neuorganisation fasste er die weit verstreuten militärischen Garnisonen zu Ballungszentren in den gefährlichen Indianergebieten zusammen. Sein Hauptquartier verlegte er aus Santa Fe in das von ihm im gleichen Jahr gegründete Fort Union. Das Fort war das erste von sechs weiteren und lag 120 Meilen von Santa Fe entfernt am strategisch wichtigen Schnittpunkt zwischen der Bergroute über den Raton-Pass und dem Cimarron Cutoff des Santa Fe Trails. Es wurde mit einer Dragonergarnison besetzt und hatte als Hauptaufgabe, die Reisenden vor Indianerüberfällen zu schützen. Der gravierendste Zwischenfall trat ein, als im März 1854 Ute-Indianer ein 60 Mann starkes Dragonerregiment attackierten und es bis auf 17 Mann aufrieben. Das Fort entsandte eine von Kit Carson geführte Strafexpedition, die dem Stamm eine vernichtende Niederlage zufügte.

Mit dem Ausbruch des amerikanischen Bürgerkrieges im Jahr 1861 und der Gefahr einer konföderierten Invasion im Südwesten wurde ein Großteil der regulären Garnison aus Fort Union vorübergehend abgezogen und an den unteren Rio Grande verlegt.[17] Doch nach dem unerwartet raschen Sieg der Unionstruppen über die Südstaatenarmee im Frühjahr 1862 erhielt Fort Union neue Aufgaben: Es war nun für den gesamten Nachschub von Waffen, Munition, Ausrüstung, Tragtieren, Verpflegung im Krieg gegen die feindlichen Indianerstämme in der Region zuständig und wurde von General James H. Carleton zur größten Militäranlage des Südwestens ausgebaut. Eine regelrechte Stadt, die zeitweise mehr Zivilisten beschäftigte als Soldaten, wurde aus dem Boden gestampft. Vor allem die Einsätze gegen die Navajo und Apachen in den späten 1860er Jahren nahmen von hier ihren Ausgang. Nach deren Niederwerfung richteten sich die Militäraktionen des Forts zunehmend gegen die Plains-Indianer, vor allem die Komanchen und Kiowa. Erst nach Ende der Indianerkriege und mit der Fertigstellung der Santa Fe Railroad im Jahr 1879 hatte Fort Union ausgedient; 1891 wurde es endgültig aufgelassen und dem Verfall preisgegeben.

Heute sind die Überreste von **Fort Union** eines der eindrucksvollsten Nationalmonumente amerikanischer Westgeschichte.[18] (s. Titelbild und Abb. 15) Der Rundgang durch das riesige, rechteckig angelegte Areal beginnt bei den neun verfallenen Adobe-Häu-

5 Ankunft der Gringos

sern der Garnisonsoffiziere und ihrer Familien. Von ihnen sind nur noch ein paar Außenmauern und Kamine übriggeblieben. Schaubilder und Tondokumente vermitteln einen lebendigen Einblick in das Alltagsleben des Forts. In mehreren Sprechszenen beklagen Offiziersfrauen die grenzenlose Eintönigkeit und Kulturlosigkeit der militärischen Frontier. Es muss ein hartes Leben gewesen sein in dieser Einöde, mit der erbarmungslos herabbrennenden Sonne im Sommer und den Eisstürmen im Winter. Das Haus des Garnisonskommandeurs mit seinen acht Räumen und einer großen Eingangshalle, die gelegentlich als Ballsaal verwendet wurde, ist das feudalste Gebäude des Forts. Es folgen die Wohn- und Bürohäuser des Quartiermeisters, der Verpflegungs- und Postkommissariate. Die bogenförmig angelegten offenen Kamine, die gemauerten Keller und gepflasterten Innenhöfe dieser Gebäude zeugen von einigem Luxus. Die gegenüberliegenden U-förmig angelegten Mannschaftsunterkünfte konnten bis zu sechs Kompanien aufnehmen. Nördlich schließen der geräumige Werkstättenhof und vier Lagerhäuser an, und mit einiger Phantasie kann man sich das lebhafte Treiben vorstellen, das hier einmal geherrscht hat. An dieser Stelle wurden die Karawanen der Nachschubwagen ent- und beladen, und die Werkstätten waren ständig in Betrieb, um die Wagen, Deichseln und Wagenräder wieder in Stand zu bringen. Vom Santa Fe Trail und den zehntausenden von Wagen, die hier durchrollten, sind heute nur noch wenige Spuren vorhanden. Die herumstehenden Überreste verrostender und halbverrotteter Wagen erzeugen die nostalgische Wild-West-Romantik einer vergangenen glorreichen Zeit. Westlich schließt der riesige Transporthof mit seinen Wagenschuppen und Stallungen an und hier lagen auch die Quartiere der Fuhrleute, das Getreidelager und das Eishaus. Der Rundgang führt weiter zum Garnisonskorral der berittenen Kompanien, dem Wachhaus, einer Bäckerei, zwei Wäschereien, Wohnquartieren, diversen Geschäften und einer Kapelle. Besonders interessant ist das dahinter liegende Gefängnis. Seine Größe und Festigkeit lassen darauf schließen, dass es nicht nur für militärische Missetäter diente, sondern auch sonstige Schwerverbrecher und Kriminelle aufnahm. Von dem Gebäude ist nur noch der aus Stein gebaute harte Kern des Zellentrakts vorhanden, während die Adobemauern, die ihn früher umhüllten, dem Zahn der Zeit zum Opfer gefallen sind. Auf dem Rückweg zum Visitor Center kommt man zuletzt an der gut erhaltenen Ruine des Hospitals vorbei. Mit seinen sechs Abteilungen, 36 Betten, Ärzten und Pflegern war es damals das größte Krankenhaus des Südwestens. Verlässt man das Fort in

Besichtigungsplan von Fort Union

Richtung Las Vegas, dann verschwinden bald die surreal anmutenden Reihen rotbrauner Adobestümpfe, die vom alten Fort übriggeblieben sind, am Horizont der endlosen Prärie.

Die militärische Besitzergreifung

Die dritte und entscheidende Phase der amerikanischen Besitzergreifung New Mexicos vollzog sich auf militärische Weise. Während des amerikanisch-mexikanischen Krieges riegelten die Mexikaner ihre Grenzen mit Militärposten (*presidios*) ab, und die langen Wagenkolonnen aus Missouri stauten sich in Bent's Fort. Die Händler fürchteten, auf ihren Waren sitzen zu bleiben oder diese durch mexikanische Konfiskationen zu verlieren. Auch jene Amerikaner, die sich in New Mexico niedergelassen und Land Grants erworben hatten, mussten nun um diese bangen. Der Ruf nach militärischem Schutz amerikanischer Interessen im mexikanischen Südwesten wurde immer massiver und Präsident Polk reagierte prompt auf diese Situation. Er hatte schon zu diesem Zeitpunkt „Manifest Destiny" und die Eroberung Kaliforniens im Auge und benötigte die rasche Befriedung New Mexicos für den Ab- und Durchzug amerikanischer Truppen nach Westen. 1846 ließ er eine 1.700 Mann starke "Army of the West" aufstellen und ernannte den westerfahrenen General Stephen Watts Kearny zum Oberbefehlshaber. Sein vordergründiger Auftrag war, den Santa Fe-Handel und die amerikanischen Besitzrechte und Interessen in New Mexico sicher zu stellen.[19] Von Fort Leavenworth in Kansas aus rückte die Armee zum 560 Meilen entfernten Bent's Fort vor und von dort weiter über den Raton Pass zur mexikanischen Grenzstadt Las Vegas. Dort vollzog Kearny offiziell und völlig überraschend für die mexikanische Bevölkerung die Annexion New Mexicos durch die Vereinigten Staaten.

Las Vegas, New Mexico, – nicht zu verwechseln mit der gleichnamigen Stadt in Nevada – ist heute eine in ihrer historischen Bausubstanz erstaunlich intakte Stadt zwischen den Sangre de Cristo Bergen und der Prärie. Nicht weniger als 900 historische Häuser sind im National Register of Historic Buildings registriert und in den Straßen stehen bis heute noch einige der alten Straßenlaternen. Alles zeugt von dem ehemaligen Wohlstand des Ortes, der auf dem Santa Fe Trail beruhte. In den 57 Jahren zwischen 1822 und 1879 kamen hier ca. 5.000 Ochsenkarren im Jahr durch, und zwischen 1822 und 1846 war die Stadt bedeutender und größer als Santa Fe. Nach dem Bau der transkontinentalen Eisenbahn bekam Las Vegas 1880 eine eigene Station, was die wirtschaftliche Entwicklung der Stadt noch weiter vorantrieb. Die zentrale Plaza, von der mehrere Straßen sternförmig ausgehen, ist von stattlichen viktorianischen Bauten aus dem 19. Jahrhundert, darunter das stattliche Plaza Hotel, umgeben. Dazwischen erinnern noch einige kleinere Adobehäuser an die spanische Kolonialzeit. Vom Flachdach eines dieser Häuser verkündete General Kearny am 15. August 1846 seine geschichtsträchtige Proklamation. Darin teilte er den überraschten Bürgern mit, dass sie sich hinfort als

US-Amerikaner zu betrachten hätten. Gleichzeitig sicherte er ihnen Religionsfreiheit, demokratische Grundrechte und den Schutz vor den "wilden" Indianerstämmen zu. Auf einer Bronzetafel am Rand der Plaza kann sich der Besucher diese denkwürdige Rede zu Gemüte führen:

Proklamation

Herr Alkalde und Volk von New Mexico! Ich bin auf Befehl meiner Regierung zu Euch gekommen, um von Eurem Land Besitz zu ergreifen und es den Gesetzen der Vereinigten Staaten zu unterstellen. Wir betrachten dieses Land, und dies schon seit geraumer Zeit, als einen Teil der Vereinigten Staaten. Wir sind nicht als Feinde zu Euch gekommen, sondern als Freunde, als Beschützer und nicht als Eroberer. Wir sind zu Eurem Vorteil und nicht zu Eurem Schaden gekommen. Für alle Zukunft entbinde ich Euch von der Verpflichtung gegenüber der mexikanischen Regierung und vom Gehorsam gegenüber Gouverneur Armijo. Er ist nicht mehr Euer Gouverneur (großes Erstaunen), ich bin Euer Gouverneur. Ich erwarte von Euch nicht, dass Ihr zu den Waffen greift und mir in den Kampf gegen Euer Volk folgt, das sich mir widersetzt, sondern teile Euch mit, dass diejenigen, die zu Hause bleiben und friedlich ihrer Arbeit auf Feld und Acker nachgehen, in ihrem Besitz, ihren Angehörigen und in ihrer Religion beschützt werden. Keine Pfefferschote und keine Zwiebel werden von meinen Truppen angerührt werden ohne Bezahlung und Einwilligung des Besitzers. Aber hört gut zu! Derjenige, der verspricht sich ruhig zu verhalten und dennoch die Waffen gegen mich erhebt, den werde ich hängen. Von der mexikanischen Regierung habt Ihr nie Schutz erhalten. Die Apachen und Navajo kommen aus den Bergen und stehlen Eure Schafe und Frauen, wann immer es ihnen beliebt. Meine Regierung wird all dies ändern. Sie wird die Indianer von Euch fern halten, Euch, Eure Angehörigen und Euren Besitz verteidigen, und – ich wiederhole es noch einmal – auch Eure Religion schützen.

Ich weiß, dass Ihr gute Katholiken seid und dass Euch einige Eurer Priester alle möglichen Geschichten erzählt haben – dass wir Eure Frauen misshandeln und sie an der Wange brandmarken, wie Ihr Eure Mulis an der Hüfte brandmarkt. Das alles ist falsch. Meine Regierung respektiert Eure Religion so wie die protestantische Religion und erlaubt jedem Menschen, seinen Schöpfer so zu verehren, wie es ihm sein Herz eingibt. Die Gesetze schützen die Katholiken ebenso wie die Protestanten, die Schwachen so wie die Starken, die Armen so wie die Reichen. Ich bin selbst kein Katholik, ich wurde nicht in diesem Glauben erzogen, aber mindestens ein Drittel meiner Armee sind Katholiken und ich respektiere einen guten Katholiken ebenso wie einen guten Protestanten. Hier zieht meine Armee vorbei – Ihr seht nur einen Teil von ihr: aber es kommen noch viele mehr – Widerstand ist zwecklos. Herr Alkalde, und Männer von der Miliz, die Gesetze meines Landes verlangen, dass alle Männer, die unter mir ein Amt innehaben, einen Treueeid leisten müssen. Aber ich beabsichtige zur Zeit nicht, bis sich die Situation beruhigt hat, Eure Regierungsform anzutasten. Wenn Ihr in der Lage seid, den Treueeid zu leisten, werde ich mein Amt fortsetzen und Eure Autorität unterstützen.

Im Anschluss an diesen offiziellen Akt wurde der Gouverneur von New Mexico, Manuel Armijo, aufgefordert, sich der Invasionsarmee zu ergeben, was vom größeren Teil der Bevölkerung, vor allem den Unternehmern und Geschäftsleuten ohnehin befürwortet wurde. Das Fehlen einer effizienten Verwaltung und eines funktionierenden Rechtswesens, die allgemeine kulturelle und bildungsmäßige Rückständigkeit der Region, die weit verbreitete Korruption, der Mangel an demokratischen Einrichtungen sowie die Unfähigkeit, einen effizienten militärischen Schutz der Außengrenzen zu gewährleisten, hatten den nationalen Überlebenswillen des Landes untergraben. Allerdings war der Widerstand einiger mächtiger Gruppierungen, etwa der alteingesessenen Großgrundbesitzer und der katholischen Kirche, zunächst noch nicht gebrochen. Eilends wurde von der Regierung ein 3.000 Mann starkes Freiwilligenheer zusammengetrommelt, um den Amerikanern im Apache Canyon östlich von Santa Fe entgegenzutreten. Aber angesichts der amerikanischen Übermacht und Entschlossenheit kam es zu keinen Kampfhandlungen. Außerdem hatte der schon erwähnte amerikanisch-mexikanische Großhändler James Magoffin als geheimer Diplomat im Dienste Washingtons den korrupten Gouverneur unter Mithilfe von Bestechungsgeldern längst von der Aussichtslosigkeit einer Gegenwehr überzeugt. Die mexikanische Armee löste sich so rasch wieder auf, wie sie sich gebildet hatte und Armijo suchte sein Heil in der Flucht. General Kearny rückte mit seiner Truppe ungehindert in Santa Fe ein und hisste am Abend des 18. August 1846 die amerikanische Flagge über dem Gouverneurspalast. New Mexico war ihm ohne einen einzigen Schuss in den Schoß gefallen.[20]

Kearny erließ einen Maßnahmenkatalog (*Kearny Code of Laws*) für das Territorium, setzte eine provisorische Regierung ein und ernannte Charles Bent zum ersten amerikanischen Gouverneur von New Mexico. Auch der Santa Fe-Handel kam wieder in Schwung. Kurz darauf am 25. September brach der General mit dem Großteil seiner Armee nach Kalifornien auf. Das militärische Vakuum, das durch diesen Truppenabzug entstand, trug jedoch dazu bei, dass sich unter der Führung des patrio-

Amerikanische Truppen in Santa Fe

tischen Colonel Diego Archuleta der mexikanische Widerstand noch einmal zu regen begann und Umsturzpläne geschmiedet wurden. Wieder hatten die Großgrundbesitzer ihre Finger im Spiel, aber auch die Pueblos, die ihren Landbesitz durch die landhungrigen Neuankömmlinge bedroht sahen, schlossen sich der Rebellion an. Darüber hinaus schürte die katholische Kirche, die ihren Einfluss schwinden sah und den protestantischen Gringos ablehnend gegenüberstand, den Widerstand. Nach einigen misslungenen Anschlägen und einem gescheiterten Putschversuch in Santa Fe kam es schließlich in der Nacht zum 19. Januar 1847 in Taos, wohin sich Gouverneur Charles Bent aus der Hauptstadt zurückgezogen hatte, zu einem Aufstand.[21] Ein fanatisierter Mob von Pueblo-Indianern unter Führung von Pablo Montoya und Tomas Romero machten die Stadt unsicher und drangen mit Brachialgewalt in das Haus des Gouverneurs ein. Während Ignacia Bent, ihre Tochter Rumalda und die ebenfalls anwesende Josefa Carson in letzter Minute ins Nachbarhaus fliehen konnten, wurde der sich verzweifelt verteidigende Bent getötet und skalpiert. Der Skalp wurde auf eine Latte genagelt und in frenetischem Triumphzug durch die Straßen von Taos getragen. Bent's Home, das Haus des ermordeten Gouverneurs ist heute ein Museum. Das wenig luxuriöse, im mexikanischen Stil errichtete Adobe-Haus liegt etwas nördlich der Plaza. Die Zimmer mit ihren ortsüblichen Deckenbalken und offenen Kaminen sind spärlich möbliert und nur ein mit Leder bezogener Holzstuhl stammt noch aus dem Haushalt der Bents. Ein Grund, das Museum zu besichtigen, ist die Erinnerung an die schaurigen Szenen, die sich in diesem Haus abgespielt haben, vor allem der verzweifelte Versuch der Frauen und Kinder, durch ein Loch in der Adobemauer ins anliegende Haus zu entkommen. Die Stelle ist durch eine abgeschälte Tapete gekennzeichnet.

Sieben weitere Personen, darunter der amerikanische Sheriff, der Bezirksrichter und einige Rancher in der Umgebung fielen ebenfalls dem Aufstand zum Opfer. Amerikanische Geschäfte in Taos wurden geplündert und Turley's Distillery, eine amerikanische Whisky-Fabrik in der Umgebung, niedergebrannt. Einigen Flüchtlingen gelang es, sich nach Santa Fe durchzuschlagen und die alarmierenden Nachricht ins amerikanische Hauptquartier zu bringen. Die Bestrafung folgte auf dem Fuß: Colonel Sterling Price, der von Kearny den Oberbefehl über die zurückbleibende kleine Besatzungstruppe in Santa Fe übertragen bekommen hatte, sandte umgehend ein 480 Mann starkes US-Truppenkontingent nach Taos. Unter Mithilfe von 60 kampferfahrenen Mountain Men, die sich der Truppe anschlossen, konnten die Verteidigungslinien der Aufständischen durchbrochen und Taos eingenommen werden. Die 700 indianischen Aufständischen zogen sich ins Pueblo zurück und verschanzten sich dort. Im anschließenden Kampf, in dem auch eine 6-Pfünder Kanone und zwei Haubitzen eingesetzt wurden, kamen 150 Pueblo-Indianer ums Leben; der Rest wurde in der alten Missionskirche zusammengetrieben. Diese wurde beschossen, gestürmt und niedergebrannt. Das Flehen der Frauen und Kinder, die im Pueblo weiße Tücher und Kreuze schwenkten, beendete schließlich den dreitägigen Kampf. 15 Rädelsführer, darunter Montoya und Romero, wurden gefangengenommen, und sieben von ihnen durch ein Standgericht, in dem die Mitglieder

der "American Party" von Taos als Geschworene vertreten waren, als gemeine Mörder zum Tod verurteilt und auf der Plaza öffentlich gehängt. Der eigentliche Hintermann und Drahtzieher des Aufstandes jedoch, der mächtige und einflussreiche Padre Antonio José Martinez, konnte sich bedeckt halten und kam ungeschoren davon. Eine Konsequenz des Aufstandes war, dass New Mexico in den darauffolgenden Jahren vom Militär regiert wurde und demokratische Entwicklungen nur sehr langsam vorankamen. An die 1.000 Amerikaner herrschten mehr oder weniger autoritär über 50.000 Mexikaner und Indianer. Erst 1851 wurde eine zivile Regierung unter James S. Calhoun und eine Territorialversammlung eingerichtet.[22]

In der Geschichte des amerikanischen Westens nimmt die Besitzergreifung New Mexicos eine Sonderstellung ein. Die vom Historiker Frederick Jackson Turner 1893 propagierte These der Frontier als Motor des demokratischen und individualistischen amerikanischen Nationalcharakters der USA trifft für New Mexico nicht zu.[23] Die amerikanischen Trapper und Händler und später die US-Armee stießen auf eine alteingesessene, traditionalistische, in ihren Strukturformen spanisch-koloniale, im Katholizismus verwurzelte Lebensform. Die überwiegend protestantischen und republikanischen Okkupanten konnten mit dieser autokratischen Kultur, die sich über Jahrhunderte hinweg kaum weiterentwickelt hatte, wenig anfangen und standen ihr von Anfang an ablehnend gegenüber. Das Land mit seinem langsamen Lebensrhythmus stand im krassen Gegensatz zum dynamischen, individualistischen und demokratischen Aktionismus der von "Manifest Destiny" beflügelten Anglo-Amerikaner. Obwohl sie die spanische Bevölkerung politisch entmachteten, blieben sie bis ins zwanzigste Jahrhundert hinein eine zahlenmäßige Minderheit. Die Pueblo-Indianer konnten nicht unterworfen und ihres Stammesbesitzes beraubt werden und blieben im wesentlichen in ihren angestammten Siedlungsgebieten sesshaft. Aber die in Sonntagsreden und Tourismusbroschüren gepriesene Vision eines harmonischen Zusammenlebens dreier ethnischer Kulturen – Indianer, Mexikaner und Anglos – ist in New Mexico nie wirklich realisiert worden. Dennoch verleiht das Nebeneinander von Divergentem und Widersprüchlichem der Region eine unverwechselbare kulturelle Aura.[24] Die alljährlich im September in Albuquerque stattfindende "Fiesta", mit ihren indianischen und mexikanischen Brauchtums-, Tanz- und Musikgruppen, ihren verschiedenen ethnischen Speiselokalen, oder auch den anglo-amerikanisch inspirierten Cowboy- und Rodeovorführungen, vermittelt einen anschaulichen Eindruck von dieser multikulturellen Vielfalt.

6. Vertreibung und Wiederkehr der Navajo

Herkunft der Navajo – Hogans, religiöse Bräuche und Mythen – Einflüsse der Pueblos und Hopi – die Raubzüge der Navajo als Geißel der spanischen Kolonie – Unterwerfungsversuche – der Aufmarsch der Amerikaner – Kit Carsons Vernichtungsfeldzug – **Canyon de Chelly** als historischer Schauplatz und heutiger Nationalpark – das Trauma des „Long Walk" und die Verbannung ins „Konzentrationslager" Bosque Redondo – Rückkehr und Neubeginn – „Navajo Blankets" und die Rolle von John Lorenzo Hubbell – **Hubbell's Trading Post**: Geschäft und Museum – die Navajo Reservation auf dem Weg in die Gegenwart – **Monument Valley Navajo Tribal Park**.

Mythos und Vorgeschichte

Die Dineh – „das Menschenvolk" – wie sich die Navajo selbst nennen, gehören sprachlich zu den athapaskischen Völkern, die sich in mehreren Schüben und in größeren zeitlichen Abständen vom kanadischen Norden aus auf die Wanderschaft nach Süden begaben und ab dem 12. Jahrhundert n. Chr. in der Four Corner-Region der heutigen Staaten Arizona, New Mexico und Utah auftauchten. Es waren nomadische Horden von Jägern und Sammlern, die mit ihren kriegerischen Raubzügen in den Siedlungsgebieten der vergleichsweise zivilisierten Anasazi für Unruhe sorgten und wahrscheinlich zu deren Exodus um 1300 beitrugen. Die Konquistatoren nannten sie „Apachu de Nabaju" und hielten Distanz zu ihnen. Als ein Großteil der Navajo später eine sesshaftere Lebensweise annahm, spalteten sich die nomadisch gebliebenen Gruppierungen ab und wanderten in die Gebirgsgegenden im Süden. Dort bildeten sie bis zur Mitte des 18. Jahrhunderts die reich gegliederte „Apacheria" heraus.[1]

Die Navajo brachten aus dem Norden uralte religiöse Vorstellungen mit, tradierten diese weiter und vermischten sie im Lauf der Zeit mit denen ihrer Nachbarn.[2] An ihrer typischen polygonalen Hausform des „Hogan" und den mit ihnen verbundenen Bräuchen hielten sie jedoch fest. So durfte ein in einem Hogan Verstorbener nicht durch die Eingangstür, sondern nur durch ein in die Nordseite gebrochenes Loch hinausgetragen werden. Danach wurde der Hogan zerstört, um die gefürchteten Totengeister *(chindis)* zu vertreiben. Auch der Schöpfungsmythos der Navajo, der im Lauf der Zeit auch Elemente der Pueblo-Indianer übernahm, besteht aus einem komplexen Gefüge von guten und bösen Geistern, Fabeltieren und verschlungenen Sagen, in denen die Dineh vier Unterwelten durchliefen, bevor sie in die Gegenwartswelt des *dinetah* eintraten.[3] Während der mythischen Urwanderung wurden aus den Tieren Menschen, die sich aus dunklen und chaotischen Vorwelten und nach einer großen Sintflut in die sonnendurchstrahlte heutige Welt hinüberretteten. Die Protagonisten dieser Entstehungsgeschichte waren die mythischen Ureltern First Man und First Woman sowie Changing Woman, die Verkörperung der Natur und des jahreszeitlichen Zyklus. Changing Woman vereinigte sich mit dem Sonnengott und gebar die heroischen Zwillinge (*twins*), die zusammen mit Spider Woman den Kampf gegen die bösen Monster und Hexengeister aufnahmen. Durch einen Zauber gelang es ihnen, diese in die Felsformationen des Monument Valley zu verbannen. Die Verknüpfung von Schöpfungsmythos, religiösen Vorstellungen und Landschaft begründet die unauflösliche, tiefe Ortsverbundenheit der Navajo. Sie sehen ihr Land in der Mitte des Kosmos verankert und von vier heiligen Gebirgen begrenzt, dem Mount Taylor im Süden, den San Francisco-Bergen im Westen, dem Mount Wheeler im Osten und den San Juan-Gebirgszügen im Norden. Die virtuelle Grenzlinie zwischen diesen Bergformationen war für sie tabu und durfte nicht überschritten werden. Die spätere Vertreibung aus ihrem Land in eine weit entfernte Reservation bedeutete deshalb die Zerstörung ihrer religiösen Lebenswelt und konnte niemals akzeptiert werden.

Nach der Niederschlagung der Pueblo-Revolte in New Mexico im Jahr 1692 flüchteten tausende Pueblo-Indianer zu den Navajo, vermischten sich mit ihnen und gaben landwirtschaftliche Kenntnisse und handwerkliche Fertigkeiten an sie weiter, etwa die Nutztierhaltung, das Weben von Wollstoffen und die Silberschmiedekunst. Vor allem die Schafzucht, für die die Frauen zuständig waren, entwickelte sich zu einem festen Bestandteil ihrer Lebenswelt und führte zu größerer Sesshaftigkeit. Auch gewisse religiöse Bräuche, Maskentänze, Rituale und Zeremonien oder das Streuen von geweihtem Kornmehl übernahmen die Navajo von den Pueblo und Hopi und verschmolzen sie mit der eigenen Überlieferung.[4] Wie diese sehen sie die Menschen eingebettet in ein religiöses Netzwerk aus Natur, Wohnort, Jenseitswelt und Ahnenverehrung, und ihre Zeremonien dienen der Aufrechterhaltung des Gleichgewichts zwischen diesen. Alles Böse, Krankheit, Tod, Dürreperioden oder Naturkatastrophen entspringen der Störung der kosmischen Harmonie und müssen ebenfalls durch Rituale eingedämmt werden. Das besonders von den Navajo praktizierte Sandmalen (*sand painting*) zu Zwecken der Krankenheilung steht in diesem Zusammenhang: Der Medizinmann oder Sänger (*singer*), der die althergebrachten religiösen Zeremonien oder Gesänge (*chants*) zelebriert, zeichnet magische Figuren aus Sand, von denen überirdische Heilkräfte auf die Kranken überströmen. Nach Beendigung des Rituals, dem kein Fremder beiwohnen darf, werden die Malereien gelöscht und der Sand in alle Himmelsrichtungen verstreut.[5]

Obwohl die Navajo von den Pueblo die Viehzucht und den Ackerbau übernahmen, waren sie im Kampf ums Überleben in ihrem kargen Lebensraum auch auf Freibeuterei angewiesen. Überfälle auf die Getreidespeicher und Viehherden ihrer Nachbarn standen auf der Tagesordnung. Das Pferd, das sie von den Spaniern übernahmen und dessen Gebrauch sie perfektionierten, ermöglichte ihnen ausgedehnte, schnelle Raub- und Beutezüge und wurde zum unverzichtbaren Bestandteil männlich-kriegerischen Stammeslebens. Seit dem späten 17. Jahrhundert wurden die Navajo zur Geißel der umliegenden Hopi, Ute, Zuni und Pueblo sowie der kolonialen Rancherias und Siedlungen am Rio Grande. Sie tauchten aus dem Nichts auf, mordeten, plünderten und brannten nieder, was sich ihnen in den Weg stellte und zogen sich anschließend mit ihrer

Beute – zuweilen ganze Viehherden – in ihre entlegenen Gebirgsschlupfwinkel zurück. Die Angegriffenen revanchierten sich ihrerseits mit räuberischen Gegenschlägen, die an Grausamkeit denen ihrer Feinde um nichts nachstanden. Tauchte ein neumexikanischer Trupp auf Navajo-Stammesgebiet auf, dann machten sich die Männer auf ihren schnellen Pferden aus dem Staub und versteckten sich in den Bergen und Canyons. Die sie verfolgenden Mexikaner bemächtigten sich indes der zurückgebliebenen Herden und verschleppten Frauen und Kinder in die Sklaverei. Ein berüchtigter Racheakt dieser Art fand im Jahr 1805 statt, als eine mexikanische Strafexpedition unter Führung von Leutnant Antonio de Narbona in den Canyon de Chelly eindrang und geflüchtete Navajo in einem Felsalkoven 300 Meter über dem Talboden aufspürte. Die Soldaten beschossen die Höhle, erstürmten sie und metzelten 150 Indianer, größtenteils Frauen und Kinder, nieder. Die „Massacre Cave" und eine realistische Felsmalerei erinnern bis heute an dieses grausige Geschehen.

Massacre Cave   Felszeichnung von Narbonas Soldaten

Ein Kreislauf von Gewalt und Gegengewalt und der daraus resultierende ständige Kriegszustand ließen die Region über zwei Jahrhunderte hinweg nicht zur Ruhe kommen.[6] Geschlossene „Friedensverträge" hielten nie lange, da es keine zentrale Autorität gab, die ihre Einhaltung durchsetzen konnte. Da immer nur mit den Häuptlingen einzelner Klans verhandelt wurde – und es gab davon über 60 –, waren die Vereinbarungen für die anderen Gruppen nicht bindend. Die Neu-Mexikaner ihrerseits reagierten auf Vertragsbrüche mit drakonischen und kollektiven Straf- und Befriedungsmaßnahmen, wobei sie die Unterscheidung zwischen Schuldigen und Unschuldigen in der Regel nicht besonders ernst nahmen. 200 Jahre lang versuchte die spanische Kolonie vergeblich die Navajo in die Knie zu zwingen. 1846 übernahmen die US-Amerikaner dieses

Erbe, packten das Problem mit größter Konsequenz und Brutalität an und schufen es innerhalb von nur 20 Jahren aus der Welt.

Während der amerikanischen Besitzergreifung verstärkten die Navajo zunächst ihre Überfälle und versetzten neben Pueblos und Rancherias zunehmend auch US-Militärposten und amerikanische Pioniere in Angst und Schrecken. Das Versprechen, das General Kearny in der Proklamation von Las Vegas der neu-mexikanischen Bevölkerung gegeben hatte, nämlich sie von dieser Plage zu befreien, musste nun eingelöst werden.[7] Im Jahr 1851 ernannte die Bundesregierung Colonel Edwin Sumner, einen Hardliner aus Vermont, zum militärischen Oberbefehlshaber des neu geschaffenen Militärdistrikts im Südwesten. Sumner hielt nichts von Indianerverträgen und war fest entschlossen, das Problem mit dem Einsatz militärischer Gewalt und der Errichtung eines rigiden Kontrollsystems in den Griff zu bekommen. Er baute Fort Union am Ostrand New Mexicos zur Kommando- und Nachschubzentrale aus und errichtete eine Reihe kleinerer Militärstützpunkte in den Indianergebieten, unter anderem Fort Defiance in der Nähe des heutigen Navajo-Regierungssitzes in Window Rock. US-Bundestruppen, unterstützt von lokalen Miliz- und Freiwilligenkompanien unter Führung von indianererfahrenen Frontier-Männern wurden zu Strafexpeditionen ausgesandt. Es kam zu immer neuen Kampfhandlungen, Verfolgungen und kurzfristigen Unterwerfungsverträgen. Ein im Jahr 1856 geschlossener Friedensvertrag zwischen dem Navajohäuptling Manuelito und dem damaligen Gouverneur von New Mexico sah sogar die Gründung einer Navajo-Reservation mit landwirtschaftlicher Selbstversorgung vor, scheiterte jedoch an der säumigen Unterstützung durch den amerikanischen Kongress.

Bei Ausbruch des amerikanischen Bürgerkrieges im Jahr 1860 musste die Bundesregierung ihre Truppenkontingente aus den westlichen Forts vorübergehend abziehen, um dem militärischen Aufmarsch der Konföderation im Südwesten entgegenzutreten. Die Navajo deuteten das daraus entstehende militärische Vakuum als Schwäche und die alten Feindseligkeiten flammten wieder auf. Im April 1860 griffen über tausend Krieger Fort Defiance an. Im Gegenzug unternahm der Befehlshaber des Forts, Colonel Edward. S. Canby, eine Reihe von Gegenschlägen und trieb die Navajo monatelang vor sich her. Einen im Januar 1861 geschlossenen Waffenstillstand, den die 32 Häuptlinge der völlig erschöpften und hungernden Klans unterschrieben, machten neue Überfälle mexikanischer Banden bald wieder zunichte. Als bei einem tragischen Zwischenfall die Armee ein Blutbad anrichtete, bei dem auch indianische Frauen und Kinder ums Leben kamen, verwüsteten marodierende Navajo-Banden Ländereien und Ranches, stahlen Viehherden, attackierten durchziehende Wagentrecks und ermordeten weiße Siedler und Händler. Allein in der ersten Hälfte des Jahres 1862 wurden 62 Weiße bei Indianerüberfällen getötet und Viehbestände im Wert von 340.000.- Dollar geraubt. New Mexico drohte nun vollends in den katastrophalen Zustand vor der amerikanischen Machtergreifung zurückzufallen. Zwischen 1847 und 1861 hatten die USA über drei Millionen Dollar jährlich in die militärische Befriedung der Navajo und Apachen gesteckt, dennoch verschlechterte sich die Situation zusehends. Auf diesem Hintergrund beschloss die Bundesregierung in Washington eine großangelegte militärische "Endlösung" des Indianerproblems. Zuerst jedoch musste die in den Südwesten eingedrungenen konföderierten Truppen zurückgeschlagen und die Vormachtstellung der Union gefestigt werden.[8]

Der amerikanische Bürgerkrieg war in New Mexico und Arizona nur von kurzer Dauer. Anfang 1862 rückte General Henry H. Sibley mit einer 3.000 Mann starken konföderierten Armee vom texanischen El Paso aus am Rio Grande entlang nach Norden vor und schlug bei Valverdes die von Kit Carson befehligten Unionstruppen. Sibley besetzte Santa Fe und hisste am Gouverneurspalast die konföderierte und die texanische Flagge. Dann aber erwies sich die noch ausstehende Einnahme von Fort Union als unlösbares Hindernis. Beim Überschreiten des Glorieta Passes östlich von Santa Fe stießen die Konföderierten auf den heftigen Widerstand der Unionstruppen. Ihr gesamter Nachschub – 64 Versorgungswagen und 500 Maultiere und Pferde – wurde aus dem Hinterhalt heraus vernichtet und Sibleys Armee in Richtung El Paso vertrieben.

Eine 1.800 Mann starke Entsatzarmee, die sich im Sommer 1862 unter Führung von General James H. Carleton von Kalifornien aus nach Osten in Marsch gesetzt hatte, fand bei ihrer Ankunft in Santa Fe den Bürgerkrieg im Südwesten beendet. Da die starken Truppenverbände jetzt mehr oder weniger ohne Aufgabe waren, ergriff der tatendurstige und ehrgeizige General die Initiative und nahm unverzüglich den Vernichtungskrieg gegen die „wilden" Indianerstämme wieder auf. Carleton, ein kalvinistisch erzogener militanter Indianerhasser, sah als einzige Lösungsmöglichkeit des Problems die völlige Unterwerfung der Indianer und ihre Zwangseinweisung in Reservationen. Da er wusste, dass die Navajo in ihrem gebirgigen und unzugänglichen Stammesgebiet nur schwer zu besiegen waren, betraute er den legendären, kampferprobten und indianererfahrenen Kit Carson mit dieser Aufgabe.[9]

General James H. Carleton

Canyon de Chelly – Zufluchtsort eines geschlagenen Volkes

Für die Navajo war und ist der Canyon de Chelly eine Art mythischer Ort, in dem sich die letzte große Tragödie ihrer Geschichte abspielte. Heute ist er einer der großartigsten Naturparks des amerikanischen Südwestens und Kernstück der riesigen Navajo Reservation.[10] Der Name des 216 Quadratkilometer großen Gebietes geht auf eine Verballhornung des Navajo-Wortes "Tsegi" (Felsenschlucht) zurück und wird auf Englisch wie "de schä-i" ausgesprochen. Canyon de Chelly wurde im Jahr 1931 zum National Monument erhoben, aber in der Verwaltung des Navajo-Stammes belassen. Das bis zu 350 m tiefe Canyonsystem besteht aus einem rot-gelben Sandsteinmassiv, in den der Rio de Chelly und seine Nebenflüsse in mehreren Millionen Jahren drei langgezogene Schluchten mit hochaufragenden Felswänden einfraß. Die zwei Hauptarme – der Canyon de Chelly im Süden, und der Canyon del Muerto im Norden – verlaufen wie zwei gespreizte Finger in west-östlicher Richtung.

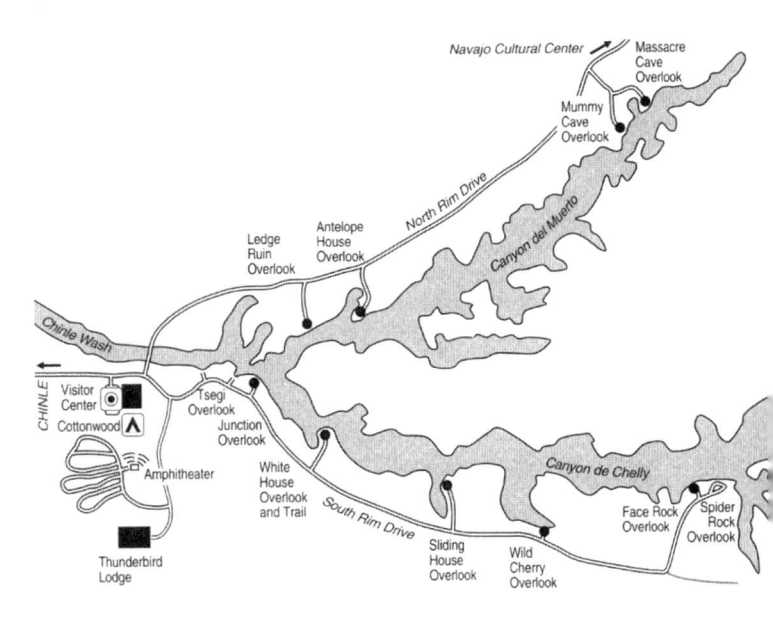

Lageplan von Canyon de Chelly

Seit über 2.000 Jahren waren diese Schluchten inmitten eines kargen Wüstengebietes von Menschen bewohnt; und noch heute bestellen dort an die 30 Navajo-Familien ihre Felder. Der Canyonboden besteht aus fruchtbarer, gut bewässerter Schwemmerde mit reichen Weiden-, Espen- und Pappelbeständen. Die Anasazi siedelten bis zum Ende des 13. Jahrhunderts in den Canyons und hinterließen in den Felswänden an die 800 Cliff Dwellings. Nach dem Abzug der Anasazi blieben die Canyons bis zur Ankunft der Navajo um ca. 1700 unbewohnt.

Um in das Innere des Canyons einzudringen, muss man sich heute geführten Reitwanderungen anschließen oder eine holprige Fahrt mit einem geländegängigen Kleinlaster oder Jeep mitmachen. Der einzige frei zugängliche Wanderweg ist der 4 km lange Trail hinunter zur White House Ruin am Canyonboden. Im übrigen ist eine Rundfahrt entlang der Canyonränder (*rim drive*) überaus lohnend und führt zu einer Reihe von Aussichtspunkten mit atemberaubenden Tiefblicken zu Cliff Dwellings und historischen Orten. So erblickt man vom Antelope House Overlook am North Rim zwei rechteckige Wohnkomplexe mit ca. 90 Räumen. Ihren Namen erhielten sie von zwei Antilopen-Felszeichnungen an der Canyonwand, die von einem Navajokünstler um ca. 1830 angebracht wurden. In einer gegenüberliegenden Ruine ca. 20 Meter über dem Canyonboden fanden Achäologen die Mumie eines alten Mannes, die in eine kunstvoll gefertigte Decke aus Adlerfedern gehüllt war. Da man an der Grabstelle auch Knäuel von Baumwollgarn fand, gab man ihr den Namen "Grab des Webers". Vom letzten Aussichtspunkt am Nordrand des Canyon de Muerto erblickt man die schon erwähnte historische Massacre Cave. Eine erstaunlich realistische Felszeichnung bei der Standing Cow-Ruine verewigt die spanischen Soldaten mit ihren breitkrempigen Sombreros. Am South Rim eröffnet sich vom Tsegi Overlook in der Nähe des Visitor Center ein prächtiger Blick in die Gesteinsformationen des Canyonsystems. 150 Meter rechts vom Aussichtspunkt beginnt der erwähnte Trail zu der White House Ruin (s. Abb. 1). Der überaus lohnende Weg schmiegt sich harmonisch in die bizarr geformten, gelb leuchtenden Sandsteinfelsen ein, führt in leichtem Gefälle hinunter zum Talboden, überquert den Rio de Chelly und endet in einem Wäldchen unterhalb eindrucksvoller Klippenhäuser. Der um 1060 errichtete Gebäudekomplex mit seinen ca. 80 Wohnräumen und vier Kivas bot 10 bis 12 Familien Platz. Er liegt etwa 12 Meter über dem Talboden und konnte nur über Leitern und Trittpfade erreicht werden. Den Höhepunkt des Rim Drive bildet der Spider Rock Overlook. Aus dem tiefen Canyongrund, der sich hier in mehreren Seitenarmen verzweigt, ragt die Felsnadel des „Spinnenfelsens" 250 m in die Höhe. Besonders bei Sonnenuntergang, wenn sich die Sonnenstrahlen zur Spitze hin zurückziehen und der Sockel in violettblaue Schatten eintaucht, bietet er einen prächtigen Anblick. (s. Abb. 16). Allerlei mythische Geschichten ranken sich um diesen spektakulären Ort.

In der Erzähltradition der Navajo bewohnte Spider Woman die Spitze der Felsnadel, holte unfolgsame Kinder zu sich und verspeiste sie. Die helle oberste Felsplatte besteht aus den gebleichten Überresten der Kinderknochen! Am Eingang zum Black Rock Canyon, einem Seitenarm des Canyon del Muerto ragt die große Felskante des Fortress Rock in die Höhe, der Fluchtburg der Navajo im Jahr 1864. Auf dem luftigen Felsen, der nur über steile Trittpfade und Leitern erreichbar war, legten die Navajo Vorratslager an und verschanzten sich gegen die in den Canyon eindringenden amerikanischen Soldaten.

Im Frühjahr 1863, nach der Niederwerfung der Mescalero-Apachen und deren Deportation in die neu gegründete Bosque Redondo-Reservation im südlichen New Mexico, erhielt Kit Carson den Marschbefehl zum Feldzug gegen die Navajo.[11] Im Juli verlegte er seine Truppen ins Navajo-Stammesgebiet.[12] Seine neun berittenen Kompanien mit 736 Mann und einem Trupp von Ute-Kundschaftern standen 10.000 über ein riesiges Gebiet verstreuten Navajo gegenüber. Von Fort Defiance aus begann Carson seine militärischen Aktionen, die heute mit den „Search and Destroy-Operationen" des Vietnamkrieges verglichen werden. Seine Strategie war es, die Kriegsführung der Indianer

Fortress Rock im Hintergrund

nachzuahmen, sie bei Tag und Nacht aufzuspüren, zu verfolgen und anzugreifen. Nach einem Ultimatum an die Navajo – entweder totale Unterwerfung oder Vernichtung – durchstreiften seine Trupps sechs Monate lang die gesamte Region vom Canyon de Chelly bis zur Black Mesa im Westen. Die Navajo-Krieger, auf die sie stießen und die sich nicht ergaben, wurden getötet und gefangengenommene Frauen und Kinder unter Umgehung der militärischen Vorschrift den Ute als Sklaven überlassen. Die indianischen Hogans wurden zerstört, die Mais- und Weizenfelder, Gemüseanpflanzungen und Obstbäume vernichtet, die Viehherden konfisziert oder, falls nicht abtransportierbar, geschlachtet. Zu einer offenen Feldschlacht kam es nicht, da sich die Indianer bei Annäherung der Soldaten sofort zurückzogen und sich im zerklüfteten Gelände versteckten. Wochenlang durchstreiften Carsons Trupps ganze Landstriche, ohne irgend jemanden zu Gesicht zu bekommen. Der Bodycount belief sich am Ende auf nur 78 getötete Navajo, aber Carsons Strategie der verbrannten Erde entzog dem Gegner Schritt für Schritt alle Lebensgrundlagen und zwang ihn schließlich in die Unterwerfung.

Der Feldzug erreichte seinen tragischen Höhepunkt im Canyon de Chelly, dem letzten Zufluchtsort der Navajo. Am 6. Januar 1864, einem kalten und schneereichen Wintertag, verließ Carson mit zwei je 200 Mann starken Einheiten Fort Defiance, erreichte sechs Tage später den Canyon und ließ an dessen Zu- und Ausgängen militärische Stützpunkte anlegen. Noch am gleichen Tag, am 12. Januar, stieg Carsons erfahrenster Offizier, Captain Albert W. Pfeiffer, mit 100 Mann in das verzweigte Canyonsystem hinab und durchstreifte dieses von Westen nach Osten. Carson selbst betrat den Can-yonboden nicht, sondern kontrollierte mit den restlichen Abteilungen den nördlichen und südlichen Canyonrand. Pfeiffers Truppe musste sich in knietiefem Schnee den Weg durch den schwer überschaubaren Canyon del Muerto bahnen und war ständig in Gefahr, aus dem Hinterhalt angegriffen zu werden. Schon bald stieß Pfeiffer auf Ansammlungen von Navajo, die sich auf den erwähnten "Fortress Rock" und in Anasazi-Ruinen in den Canyonwänden verschanzt hatten. Sie empfingen die Soldaten mit Pfeilen, Steinwürfen und wütendem Geschrei, waren aber trotz ihrer strategisch überlegenen Position zu keinem wirksamen Widerstand mehr fähig. Der Grund für die mangelnde Gegenwehr stellte sich bald heraus: Die Navajo waren aufgrund des Mangels an Nahrung, warmer Kleidung und Brennholz völlig erschöpft, ausgehungert und halb erfroren. Bei ihrem Vorrücken stießen die Soldaten überall auf herumliegende Leichen sowie auf Gruppen ausgemergelter, apathisch am Boden kauernder Familien, vor allem Alte, Frauen und Kinder. Die Soldaten gaben Schüsse nach oben ab, töteten 23 Navajo und nahmen 34 gefangen. Bei genauerer Betrachtung jedoch war Carsons Unternehmen alles andere als eine ruhmreich geschlagene Schlacht, wie dies später der amerikanischen Öffentlichkeit gegenüber dargestellt wurde.

In der mündlichen Überlieferung der Navajo gibt es viele Gräuelgeschichten über Geschehnisse, die in den offiziellen militärischen Berichten unerwähnt bleiben. Hilflose Frauen und Kinder wurden mit Gewehrkolben erschlagen, und eine alte Navajo-Squaw musste sich ihrer Kleider entledigen, bevor sie die Soldaten als Spionin erschossen. Wie viel von diesen Berichten wahr oder das Produkt von Schreckensphantasien ist, wird für immer im Dunkel der Geschichte verborgen bleiben.[13] Die Angst vor der völligen Vernichtung lähmte die Navajo vollkommen. Beim Eindringen der Weißen in ihre geheime Felsenfestung, dem heiligen Ort ihrer Ahnen, muss ihnen klar geworden sein, dass es für sie keinen Zufluchtsort mehr gab. Vor die aussichtslose Alternative gestellt, ihre luftigen Unterschlüpfe zu verlassen, sich bedingungslos zu ergeben oder zu sterben, entschlossen sie sich für das Überleben. Am Morgen des 17. Januar 1864 war das militärische Unternehmen beendet. Die berüchtigte Zerstörung der Hogans, Maisfelder und Pfirsichplantagen im Canyon erfolgte erst später durch eine Nachhut.

Verbannung, Heimkehr und Neubeginn

Bis März 1864 ergaben sich 6.000 Navajo, und bis zum Frühsommer folgten weitere 2.000, insgesamt zwei Drittel des gesamten Stammes. Mit Kind und Kegel wurden die Klans nach Fort Defiance und Fort Wingate eskortiert, vor ihrem Abtransport in notdürftig eingerichtete Lager gepfercht und dann in das 560 km entfernte „Konzentrationslager" von Bosque Redondo im Südosten New Mexicos deportiert. Dort sollten sie angesiedelt, christianisiert, in Ackerbau unterrichtet und ihrer Heimat, Kultur und Religion für immer entfremdet werden. Im "Long Walk", der als das große Trauma in die Geschichte der Navajo eingegangen ist, mussten die Stammesangehörigen unter militärischer Bewachung den dreiwöchigen Marsch nach Bosque Redondo zu Fuß hinter sich bringen. Da die Zahl der sich ergebenden Navajo von den Militärs völlig unterschätzt worden war, stand nur für Alte, Kranke und Kinder eine viel zu geringe Zahl von Transportwagen zur Verfügung. General Carleton hatte insgesamt mit maximal 5.000 Navajo gerechnet, so dass für die tatsächlichen 8.000 ein gravierender Mangel an warmer Kleidung, Decken und Medikamenten entstand. Mit der zur Verfügung gestellten, für Indianer völlig ungewohnten Verpflegung – Speck, Mehl und Kaffeebohnen – konnten diese wenig anfangen, so dass hunderte von ihnen unterwegs an Entkräftung, Durchfällen und anderen Krankheiten starben. Die am Weg zurückbleibenden Schwachen, Kranken und Sterbenden – so berichtet die mündliche Überlieferung der Navajo – erhielten von den Soldaten den Gnadenschuss. Außerdem machten sich mexikanische Sklavenfänger an die Marschkolonnen heran und holten sich ihre Opfer, zumeist Frauen und Jugendliche. Während Carleton und Carson in der nationalen Presse als die großen Sieger und Befreier von der Indianergeißel gefeiert wurden, erlitten die Besiegten auf ihrem Marsch Demütigung, Krankheit, Hunger und Tod.

Das realitätsfremde Experiment, die traditionell verfeindeten Stämme der Mescalero-Apachen und Navajo in eine gemeinsame Reservation zu pressen, war von vornherein zum Scheitern verurteilt. Auch die Lebensbedingungen im Lager waren katastrophal. Das für die Menschenmassen viel zu kleine Areal lag in einer Flussschleife des Pecos River. Da für keine Unterkünfte vorgesorgt worden war, mussten die Indianer in notdürftig mit Strauchwerk abgedeckten Erdlöchern Zuflucht suchen. Der Mangel an warmer Kleidung und Decken überließ sie schutzlos der Winterkälte. Das Wasser aus dem Fluss war alkalihaltig und verursachte zusammen mit der schlechten Ernährung Krankheiten aller Art. Hunderte litten und starben an epidemisch auftretenden Masern und Schafblattern, an Keuchusten und Lungenentzündung, und im Jahr darauf raffte eine Pockenepidemie 2.000 Menschen dahin. Viele indianische Frauen, die von den Garnisonssoldaten zur Prostitution gezwungen wurden, holten sich Geschlechtskrankheiten. Der Versuch, die Indianer durch den großflächigen Anbau von Mais zu Selbstversorgern zu machen, endete in einem Desaster. Widrige Witterungseinflüsse, Dürre, Hagelstürme, Überschwemmungen sowie der wenig fruchtbare, von Würmern und Insekten befallene Boden verhinderten trotz aller Bemühungen eine ausreichende Ernte. Für die Schafherden gab es nicht genug Gras und regelmäßige Überfälle der Komanchen, auf deren Stammesgebiet die Reservation lag, reduzierten den Viehbestand. Die militärische Notversorgung mit Nahrungsmitteln reichte für die 8.000 Menschen nicht aus, so dass im Winter 1864/65 Tausende an Hunger starben. Die Mescalero-Apachen, die als Minderheit unter den Zuständen in der Reservation besonders zu leiden hatten, machten sich im November 1865 aus dem Staub und verschwanden in die südlich gelegenen Gebirge. Kit Carson, der ab Juli 1864 die Reservationsverwaltung übertragen bekam, erkannte den verheerenden Fehlschlag des Unternehmens, auf das er sich gegen besseres Wissen und Gewissen eingelassen hatte. Im Herbst ließ er sich nach Fort Bascom versetzen, um in den Great Plains die Kiowa und Komanchen zu bekämpfen.[14]

Im verlassenen Stammesland, wo sich ca. 2.000 bis 3.000 zurückgebliebene Navajo verborgen hielten, kam es inzwischen erneut zu Unruhen, als Ute-Indianer und Neu-Mexikaner mit räuberischen Absichten in das Gebiet eindrangen. Der im Untergrund ausharrende Häuptling Manuelito setzte mit 100 Kriegern den Guerilla-Kampf fort und wurde zum gefürchtetsten aller Navajo-Anführer. Im Mai 1864 ließ er General Carleton ausrichten, dass er eher sterben würde, als das Land seiner Väter zu verlassen. Allen Widrigkeiten zum Trotz schlug er sich fast zwei Jahre lang durch und verhinderte damit den Ausverkauf des Navajo-Gebietes an Landspekulanten und Prospektoren. General Carleton, der selbst Gold-Ambitionen hatte, setzte alles daran, Manuelito, die letzte Symbolfigur des indianischen Widerstandes, zur Strecke zu brin-

Navajo-Häuptling Manuelito

gen. Ironischerweise brachten dies am Ende nicht seine Soldaten zuwege, sondern feindliche Nachbarstämme. Angriffe der Ute hatten Manuelitos Gruppe dezimiert, und bei einem Hopi-Überfall verlor er seinen linken Arm. Von Hunger und monatelangem Herumziehen ausgelaugt ergab er sich im September 1866 mit seinen letzten 23 Kriegern der US-Armee, die ihn in Santa Fe der Bevölkerung auf einer „Siegesparade" vorführte.[15]

Die Tragödie des Navajo-Exils dauerte bis Anfang 1868. Erst als eine Untersuchungskommission der Bundesregierung die skandalösen Missstände in Bosque Redondo publik machte, begann die öffentliche Meinung in den USA umzuschlagen. Nach heftigen Debatten im amerikanischen Kongress musste General Carleton im April 1867 das militärische Oberkommando in New Mexico zurücklegen und die Indianerangelegenheiten einer zivilen Verwaltung übergeben. Die Bosque Redondo-Reservation sollte aufgelöst und in das neue Indianer-Territorium in Oklahoma umgesiedelt werden. Anfang 1868 trug der Navajo-Häuptling Barboncito dem amerikanischen Präsidenten in leidenschaftlichen Worten den Wunsch seines Volkes vor, in die Heimat zurückkehren zu dürfen. Eine daraufhin vom Präsidenten eingesetzte Friedenskommission, die über das Schicksal der Navajo entscheiden sollte, führte schließlich den Umschwung herbei. Auf den dringenden Rat Kit Carsons wurde den Navajo gestattet, in ihr altes Stammesgebiet zurückzukehren. Am 1. Juni 1868 wurde der Rückkehrvertrag von beiden Seiten unterzeichnet und etwas später vom Kongress ratifiziert. Der Stamm durfte unter Führung seiner beiden Häuptlinge Manuelito und Barboncito in die Heimat zurückkehren. Am 18. Juni 1868 brach der zehn Meilen lange Tross – 7.000 Navajo, 564 Pferde und 4.200 Schafe, eskortiert von vier Kavalleriekompanien – zum fünfwöchigen Marsch nach Norden auf. Als die Navajo bei Albuquerque die blauen Umrisse ihres heiligen Berges Mount Taylor am Horizont auftauchen sahen, fielen sie, wie Augenzeugen berichten, von starken Gefühlsausbrüchen überwältigt in die Knie.[16]

Die Rückkehr wurde zur Stunde Null in der Zeitrechnung der Navajo, aber der Wiederaufstieg der geschlagenen, einst so stolzen Nation wurde ein steiniger Weg.[17] Die ursprüngliche Stammesbevölkerung war auf die Hälfte geschrumpft und die ihr zugewiesene Reservation umfasste nur noch ein Drittel ihres ursprünglichen Gebietes. Der Rückkehrvertrag sah außer der Bereitstellung einer Herde von 14.000 Schafen die Aufteilung der Reservation in Homesteads von 160 Morgen (*acres*) Land pro Familie vor. Diese Regelung erwies sich jedoch als realitätsfremd, da das aride Wüstengebiet mit seinem spärlichen Graswuchs die wachsenden Viehbestände in dieser Aufsplitterung nicht ernähren konnte. Die Navajo hielten sich deshalb nicht an die Reservationsgrenzen und weideten ihre Herden auch auf dem umliegenden öffentlichen Land. Bis 1885 lebten an die 8.000 Navajo außerhalb der Reservationsgrenzen. Mit dem wachsenden Zustrom weißer Rancher, Siedler und Goldsucher und dem Bau der transkontinentalen Eisenbahn durch das Reservationsgebiet und den riesigen den Bahnbossen gewährten Landservituten entlang der Bahnlinie entstanden neue Ansprüche an Grundbesitz, Weideland und Bergbauberechtigungen. Um die daraus entstehenden Konflikte in den Griff zu bekommen, legalisierte die Bundesregierung die bestehenden Fakten und gab den Navajo den Großteil ihres ursprünglichen Stammesgebietes zurück. Die Zusammenarbeit mit der in Fort Defiance eingerichteten Navajo Agency entwickelte sich friedlich, und auch der alte Streit zwischen Navajo und Hopi um Landnutzungsrechte wurde 1874 durch den Navajo-Hopi Relocation Act geregelt. Den Hopi wurde ein größeres Reservat als Enklave mitten im Navajo-Gebiet zugesprochen und 11.000 Navajo mussten gegen ihren Willen umgesiedelt werden. Insgesamt waren die Jahrzehnte nach der Rückkehr in das verwüstete Land eine Zeit der Not und des mühsamen Wiederaufbaus. Dennoch gelang es der Stammesführung, den drohenden Rückfall in die alten Raub- und Plünderungszüge zu verhindern. Die "Navajo Cavalry", eine neu eingerichtete Stammespolizeitruppe, verfolgte Unruhestifter und zog sie rigoros zur Verantwortung.

Leider nahmen es die Regierungsbehörden, bzw. das von korrupten oder unfähigen Beamten geleitete Bureau of Indian Affairs (BIA), mit der Einhaltung der geschlossenen Verträge nicht sehr genau. Viele der Zusagen, etwa die Bereitstellung von Saatgut oder die Versorgung mit Nahrungsmitteln, wurden oft mit großer Verspätung oder in stark reduziertem Umfang eingehalten, und es sollte 15 Jahre dauern, bis die vertraglich zugesagten landwirtschaftlichen Geräte geliefert wurden. Aber der ursprüngliche Plan, großflächigen Ackerbau auf der Reservation zu betreiben, scheiterte bald an der Unfruchtbarkeit des Bodens und den rauhen klimatischen Bedingungen. Immer wieder vernichteten Hagelstürme und Fröste die Ernten, so dass der Ackerbau der Weidewirtschaft als eigentlicher Existenzgrundlage des Stammes wich. Zu einer ernsten Krise kam es in den 1920er Jahren, als die 1 Million Schafe, 250.000 Ziegen und 100.000 Pferde zu einem Überweidungsproblem (*overgrazing*) führten. Kontrollmaßnahmen und Umverteilungen des Weidelandes wurden eingeführt und der Viehbestand drastisch reduziert. Auf Anordnung der Behörden und zum großen Leidwesen der männlichen Stammesbevölkerung mussten auch die weitgehend nutzlos gewordenen Pferdebestände geschlachtet werden.

Ein weiteres Dauerproblem auf der Reservation war die Schulbildung. Der Versuch der Regierung, im Jahr 1887 die Schulpflicht auf der Reservation einzuführen, scheiterte an den riesigen Entfernungen und dem massiven Widerstand der Familien gegen „Learning Paper". So besuchten im Jahr 1903 nur ungefähr 300 Navajokinder eine Schule. Die Eltern weigerten sich auch, ihre Sprösslinge in weit entfernte Internatsschulen außerhalb der Reservation zu schicken, nicht nur weil sie ihre Arbeitskraft brauchten, sondern weil sie die Entfremdung von ihrer überkommenen Lebensart ablehnten.[18] Die Indian Boarding Schools zwangen die jungen Navaho, ihre indianischen Namen abzulegen, anglo-amerikanische anzunehmen, sich nach Art der Weißen zu kleiden, das Haar kurz zu tragen, Englisch zu sprechen und ihre indianischen Gewohnheiten aufzugeben. Strenge Disziplinierungsmaßnahmen wie die Prügelstrafe, Einsperren oder das Anlegen von Hand- und Fußschellen zur Vorbeugung gegen Fluchtversuche, waren an der Tagesordnung und verstärkten den Widerstand. Auch die Christianisierungsversuche gelangen nur fragmentarisch, da der Großteil der Stammesangehörigen hartnäckig an den alten religiösen Bräuchen festhielt und das Christentum bestenfalls als Zweitreligion duldete. Wenn die jungen Indianer nach vier bis acht Jahren Internatsschule zu ihrer Familie zurückkehrten, waren sie zumeist innerlich entwurzelt. Viele von ihnen konnten sich weder in der einen noch in der anderen Welt zurechtfinden und gaben sich in ihrem inneren Zwiespalt dem Alkohol hin. Andere versuchten, hinter einer Maske stoischer Unbeteiligtheit eine Art Doppelexistenz zu leben. Eine Lösung des Schulproblems bahnte sich erst 1933 an, als der aufgeschlossene John Collier die Leitung des BIA in Washington übernahm. Der über seine Initiative 1934 vom Kongress verabschiedete Indian Reorganization Act stärkte die Selbstverwaltung des Navajo Tribal Council durch eine eigene Stammesverfassung. Die verhassten Internatsschulen wurden nun durch Tagesschulen in der Reservation ersetzt, zu denen die Kinder in Schulbussen transportiert wurden. Bis heute sind die meisten dieser Schulen in die Selbstverwaltung des Stammes übertragen worden. Sie achten darauf, dass die Vermittlung der Stammestradition, der überkommenen Kultur und Sprache im Lehrprogramm ihren Platz haben.[19]

Die von den Navajo am meisten geschätzten Weißen waren zweifellos nicht die Lehrer und Missionare, sondern die Händler. Bis 1890 hatten sich neun Handelsposten (*trading posts*) auf dem Reservationsgebiet und 30 unmittelbar außerhalb seiner Grenzen etabliert. Am ältesten und erfolgreichsten war der Trading Post von John Lorenzo Hubbell am Südrand der Reservation.[20] Seit seiner Gründung im Jahr 1876 ist er ununterbrochen in Betrieb und spielte in der materiellen und kulturellen Entwicklung der Navajo eine wichtige Rolle. Er diente nicht nur als Geschäft, sondern auch als Versammlungsort, Treffpunkt, Postamt, Nachrichtenbörse und Kommunikationsstelle zwischen dem Stamm und der nicht-indianischen Außenwelt. Der legendäre Gründer des Unternehmens, Juan (John) Lorenzo Hubbell, der bei den Navajo hoch geachtet war, entwickelte sich im Lauf der Zeit zu einer Art Vaterfigur, Vertrauensmann, Rechtsberater und Ombudsmann. Er wurde 1853 in Pajarito, New Mexico, geboren und entstammt einer bikulturellen Familie. Sein Vater James Hubbell war ein Connecticut Yankee, der 1846 als Soldat in General Kearnys Armee in den Südwesten kam. Nach Beendigung seines Militärdienstes ließ er sich in New Mexico nieder und heiratete in eine angesehene spanisch-mexikanische Familie ein. Seine Frau, Juliana Gutierrez, war die Enkelin eines neumexikanischen Gouverneurs. John Lorenzo wuchs zweisprachig auf, kam über die ge-

Hubbell Trading Post

schäftlichen Aktivitäten seines Vaters schon in jungen Jahren mit den Navajo in Kontakt und lernte ihre Sprache. In der Folge war er als Angestellter und Übersetzer in verschiedenen militärischen und kommerziellen Außenposten im Südwesten tätig. 1878 begann er, seinen Trading Post in Ganado am Südrand der Reservation aufzubauen. 1891 heiratete er die aus einer wohlhabenden neumexikanischen Famile entstammende Lina Rubi, die ihm zwei Töchter und zwei Söhne gebar. Sein jüngerer Sohn Roman und dessen Frau Dorothy übernahmen später noch zu Lorenzos Lebzeiten den Familienbetrieb und entwickelten ihn weiter.

Im großzügig angelegten Geschäftsgebäude bot Hubbell alles an, was die Navajo für ihr tägliches Leben brauchten. Der Handel wurde lange Zeit bargeldlos abgewickelt und beruhte auf Warentausch und Warenkrediten. Später ließ Hubbell eigene Blechmünzen prägen, die auf der Reservation als internes Zahlungsmittel kursierten. Als Tauschware verwendeten die Navajo Schafwolle, bis sich ihnen eine einträglichere Einnahmequelle eröffnete: Hubbell förderte konsequent die Herstellung und den Verkauf von gewebten Decken *(Navajo blankets)* und anderer kunsthandwerklicher Produkte. Im Lauf der Zeit entstand ein regelrechtes Geschäftsimperium, das an seinem Höhepunkt über 30 Filialen, mehrere Farmen und Ranches, zwei Großhandeldepots sowie mehrere Fracht- und Transportunternehmungen umfasste. Die mit Waren oder Wollsäcken beladenen Frachtwägen verkehrten ständig zwischen den Trading Posts und den Großlagerhäusern in Gallup und Winslow. Auch am beginnenden Tourismus beteiligte sich Hubbell, indem er Exkursionen zum Canyon de Chelly, zum Petrified Forest und zu den Hopi-Mesas veranstaltete. Heute gehören Tourismuseinrichtungen wie Motels, Restaurants, Campingplätze und Supermärkte zu den Haupteinnahmequellen des Stammes.

Hubbell stellte eine große Zahl von Navajo in seine Dienste – als Hausangestellte, Wagenführer, Bauleute, Viehtreiber, Gärtner oder Verkäufer. Zu seinem privaten Bereich hatten sie jedoch keinen Zutritt, wenn man von seinen Beziehungen zu jungen Indianerinnen und den mit ihnen gezeugten Kindern absieht. Dafür stand sein Haus allen Besuchern von außen offen und bildete eine Art zivilisatorische Oase in der Wüste. Alles was Rang und Namen hatte – Entdeckungsreisende, Künstler Schriftsteller, Archäologen und Anthropologen, Generäle, Politiker und sogar Präsident Theodore Roosevelt – machten bei ihm Station. Sie konnten in den im Western Style geschmackvoll eingerichteten Gästezimmern logieren und revanchierten sich zumeist mit Geschenken oder mit dem Kauf von Navajo-Produkten. Zu den prominentesten Besuchern gehörte neben dem berühmten Indianerfotografen Edward S. Curtis auch der Chicagoer Kunstmaler Eldridge A. Burbank. Dieser hinterließ Hubbell 167 wunderschöne in roter Kreide gezeichnete Porträts von Indianern und lokalen Persönlichkeiten und eine große Zahl in Öl gemalter Teppichmuster. Da Hubbell ein passionierter Sammler von Kunstgegenständen aller Art war, strotzt sein Haus von den Gegenständen, die er im Lauf der Jahre erwarb: Gemälde aller Art, Fotos, Tiertrophäen, Skulpturen und über 1.000 indianische Artefakte, geschnitzte Kachina-Puppen, Textilien, Keramik, Körbe, Pfeile und Bogen, Tomahawks und Kopfschmuck.

Auch mehrere Schriftsteller, am bekanntesten Charles F. Lumnis und Hamlin Garland erwiesen „Don Lorenzo" in ihren Büchern Reverenz. Wie aus dem ledergebundenen Gästebuch und der umfangreichen Briefsammlung hervorgeht, priesen die Besucher Hubbells Gastfreundschaft und Aufgeschlossenheit sowie die gediegene Atmosphäre seines Hauses. Sie beschreiben ihn als feudalen Selfmademan und patriarchalen Don, den seine Freunde und Gäste ebenso verehrten wie seine indianischen Kunden. So verwundert es nicht, dass sich Hubbell auch in der Politik engagierte. Als liberaler Republikaner setzte er sich in Arizona für die ethnischen Minderheiten ein, für religiöse Toleranz und die Rechte der Frauen. Im Jahr 1914 bewarb er sich vergeblich um einen Sitz im amerikanischen Senat. Die Aufwendungen für den Wahlkampf brachten ihn dabei in so große finanzielle Bedrängnis, dass er eine Zeit lang sein Geschäft seinem wohlhabenden Geldleiher und Freund, dem Navajoführer Henry Chee Dodge, verpfändete.

Hubbells größtes Verdienst für die Navajo war zweifellos der Aufbau des Absatzmarktes für die *"Navajo blankets"*, d. h. die von Navajo-Frauen kunstvoll gewebten Wandbehänge und Teppiche.[21] Als Hubbell nach Ganado kam, befand sich die Reservation in einer sehr schwierigen Phase des Wiederaufbaus, und erst Hubbells tatkräftiges Eintreten für die Wiederbelebung der traditionellen Navajo-Webkunst führte den Stamm allmählich aus der ärgsten Not heraus zu relativem Wohlstand. Seit Jahrhunderten hatten die Navajo aus naturfarbener Schafwolle schwarze, graue, braune und weiße Stoffe mit geometrischen Mustern gewebt, die sich im Südwesten großer Nachfrage erfreuten. Später behandelten sie die Wolle mit pflanzlichen Färbemitteln oder verwendeten mexikanische leuchtend rote Fäden und Garne. In den 1870er Jahren benützten die Weberinnen eine Zeit lang auch künstliche Anilinfarben, was zu grellen Farbmustern und deutlichen Qualitätsverlusten führte. Glücklicherweise stoppte Hubbell diesen Verfall. Unter seiner Beratung kehrten die Weberinnen zu den althergebrachten warmen Naturfarben zurück und verwendeten die überkommenen Muster. Hubbell ließ sich von Künstlern, vor allem von Burbank, eine große Zahl von traditionellen Teppichmustern malen, die er den Navajo-Weberinnen als Vorlagen zugänglich machte. Noch heute kann man in den Schauräumen des Trading Post und in Hubbells Büro 77 Textildesign-Bilder bewundern. In eigenen Katalogen konnten sich die Kunden die von ihnen gewünschten Figurationen auswählen und anfertigen lassen, was zu einem weiteren Aufschwung der Produktion führte. Die Navajo Blankets wurden zum Big Business und erzielten riesige Umsätze (s. Abb. 18).

Auch in anderen Bereichen des Navajo-Kunsthandwerks erwarb sich Hubbell große Verdienste. Bei der Herstellung von Türkis- und Silberschmuck, von Korb- und Lederwaren, Keramik und geschnitzten Kachina-Figuren legte er größten Wert auf Qualität. Als Hubbell im Jahr 1930 im Alter von 87 Jahren starb, hinterließ er seinen Nachkommen ein wohlgeordnetes Geschäftsimperium. Er wurde am Hubbell Hill hinter seinem Haus an der Seite seiner Frau Lina und seines besten Navajo-Freundes Bi'lii Lani (Many Horses) beigesetzt. Noch bis in die sechziger Jahre des 20. Jahrhunderts wurde der Geschäftsbetrieb auf traditionelle Weise weitergeführt. Als jedoch die neuen Supermärkte mit ihren Niedrigpreisen die Reservation erreichten und der Trading Post seine Monopolstellung und Konkurrenzfähigkeit verlor, zog sich die Familie aus dem Geschäft zurück. Angesichts des großen historischen Werts des Unternehmens wurde dieses jedoch nicht aufgelöst, sondern im Jahr 1967 an den National Park Service als Historic Site verkauft: aus dem alten Geschäft war Geschichte geworden.

Heute bildet der **Hubbell Trading Post** eine willkommene Unterbrechung auf der langen Fahrt von der Interstate 40 zum Canyon de Chelly.[22] Er ist eine gelungene Mischung aus Museum und Geschäft, wobei die alte Lebensmittelshandlung noch immer von Indianern und Touristen frequentiert wird. Um den fast unverändert gebliebenen privaten Wohnbereich der Hubbells zu besichtigen, muss man sich einer einstündigen Führung anschließen. Ein Volunteer des National Park Service führt die Besucher humorvoll und kenntnisreich durch den alten Salon, die Küche, die Wohn- und Amtsräume, erklärt die vielen Gemälde, Zeichnungen und Kunstgegenstände an den Wänden und erzählt originelle Geschichten und Anekdoten über Don Lorenzo und seine Familie. Das Haus ist mit seinen vielen Navajo-Teppichen, Körben, Keramiken und mit Americana vollgefüllten Bücherschränken längst zu einem der sehenswertesten Volkskundemuseen des Südwestens geworden. Man betritt die Geschäftsräume durch die kleine Eingangstür an der Frontseite des Hauptgebäudes. In der Mitte des Verkaufsraumes (*bullpen*) steht wie in einem Hogan der alte Eisenofen mit seinem langen Abzugsrohr. Die Zeit ist hier, wenn man von den neuen Firmenbezeichnungen auf den Verpackungen absieht, stehen geblieben: die Regale sind gefüllt mit Mehl-, Kaffee- und Zuckerpackungen, Konservendosen, Stoffballen, Garnen, Nähzeug, Taschenmessern, Besteck, Scheren, emaillierten Kaffeekannen, und von der Decke hängen Zaumzeug, Lampen, Kessel, Pfannen und andere Haushaltswaren. Die daran anschließenden Hubbell-Schauräume sind vollgefüllt mit Navajo-Teppichen, kunstvoll geflochtenen Körben, Keramikgefäßen, fein gefertigten Sätteln und Satteltaschen und in Vitrinen ausgestellten Kachina-Figuren. Leider sind die Preise für den heutigen Normaltouristen eher unerschwinglich geworden. Aber auch wenn man nichts kauft, sind die Räume eine wahre Augenweide. Die Außenanlagen des Trading Post bestehen aus Ställen, Scheunen, Warendepots, einer Brotbackanlage, einer Schmiede, einem alten

Das Hubbell-Geschäft heute

Wagenpark und den umliegenden Tierkorralen. Mit ein wenig Phantasie kann man sich das alte bunte Treiben sehr gut vorstellen, das hier einmal geherrscht haben muss.

Die Navajo heute

Längerfristig hat das Volk der Navajo trotz Unterwerfung, Verbannung und vieler Rückschläge erstaunlich gut überlebt.[23] In der Reservation leben heute an die 200.000 Menschen auf einem Gebiet von 75.000 Quadratkilometern, was der Größe Bayerns entspricht. Es ist das größte zusammenhängende indianische Stammesgebiet in den USA, verfügt über eine funktionierende Selbstverwaltung und eine relativ intakte Kultur.

Ungefähr die Hälfte der Stammesangehörigen, vor allem die ältere Generation, spricht noch die Navajo-Sprache. Das bewusste Festhalten an den alten Traditionen und religiösen Überlieferungen ist ein Grund dafür, warum die Navajo dem Sog des amerikanischen Mainstream widerstehen konnten. Erst nach 1945 begannen zunehmend "fortschrittliche" Ideen die Weiterentwicklung der Reservation zu beeinflussen. Vor allem die Kriegsveteranen, die im Zweiten Weltkrieg die zivilisatorische Außenwelt aus eigener Anschauung kennengelernt hatten, forderten nach ihrer Rückkehr die Modernisierung der Reservation. Sie engagierten sich für ein besseres Schulsystem und Gesundheitswesen, für den Ausbau des Straßennetzes, der Energieversorgung und der Bewässerungsanlagen, für die Erschließung der Bodenschätze und für ein funktionierendes Selbstverwaltungssystem. Armut, Rückständigkeit und die teilweise bedrückenden Lebensbedingungen konnten zurückgedrängt werden. Die ab den 1950er Jahren im Reservationsgebiet gefundenen Bodenschätze – Steinkohle, Erdöl, Erdgas, Kupfer und Uran – sowie die großen Waldreserven wurden genützt. Dies führte einerseits zu einem beträchtlichen Reservationseinkommen, andererseits auch zu einer stärkeren Abhängigkeit von der Außenwelt und zu großen Umweltbelastungen. Die Luftverschmutzung durch das riesige Four Corner-Kohlekraftwerk bei Farmington sowie die radioaktive Verstrahlung in den Uran-Abbaugebieten wurde zu einem großen ökologischen Problem.[24]

Die Selbstverwaltung der Reservation liegt in den Hän-

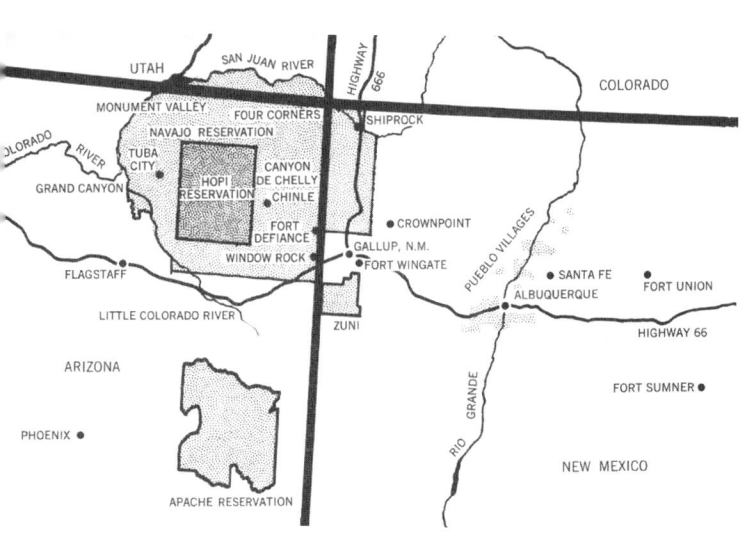

Indianer-Reservationen im Südwesten

den des Navajo Tribal Council, in den die verschiedenen Regionen (*chapters*) ihre gewählten Vertreter entsenden. Der berühmteste Vorsitzende war der legendäre Henry Chee Dodge, der bis 1947 die Geschicke des Stammes lenkte. In regelmäßigen Abständen trifft sich das Gremium im Council House in der Stammeshauptstadt Window Rock, wo sich auch der Sitz der Indian Agency befindet, und berät alle Aspekte der Finanzverteilung. Es gibt mehrere Radiostationen, die auch in der Navajo-Sprache senden, ein eigenes Gerichtswesen, eine Navajo Tribal Police, über 50 Schulen, einige historische und volkskundliche Museen sowie das Navajo Community College in Tsaile. Dieses wurde im Jahr 1968 gegründet und besteht aus einem modernen Glas- und Stahlgebäude in Form eines Hogans. Das College brachte erstmals höhere Bildung in die Reservation, wobei neben den gängigen Fächern Geschichte, Volkskunde, Biologie oder Informatik auch berufspraktische Ausbildungsgänge wie Silberschmiedekunst, Kunsthandwerk und landwirtschaftlicher Anbau gelehrt werden.

Navajo-Silberschmied

Trotz dieser positiven Entwicklungen ist der Lebensstandard der Reservation heute noch immer weit niedriger als in den umliegenden Staaten New Mexico und Arizona. Arbeitslosigkeit, Alkoholismus und eine hohe Selbstmordrate gehören zum Reservationsalltag. Weitere Probleme sind die schlechten Wohnverhältnisse, die immer noch unzureichenden Infrastrukturen und öffentlichen Transportmittel, der schlechte Gesundheitszustand vieler Stammesangehöriger und die unterentwickelte medizinische Versorgung. So führt das übliche „junk food" mit seinem hohen Fett- und Zuckergehalt zu weit verbreiteter Fettleibigkeit und Diabetes. Außerdem gibt es noch immer viele Haushalte ohne fließendes Wasser, Strom, Telefon und Autos. Dennoch besteht angesichts der Vitalität des Stammes und des natürlichen Reichtums der Reservation die Hoffnung, dass dieses stolze Indianervolk auf Dauer überleben wird.

Wenn man heute durch das Reservationsgebiet am Highway 191 nach Norden fährt, erstaunen einen die riesige Ausdehnung des Navajolandes und seine aride Kargheit. Die Straße zieht sich schnurgerade durch eine endlose, in der Hitze flimmernde Wüstenebene, in der die Navajo-Farmen mit ihren Hogans und von Holzzäunen eingefassten Korralen in großer Entfernung voneinander verstreut liegen. Man kommt an Wohnsiedlungen wie Round Rock oder Rock Point vorbei, die mit ihren gleichförmigen barackenartigen Häuserreihen einen desolaten und sterilen Eindruck erwecken. Die Tristesse fehlender Bäume und Grünanlagen, die vor den Häusern aufgestellten Blechcontainer sowie die hochaufragenden Wasserspeicher ähneln zum Teil eher einem Arbeitslager als lebendigen Wohnorten. Der Eingriff einer phantasielosen Planungsbürokratie in die alten organischen Lebensformen macht sich hier unangenehm bemerkbar. Auch die Reservationsschulen in den Orten gehen in diese Richtung, und ihre zuweilen etwas pompös klingenden Namen wie "School of the Fighting Braves" unterstreichen in ungewollter Ironie die Diskrepanz zwischen idealem Anspruch und Realität (s. Abb. 17).

Weiter im Norden wird die Landschaft felsiger und der Sandboden rötlicher. Bizarre Felsformationen, vor allem der majestätische Shiprock, erheben sich aus der Wüstenebene und weisen voraus auf das Monument Valley. Auf der Fahrt durch den dortigen Navajo Tribal Park laufen einem Schafherden über den Weg, und es eröffnen sich herrliche Ausblicke auf die aufragenden rotgelben Felsformationen des Totem Pole, der Three Sisters oder der East und West Mitten Buttes mit ihren Reminiszenzen an John Wayne und die Westerns, die Henry Ford hier drehte. Entlang der Schotterstraße kann man Hogans besichtigen, Navajo-Silberschmieden bei ihrer Arbeit oder Navajo-Frauen beim Spinnen und Weben zusehen. Auch die Anasazi-Klippenhäuser von Betatakin und Keet Seel im nahen **Navajo National Monument** laden zu einem Besuch ein. Hier hat der Tourismus längst Einzug gehalten und lässt vorübergehend vergessen, dass die Reservation trotz aller Fortschritte immer noch Dritte Welt ist, umgeben vom übertechnisierten Wohlstandsamerika.

Im Monument Valley

7. Alte indianische Kulturen in Arizona

Wassergräben und Großhäuser der untergegangenen prähistorischen Kultur der Hohokam – **Casa Grande Ruins National Monument** – die Papago- und Pima-Indianer als Nachfahren der Hohokam – die drei Mesas der Hopi im Nordosten Arizonas – Geschichte, Lebensformen, Religion und Sprache der Hopi – die Dörfer **Walpi** und **Old Oraibi** auf der Third Mesa – **Heard Museum of Native Cultures and Art** in Phoenix – die Missionierung der Pima durch den Welschtiroler Pater Eusebio Kino – Pater Kinos Leben und Werk – das Barockjuwel der Missionskirche **San Xavier del Bac** bei Tucson.

Das rätselhafte Verschwinden der Hohokam

Als im November 1867 der Goldsucher und Bodenspekulant Jack Swilling dem Salt River entlang nach Westen zog, stieß er auf etwas, was ihn in höchstes Erstaunen versetzte: im trockenen, windverwehten Sandboden entdeckte er ein zerfallenes System von Bewässerungskanälen, die sich vom Fluss ausgehend bis zu 15 Meilen ins Land hineinzogen. Er hatte keine Ahnung, wann und von wem diese Kanäle gebaut wurden, aber er erkannte, dass die wüstenhafte Ebene, in der er sich befand, in früheren Zeiten von Menschen fruchtbar gemacht worden war. Die Idee, dass man dies möglicherweise wiederholen könnte, veranlasste ihn zur Gründung einer eigenen Irrigation and Canal Company. Er legte zwei der alten Kanäle frei, bewässerte das Land, lud Homestead-Farmer ein, sich in der Gegend niederzulassen und Landwirtschaft zu betreiben und wurde so zum Gründervater der späteren Millionenstadt Phoenix. Archäologen fanden bald heraus, dass es sich um das Stammesgebiet der prähistorischen Hohokam-Indianer handelte, die – so nahm man an – um ca. 300 v. Chr. aus dem Süden, dem heutigen Mexiko, in diese Landschaft eingewandert waren.[1] Sie brachten das Wissen um die Fruchtbarmachung von Wüstengebieten durch Bewässerungsanlagen mit und bauten großflächig Mais, Baumwolle und Tabak an. Da ihnen weder Zugtiere noch metallene Geräte zur Verfügung standen, mussten sie die zwei Meter breiten und über einen Meter tiefen Kanäle in einer Gesamtlänge von 250 Meilen mit primitivem Holzwerkzeug und Tragkörben mühsam ausgraben – eine ungeheure Leistung! Auch die Aufschüttung großer Erdhügel (*mounds*), auf denen sie mehrstöckige Häuser errichteten, gehören zu den herausragenden kulturellen Leistungen dieses Volkes. Die größte Anlage dieser Art – die Spanier nannten sie "Casa Grande" – liegt ca. 50 Meilen südlich von Phoenix im heutigen **Casa Grande Ruins National Monument**. Es ist das einzige erhalten gebliebene "Big House" der Hohokam. Die weitläufige Anlage enstand um ca. 1300 n. Chr. am Höhepunkt der Hohokam-Kultur. Es ist ein 10 m hohes Bauwerk aus ca. 3.000 Tonnen gelblicher Lehmmasse. In den 1930er Jahren wurde über dem Gebäude ein Schutz-

7   Alte indianische Kulturen in Arizona

Casa Grande Ruins heute

dach errichtet, um es vor weiterer Erosion durch Wind und Wetter zu schützen. Über die Funktion des Gebäudes gibt es nur Vermutungen. Archäologen nehmen an, dass es nicht primär als Wohnhaus diente, sondern eher zu Verteidigungs- und Kultzwecken. Letzteres wird damit erklärt, dass die Öffnungen an der Westseite des Baus auf einen Punkt ausgerichtet sind, wo die Sonne zur Sommersonnenwende im Juni untergeht. Dies und gewisse Beziehungen zu Sternkonstellationen legen nahe, dass Casa Grande auch eine Art astronomisches Observatorium gewesen sein könnte, das den Hohokam die Erstellung eines Kalenders ermöglichte. Ein zeremonieller Ballspielplatz im umliegenden Siedlungsgebiet lässt außerdem Zusammenhänge mit den mittelamerikanischen Indianerzivilisationen vermuten. Auch der hochentwickelte Ackerbau, der sich aus den Bewässerungsanlagen der Umgebung erschließen lässt, weist in diese Richtung. Das Visitor Center, durch das man das Gelände betritt, und viele informative Schautafeln geben einen Einblick in diese noch immer rätselhafte Kultur. Andere Einflüsse der alten mesoamerikanischen Hochkulturen zeigen die hoch entwickelte Keramikkunst, dreidimensionale Tonfiguren und Schmuck aus Muscheln und Türkisen. Außerdem waren die Hohokam ein wichtiges Handelsvolk zwischen Nord und Süd mit einem Netzwerk von Verkehrsverbindungen. Wie aus archäologischen Funden hervorgeht, gehörten Kupferglocken und exotische Vögel aus Mexiko sowie Meeresmuscheln aus dem Pazifik zu ihren gängigen Handelsgütern. Heute wird die Zuwanderungsthese von Archäologen allerdings immer mehr in Frage gestellt. Die Annahme einer schon vorher vorhandenen, bodenständigen Indianerkultur im Verde Valley, die im Verlauf der Jahrhunderte hochkulturelle Errungenschaften von ihren südlichen Nachbarn übernahm, findet größere Akzeptanz.[2] An die 20.000 bis 50.000 Menschen lebten in dieser Frühzeit in den Ebenen zwischen dem Salt River und dem Gila River. Leider ist nur wenig Gesichertes über sie bekannt, außer dass ihre Kultur um ca. 1450 n. Chr. ein mysteriöses Ende fand. Der Name "Hohokam" bedeutet in der Sprache der Papago sinngemäß "die Verschwundenen" oder auch "jene, die alles aufgebraucht haben". Warum sie sich 150 Jahre länger halten konnten als die benachbarten Anasazi und die mit ihnen verwandten Mogollon und Sinagua lässt sich nur vermuten. Anzunehmen ist, dass die fruchtbaren Flussebenen des Verde Valley während der Dürreperioden noch mehr Überlebenschancen boten als das Colorado-Plateau und seine Ränder. Als die Spanier um 1540 erstmals die Sonora-Wüste betraten, stießen sie auf die zwei großen, bis heute im südlichen Arizona ansässigen Stammesgruppen: die Papago im Westen (ind. Tohono O'dham; „das Wüstenvolk") und die Pima (Akimel O'odham, „das Fußvolk") im Südosten. Die Stämme lebten verstreut in kleinen Gehöften und Dörfern und ernährten sich schlecht und recht vom Ackerbau. Wie prekär ihre Ernährungssituation war, lässt sich aus den gravierenden Mangelerscheinungen schließen, die man bei Skelettfunden aus dieser Zeit festgestellt hat. Obwohl bei den Papago und Pima außer einer hochentwickelten Korbflechtkunst keine Spuren der alten Hochkultur mehr vorhanden sind, nimmt man heute an, dass sie Nachfahren der in den alten Siedlungsgebieten zurückgebliebenen Hohokam sind und eine tiefgreifende Regression in allen Lebensbereichen durchmachten. Die einstige Kulturgemeinschaft zerfiel in eine Vielzahl kleiner Stämme, und die alte landwirtschaftliche Großorganisation, die Kanäle und Großhäuser, die vormals ausgedehnten Handelsbeziehungen und der Luxus eines hochentwickelten Kunsthandwerks fielen dem harten Überlebenskampf zum Opfer. Heute leben an die 15.000 Pima auf Reservationen im Weichbild der Großstadt Phoenix und über 20.000 Papago in einer riesigen Reservation, die vom Gila-Fluß bis zur mexikanischen Grenze reicht.[3] Darüber hinaus existieren in Arizona noch weitere 16 Indianervölker unterschiedlicher Herkunft und Sprache in mehreren Reservationen. Sie reichen von den Hopi, Navajo und Apachen im Nord- und Südosten über die Paiute, Walapai, Hualapai, Yavapai im Zentrum bis zu den der alten Patayan-Kultur entstammenden Mohave, Yuma und Cocopa im Westen. Den drei bedeutendsten Gruppierungen – den Hopi, Pima und Apachen – sind die folgenden Ausführungen gewidmet.

Die Hopi

In Arizona gibt es heute insgesamt 21 Indianerreservationen, und manche von ihnen bieten dem Besucher in Stammeszentren (*tribal centers*), Museen und Trading Posts die Möglichkeit, sich mit ihrer Lebensweise und ihren kunsthandwerklichen Tätigkeiten vertraut zu machen. Allerdings hält sich das Interesse der indianischen Reservationsbewohner für weiße Besucher zumeist in den engen Grenzen kommerzieller Notwendigkeit. Fotografier- und Filmverbote, Einschränkungen der Bewegungsfreiheit und Verbotstafeln sind an der Tagesordnung. Wegen der Wichtigkeit der Hopi-Kultur ist ein Besuch der Hopi Mesas in der Nordostecke Arizonas aufschlussreich. Die Hopi, das "friedliche Volk", wie sie sich selbst nennen, gehören zu den ältesten kontinuierlich in Arizona ansässigen Indianerstämmen. Seit ungefähr 1200 v. Chr. leben sie auf drei steinigen Kalkstein-Mesas am Colorado-Plateau. Das auf der dritten Mesa liegende Dorf Old Oraibi ist einer der am längsten ohne Unterbrechung von Menschen bewohnten Orte Nordamerikas überhaupt. Die Hopi werden oft als eine westliche Ausprägung der Pueblo-Kulturen am Rio Grande angesehen oder mit der Abwanderung der Anasazi aus dem Four Corner-Gebiet in Verbindung gebracht. Dies ist insofern irreführend, als sie durch ihre uto-aztekische Sprache und Überlieferung auf die Tolteken und Maya im alten Mexiko zurückweisen. Auch in ihrer Gesichtsform und etwas dunkleren Hautfarbe ähneln sie eher den Nachkommen der Maya als den benachbarten Navajo. Seit jeher sind die Hopi hervorragende Trockenfarmer, die trotz der extremen Wasserarmut ihres Lebensraumes durch den Anbau von Mais, Bohnen, Melonen und Pfirsichen Jahrhunderte lang überleben konnten. Von den Spaniern übernahmen sie später die Schaf- und Rinderzucht und vermittelten diese an ihre nomadisch-athapaskischen Nachbarn weiter.[4]

Die ersten Europäer, die mit den Hopi in Berührung kamen, gehörten zu einem Erkundungstrupp der Coronado-Expedition im Jahr 1540 unter Führung von Pedro Tovar. Bei einem Zusammenstoß mit ihnen behielten die Spanier die Oberhand; sie trugen die drei Mesas als "Tusayan" in ihrer Expeditionskarte ein und zogen weiter bis zum Rand des Grand Canyon. Auch die Expeditionen von Antonio de Espeijo (1583) und Juan de Onate (1601) berührten die Hopi-Mesas, ohne sich jedoch näher mit ihnen zu befassen. Der erste Versuch die Hopi zu christianisieren wurde von Franziskanern im Jahr 1629 unternommen, aber die Missionsstation, die sie errichteten, konnte sich nur 50 Jahre halten. Während der großen Pueblo-Revolte des Jahres 1680 wurden die Spanier verjagt, vier Priester getötet, die Kirche zerstört und ihre Holzbalken für den Bau einer neuen Kiva in Oraibi verwendet. Auch der Versuch spanischer Padres, nach dem Aufstand im Dorf Awatovi eine neue Mission zu gründen, scheiterte kläglich. Sie wurden samt den zu ihnen übergelaufenen indianischen Dorfbewohnern getötet oder vertrieben und die katholische Kirche für immer von den Hopi-Mesas verbannt. Nach der Niederschlagung der Pueblo-Revolte in New Mexico flüchtete 1699 eine größere Gruppe von Tewa-Indianern aus dem Rio Grande-Gebiet zu den Hopi und ließ sich im Ort Hano auf der ersten Mesa nieder.[5]

Die acht alten Hopi-Siedlungen verteilen sich auf drei fingerartige, sich nach Süden erstreckende Ausläufer der Black Mesa. Diese werden von Ost nach West verlaufend als First, Second und Third Mesa bezeichnet. Die ursprünglich gut zu verteidigenden mehrstöckigen Gemeinschaftshäuser auf diesen Felsspornen – etwa das Dorf Old Oraibi auf der Third Mesa – sind längst kleineren, einstöckigen Häusern aus Adobe, Stein und Holzbalken gewichen. Ihre heruntergekommene Bausubstanz ist darauf zurückzuführen, dass die meisten der heute lebenden 6.000 Hopi nicht mehr in diesen Felsennestern wohnen, sondern in modernen Fertigteilhäusern, auf kleinen Farmen oder in Siedlungen in der Ebene unterhalb der Mesa, etwa in Moenkapi am Westrand der Reservation. Auch die technischen Errungenschaften der heutigen Zeit – etwa Fernsehen, Solaranlagen oder der bei den Indianern so beliebte Pickup-Kleinlastwagen – haben auch hier längst Einzug gehalten. Dennoch sind die Hopi insgesamt ihrer religiösen, traditions- und erdverbundenen Lebensweise erstaunlich treu geblieben. Sie feiern mit großer Anteilnahme ihre Feste in den alten Dörfern, tradieren die Mythen, Symbole und Geschichten ihrer Vorfahren von einer Generation zur nächsten und bringen sie in ihrem hochentwickelten Kunsthandwerk, etwa in ihren besonders schönen Kachina-Puppen zum Ausdruck.[6] Mit ihrer Schnitz- und Webkunst und ihrer hochstehenden Keramik-, Schmuck- und Korbflecht-Produktion sind sie zu Vorbildern ihrer indianischen Nachbarn geworden.

Jahrhunderte lang konnten sich die Hopi aufgrund ihres ausgeprägten Traditionsbewusstseins, ihrer Sesshaftigkeit und Beharrlichkeit gegen die Übergriffe ihrer Nachbarn, der Navajo, Ute und Apachen, sowie schließlich auch der Spanier und Anglo-Amerikaner behaupten. Sie verfügen bis heute über eine komplexe Sozial- und Verwaltungsstruktur, wobei jedes Dorf eine eigenständige Klan-Gemeinschaft bildet. Der Landbesitz ist kollektiv geregelt und wird unter den Klans zur Benützung aufgeteilt. Diese übernehmen nach einem überkommenen Rotationssystem auch die administrativen und religiösen Aufgaben des Stammes. Sie sind matrilinear organisiert, d. h. sie unterstehen jeweils einer Klan-Mutter. Die einheiratenden Männer ziehen in das Haus der Ehefrau, bleiben jedoch dem religiösen Verband des Herkunftsklans zugeordnet. Jeder Klan ist durch ein totemistisches Tiersymbol wie Bär, Adler, Papagei, Dachs oder Schmetterling gekennzeichnet, verfügt über eine eigene Kiva und unterwirft sein tägliches Leben strengen religiösen Bräuchen und Regeln.

Mehrere traditionelle Tanzfeste werden alljährlich veranstaltet – neben neun jahreszeitlich orientierten Hauptzeremonien auch eine Reihe von Kachina-Tänzen. Der Wunsch nach Regen, Fruchtbarkeit und Wachstum steht dabei im Mittelpunkt der Riten. Die extremen Lebensbedingungen in dem trockenen Land haben offensichtlich wesentlich zum Weiterleben der alten religiösen Gebräuche beigetragen. Am spektakulärsten ist die neun Tage dauernde Fruchtbarkeitszeremonie im August, die im abschließenden Schlangentanz ihren Höhepunkt findet. Vorher eingefangene, in der Kiva rituell gereinigte Schlangen werden auf Sandbilder mit Darstellungen von Regenwolken und Blitzen geworfen, um sie für das anschließende Ritual zu weihen. Die halbnackten zeremoniellen Tänzer tragen die Schlangen während des Tanzes im Mund, um auf diese Weise die magische Vereinigung mit ihnen zu vollziehen. Am Ende des mehrstündigen, bis zum Sonnenuntergang dauernden Tanzes werden die Schlangen wieder freigelassen. Sie kriechen in alle Himmelsrichtungen in die umliegende Natur zurück, um die Geister der Vorfahren um Regen und Fruchtbarkeit zu bitten. Letztere leben in der Vorstellungswelt der Hopi während der ersten Jahreshälfte in den nahen San Francisco-Bergen. Im Sommer kehren sie samt den von ihnen verwahrten Regenwolken zurück, um das Land fruchtbar zu machen. Der Schlangentanz gehört zu den faszinierendsten Indianerzeremonien des Südwestens und lockt alljährlich hunderte von Besuchern an, die schweigend und in gebotener Distanz den Ritualen folgen dürfen. Der bekannte Kulturhistoriker Aby Warburg besuchte im Jahr 1896 die Hopi-Siedlungen und hat die kultische Schlangenfürbitte in seiner bis heute immer wieder publizierten Abhandlung "Schlangenritual. Ein Reisebericht" beschrieben und mit Fotos illustriert.[7] Auch D. H. Lawrence wohnte 1922 einem Hopi-Schlangentanz bei und berichtet darüber in seinem Essay "The Hopi Snake Dance".[8]

Kachina-Tanzzeremonien mit ihren mit skurrilen Masken, weißen knielangen Baumwollröcken, Schärpen, Fellen, Halsketten und Armreifen geschmückten Tänzern gehören ebenfalls zu den zentralen Gepflogenheiten der Hopi. Die fantastischen Kachina-Masken aus Leder, Holz und Baumwolle sind mit aufgemalten Symbolen und Ornamenten verziert und werden ausschließlich von männlichen Tänzern getragen. Die monotonen, stampfenden, nach strengen Regeln ablaufenden Tänze nach dem Rhythmus der Trommeln und Rasseln erstrecken sich über Stunden und führen bei den Beteiligten am Ende zu trancehafter Erschöpfung. Mit dem Tragen der Kachina-Maske im rituellen Tanz verwandelt sich der Tänzer in den Ahnengeist einer Kachina, der sich in verschiedensten Gestalten verkörpern kann – in Tieren, Pflanzen, Jägern, Kriegern, in guten und bösen Dämonen oder in schwarz-weiß gestreiften Clowns. Es sind im einzelnen schwer deutbare Fabelwesen, aber die Vermittlungsfunktion zwischen Mensch und Gottheit ist ihnen allen gemeinsam. Der Schriftsteller Frank Waters hat in seinem *Buch der Hopi* (1980) die tiefere Bedeutung dieser Zeremonien erläutert:

Wer wie wir gewohnt ist, Materie und Geist als Gegensätze zu betrachten, dem mögen diese Bräuche seltsam und sentimental erscheinen. Sie entsprechen jedoch dem indianischen Glauben an eine mysteriöse Kraft, eine dynamische Energie, einen unpersönlichen Lebensgeist, der alle Wesen der Natur erfüllt und vereint – den lebendigen Stein, den großen, atmenden Berg ebenso wie Pflanze, Tier und Mensch. Die Indianer grenzen sich nicht von anderen Formen des physischen Lebens ab, sondern betrachten sich selbst als Teil eines lebendigen Ganzen.
Jedes Wesen in der Natur besitzt also nicht nur eine äußerliche, physische Gestalt, sondern auch eine innere, spirituelle Kraft. Der Mensch darf den äußeren Körper eines Wesens zur Befriedigung seiner Grundbedürfnisse verwenden. Dabei muss er sich aber bewusst sein, dass die spirituelle "Komponente" dieses Wesens in Form geistiger Energie erhalten bleibt. Er kann diese Energie anrufen, um ihre Kraft zu seinem Nutzen einzusetzen.
Die Hopi bezeichnen diese spirituellen Kräfte als Kachinas, "geachtete Geister", die Jahr für Jahr angerufen werden. Die Geister verstorbener Pflanzen, Tiere und Menschen und aller unsichtbaren Kräfte des Lebens werden manifest in Gestalt maskierter Männer, die bei den Zeremonien von der Kraft des dargestellten Geistes erfüllt werden. So erscheinen sie tanzend auf der Plaza, stoßen eigenartige Schreie aus und singen von Sonnenaufgang bis Sonnenuntergang.[9]

Dass ein derartig vernetztes Denken und Fühlen nicht nur für Esoteriker und Naturmystiker, sondern auch für Wissenschaftler und Philosophen von Interesse sein kann, zeigen die Forschungen des Kulturanthropologen und Linguisten Benjamin Lee Whorf. In seinem Buch *Sprache, Denken, Wirklichkeit* (1963) untersucht Whorf die Denk- und Wahrnehmungsstrukturen der Hopi-Sprache und kommt dabei zu erstaunlichen Ergebnissen. So zeigt er unter anderem, dass der in der westlichen Welt vorherrschende li-

Abb. 1 White House im Canyon de Chelly

Abb. 2 Große Kiva im Pueblo Bonito

Abb. 3 Pueblo-Ruinen am Talboden des Frijoles Canyon

Abb. 4   Ein typisches Pueblo-Haus in Taos

Abb. 5   Kinder in Acoma

Abb. 6　Getrocknete Chilis am Straßenrand

Abb. 7　Pueblo-Keramik in Acoma

Abb. 8   Kirche in San José im Laguna Pueblo

Abb. 9   Altar der Kirche San José

Abb. 10   Santuario de Chimaio

Abb. 11   Santos in Chimaio

Abb. 12   Pueblo Revival-Haus in Santa Fe

Abb. 13   Adobe-Haus in Taos

Abb. 14   Bent´s Old Fort heute

Abb. 15   Fort Union heute

Abb. 16   Hinweisschild zur Schule „Fighting Braves"

Abb. 17   Spider Rock im Abendlicht

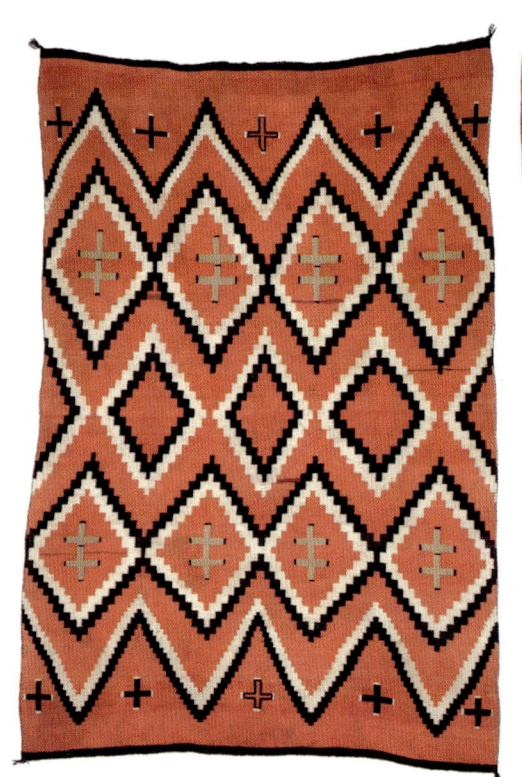

Abb. 18   Navajo Blankets

Abb. 19   Silber- und Türkisschmuck

Abb. 20   Kachina-Figuren

Abb. 21   Hopi-Rundscheiben

Abb. 22   San Xavier del Bac

Abb. 23 a + b   Das Innere von San Xavier

Abb. 24 Postkutschengalopp

Abb. 25 Bisbee, Arizona

Abb. 26　Erinnerung an eine belebtere Vergangenheit

Abb. 27　Geisterstadtnostalgie

Abb. 28   Georgia O'Keeffe „Ladder to the Moon" (1958)

Abb. 29   Georgia O'Keeffe „The Lawrence Tree" (1929)

Abb. 30   Phoenix

Abb. 31   Moderne Adobe-Architektur in Albuquerque

neare Zeitbegriff, d. h. das mit Uhren messbare Fließen der Zeit aus der Vergangenheit durch die Gegenwart in die Zukunft den Hopi fremd ist.[10] Sie haben eine Spache ohne Zeitformen und beschreiben Zeitdauer nicht als eine lineare Dimension, sondern als Verhältnis zwischen zwei Ereignissen, wobei die Intensität und Subjektivität der persönlichen Wahrnehmung entscheidend mitwirkt. Es handelt sich im Grunde um einen archaischen, gleichzeitig aber auch sehr modern anmutenden psychologisch-assoziativen Begriff der Zeit. "Wenn wir in unser Bewusstsein blicken," schreibt Whorf, "finden wir keine Vergangenheit, Gegenwart und Zukunft; sondern eine komplexe Einheit. ALLES ist im Bewusstsein, und alles im Bewusstsein IST und ist zusammen."[11] Für die Hopi ist Zeit nicht Bewegung, sondern eine dauernde Kraft, die auf spätere Ereignisse einwirkt. Alles ist eingebettet in ein ewiges Werden und Vergehen und dauert fort, wenn auch in gewandelter Form. Der deutsche Sprachwissenschaftler Helmut Gipper hat später Whorfs These kritisch überprüft und festgestellt, dass auch die Hopi-Sprache durchaus Zeitbegriffe besitzt, diese aber in einer vorwiegend zyklisch-nicht-linearen Weise verwendet.[12]

Die Dörfer **Walpi** auf der First Mesa und **Old Oraibi** auf der Third Mesa sind von besonderem historischen Interesse. Mit ihren grauen, schlecht erhaltenen Steinhäusern auf Felsspornen inmitten der heißen Baum- und Vegetationslosigkeit und dem herumliegenden Zivilisationsschrott machen sie allerdings einen eher öden Eindruck und sind auf touristische Besucher wenig eingestellt. Am ehesten lohnt sich ein Besuch während der Tänze und Zeremonien im Sommer, bei denen jedoch Fotografieren und Filmen streng verboten sind. Auf der zweiten Mesa nahe am Highway liegen das Hopi Cultural Center, eine Kombination aus Motel, Museum, Restaurant und Geschäft, und etwas weiter westlich die Werkstätten und Verkaufsräume der Hopi Arts & Crafts Cooperative Guild. Dort kann man den Silberschmieden bei der Arbeit zusehen und hochwertige kunsthandwerkliche Produkte, vor allem schöne Kachinas, Türkis- und Silberschmuck, gewebte Decken sowie geflochtene Rundscheiben (*plaques*) in wunderschönen Farben und Mustern kaufen. (s. Abb. 21)

Wer sich noch eingehender mit den prähistorischen Indianerkulturen Arizonas beschäftigen möchte, sollte sich Zeit für den Besuch von zum Teil hervorragenden Museen einräumen. Ein absolutes Muss ist ein

Das Hopi-Dorf Walpi auf der First Mesa

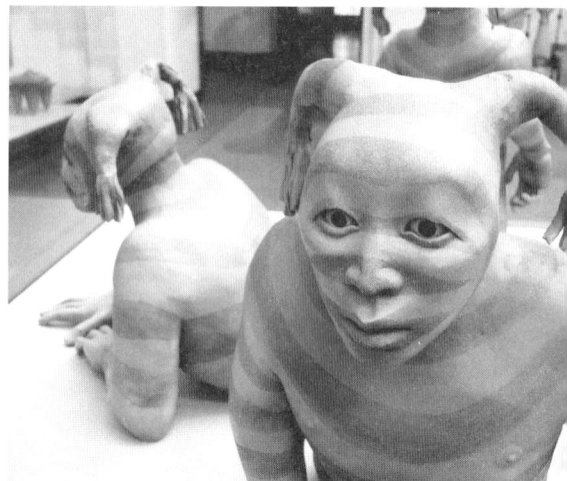

Im Innenhof des Heard-Museums   Moderne Hopi-Kunst

Besuch des **Heard Museum of Native Cultures and Art** in Phoenix. Dieses 1929 gegründete Weltklasse-Museum mit seinen über 75.000 hervorragend ausgestellten Artefakten aus dem Privatbesitz der Heard-Familie ist in einem architektonisch wunderschönen Gebäude untergebracht und dokumentiert die Entwicklung der Indianerkulturen des Südwestens von prähistorischer Zeit bis heute. Die ständige Ausstellung ist nach drei Regionen – Wüste, Gebirgsland und Colorado Plateau – geordnet. Sie enthält auch Rekonstruktionen eines Hohokam-Erdgrubenhauses, eines Navajo-Hogan, eines Apache Wickiup, umfangreiche Sammlungen von Pima-Korbflechtkunst, Mogollon- und Sinagua-Keramik sowie die umfangreichste Sammlung von Hopi- und Zuni-Kachinafiguren (über 400) im Südwesten. Letztere stammt aus dem Besitz des bekannten Senators Barry Goldwater, der sich 1964 vergeblich um die Präsidentschaft bewarb. Eine andere Abteilung ist der indianischen Kunst der Gegenwart gewidmet. Darüber hinaus kann man indianischen Kunsthandwerkern beim Weben, Schnitzen und Töpfern zuschauen oder im Amphitheater des Museums indianischen Tanz- und Musik-Vorstellungen beiwohnen. Höhepunkt ist die alljährlich im Frühling stattfindende Indian Fair, wo das Museum zu einem Zentrum lebendiger indianischer Kultur wird. Auch das **Museum of Northern Arizona** in Flagstaff bietet einen guten Einblick in die Geologie, Flora, Fauna und die Indianerkulturen am Colorado Plateau. Im Museum-Shop wird qualitativ hochstehendes Hopi-und Navajo-Kunsthandwerk angeboten; außerdem findet jedes Jahr im Juli die Hopi Craftsmen Show statt, wo man der Produktion von Keramik, Korbwaren und Webereien zusehen kann.

Die Pima und die Jesuitenmission des Pater Kino

Wie die Hopi sind auch die Pima-Indianer als Nachfahren der Hohokam seit prähistorischer Zeit in Arizona ansässig. Sie bewohnten Jahrhunderte lang die einigermaßen fruchtbaren Ebenen zwischen dem Gila und dem Salt River sowie die Hochplateaus weiter südlich bis tief ins mexikanische Sonora hinein. Wie ihre Nachbarn, die Papago, ernährten sie sich seit jeher von einer bescheidenen Land- und Viehwirtschaft und sind bis heute vor allem hervorragende Korbflechter. Ihre Klan- und Dorfgemeinschaften sind relativ autonom, aber im Gegensatz zu denen der Hopi patriarchal ausgerichtet. Die Notwendigkeit, sich jahrhundertelang gegen die räuberischen Angriffe der Apachen aus den Gebirgsgebieten im Osten zu verteidigen, förderte außerdem ihre kriegerischen Qualitäten.[13]

Ab dem späten 17. Jahrhundert brachte ihnen die von Mexiko ausgehende, von Pater Kino vorangetriebene Jesuitenmission das Christentum und eine verbesserte Landwirtschaft, mit Viehzucht, Obst- und Gemüseanbau. Nach Auflösung des Jesuitenordens im Jahr 1767 setzten die Franziskaner diese Arbeit fort, allerdings mit geringerem Erfolg. Im 19. Jahrhundert bildeten die Pima-Dörfer mit ihren Missionskirchen auf der Reiseroute entlang dem Gila-River für die nach Westen durchziehenden Soldaten, Goldsucher und Siedler willkommene Oasen in der Wüste.

Pater Kino-Denkmal in Segno bei Trient

Dort konnten sie eine Erholungspause einlegen und ihren Proviant für die beschwerliche Weiterreise nach Kalifornien ergänzen. In den Auseinandersetzungen mit den Apachen standen die Pima Mexikanern und Anglos traditionsgemäß als Helfer, Führer und Kundschafter zur Verfügung. Leider wurden sie in den Nachwehen der Apachenkriege gegen Ende des Jahrhunderts nicht mit jener Dankbarkeit behandelt, die sie verdient hätten. Es gelang ihnen jedoch das Schlimmste abzuwenden, nämlich den ursprünglichen Plan der US-Regierung, sie wie die Apachen aus ihrem angestammten Land auszusiedeln. 15.000 Pima leben heute in einer Reservation innerhalb ihres ursprünglichen Stammesgebiets.

Das Missionswerk des Jesuitenordens im 17. und 18. Jahrhundert war die wichtigste frühe Phase in der Geschichte Arizonas. Die herausragendste Persönlichkeit dieser Zeit war der aus dem Trentino stammende Indianerapostel Pater Eusebio Kino, der als der "reitende Padre" (*padre on horseback*) in die Geschichte Mexikos und des Südwestens eingegangen ist.[14] Wie hoch die Bedeutung dieses begnadeten, in Europa leider fast vergessenen Jesuitenmissionars von den Amerikanern eingeschätzt wird, zeigt die Tatsache, dass 1966 seine Statue in der Rotunde des Kapitols (*Hall of Fame*) in Washington neben historischen Größen wie George Washington, Samuel Adams oder Andrew Jackson aufgestellt wurde. Pater Kino, dessen ursprünglich italienischer Name Eusebio Francisco Chini lautete, stammte aus dem Nonstal bei Trient. Im Zentrum des Dorfes Segno, seinem Geburtsort, prangt ein überlebensgroßes Bronzedenkmal, das den Padre hoch zu Ross in seiner Jesuiten-Soutane darstellt. Es steht vor dem Eingang eines neuen und interessanten Museums, das dem großen Sohn des Ortes gewidmet ist. Ein Mosaik an der Außenwand gibt eine farbige Zusammenschau vom Leben und Wirken des Paters. Wenige Schritte entfernt, unterhalb der Kirche, steht noch das alte Bauernhaus der Chini-Familie, in dem Eusebio 1645 geboren wurde.

Schon in der Volkschule muss den Lehrern die außergewöhnliche Begabung und Wissbegierde des Jungen aufgefallen sein, denn er wurde in die Jesuitenschule nach Trient und anschließend in das Jesuitengymnasium in Hall in Tirol geschickt. Als er dort schwer erkrankte, legte er das Gelübde ab, im Falle seiner Gesundung in den Jesuitenorden einzutreten und China-Missionar zu werden. Es folgten Studienjahre an den Jesuitenuniversitäten Landsberg, Ingolstadt, München und Innsbruck, in denen er neben Theologie und Philosophie vor allem Mathematik, Kartographie und Astronomie studierte. Die Ordensoberen wollten den Hochbegabten als Lehrer an einer ihrer Schulen behalten, und es bedurfte acht Jahre der Bittstellerei, bis er endlich die Erlaubnis erhielt, in den missionarischen Dienst einzutreten, allerdings nicht in China, sondern in der Indianermission in Mexiko. Nach einer durch widrige Umstände erzwungenen zweijährigen Wartezeit in Spanien, in denen er seine Spanischkenntnisse und sein astronomisches, geographisches und kartographisches Wissen perfektionierte, konnte er endlich im Januar 1681 von Cadiz aus in die Neue Welt aufbrechen. Es sollte ein Aufbruch ohne Wiederkehr werden.

Nach seiner Ankunft in Mexiko hispanisierte er seinen Namen, allerdings nicht in das spanische Wort Chino (Chinese), sondern in das im Spanischen leicht exotisch klingende Kino. Das erste Missionsunternehmen, an dem er vor allem wegen seiner kartographischen Kenntnisse teilnehmen durfte, führte ihn 1682 in die damals noch völlig unerforschte Baja California. Aber die dort gegründete Mission stand unter einem unglücklichen Stern. Kino beschäftigte sich intensiv mit den ihm anvertrauten Indianern, erlernte ihre Sprache und vermittelte ihnen mit einigem Erfolg die christliche Lehre. Das Unternehmen scheiterte jedoch schließlich an Nachschubproblemen und einem von der spanischen Soldateska provozierten Indianeraufstand. Ein etwas später unternommener zweiter Versuch, im Norden der Baja eine Missionsstation zu errichten, erwies sich wegen Missernten und Seuchen ebenfalls als Fehlschlag. Dennoch machte sich Pater Kino schon während dieser drei Jahre einen guten Namen bei den Provinzialoberen in Mexico City, so dass er im Anschluss daran den verantwortungsvollen Auftrag erhielt, die Missionierung der indianischen "Pimeria Alta" am heidnischen Nordrand Mexikos zu übernehmen. Es war dies ein riesiges Gebiet, das sich vom San Miguel-Fluss im mexikanischen Sonora bis zum Gila River im Norden und vom San Pedro River im Osten bis zum Golf von Kalifornien und zum Colorado im Westen erstreckte.

Im März des Jahres 1687 kam Pater Kino nach Sonora und packte seine neue Aufgabe mit größter Dynamik an. Er gründete als Ausgangspunkt seiner Tätigkeiten die Missionstation Nuestra Senora de las Dolores am Südostrand des Missionsgebietes und in rascher Folge dutzende weiterer Missionen – San Ignacio, Remedios, Caborca, Tubutama, Guevavi, Tumacacori, San Xavier und viele andere. Unermüdlich ritt er von einem Missionsort zum anderen, vermaß und kartographierte das Land, überwachte die Aufbauarbeiten, las Messen, spendete die Sakramente, versorgte Kranke und Sterbende, taufte Kinder und Bekehrte und lernte die Sprache seiner Schützlinge. Die wöchentliche Rundreise durch seine drei ersten Missionsdörfer erstreckte sich über 150 Meilen.

Pater Kino sah seine Aufgabe jedoch

Wichtige Missionskirchen der Pimeria Alta

nicht nur in der Missionsarbeit, sondern widmete sich auch intensiv der Verbesserung der indianischen Landwirtschaft, wobei ihm seine bäuerliche Herkunft zugute kam. Er rodete das Land, baute Bewässerungsanlagen, legte Gemüsegärten an, pflanzte Obst- und Weinbäume und führte die für die Indianer bis dahin unbekannte Rinder- und Schafzucht ein. Bei Gründung einer Missionsstation führte er stets eine größere Viehherde in das jeweilige Dorf mit, was ihm später, lange nach seinem Tod, die Bezeichnung "erster Cowboy Arizonas" einbrachte. Die Indianer liebten und verehrten den reitenden Padre wegen seiner Klugheit, Vielseitigkeit und Hilfsbereitschaft und empfingen ihn überall mit offenen Armen. Als im Jahr 1690 der Ordensobere Pater Juan Maria Salvatierra eine Visitation der Pimeria Alta vornahm, war er von den lebendigen Missionen, die "wie Perlen eines Rosenkranzes in der Wüste" [15] lagen, so begeistert, dass er den Entschluss zur Missionierung Kaliforniens fasste.

Aber trotz der großen Erfolge gab es auch eine Reihe von Problemen und Rückschlägen. Neben Neid und Missgunst seiner weniger erfolgreichen Ordenskollegen waren es vor allem die spanischen Rancheros und Minenbesitzer, mit denen sich Kino auseinandersetzen musste. Ein Dekret des spanischen Königs Karl II. hatte zwar die Ausbeutung der Indianer als Leibeigene in der Landwirtschaft oder als Arbeitssklaven im Bergbau untersagt, trotzdem wurde gegen dieses Verbot immer wieder verstoßen. Als Kino sich vehement für die Einhaltung des königlichen Gebotes einsetzte, machte er sich bei den spanischen Kolonisten erbitterte Feinde, wobei seine nicht-spanische Herkunft die Animosität noch verstärkte. Aber noch bedrohlicher als die ausbeuterische Begehrlichkeit seiner spanischen Zeitgenossen war der Widerstand, den einzelne indianische Medizinmänner der neuen Religion entgegensetzten. So brach im April 1695 ein gefährlicher Aufstand los, als umstürzlerische Pima-Medizinmänner die Ermordung eines Stammesgenossen dazu benützten, gegen die Missionen loszuschlagen. Eine zusammengerottete Schar von Indianern überfiel die Mission von Caborca, brannte die Kirche nieder und tötete den jungen Jesuiten-Missionar Pater Saetra. Eine rasch herbeigeeilte spanische Kavallerieeinheit reagierte mit rigider Vergeltung und richtete unter den Pima ein Blutbad an. An die 50 Indianer wurden niedergemetzelt, ohne dass zwischen Schuldigen und Unschuldigen unterschieden wurde. Die Verbitterung darüber kurbelte die Spirale der Gewalt weiter an. Drei Monate lang zogen indianische Rebellen durch die Pimeria Alta, verwüsteten die Missionsstationen, verbrannten Felder und töteten Viehherden. Die Padres konnten sich nur durch Flucht vor den brennenden und mordenden Horden retten. Bezeichnenderweise jedoch verschonten die Aufständischen die Hauptmission von Dolores und ließen den dort ausharrenden Pater Kino unangetastet.

Obwohl der Rückschlag seiner Missionsarbeit für Kino eine traumatische Erfahrung gewesen sein muss, ließ er sich nicht entmutigen. Nach Beendigung der Kampfhandlungen verhandelte er tagelang mit den Pima, die sich in den Bergen aus Angst vor spanischen Repressalien versteckt hielten. Es gelang ihm nicht nur, mit ihnen einen Friedensvertrag auszuhandeln, sondern auch das Militär dazu zu bewegen, auf die Hinrichtung der ausgelieferten Rädelsführer zu verzichten. Da jedoch der Weiterbestand der Mission ernstlich bedroht war, ritt Pater Kino in größter Eile die 1.200 Meilen nach Mexico City, um den Ordensoberen persönlich über das Vorgefallene zu berichten. Er verfasste auch eine Schrift, in der er die Hintergründe des Aufstandes darlegte, die zur Ermordung Saetras geführt hatten. Seine Bemühungen überzeugten schließlich den Ordensprovinzial davon, dass der Missionsprozess in Sonora fortgeführt und die zerstörten Missionen wieder aufgebaut werden müssten. Unverzüglich machte sich Pater Kino auf den Rückweg in den Norden, wobei er wie durch ein Wunder einem mörderischen Indianerüberfall entkam.

Während dieser ganzen Zeit hatte Pater Kino den Gedanken an die Erschließung und Missionierung der Baja California von der Pimeria Alta aus nie aufgegeben. Insgesamt unternahm er in den Jahren zwischen 1697 und 1707 40 ausgedehnte und entbehrungsreiche Erkundungsexpeditionen in glühender Sonnenhitze und in Sand- und Gewitterstürmen mit dem Zweck, einen Landweg dorthin zu erschließen. Unterwegs missionierte er Indianerstämme – etwa die Yuma –, las Messen, predigte, und taufte tausende von Menschen und zeichnete seine Karten. Historiker an der University of Arizona haben errechnet, dass Kino in den 24 Jahren seines Aufenthaltes in der Pimeria an die 20.000 Meilen im Sattel zurückgelegt hat.[16] Er war ein unglaublich energischer und

7 Alte indianische Kulturen in Arizona

vielseitiger Mensch – Priester, Seelsorger und Missionar, Wissenschaftler und Forscher, Pionier und Rancher, Viehzüchter und Pflanzer zugleich. Dennoch führte er ein Leben von größter Einfachheit, Bescheidenheit und Besitzlosigkeit, ernährte sich spartanisch, mied Alkohol und und verbrachte die Nächte unter freiem Himmel, nur auf einem Fell und unter einer Decke liegend, den Kopf auf den Packsattel gebettet. Was ihn aber vor allem auszeichnete, war seine modern anmutende, vorurteilslose und positive Einstellung zu den Indianern, die ihm deshalb überall, wo er hinkam, mit großem Zutrauen entgegentraten.

Im Jahr 1696 erwirkte er von den Ordensoberen in Mexico City die Genehmigung, sich jeweils sechs Monate des Jahres dem Baja California-Projekt widmen zu dürfen und in der verbleibenden Jahreshälfte sein Missionswerk bei den Pima und Papago fortzuführen. Jedes Jahr unternahm er, begleitet von einer Schar von Indianern, einer Handvoll Soldaten und Packtieren ausgedehnte Expeditionen nach Nordwesten, entweder dem San Pedro und Gila River entlang, oder durch den wasserlosen Backofen des "Camino del Diabolo" zum Colorado. Schließlich drang er bis zur Baja California vor, an deren Nordseite Pater Salvatierra inzwischen eine Missionsstation errichtet hatte. Im Jahr 1700 gründete Pater Kino als einen der letzten Höhepunkte seines Wirkens die Missionskirche San Xavier del Bac in der Nähe des heutigen Tucson als Vorposten

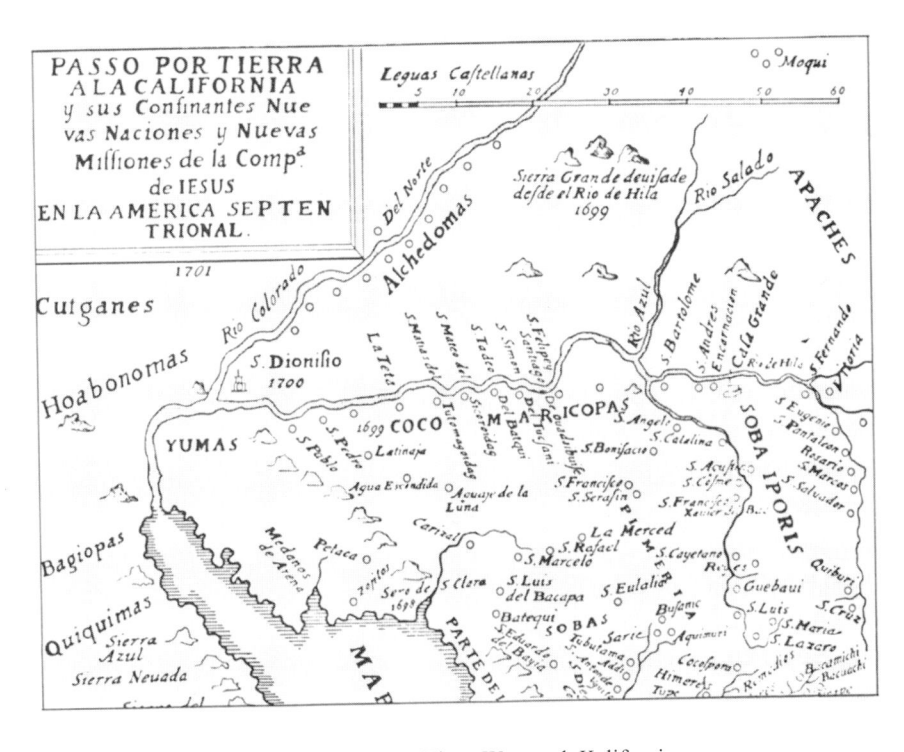

Eine Karte von Pater Kinos Weg nach Kalifornien

für die Kalifornienmission. Bis zum Jahr 1702 war der Landweg zur Baja California erschlossen und deren Existenz als Halbinsel – und nicht wie vorher irrtümlich angenommen als Insel – kartographisch festgehalten.[17]

Während Pater Kinos langer Abwesenheiten nahmen die immer häufiger werdenden Raubzüge der Apachen bedrohliche Ausmaße an. Von ihren Schlupfwinkeln im Gebirge aus überfielen sie die Pima-Missionsdörfer und raubten ihre Viehherden. Im Jahr 1698 kam es nach einem Überfall auf Quiburi am Ostrand der Pimeria zu einer blutigen Auseinandersetzung, bei der 54 Apachen, davon 23 Frauen, von den sie verfolgenden Pima getötet wurden. Drei Jahre später verwüsteten und plünderten die Apachen die Missionsstation von Cucurpe. Aber sobald die Ruhe wieder hergestellt war, machte sich Kino wieder auf den Weg. Sein Gesundheitszustand verschlechterte sich jedoch zusehends; er litt an Arthritis und häufigen Fieberanfällen. Die Rastlosigkeit und die übermenschlichen Anstrengungen der endlosen Wüstenritte hatten bei dem inzwischen fast Sechzigjährigen Spuren hinterlassen. Die letzten Jahre seines Lebens benützte Pater Kino dazu, sein Missionswerk in der Pimeria Alta zu konsolidieren und auszubauen. Sein Wunsch, das Missionsgebiet noch weiter nach Norden auszuweiten, ging jedoch nicht mehr in Erfüllung. Er starb 1711 im Alter von 66 Jahren während der Einweihungsfeier einer neuen Kapelle in Santa Maria Magdalena.

Pater Kino geriet in den USA und in Europa im Verlauf der Jahrhunderte weitgehend in Vergessenheit. Seine Wiederentdeckung ist vor allem dem amerikanischen Historiker Herbert E. Bolton zu verdanken, der in einem mexikanischen Missionsarchiv Pater Kinos Tagebuch entdeckte, dieses aus dem Spanischen ins Englische übertrug und 1936 die erste Kino-Biographie herausbrachte.[18] Die Suche nach seinem Grab zog sich über mehrere Jahrzehnte hin. Man entdeckte es schließlich im Jahr 1966 im Boden jener Kapelle, in der er gestorben war. Diese jedoch war inzwischen längst späteren Bauten zum Opfer gefallen, und es bedurfte akribischer historischer und archäologischer Nachforschungen, um ihre Grundmauern aufzuspüren. Über Pater Kinos letzter Ruhestätte wurde ein modernes Mausoleum mit einem Kuppelgewölbe errichtet. Das Grab zieht alljährlich tausende Besucher, Pilger und Wallfahrer in den Ort. Vor allem die Papago verehren Pater Kino noch heute wie einen Heiligen. Sie versammeln sich beim Mausoleum und betrachten durch ein kleines Fenster ehrfürchtig seine Gebeine. Sie berühren seine mit einer Kutte bekleidete Statue in der benachbarten Kapelle und heften Zettel mit Bitten und Danksagungen daran.

Von Pater Kinos ursprünglichen Missionen ist außer ihren Namen, ihrer Lage und einigen Adobe-Resten so gut wie nichts mehr erhalten. Witterungseinflüsse und Zerstörung durch Apachenüberfälle oder auch spätere Neubauten haben sie verschwinden lassen. Alles was man in diesen Orten an Kirchen sieht, wurde etwa hundert Jahre nach Pater Kinos Tod von der Franziskanermission erbaut. Dies gilt auch für die zwei noch erhaltenen Kirchen im heutigen Arizona – San Xavier del Bac und San José de Tumacacori. Die Jesuiten-Mission in der Pimeria Alta blühte noch zwei Jahrzehnte nach Pater Kinos Tod weiter, wobei auch andere Jesuiten aus dem deutschsprachigen Raum tätig waren. Der

Abstieg begann ab ca. 1730, als neu entdeckte Silbervorkommen tausende spanische Glücksritter und Abenteurer in das Land schwemmten. Da die Pima-Indianer die Silberminen und Bergbaugebiete auf ihrem Stammesgebiet als rechtmäßigen Besitz für sich in Anspruch nahmen, kam es 1751 zu einem großen Aufstand gegen die Spanier, in den auch die Missionen hineingezogen wurden. An die 100 spanische Rancheros, Bergleute und Priester wurden getötet. Die spanischen Behörden und das Militär gingen gegen die Rebellen mit äußerster Brutalität vor und bereiteten damit der langjährigen fruchtbaren Zusammenarbeit zwischen den Pima und den Jesuiten ein blutiges Ende. Der letzte Schlag erfolgte im Jahr 1767, als der Jesuitenorden vom Papst verboten und die Jesuitenmission in Mexiko aufgelöst wurde. Spanische Soldaten stellten die Ordenspriester unter Arrest und eskortierten sie in die Verbannung. Die Franziskaner, die einige Jahre später an ihre Stelle traten, konnten den alten Zustand nicht wiederherstellen, da die Indianer jegliches Vertrauen in die weltliche und geistliche Herrschaft der Spanier verloren hatten. Das Vakuum, das daraus entstand, machten sich die Apachen zu Nutze und versetzten mit ihren Raubzügen der christlichen Zivilisation, die Pater Kino aufgebaut hatte, den Todesstoß. Die Kirchen wurden aufgelassen und verfielen, und als die Anglo-Amerikaner ein Jahrhundert später ins südliche Arizona kamen, stießen sie nur mehr auf kärgliche Überreste der einstigen Blütezeit.

Das schönste Vermächtnis des Pater Kino und das am besten erhaltene Bauwerk spanischer Barockarchitektur in den USA ist die neun Meilen südlich von Tucson auf dem Gebiet der Papago-Reservation liegende **Mission San Xavier del Bac**, "die weiße Taube in der Wüste", wie sie die Einheimischen nennen.[19] (s. Abb. 22). Den Grundstein zu dieser Kirche legte Pater Kino im Jahr 1692, als er erstmals den Ort Wa:k, eine große Siedlung mit über 800 Pagago-Bewohnern besuchte, um sie zu missionieren. Er brachte eine große Rinderherde mit, legte Gemüsegärten an, pflanzte Obstbäume, nannte den Ort San Xavier del Bac und begann 1700 mit dem Bau eines großen Gotteshauses. Kinos Absicht war es, mit der Gründung dieser am Westrand der Pimeria Alta liegenden Missionsstation einen Ausgangspunkt für die Kalifornien-Mission zu schaffen. Sein Traum, San Xavier zu einem großangelegten Stützpunkt auszubauen, sollte jedoch nicht mehr in Erfüllung gehen. Im Jahr 1702 stattete er der Mission seinen letzten Besuch ab. 1734 wurde sie von rebellischen Indianern geplündert, und 1751 fiel sie dem großen Pima-Aufstand zum Opfer. 1756 kehrten die Jesuiten unter Pater Alonso Espinosa zurück und errichteten etwas weiter westlich vom heutigen Gebäudekomplex eine neue Kirche. Nach der Ausweisung der Jesuiten 12 Jahre später übernahm der Franziskanerorden San Xavier del Bac. 1783 wurde der Bau einer neuen, größeren, prunkvollen Kirche in Angriff genommen und der alte aufgelassene Bau als Steinbruch verwendet. Das 1797 vollendete Bauwerk bildet in seiner Grundstruktur den bis heute erhalten gebliebenen barocken Gebäudekomplex. Der erste Franziskanerpriester in San Xavier war der später von Yuma-Indianern ermordete Father Francisco Graces. Er setzte die von Pater Kino begonnene Kalifornienmission durch Expeditionen in den Norden fort und bereitete der Kolonisierung Kaliforniens durch Juan Bautista Anza den Weg.

1827 wurden die spanischen Franziskaner vom unabhängig gewordenen Staat Mexiko des Landes verwiesen und San Xavier dem Verfall Preis gegeben. Es ist der indianischen Bevölkerung hoch anzurechnen, dass sie in diesem Interregnum die Kirchenschätze und Kultgegenstände versteckt hielt und die Kirchenanlage vor Plünderung und Verwüstung schützte. 1846 stießen Leutnant Philip G. Cookes Truppen auf ihrem Marsch nach Kalifornien als erste Angloamerikaner auf die verlassene und dem Verfall preisgegebene Kirche in der Wüste, und mit dem Gadsden Purchase im Jahr 1854 kam die Mission in den Einflussbereich der USA. Aber erst um 1900 begann Bischof Henry Granjon mit dem Wiederaufbau des desolaten Kirchenbaus. Der Gebäudekomplex wurde zur Gänze wiederhergestellt und die Missionsarbeit durch den Franziskanerorden wieder aufgenommen. 1963 wurde San Xavier als schützenswertes Kulturobjekt in die Liste der National Historic Landmarks der USA aufgenommen, und von 1992 bis 1997 von einem internationalen Team hervorragender Kunstrestauratoren nach dem neuesten Stand kunsthistorischen Wissens und Könnens aufwendig restauriert. Der heutige Prachtbau ist das Ergebnis dieses kostspieligen Unternehmens. Die Kirche dient immer noch als Pfarrkirche für die katholischen Reservationsbewohner, die Zahl der Taufen, Hochzeiten und regelmäßigen Kirchenbesucher ist jedoch relativ niedrig. Insgesamt leben auf der Reservation, deren Umfang der Größe des Staates Connecticut entspricht, rund 12.000 Menschen. Jährlich besuchen bis zu 300.000 Touristen San Xavier, was der Wirtschaftslage der Reservation zugute kommt.

Das Äußere der in schlichtem Weiß getünchten Kirche besticht vor allem durch das in die Vorderfassade eingelassene wunderschöne barocke Portal aus Natur-Sandstein und die beiden von weitem sichtbaren 20 Meter hohen weißen Türme, von denen einer unvollendet, d. h. ohne Kuppelaufbau, geblieben ist. Die Fassade des Portals wiederholt in ihrer Strukturform Elemente des Altar-Aufbaus (*retablo*) im Inneren. Vier reich verzierte Pilaster umrahmen die zentrale bogenförmige Eingangstür, den darüber liegenden halbrunden Balkon und vier Nischen mit weiblichen Heiligen- bzw. Märtyrerfiguren an der linken und und rechten Seite. Im geschwungenen Oberteil des Portals prangt das dekorreiche Emblem des Franziskanerordens, eingerahmt von den zwei kastilischen Löwen. Der konisch zulaufende, merkwürdige Sockel aus Sandstein auf dem darüberliegenden First ist der von Wind und Wetter erodierte Überrest einer Statue des Heiligen Franz von Assisi. Der aufmerksame Betrachter bemerkt auch zwei kleine Tierfiguren auf den beiden das Portal seit-

Portalfassade von San Xavier

lich begrenzenden Stuckspiralen: eine Maus links und eine Katze rechts. Der Legende nach haben sie eine allegorische Bedeutung: die Katze darf die Maus nie fangen, denn dies würde das Ende der Harmonie zwischen der Mission und den Indianern bedeuten. An die Kirche schließt sich das Konventgebäude an, in dem die Padres, Priester und Besucher untergebracht waren. In einem Teil desselben befindet sich heute das sehenswerte Missionsmuseum und ein Devotionaliengeschäft. Weiter westlich davon liegen das Gebäude der Reservationsverwaltung und die alte von Franziskanerinnen geführte Missionsschule.

Das Innere der Kirche ist in gedämpftes Licht getaucht und überwältigt den Besucher mit seinem barocken Dekor- und Figurenreichtum. (s. Abb. 23a und b) Der erste Gesamteindruck ist der eines wahren Farbenrausches, wobei das üppige Gold der Altäre mit den satten Rot-, Blau- und Gelbtönen der Fresken und dem Braun des geschnitzten Holzgestühls und der Täfelungen harmonisch korrespondiert. Der Grundriss der einschiffigen Kirche folgt der Form eines Kreuzes; der apsisförmige Altarraum ist durch einen Rundbogen vom Chor abgetrennt. Von dort aus beherrscht der prächtige goldene Hauptaltar *(retablo major)* den gesamten Kirchenraum. In den Querschiffen befinden sich links und rechts Seitenaltäre, Fresken mit religiösen Motiven aller Art schmücken die Seitenwände, und über 30 Heiligen- und Märtyrerfiguren evozieren den Eindruck lebendiger Fülle. Hundert lebensgroße, musizierende, tanzende und schwebende Engelsfiguren verleihen dem Kircheninneren die Atmosphäre heiterer Abgehobenheit und Transzendenz. Den Hauptaltar krönt die Figur Gottvaters, der seine linke Hand auf dem Erdball aufstützt. Darunter prangt die Heilige Jungfrau in Gold, flankiert von den Aposteln Petrus und Paulus. Den Mittelpunkt des Altars beherrscht die in ein weißes Priestergewand gekleidete und schwarz behütete Gestalt des heiligen Franz Xaver, die noch aus der älteren Jesuitenkirche stammt. Am Eingang zum Altarraum befinden sich Fresken der großen Lehrmeister der Kirche, Thomas von Aquin, Augustinus, Hieronymus und Gregorius, im östlichen Querschiff stehen die Gestalten des Ignatius von Loyola und des Heiligen Dominik und, ihnen gegenüber, des Heiligen Franziskus. In der Nähe des Eingangs strahlt neben dem geschundenen Christus am Kreuz die Heilige Jungfrau von Guadalupe, die Schutzpatronin von Neuspanien und Mexiko. San Xavier ist ein wahrhaft enzyklopädisches Kompendium des Katholizismus spanischer Prägung. Der überquellende Reichtum der Figuren und Abbildungen muss den Indianern als eine Art numinoser Kosmos erschienen sein, dessen Faszinationskraft sie sich schwerlich entziehen konnten.

Zusammengehalten wird der gesamte Innenraum durch das Symbol des mit Glöckchen und Zierart behängten Kuttengürtels der Franziskaner, der vom Chor ausgehend die Seitenwände entlangzieht und im Altarraum endet. Das zweite immer wiederkehrende Symbol ist das der Jakobsmuschel, Emblem des Heiligen Jakob von Santiago, des spanischen Erzheiligen. Eine riesige Muschel überwölbt den Altarraum und wiederholt sich in den Weihwasserbecken und am Eingangsportal. Daneben wimmelt es in der Kirche von allerlei allegorischen Tiergestalten: neben den schon erwähnten kastilischen

Löwen, der Maus und der Katze – Rehe, Hasen, Vögel, Schlangen und Schnecken. Die namenlosen Künstler und Kunsthandwerker, die diese Pracht schufen, stammten aus Spanien und Neuspanien und kamen aus den verschiedensten Kunstschulen. Die Vielfalt der in der Kirche vertretenen Kunstformen und Stilarten reichen von maurischen und byzantinischen Einflüssen, über die spanische Spätgotik bis zum neuspanischen Barock. Die eigentlichen Erbauer dieser Kirche jedoch waren die Indianer, für deren Missionierung sie gedacht war. Sie formten und brannten die Ziegel, errichteten unter Anleitung der Padres die Mauern und Türme, legten die Böden, sägten die Balken zu und verputzten die Fassaden und Wände im Schweiße ihres Angesichts und ohne Bezahlung.

Von San Xavier aus wurden im 18. Jahrhundert eine Reihe kleinerer Missionsstationen weiter im Westen entlang dem Gila- und Colorado-River für die Missionierung der Yuma-Indianer gegründet. Aber von diesen Orten, die Pater Kino akribisch in seine Karte der Pimeria Alta eintrug, ist heute nichts mehr vorhanden. Die Indianer haben fast alle Überbleibsel der spanischen Kolonisation im Lauf der Zeit verschwinden lassen. Die einzige neben San Xavier in Arizona erhalten gebliebene, von Pater Kino gegründete Missionkirche liegt in Tumacacori am Santa Cruz River, unweit dem amerikanisch-mexikanischen Grenzort Nogales. Das kleine empfehlenswerte Museum im heutigen National Monument gibt in Form von Dioramen und Schautafeln einen informativen Überblick über die Jesuiten- und Franziskaner-Missionen in Arizona und über die Missionsstation selbst. Ursprünglich war es eine Außenstation (*visita*) der 12 Meilen weiter südlich gelegenen Mission von Guevavi, die Pater Kino 1691 als erste auf dem Boden des heutigen Arizona gegründet hatte. Von der 1732 von Kinos Nachfolger errichteten San Cayetano-Kirche ist allerdings keine Spur mehr vorhanden; sie fiel dem Pima-Aufstand von 1751 zum Opfer. Die bis heute teilweise erhalten gebliebene Kirche San José wurde 1773 von den Franziskanern errichtet, mehrere Male umgebaut und nie vollendet. 1848 versetzte ihr ein Apachenüberfall den Todesstoß.

8. Die Niederwerfung der Apachen

Herkunft und Stammesgliederung – kriegerisch-nomadische Lebensform und religiöse Bräuche – die Apachen als Geißel des Südwestens – Zusammenstöße mit den Anglos: die Häuptlinge Mangas Coloradas und Victorio – die Butterfield-Postkutschenlinie – der Cochise War – die Einweisung der Apachen in Reservationen – General Crooks Krieg gegen die Chiricahua-Apachen – Geronimo: Terrorist oder Freiheitsheld; Verfolgung, Gefangennahme und Deportation – **Fort Bowie National Historic Site**: Drehscheibe der Apachenkriege – der Cochise Stronghold in den Dragoon-Bergen – **Chiricahua National Monument** – das Leben in den Reservationen – die Apachen heute.

Herkunft und nomadische Lebensform

In historischen Berichten über den amerikanischen Südwesten von der spanischen Kolonialzeit bis zum Ende des 19. Jahrhunderts werden immer wieder die „räuberischen Apachen" erwähnt, die Land und Leute durch ihre Überfälle und Raubzüge bedrohten.[1] Zurückzuführen ist dies darauf, dass die Apachen unter den Indianern des Südwestens von Anfang an eine Sonderstellung einnahmen. Sie hielten hartnäckig an einer archaischen Lebensform fest, die bei anderen Stämmen schon weitgehend verloren gegangen war. Während z. B. die sprach- und herkunftsverwandten Navajo im Lauf der Jahrhunderte sesshaft wurden und viele Kulturelemente der umliegenden Pueblo-Indianerstämme übernahmen, blieben die Apachen überwiegend nomadische Jäger und Sammler. Im Gegensatz zu anderen Indianervölkern waren sie einfache, spartanische Gebirgsbewohner, hausten in abgelegenen Landschaften in einfachen Hütten aus Strauchwerk und Lederhäuten (*wickiups*), waren hervorragende Korbflechter und Lederverarbeiter und betrieben nur wenig Ackerbau.

Die Apachen lösten sich bis spätestens 1700 von den anderen, aus dem Norden zugewanderten athapaskischen Volksgruppen, teilten sich in Untergruppen auf und zogen in verschiedene Richtungen: die Jicarilla-Apachen ließen sich im San Juan-Becken im Four Corner-Gebiet und im nordöstlichen New Mexico nieder, die Mescalero nahmen das südliche New Mexico in Besitz, die Chiricahua das mexikanische Sonora und den gebirgigen Südosten Arizonas; die verschiedenen Stämme der westlichen Apachen schließlich fanden ihr Siedlungsgebiet in Zentralarizona. Es gab über zwanzig verschiedene voneinander unabhängige Stämme und Klans, die relativ wenig Kontakt miteinander pflegten. Im Gegensatz zu den ortsgebundenen Pueblo-Indianern legten sie größten Wert auf Mobilität und individuelle Freiheit.[2] Es gab in der "Apacheria" keine zentrale Autorität. Der Gedanke einer gemeinsamen Nation war den Apachen fremd, was zweifellos zu ihrem späteren Untergang beitrug. Durch die fortwährenden Überfälle auf ihre Nachbarn, auf deren Vieh und Getreide sie mangels einer eigenen ausreichenden Landwirtschaft zum Überleben angewiesen waren, wurden sie für andere Indianerstämme, Mexikaner und schließlich Anglos zu einer wahren Geißel.[3] Raub und Plünderung waren so sehr Bestandteil ihres Überlebenskampfes, dass sie dafür kein Unrechtsbewußtsein entwickelten; im Gegenteil, ein gelungener Raubzug bedeutete Ehre und Ansehen. Nicht umsonst ist die von den benachbarten Zuni verwendete Bezeichnung *apachu* gleichbedeutend mit "Feind".[4] In den nördlichen Provinzen Mexikos war ihre Aggressivität über lange Zeiträume hinweg so bedrohlich, dass die mexikanischen Behörden hohe Kopfgelder auf getötete Apachen aussetzten und für jeden Apachenskalp bis zu 100.- Dollar zahlten.

Es liegt auf der Hand, dass diese über Jahrhunderte praktizierte Lebensform die Apachen zu hervorragenden Kriegern machte und sogar die weiblichen Stammesmitglieder mit dem Umgang mit Pferden und Waffen vertraut waren. Wie kaum ein anderes Indianervolk entwickelten die Apachen das von den Spaniern übernommene Pferd – zusammen mit Lanze, Messer, Pfeil und Bogen und späteren Feuerwaffen – zu einem formidablen Angriffswerkzeug. Als Feinde waren sie mit den herkömmlichen Mitteln und Strategien kaum zu bezwingen: nach jedem Überraschungsangriff zogen sie sich blitzschnell in getrennten Gruppen und auf verschiedenen Wegen in ihre Schlupfwinkel und Verstecke in unwegsame Gebirge und Canyons zurück. Die Apachen zeichneten sich auch durch ihre hohe Intelligenz und das hervorragende strategische Geschick ihrer Führer aus. Bezeichnenderweise war bei ihnen die Häuptlingswürde nicht erblich, sondern unterlag dem freien Spiel der Kräfte, d. h. die Tüchtigsten und Kompetentesten wurden per Akklamation zu Häuptlingen erhoben. Auch ihre Stammesorganisation war locker, und sie trafen ihre Entscheidungen nicht hierarchisch-autoritär, sondern durch Übereinkunft. Darüber hinaus hielten die Apachen an ihren religiösen Bräuchen und Sitten fest, widerstanden allen Christianisierungsversuchen und stemmten sich gegen alles, was ihre überkommene Lebensweise bedrohte. Religiöse Rituale, Tabus und mythische Geschichten regelten das tägliche Leben und Schamanen fungierten als Lehr- und Zeremonienmeister. Den Ursprung ihres Stammes führten sie auf die Ankunft der "White Painted Woman", einer Art Urmutter zurück, die zusammen mit ihrem wassergezeugten Sohn die bösen Monstergeister bannte und die Welt für den Stamm bewohnbar machte. Aus Angst vor den Geistern der Totenwelt verbrannten die Apachen die Verstorbenen samt ihrer Behausung. Berühmt geworden sind im Südwesten die unheimlichen

Apachenmädchen bei einem Initiationsritual

schwarzen Gesichtsmasken und -bemalungen sowie der skurrile, kronenartig aufragende Kopfschmuck, den die Berggeistertänzer (*mountain spirit dancers*) bei ihren Tanzzeremonien trugen. Typisch für die uralte matriarchale Tradition der Apachen waren die Pubertätsriten der Mädchen nach ihrer ersten Menstruation. In einer vier Tage dauernden Zeremonie wurden sie in alle lebensnotwendigen Angelegenheiten eingeführt, bevor sie ihre Initiation in die Erwachsenenwelt vollzogen und ihnen die Heiratsfähigkeit zugesprochen wurde. Bei den Mescalero-Apachen im südlichen New Mexico wird dieses Ritual bis heute zelebriert.[5]

300 Jahre hindurch konnten die Apachen das Vordringen der Spanier in ihren Einflussbereich erfolgreich abwehren und sich auch die Missionare vom Leib halten. Erst mit der Ankunft der Anglo-Amerikaner im Südwesten begann sich das Blatt zu wenden. Während des amerikanisch-mexikanischen Krieges standen die Apachen anfänglich auf der Seite der Anglos, die gegen ihren mexikanischen Erzfeind agierten. Erst als immer mehr Soldaten, Goldsucher und Siedler aus dem Osten in ihre angestammten Lebensräume eindrangen, kam es zu kriegerischen Auseinandersetzungen. Ausgelöst wurden sie zumeist durch rücksichtslose Übergriffe der Weißen, demütigende Entwürdigungen und die allgemeine Verständnislosigkeit gegenüber ihrer Lebensart. So begegnete Mangas Coloradas („Red Sleeves"), ein legendärer, in seinem Stamm hoch angesehener Häuptling der Mimbreno-Apachen in der Südwestecke New Mexicos, den vorrückenden amerikanischen Soldaten zunächst friedfertig. Im Jahr 1846 hieß er General Kearny während des Durchmarsches der Kalifornien-Truppe durch sein Stammesgebiet willkommen und bot ihm sogar seine Unterstützung im Kampf gegen die Mexikaner an. Die mehrjährige amerikanische Präsenz im Südwesten jedoch machte dieses anfänglich gute Verhältnis zunichte und ließ es schließlich in offene Feindschaft umschlagen.[6] Der entscheidende Wendepunkt trat ein, als Coloradas im Jahr 1861 amerikanische Bergleute in Pinos Altos aufforderte, sein Stammesgebiet zu verlassen. Es kam zu einer Auseinandersetzung, in deren Verlauf er gefangen, an einen Baum gefesselt und ausgepeitscht wurde. Der Häuptling rächte sich für diese unerhörte Demütigung mit der blutigen Vertreibung der Siedler. Im darauffolgenden Jahr unterstützte er seinen Schwiegersohn Cochise tatkräftig in seinem Kampf gegen die amerikanische Armee. Im Jahr 1863 lockte ihn eine Gruppe von Mountain Men und Goldsuchern nach Pinos Altos unter dem Vorwand, mit ihm Frieden zu schließen zu wollen. Stattdessen nahmen sie ihn gefangen und übergaben ihn einer amerikanischen Militäreinheit, die sich in der Gegend aufhielt. In der darauffolgenden Nacht provozierten die Wachsoldaten den Häuptling mit am Lagerfeuer erhitzten Bajonetten zu einem Fluchtversuch, schossen ihn kaltblütig nieder, skalpierten ihn, schnitten seinen Kopf ab und übersandten diesen als Kuriosität an einen Phrenologen an der amerikanischen Ostküste.[7] Die Rachespirale, die diese Untat auslöste, machte die Möglichkeit einer friedlichen Lösung des Apachenproblems endgültig zunichte und führte zu einem 23 Jahre langen Kriegszustand. Mangas Coloradas Nachfolger, Häuptling Victorio, hielt mit List und Ausdauer und nur 75 Kriegern 4.000 amerikanische und mexikanische Kavaleriesoldaten von 1861 bis 1879 in Trab.[8] Erst im Oktober 1880 wur-

de er in Mexiko von einer mexikanischen Einheit in die Enge getrieben und zum Freitod gezwungen. Auch seine Schwester Lozen, die an seinen Kriegszügen teilnahm, ist als formidable Kriegerin in die Geschichte der Apachen eingegangen.

Die Apachenkriege: Von Cochise bis Geronimo

Nach dem Sieg der USA über Mexiko im Jahr 1848 war der nördliche Teil der mexikanischen Provinz Sonora in das amerikanische Arizona-Territorium eingegliedert worden. Mit der Unterzeichnung des Gadsden-Kaufes (*Gadsden Purchase*) fünf Jahre später kam auch das von den Chiricahua-Apachen bewohnte Gebiet südlich des Gila River in den Besitz der USA. Damit stand der Errichtung einer Postkutschen- und Planwagenverbindung und später dem Bau einer transkontinentalen Eisenbahnlinie nach Kalifornien nichts mehr im Wege. Die neuen Verkehrsverbindungen, das kaum besiedelte Land sowie die Entdeckung von Gold- und Silbervorkommen lockten immer größere Scharen von Abenteurern, Prospektoren, Ranchern und Siedlern in das Gebiet, und die Übergriffe und Zusammenstöße zwischen den Zuwanderern und der alteingesessenen Apachen-Bevölkerung nahmen zu. Ein dynamischer und aggressiver Menschenschlag stieß auf ein stolzes, über Jahrhunderte hinweg ungezähmtes und freiheitliebendes Indianervolk, das seinen Lebensraum mit Zähnen und Klauen verteidigte. Die Hauptakteure auf indianischer Seite waren vor allem die zähen, hartnäckigen, mit allen Wassern gewaschenen Apachen-Führer Cochise und Geronimo, die später entweder als gefährliche Terroristen oder auch als mythisch überhöhte Freiheitshelden in die amerikanische Westgeschichte eingegangen sind.[9]

Cochise hatte sich in den 1850er Jahren eher unauffällig verhalten; seine Angriffe und Raubzüge konzentrierten sich auf Siedlungsgebiete südlich der mexikanisch-amerikanischen Grenze. Aber mit der Eröffnung einer Postkutschenlinie mitten durch sein Stammesgebiet änderte sich die Situation. Anfang 1857 hatte der Transportunternehmer John Butterfield von der bundesstaatlichen Postverwaltung den Auftrag erhalten, für eine jährliche Remuneration von 600.000.- Dollar eine Post-Fernverbindung (*Overland Mail*) von St. Louis über El Paso nach San Francisco einzurichten.[10] Butterfield machte sich unverzüglich an die Arbeit und ließ in kürzester Zeit 139 Poststationen bauen, Brunnen ausheben und Pferdekorrale anlegen. Er erwarb hunderte von Pferden und Maultieren sowie die nötigen Kutschen und Wagen, nahm Heu- und Getreidelieferanten unter Kontrakt und stellte Stationsverwalter, Wagenführer, Wach- und Begleitmannschaften in seine Dienste. Ab Mitte September machten sich die ersten Postkutschen in beide Richtungen auf den Weg. Sie benötigten nur 25 Tage für die insgesamt 4.500 km lange Strecke. Eine der vielen Poststationen wurde am Apache Pass, einem ca. 6 km langen Sattel zwischen den Dos Cabezas- und den Chiricahua-Bergen nahe einer Wasserquelle in Cochises Stammesgebiet errichtet. Das aus Stein gebaute Stationshaus bestand aus Wohn-, Schlaf-, Küchen- und Speiseräumen und einem von einer Steinmauer umgebenen Korral für die Zugtiere. Cochise und seine Männer, die in einem nahegelegenen Canyon ihr Lager hatten, beobachteten besorgt die Station und die auf dem Weg nach Kalifornien durchziehenden Kutschen und Wagenzüge. Sie verhielten sich jedoch kooperativ und belieferten die Station sogar mit Feuerholz. Dann aber trat ein verhängnisvolles Ereignis ein, das als "Bascom Affair" in die Geschichte eingegangen ist.[11]

Im Februar 1861 erreichte eine Kompanie berittener Infanterie – insgesamt 54 Mann – von Westen kommend den Pass und schlug unweit der Poststation ihr Lager auf. Cochise, begleitet von seinem Bruder, seiner Frau, zwei Neffen und zwei Kindern, stattete dem jungen befehlshabenden Offizier, Leutnant George N. Bascom, einen Besuch ab. Aber die Begegnung verlief nicht so reibungslos, wie er es erwartet hatte. Bascom bezichtigte Cochise, von einer nahegelegenen Ranch Pferde gestohlen und außerdem den 12-jährigen Sohn des Ranchers entführt zu haben. Obwohl Cochise seine Unschuld beteuerte und den benachbarten Coyotero-Stamm für die Tat verantwortlich machte, wurden er und seine Begleiter gefangengenommen. Sie sollten, so wurde ihnen mitgeteilt, so lange in Geiselhaft bleiben, bis das entführte Kind an seine Eltern zurückgegeben würde – eine Bedingung, die Cochise nicht erfüllen konnte. Als er seine aussichtslose Situation erkannte, schlitzte er mit einem Messer blitzschnell die Zeltwand auf und stürzte Hals über Kopf davon. Am nächsten Tag kehrte er mit einer großen Zahl von Kriegern zurück, um die Freisetzung seiner Familienangehörigen zu erzwingen. Er näherte sich der Poststation mit einer weißen Fahne in der Hand. Bascom, ebenfalls mit einer weißen Fahne versehen, trat aus dem Haus und verhielt sich vorsichtig und abwartend. Als sich drei Angestellte der Poststation Cochise näherten, stürzten sich einige der begleitenden Apachen auf die Männer, kidnappten einen von ihnen – James Wallace – und zogen sich eilends zurück. Im folgenden Feuergefecht wurde einer der Butterfield-Leute getötet. Noch am Abend des gleichen Tages überfiel Cochises Bande einen Wagenzug und nahm weitere weiße Geiseln. Acht mexikanische Wagenführer wurden an die Räder der Wagen gefesselt und samt diesen verbrannt. Am nächsten Tag bot Cochise noch einmal Verhandlungen und den Austausch der Gefangenen an. Bascom jedoch beharrte auf der Herausgabe des Kindes und das Unheil nahm seinen Lauf. In der darauffolgenden Nacht überfiel Cochise eine von Westen kommende Postkutsche, wobei sich die Reisenden nur mit knapper Not in die Station retten konnten. Am nächsten Morgen attackierte er einen Soldatentrupp bei Apache Spring und entführte 29 Maultiere. Leutnant Bascom sandte Kuriere zu den nahe gelegenen Militärforts und ersuchte dringend um militärischen Beistand. Am 10. Februar erreichte eine Abteilung von Soldaten aus dem nahe gelegenen Fort Buchanan die Passhöhe. Zusammen mit Bascoms Männern durchstreiften sie die umliegenden Hügel und Canyons, aber Cochise und seine Krieger waren spurlos verschwunden. Durch kreisende Aasgeier machten die Soldaten schließlich eine grausige Entdeckung: Sie fanden die von unzähligen Lanzenstichen durchbohrten, bis zur Unkenntlichkeit verstümmelten Leichen von James Wallace und den anderen Geiseln. Die Rache folgte auf dem Fuß: einige Tage später wurden die männlichen indianischen Gefangenen, darunter Cochises Familienangehörige, nahe den Gräbern der Ermordeten weit sichtbar an Bäumen aufgehängt. Es war dies der Beginn des berüchtigten "Cochise War", der insgesamt 12 Jahre dauerte.[12]

Fast gleichzeitig mit diesen turbulenten Ereignissen erreichte der amerikanische Bürgerkrieg den Südwesten. Die Unionstruppen wurden aus den 16 Forts und Garnisonen in Arizona abgezogen, um den Vormarsch von General Sibleys konföderierter Armee in New Mexico aufzuhalten. Die Apachen, die von diesem Hintergrund nichts wussten, deuteten den Abzug der Soldaten als Zeichen der Schwäche und als Beweis ihres eigenen Erfolges. Sie verstärkten ihre Raubzüge in der Umgebung und terrorisierten zunehmend auch die amerikanischen Siedlungsgebiete. Ihre Kampftaktik war, offene Feldschlachten zu meiden, die Militärforts unbehelligt zu lassen und nur kleinere Gruppierungen aus dem Hinterhalt anzugreifen. Die Overland Mail musste wegen der eskalierenden Indianergefahr eingestellt werden und der Reiseverkehr über den Apache-Pass kam zum Erliegen. Im Mai 1862 rückte General Carleton mit seiner Armee von Kalifornien aus nach Osten vor und besetzte die mit den Konföderierten paktierende Stadt Tucson. Im Juli schickte er eine Vorhut von 126 Mann zum Pass, um die Lage auszukundschaften und den Vormarsch seiner Truppen zu sichern. Dort aber lagen 2.000 Apachen unter Führung von Cochise auf der Lauer. Als die erste Abteilung berittener Infanterie den Passsattel erreichte, eröffneten die Apachen von den Berghängen herab das Feuer. Der Truppe gelang es, sich zur aufgelassenen Butterfield-Station durchzuschlagen und dort in Stellung zu gehen, aber die lebenswichtige Wasserquelle wurde von Cochises Kriegern hartnäckig gehalten. Erst der Einsatz von Feldhaubitzen, der unter den Indianern panischen Schrecken verbreitete, konnte sie vertreiben. Eine Patrouille, die ausgesandt wurde, um den nachkommenden Tross zu warnen, wurde attackiert. Einem der Soldaten wurde das Pferd in vollem Galopp angeschossen; er ging hinter dem am Boden liegenden Tier in Deckung und hielt sich mit gezielten Gewehr- und Revolverschüssen die übermächtigen Angreifer vom Leibe – eine Episode, die in den späteren populären Romanen und Westerns immer wieder ausgeschlachtet wurde. Erst die Ankunft der zweiten Kavallerie-Abteilung samt Nachschub beendete die Kämpfe. Auf Grund der

Fort Bowie während der Apachenkriege

bedrohlichen Ereignisse gab General Carleton den Befehl, den Apache-Pass und die nahe Quelle militärisch zu sichern. In nur zwei Wochen wurde Fort Bowie – benannt nach einem kalifornischen Offizier – provisorisch errichtet und später weiter ausgebaut. Die dort stationierte Garnison diente bis in die 1890er Jahre als Bollwerk gegen die Apachen. Trotz dieser Niederlage war Cochise nicht bereit aufzugeben, und die schon erwähnte Ermordung seines Schwiegervaters Coloradas im darauffolgenden Jahr verstärkte noch seinen fanatischen Kampfeswillen. Er ging zu einer gezielten terroristischen Guerillataktik über, griff amerikanische Soldaten und Zivilisten überall und zu jeder Zeit aus dem Hinterhalt an und zog sich anschließend blitzschnell in sein Felsenversteck in den Dragoon-Bergen zurück. Immer größere Truppeneinheiten mussten in die Region entsandt werden, um der allgegenwärtigen Bedrohung entgegenzutreten.[13]

Im Jahr 1866 wurde der Overland Mail-Verkehr zwischen El Paso und Tucson trotz der fortdauernden Überfälle wieder aufgenommen, aber ohne eine starke Militäreskorte wagte sich niemand mehr in das Gebiet. Erst als 1868 der indianererfahrene Colonel George Crook den Oberbefehl über das neue Militärdepartment Arizona übernahm, gab es Hoffnung auf Beendigung des Kriegszustandes. Crooks Plan war, eine unorthodoxe Strategie anzuwenden und Cochise durch konzertierte Aktionen bis in seine Gebirgsverstecke zu verfolgen und in die Enge zu treiben.[14] Diese Absicht ließ sich jedoch zunächst nicht in die Tat umsetzen, denn im Jahr 1869 unternahm der zum Präsidenten gewählte General Ulysses S. Grant den Versuch einer neuen Friedenspolitik gegenüber den Indianern. Nicht durch Verfolgung und Vernichtung wollte er das Apachenproblem lösen, sondern durch "freundliche Eroberung" (*conquest by friendliness*). Im Hintergrund dieses Gesinnungswandels stand das völlige Versagen der bis dahin betriebenen militärischen Befriedungspolitik.[15] Der wachsende Zustrom von Prospektoren, Ranchern und Siedlern nach Arizona seit dem Ende des Bürgerkrieges hatte zu einer immer aggressiveren Gegenwehr der Apachen geführt. Zwischen 1864 und 1871 kamen über 300 Weiße bei Apachenüberfällen ums Leben. Da die Unterstützung durch Regierungstruppen zumeist zu spät, in unzureichender Stärke oder überhaupt nicht kam, griffen die Siedler zur Selbsthilfe und attackierten die indianischen Lager auf eigene Faust. Besonders tragisch war das berüchtigte Camp Grant-Massaker bei Tucson im April 1871, in dem bei einem einzigen Angriff über hundert Indianer, davon 75 Frauen und Kinder getötet wurden. Nach einem ungeklärten Apachenüberfall auf die San Xavier Mission hatten sich an die 100 Anglos, Mexikaner und Papago zusammengerottet, um das unter militärischem Schutz stehende Camp zu überfallen. Das Gemetzel hatte verheerende Folgen, da die Apachen ab diesem Zeitpunkt der amerikanischen Reservationspolitik nur noch mit größtem Misstrauen gegenüberstanden. Als der Vorfall in den USA publik wurde, kam es zu massiven Protesten, die Washington zunehmend unter öffentlichen Druck setzte. Präsident Grant erkannte, dass weder das Militär noch das Bureau of Indian Affairs (BIA) das Indianerproblem in den Griff bekamen, da die Doppelgleisigkeit militärischer und ziviler Institutionen zu gegenseitiger Rivalisierung, Korruption und Ineffizienz führte. Die Einweisung der Indianer in Reservationen, ihre "Zivilisierung" und der Aufbau einer landwirtschaftlichen Selbstversorgung blieben jedoch weiterhin das Ziel der Regierung, nur die Obhut darüber sollten hinfort protestantische Religionsgemeinschaften übernehmen. Charakterlich integre, von den Religionsgemeinschaften ausgewählte Persönlichkeiten sollten als Indian Agents eingesetzt werden, während die Armee nur noch für die außerhalb der Reservationen verbliebenen Indianer zuständig war. Der Quaker Vincent Colyer wurde nach Arizona entsandt, um im fruchtbaren Tularosa-Gebiet, weitab von weißen Siedlungen, eine für die Apachen akzeptable Reservation einzurichten. Das Unternehmen scheiterte jedoch an der Weigerung der Indianer, ihr Stammesgebiet zu verlassen. Erfolgreicher war die Initiative von Oliver Howard, einem humanitär gesinnten früheren Bürgerkriegsgeneral und Gründer der Howard University in Washington. Er bot sich an, Cochise persönlich aufzusuchen, um ihn von den Vorteilen des Lebens in einer Reservation zu überzeugen. Zur Seite stand ihm Thomas Jefford, der Leiter des Postkutschendienstes zwischen Fort Bowie und Tucson, der enge Kontakte zu den Indianern pflegte und dessen charakterliche Integrität die Freundschaft Cochises gewinnen konnte. Er führte Howard ohne Militäreskorte zu Cochises Felsenfestung, wo es zu einer zehntägigen Unterredung kam. Aber Howards Plan, die Chiricahua am Rio Grande anzusiedeln, stieß auf deren entschiedene Ablehnung. Erst sein Vorschlag, eine Reservation im Gebiet der Chiricahua-Gebirgsregion mit Jefford als Indian Agent einzurichten, fand nach langem Hin und Her Cochises Zustimmung. Der Plan wurde in die Tat umgesetzt und die Chiricahua hielten sich an die Abmachungen. Erst als Cochises Tod im Jahr 1874 ein Autoritätsvakuum im Stamm hinterließ, begann das Erreichte abzubröckeln. Alkoholismus und Gewalttätigkeit machten sich in der Reservation breit und der tolerante Jefford verlor zunehmend die Kontrolle über die Situation. Der Überfall einer kleinen Gruppe radikaler indianischer Außenseiter im San Pedro-Tal brachte schließlich das Fass zum Überlaufen und besiegelte das Scheitern der Befriedungspolitik. Die aufgebrachte weiße Bevölkerung forderte vehement eine rigorosere und effizientere Vorgangsweise gegenüber den Apachen. Das BIA in Washington, dem die schwer kontrollierbare grenznahe Reservation im Gebirgsgebiet ohnehin ein Dorn im Auge war, suspendierte den in der weißen Bevölkerung verhassten "Indian Lover" Jefford und löste die Reservation auf. Die Chiricahua-Apachen wurden in die 120 km weiter nördlich im Gila-Tal gegründete San Carlos-Reservation eingewiesen. Aber nicht alle Chiricahua unterwarfen sich dieser schmachvollen Verbannung aus ihrem Stammesgebiet. Viele flüchteten über die mexikanische Grenze nach Süden in die schwer zugängliche Sierra Madre. Von dort aus nahmen sie unter Führung des Schamanen Geronimo und einiger Häuptlinge die alte Praxis der Überfälle auf Siedlungen wieder auf.

Geronimo, der seine erste Frau und drei Kinder bei einem Überfall mexikanischer Soldaten auf sein Dorf verloren hatte und ein erbitterter Weißenhasser war, wurde zum fanatischsten indianischen Guerilla-Kämpfer der amerikanischen Westgeschichte.[16] Drei Jahre konsequenter Verfolgung durch die in Fort Bowie stationierte Armee waren nötig, um ihn und seine Rebellen zur Aufgabe zu zwingen. 1879 ergab sich Geronimo mit 105 Kriegern und wurde in die San Carlos Reservation zwangseskortiert. Einige Zeit schien alles gut zu verlaufen, bis sich die Situation auf der unzureichend verwalteten, ungesunden und wie ein Gefangenenlager geführte Reservation verschlechterte. Die Indianer durften diese nicht verlassen, waren auf militärische Nahrungsmittelrationen angewiesen und wurden bei Nicht-Einhalten von Regeln Repressionen unterworfen. Die Spannung verschärfte sich noch durch Rivalitäten zwischen den einzelnen Apachenstämmen selbst. 1881 brach in der Reservation ein Aufruhr der Coyotero-Apachen aus, als einer ihrer Medizinmänner von Soldaten erschossen wurde. Die zu Hilfe gerufene Armee unterdrückte den Aufstand und verstärkte zum Unbehagen der Chiricahua ihre militärische Präsenz. Aus Furcht vor Repressalien brach Geronimo mit einigen Kriegern aus und setzte sich nach Mexiko ab. Etwas später nahm er heimliche Kontakte mit den in San Carlos verbliebenen Stammesgenossen auf und bewog sie im

Geromino am Höhepunkt der Kampfhandlungen

April 1882 zur Massenflucht. An die 400 Chiricahua gelang es, trotz ständiger Verfolgung durch amerikanische und mexikanische Truppeneinheiten, in die Sierra Madre zu entkommen. Das alte Katz- und Maus-Spiel von Raubzügen, Flucht und Verfolgung konnte von vorne beginnen.

In dieser bedrohlichen Situation wurde General Crook auf seinen früheren Posten als militärischer Oberbefehlshaber von Arizona zurückberufen.[17] Er hatte in der Zwischenzeit durch seinen erfolgreichen Feldzug gegen die White Mountain-Apachen im Tonto Basin-Krieg großes Ansehen erlangt. Als erste Maßnahme reorganisierte Crook die Verwaltungsstruktur der San Carlos Reservation, die als Auffangbecken für alle Apachen in Arizona vorgesehen war. Dann schränkte er die Machtbefugnis der Indian Agents ein und räumte den einzelnen indianischen Gruppierungen ein höheres Maß an Selbstverwaltung und Selbstversorgung ein. Gleichzeitig baute er die Verkehrs- und Telegraphenverbindungen aus und rekrutierte Apache Scout-Kompanien zur Friedenssicherung auf der Reservation und zur Verfolgung ausgebrochener "Abtrünniger" (renegades). Crook erhob das unorthodoxe Motto „it takes an Apache to catch an Apache" zum Leitfaden seiner militärischen Unternehmungen. Die Apache Scouts erfüllten alle Voraus-

8 Niederwerfung der Apachen

setzungen für den geplanten Einsatz: Zähigkeit und Ausdauer, gute Ortskenntnis, Vertrautheit mit indianischen Verhaltensweisen und die Fähigkeit, sich rasch und unauffällig im Gelände zu bewegen. Es ist oft darüber gerätselt worden, wie es Crook gelang, Apachen für die Bekämpfung ihrer Volksgenossen zu gewinnen. Neben guter Bezahlung, militärischer Anerkennung und der herrschenden Animosität zwischen den einzelnen Stämmen waren es zweifellos Crooks außergewöhnliche Persönlichkeit und moralische Überzeugungskraft, die dies bewerkstelligten. Allerdings blieben die indianischen Soldaten nach der Beendigung der Kriegszüge trotz ihrer Leistungen ohne Belohnung. Sie wurden im Endeffekt genau so diskriminierend behandelt wie alle übrigen Apachen und darüber hinaus von diesen als Verräter gebrandmarkt.

Sein Gegenspieler General Crook

Im März 1883 bahnte sich der Chiricahua-Häuptling Chato mit seinen Kriegern eine blutige Bahn durch Arizona und tötete dutzende von weißen Siedlern, bevor er nach Süden entkommen konnte. Als einer seiner Männer – wegen seiner hellen Hautfarbe "Peaches" genannt – desertierte, nützte Crook diese Gelegenheit geschickt aus. Er heuerte den Überläufer als Guide an und holte sich bei Behörden in Mexiko die Genehmigung, die Chiricahua auf mexikanischem Hoheitsgebiet zu verfolgen. Anfang Mai 1883 brach er mit 193 Apache Scouts und einer Kavalleriekompanie nach Süden auf, zog den Yaqui River hinauf, durchkämmte die dortigen Gebirgsgegenden und stieß schließlich auf das verlassene Lager der Gesuchten. Nach drei Tagen intensiver Verfolgung erschienen Chato, Geronimo und Chochises Sohn Naiche in Crooks Lager, um Verhandlungen aufzunehmen. Sie hatten erkannt, dass ihnen die Berge keinen Zuschlupf mehr bieten konnten, und erklärten sich bereit, in die Reservation zurückzukehren. Nach einigem Zögern stimmte Crook zu. Im Juni trafen 325 Chiricahua in San Carlos ein; nur Geronimo und seine Bande waren verschwunden. Eine sechswöchige Suchaktion stöberte sie schließlich mit 350 gestohlenen Rindern in Mexiko auf und zwang sie zur Rückkehr.

Zwei Jahre später wiederholte sich das Szenario noch einmal. Während einer Auseinandersetzung zwischen dem Militär und den zivilen Indian Agents auf der Reservation machte sich Geronimo mit 42 Kriegern und 92 Frauen zum dritten Mal aus dem Staub. Noch einmal musste Crook für Ordnung sorgen. Mit 200 Apache Scouts unternahm er von Fort Bowie aus ein ganzes Jahr lang Suchexpeditionen und ließ alle Grenzübergänge und Wasserlöcher bewachen. Als im Sommer 1886 über 500 Mexikaner von Geronimo und seinen Kriegern getötet wurden, schlossen sich mexikanische Militäreinheiten dem Unternehmen an. Die Apachen konnten sich jedoch stets der Gefangennahme entziehen und sogar neue blutige Gegenschläge durchführen. Als die völlig ausgelaugten Soldaten schließlich auf Geronimos Lager stießen, wurden sie zu allem Übel von einer mexikanischen Militäreinheit angegriffen, die die Apache Scouts versehentlich mit Geronimos Kriegern verwechselt hatte. Aber auch Geronimo war nun am Ende seiner Kräfte und ersuchte um eine persönliche Unterredung mit General Crook.

Apache Scouts

Das denkwürdige Ereignis fand zwei Monate später am 24. März 1886 im Canyon de los Embudos 19 km südlich der mexikanischen Grenze statt.[18] Wie sehr man von der historischen Bedeutung dieser Aussprache überzeugt war, zeigt die Tatsache, dass der Fotograf C. S. Fly aus Tombstone eingeladen wurde, die Zusammenkunft fotografisch festzuhalten. Eines der Bilder ist in den USA zu einer historischen Ikone geworden. Es zeigt die Aussprache zwischen General Crook und Geronimo und ihren Männern, während ringsum bewaffnete Krieger den Vorgang argwöhnisch beobachten. Die Unterredung dauerte drei Tage: Crook verlangte die bedingungslose Kapitulation, aber trotzdem gelang es dem schlauen Fuchs Geronimo noch einmal einen Kompromiss auszuverhandeln. Er versprach, sich in Gefangenschaft zu begeben, wenn er mit seiner Familie nach zweijährigem Exil im Osten nach San Carlos zurückkehren dürfte. Während der Überstellung nach Fort Bowie in der darauffolgenden Nacht brach jedoch Geronimo wieder sein Wort, angeblich unter Einfluss von Branntwein, den ein weißer Händler ins Lager geschmuggelt hatte. Noch vor dem Morgengrauen waren er und Naiche sowie 20 Männer, 13 Frauen und 2 Kinder spurlos verschwunden. Für General Crook war dieser erneute Vertrauensbruch angesichts seines Entgegenkommens die schmerzlichsten Nie-

Geronimo und General Crook im Canyon de los Embudos am 25. März 1886

derlage seines Lebens. Als der oberste Armeekommandant, General Philip H. Sheridan, vom Geschehenen erfuhr, verlangte er die sofortige bedingungslose Kapitulation der Chiricahua oder deren Vernichtung. Sheridan beschuldigte Crook, den Indianern trotz wiederholter Warnungen fahrlässig vertraut zu haben. Zutiefst getroffen suchte Crook 1877 um seine Entlassung aus der Armee an, die ihm unverzüglich gewährt wurde. Eine ruhmvolle militärische Karriere hatte ein unrühmliches Ende genommen. Schon am nächsten Tag wurde Brigadegeneral Nelson N. Miles zum neuen Oberbefehlshaber Arizonas ernannt. Für ihn waren Geronimo und seine Bande nicht die letzte Kohorte eines stolzen, verbissen um seine Unabhängigkeit kämpfenden Indianerstammes, sondern eine gemeine Mörder- und Terroristenbande, der man keinerlei Konzessionen machen durfte. Diese Meinung wurde zweifellos vom Großteil der damaligen weißen Bevölkerung Arizonas geteilt. Schon bei einer früheren Gefangennahme Geronimos hatte ein Sheriff aus Tucson mit einem aus Cowboys und Siedlern zusammengesetzten Aufgebot versucht, ihn dem Militärgewahrsam zu entziehen und an den Galgen zu bringen. Nur die Aufmerksamkeit eines Offiziers konnte dies abwenden.

Der ehrgeizige und energiegeladene General Miles warf sich sofort ins Zeug.[19] Er verstärkte die Bewachung der Grenzgebiete und errichtete ein weitreichendes militärisches Kommunikationssystem. Auf Bergkuppen aufgestellte Hohlspiegel konnten

Botschaften per Sonnenreflexion bis zu 50 km weiterleiten. Insgesamt wurden 27 heliographische Stationen eingerichtet, und im Sommer 1886 blitzte ein auf einer Anhöhe oberhalb von Fort Bowie aufgestellter Heliograph über 800 Botschaften aus. An allen Ecken und Enden standen gut ausgerüstete Militäreinheiten in Bereitschaft, die auf Benachrichtigung rasch und effizient agieren konnten. Als Voraussetzung für eine erfolgreiche Durchführung der geplanten militärischen Aktion verlangte Miles den sofortigen Abtransport aller Chiricahua aus Arizona. Mit Ermächtigung durch die Behörden in Washington rückten im August 1886 amerikanische Truppen in die San Carlos Reservation ein, trieben alle 382 Chiricahua inklusive der Apache Scouts zusammen und eskortierten sie zur Eisenbahnstation in Holbrook zum Abtransport nach Florida. Zur gleichen Zeit durchkämmte eine Militärexpedition, bestehend aus einer Elite-Kompanie berittener Infanterie, 35 Kavalleristen und 100 Pack-Maultieren die mexikanischen Gebirgsgegenden auf der Suche nach Geronimo. In vier Monaten legten sie über 2.000 Kilometer bei sengender Hitze und unter größten Entbehrungen zurück. 480 km von der mexikanisch-amerikanischen Grenze entfernt gelang es schließlich einem Suchtrupp unter Führung des kompetenten Leutnant Charles B. Gatewood, Geronimos Bande bei Fronteras in Mexiko aufzuspüren. Noch einmal wollte Geronimo die Rückkehr nach San Carlos erwirken. Als er jedoch vom Abtransport seiner Stammesangehörigen nach Florida erfuhr, gab er endgültig auf und wollte nur noch mit seiner Familie vereint werden. Jahre später bekannte Geronimo, dass dies der größte Fehler seines Lebens war und dass es besser gewesen wäre, bis zum letzten Atemzug weiterzukämpfen.[20] Am 5. September 1886 kam es zur offiziellen und letzten Kapitulation Geronimos in Fort Bowie, bei der auch General Miles persönlich anwesend war. Geronimo hielt eine kurze leidenschaftliche Rede, die in den Worten gipfelte: "Einst zog ich herum wie der Wind. Nun ergebe ich mich. Es ist alles aus."[21] Drei Tage später wurden die Apachen zur Eisenbahnstation in Bowie gebracht, um nach Florida verfrachtet zu werden. Eine starke Truppeneinheit eskortierte sie angesichts der Gefahr, dass sich lokale Lynchmobs der verhassten Bande bemächtigen könnten. Das berühmte Gruppenfoto vor dem Einsteigen in den Zug ist Geschichte geworden, denn es symbolisiert das Ende der Apachenkriege. Über zwei Jahrzehnte hatte eine Handvoll von Chiricahuas tausende Armeesoldaten an der Nase herumgeführt, in Atem gehalten und an die 600 Menschen getötet. General Miles ließ sich als Apachenbezwinger feiern, während Leutnant Gatewood bald in Vergessenheit geriet. Heute jedoch ist Geronimo längst zu einem der mythischen Helden des Südwestens geworden. Später entdeckten Historiker und Filmemacher auch Gatewoods überragende Leistungen wieder. John Hills historisch genauer und nachdenklicher Film *Geronimo – An American Legend* (1993) setzt nicht nur Geronimo, sondern auch ihm ein würdiges Denkmal.

Ein besuchenswertes Nationaldenkmal ist **Fort Bowie National Historic Site**, die Drehscheibe der Apachenkriege. Der Ausgangspunkt für einen Besuch des historischen Forts ist das an der Interstate 10 liegende Städtchen Willcox. Im Ort, der 1880 als Versorgungscamp für den Bau der Southern Pacific Railroad gegründet wurde, befindet sich das Cochise Visitor Center & Museum mit interessanten Informationen und einer Menge alter Fotos über Fort Bowie, das umliegende Cochise County und die Apachenkriege. Von Willcox geht es auf der Straße 186 in südöstlicher Richtung 15 Meilen zum kleinen Ort Dos Cabezas und von dort 16 Meilen auf einer Staubstraße weiter in Richtung Apache Pass. Von einem Parkplatz am Ende der Straße führt ein 2.4 km langer Fußweg zum ehemaligen Fort. Die Autofahrt und die halbstündige Fußwanderung führen durch eine einsame Wüstenlandschaft mit Kakteen und Yucca-Pflanzen und eindrucksvollen Sonnenuntergängen am abendlichen Horizont. Auf den letzten Kilometern der Passstraße kommt man an einem Historical Marker vorbei, der von dem mörderischen Postkutschenüberfall während der Bascom Affair berichtet. Von dem alten Fort und der ehemaligen Butterfield-Station sind nur noch einige Ruinen vorhanden. Aber diese genügen, um sich mit Hilfe historischer Fotos ein Bild vom ehemaligen Leben an diesem Ort zu machen. Mit der Unterwerfung Geronimos und der endgültigen Absiedelung der Apachen im Jahr 1886 verlor das Fort seine militärische Bedeutung. Nach acht Jahren trister Etappenexistenz wurde es 1894 endgültig aufgelassen und dem Verfall preisgegeben. Die Bewohner der nahen Bergbau-Camps bedienten sich der verfallenden Gebäude und schleppten alles weg, was sie an Tür- und Fensterrahmen und anderem Ausstattungsmaterial brauchen konnten. Die Erosion durch Wind und Wetter tat ihr Übriges und verwandelte das Fort im Lauf der Zeit in ein Ruinenfeld. Die wenigen Adobe-Reste, die übriggeblieben sind, können jedoch immer noch die Phantasie anregen und den Besucher in eine der dramatischsten Epochen der amerikanischen Militärgeschichte zurückversetzen. Es ist ein heroischer und auch ein trauriger Ort, denn die Chiricahua-Apachen, die einstmals in dieser Umgebung lebten, sind für immer verschwunden.

Möchte man noch eines der berüchtigten Apachen-Verstecke sehen, so sollte man zum sogenannten Cochise Stronghold, dem Zufluchtsort des berühmten Häuptlings und seiner Bande, in den Dragoon Bergen fahren. Er liegt 34 Meilen südwestlich des kleinen Bergbauortes Pearce. Die vielen Felstürme, von denen man weit und breit jede Bewegung verfolgen konnte, müssen Cochise als ideale Beobachtungsposten gedient haben. Heute ist es ein beliebter Ausflugsort für Naturliebhaber und Camper. Das gleiche gilt für das nahe **Chiricahua National Monument**, das aus zweierlei Gründen besuchenswert ist. Einerseits ist es eine großartige, dicht bewaldete Gebirgsenklave mitten in der Sonorawüste, andererseits gehört es zu dem historisch bedeutsamsten, ehemaligen Versteck- und Rückzugsgebiet der Chiricahua-Apachen. Die vulkanische Landschaft mit ihrer ursprünglich über hundert Meter tiefen Lavaschicht schuf durch Felsaufbrüche und Erosionseinwirkungen über Jahrmillionen hinweg merkwürdig bizarre Felstürme und Steinsäulen. Auf der sechs Meilen langen kurvenreichen Straße durch den dicht bewaldeten Bonita Canyon gelangt man hinauf zum 2.094 m hohen Massai-Pass, von wo sich ein prachtvoller Ausblick über die zerklüftete Wald- und Bergszenerie eröffnet. Auf gut angelegten Wanderwegen kann man die schönsten Teile des National Monument, etwa den Echo Canyon, erwandern.

Die Ruinenreste von Fort Bowie

Die Apachen heute

Im Jahr 1894 wurden die Chiricahua-Apachen, oder das, was vom Stamm übrigblieb, aus den ungesunden Mangrovensümpfen Floridas, wo ihre Kinder reihenweise an Sumpffieber und Tuberkulose starben, in die Indian Territory-Reservation in Oklahoma überstellt. Dort lebte Geronimo bis ins hohe Alter und erhob sich selbst zu seinem historischen Denkmal. Er gab Interviews, verkaufte an Touristen selbstgefertigte Pfeile und Bögen als Souvenirs und posierte vor Fotografen. Im Jahr 1905 erzählte er einem befreundeten sprachkundigen Häuptling seine Lebensgeschichte, die dieser ins Englische übersetzte. Die in weitschweifiger, lückenhafter und wenig zusammenhängender Manier erzählte Autobiographie wurde von S. M. Barrett, einem Lehrer aus Oklahoma niedergeschrieben, veröffentlicht und erfolgreich vermarktet.[22] Im gleichen Jahr konnte Geronimo an einer Parade anlässlich der zweiten Amtseinführung von Präsident Theodore Roosevelt in Washington teilnehmen. Aber seine Bitte, in die Heimat zurückkehren zu dürfen, lehnte der Präsident mit Bedauern ab. Im Februar 1909 starb Geronimo im Alter von 80 Jahren in Fort Sill, Oklahoma. Im Jahr 1913 erhielten 187 Chiricahua die Erlaubnis, in die Mescalero-Reservation in New Mexico zu übersiedeln, wo sich heute an die 3.000 Nachfahren ihrer glorreichen Vergangenheit erinnern.

Von den ca. 25.000 Apachen in Arizona leben heute ca. 10.000 in der San Carlos Reservation und 12.000 in der angrenzenden Fort Apache-Reservation, 170 Meilen östlich von Phoenix.[23] Der Rest verteilt sich auf kleinere verstreute Reservationen. Anfänglich waren diese mehr oder weniger auf die Lebensmittelrationen der Armee angewiesen. Erst als im Jahr 1904 das Bureau of Indian Affairs die Verwaltung übernahm, begann man mittels künstlicher Bewässerungssysteme große Anbauflächen zu schaffen und die Apachen zu sesshaften Ackerbauern umzuschulen. Die zentralistische und autoritäre Vorgangsweise des BIA und die Missachtung traditioneller Stammesstrukturen ließen jedoch diese Unternehmungen nur sehr langsam vorankommen. Hinzu kamen die negativen Auswirkungen des General Allotment-Gesetzes aus dem Jahr 1887, das die Überschreibung (*allotment*) von ehemaligem Reservationsstammesgebiet in privaten indianischen Besitz nach Vorbild des Homestead Act vorsah. Längerfristig führte dieses Gesetz durch Verkauf, Verpachtung oder Erbteilung zu einer starken Reduktion der ursprünglich kollektiv verwalteten Reservationsgebiete. Außerdem gab die Regierung landwirtschaftlich ungenutztes Reservationsland an Weiße weiter. So wurden auf der San Carlos-Reservation große Weideflächen an weiße Viehzüchter verpachtet, ohne dass die erzielten Erträge in die Reservation zurückflossen. Um 1922 hatten die Apachen de facto die Verfügungsrechte über ihr Reservationsland verloren, und viele von ihnen arbeiteten als Cowboys und Hilfsarbeiter für die weißen Ranchers. Erst ab ca. 1930 setzten massive Beschwerden von Indianervertretern in Washington eine allmähliche Verbesserung der Situation durch: die Pachtverträge an Weiße wurden nicht mehr erneuert und die Apachen zu eigenständiger Viehzucht ermuntert. Wegen des Fehlens einer funktionierenden Selbstorganisation und einer weit verbreiteten Apathie konnte auch dies nur ansatzweise verwirklicht werden. Einen Wandel brachte erst das 1934 unter Päsident Roosevelt erlassene Indian Reorganization-Gesetz, das die Zuweisung indianischen Stammesgebiets an indianische oder weiße Privatbesitzer als Fehlentwicklung erkannte und rückgängig zu machen suchte. Das fortschrittliche Gesetz setzte der Allotment-Politik ein Ende und bahnte den Weg zu Wiederherstellung des ursprünglich kollektiven indianischen Landbesitzes. Darüber hinaus etablierte es die Unabhängigkeit und Selbstverwaltung der Reservationen in Form von Stammesräten (*tribal councils*), Stammesverwaltungen, Gerichten und einer eigenen Polizei.

In den späten 30er Jahren des 20. Jahrhunderts arbeiteten tausende Apachen für die großen Wasserbauprojekte der Regierung. Der Coolidge-Staudamm am Salt River wurde 1936 fertiggestellt und der 23 km lange San Carlos-See aufgestaut, um die Strom- und Wasserversorgung für das rapide auf zwei Millionen Einwohner anwachsende Phoenix zu gewährleisten. Das Großstadtkonglomerat mit seinen expandierenden Parks, Grünanlagen, Pools, Golfplätzen verschlang Unmengen von Wasser. In der Folge führten umfangreiche Dammbauten zum Entzug von Wasserreserven aus den Reservationen und in der Folge zu langwierigen, zum Teil bis heute andauernden Rechtsstreitigkeiten zwischen den Reservationen und dem Staat Arizona.[24] Nur den White Mountain Apachen im nördlichen Teil dieser Reservation gelang es längerfristig, etwa durch die Schaffung eines Stausees im Mount Baldy-Gebiet, ein attraktives Sommer- und Wintererholungsgebiet zu schaffen, das besonders von der Bevölkerung von Phoenix viel besucht wird.

Das Zusammenleben verschiedener Apachenstämme auf den Reservationen und der von den Weißen ausgehende politische Druck führte allmählich zu einer größeren Solidarität und Zusammenarbeit zwischen den Gruppierungen. Außerdem unterstützte die 1946 vom Kongress eingesetzte Indian Claims Commission die Indianer bei der Durchsetzung ihrer Rechtsansprüche. Illegal an Weiße verlorengegangener indianischer Landbesitz wurde zwar selten zur Gänze zurückgegeben, aber es kam zu Kompensationszahlungen und einer Stärkung des indianischen Selbstbewusstseins insgesamt. Ein Rückschlag setzte jedoch während der Präsidentschaft Eisenhowers in den fünfziger Jahren ein, als die Auflösung des Reservationssystems und die Assimilation *(relocation)* der Indianer in die amerikanische Gesamtgesellschaft angestrebt wurde. Wohlfahrts-, Wohnbau- und Schulprogramme in den Reservationen wurden gekürzt oder ganz gestrichen, was zu einer fortschreitenden Verarmung und Isolation der indianischen Bevölkerung führte. Erst gegen Ende der sechziger Jahre wurde diese restriktiven Politik zurückgenommen. Das 1975 von Präsident Nixon erlassene Indian Self Determination and Education Assistance–Gesetz reagierte positiv auf den indianischen Wunsch nach mehr Selbstbestimmung und Aufrechterhaltung der Stammesidentität. Eigenständige Stammeseinrichtungen und eine steigende Tendenz in Richtung autonomer indianischer Selbstverwaltung beginnen sich seitdem abzuzeichnen. Es ist zu hoffen, dass die Erinnerung an den zähen Überlebenswillen ihrer Vorfahren die Apachen in der Zukunft dazu beflügeln wird, ihre wirtschaftliche und kulturelle Existenzgrundlage noch besser zu sichern als bisher. Ihr Widerstand gegen die Errichtung eines Weltraum-Observatoriums auf ihrem heiligen Ahnenberg Mount Graham im Reservationsgebiet kann als symbolischer Ausdruck dieses neuen Selbstbewusstseins im Spannungsfeld zwischen Tradition und Fortschritt gesehen werden.[25]

9. Wilder Südwesten

Politische Situation des Südwestens nach dem amerikanischen Bürgerkrieg – aus Texas importierte Rinderimperien auf der „Open Range" in New Mexico und Arizona – Finanzspekulanten, Cowboys und Revolverhelden: das Heraufkommen des „Wilden Südwestens" – der legendäre Lincoln County War und seine Hintergründe – Billy the Kid und sein Aufstieg zur populärkulturellen amerikanischen Ikone – Rancherfehden im Pleasant Valley, Arizona – Silberbergbau im Cochise County – Aufstieg und Fall von Amerikas berühmtester Bergbaustadt Tombstone, Arizona – die Mythisierung der Stadt in der populären Kultur: die Earp Brothers, Doc Holliday und die Clanton-Bande – **Tombstone** heute

Die Rancherfehden der Open Range

Nach Beendigung des Bürgerkrieges 1965 war innerhalb von drei bis vier Jahren der anglo-amerikanische Bevölkerungsteil in New Mexico auf über 15.000 und in Arizona auf 5.000 Menschen angewachsen, wobei 2.000 US Soldaten, verteilt auf 14 Forts, für Sicherheit sorgten.[1] Vielversprechende Berichte von Gold- und Silberfunden in den Gebirgsgegenden und Canyons lockten in dieser Zeit Tausende von Abenteurern, Glücksrittern und Desperados in den Südwesten, und allerorts sprangen Mining Camps und Bergbaustädte aus dem Boden. Die Nachfrage nach Nahrungsmitteln, vor allem nach Rindfleisch schnellte in den neuen Boomtowns und Militärgarnisonen in die Höhe und verlangte nach Nutzung der riesigen, noch weitgehend unberührten Weidegebiete der Region. Unternehmerische Ranchers aus dem benachbarten Texas witterten das große Geschäft und trieben zunehmend ihre Viehherden in die sog. „Open Range". 1867 gründete John S. Chisum bei Roswell an der Ostgrenze New Mexicos eine erste Großranch mit über 80.000 Rindern und stieg in kurzer Zeit zu einem der größten Rinderkönige des Westens auf.[2] Weitere Rinderimperien entstanden und setzten der vormaligen, noch überwiegend auf Schafzucht beruhenden kolonialen Landwirtschaft ein Ende. Der "wilde Westen" mit seinem dynamischen Expansionsdrang und dem Dauerkonflikt zwischen den Zuerstgekommenen und den später Hinzukommenden hielt seinen Einzug. Die anarchische Gewalt besitzergreifender Neuankömmlinge prallte auf die nicht weniger skrupellose, den status quo verteidigende Gegengewalt der schon Etablierten. Die Gewaltspirale, die sich daraus entwickelte, prägte zwischen ca. 1870 und 1890 die Lebensrealität des Südwestens. Der Mangel an ausreichenden Verwaltungs- und Justizeinrichtungen und die weit verbreitete politische Korruption ließen ein gefährliches Machtvakuum entstehen, das viele dazu verleitete, das Recht in die eigene Hand nehmen. Das gewaltsame Gerangel um Landbesitz, Weiderechte, Geld und politischen Einfluss und der weitverbreitete professionell betriebene Viehdiebstahl standen im Mittelpunkt dieser unruhigen und chaotischen Periode. Cowboys, Revolverhelden und kriminelle Elemente (*outlaws*) aller Art nutzten die Situation und strömten in Scharen aus jenen Gebieten des Westens herbei, wo inzwischen schon ein gewisses Maß an zivilisatorischem Fortschritt, Recht und Ordnung Fuß fassen konnte. Als Gegenreaktion formierten sich in den neu entstandenen Siedlungsgebieten, Dörfern und Städten Selbstschutzorganisationen (*vigilantes*), deren Lynch- und Verfolgungspraktiken jenen der Outlaws an Brutalität zumeist um nichts nachstanden.[3] Gesetz und Verbrechen lagen in dieser Zeit hautnah beieinander; Revolverhelden mauserten sich zu Sheriffs und Hilfssheriffs, und skrupellose "Gesetzeshüter" ließen sich nicht selten zu verbrecherischen Machenschaften hinreißen. Zeitungen und Groschenromane schlachteten die Sensationsberichte aus, und die späteren Wildwestfilme machten die Ereignisse zum Allgemeingut der amerikanischen Populärkultur. Ein unerschöpfliches Reservoir an abenteuerlichen, melodramatischen und romantischen Geschichten bot sich zur Vermarktung an, und Gewalttäter wie Billy the Kid, Jesse James oder Butch Cassidy stiegen zu nationalen Volkshelden auf.

Cowboy bei der Arbeit

New Mexico nahm in dieser Entwicklung insofern eine Sonderstellung ein, als schon vor der amerikanischen Okkupation ein Großteil des Landes in Form privater Landzuweisungen (*land grants*) an mexikanische und auch amerikanische Großgrundbesitzer vergeben war und sich die USA im Frieden von Guadalupe Hidalgo 1848 verpflichtet hatten, nicht in bestehende Besitzverhältnisse einzugreifen. Im Unterschied zum übrigen Westen stand deshalb für die Zuwanderer und Homesteaders aus dem Osten kaum öffentliches Land zur Verfügung.[4] Bald jedoch zeigte sich, dass die Aufrechterhaltung des Status quo in der Realität nicht einzulösen war, da sie mit den Interessen einer immer größeren Zahl von Zuwanderern kollidierte. Die seit 1854 in New Mexico amtierende US Landvermessungsbehörde (*Surveyor General*) stand vor der praktisch unlösbaren Aufgabe, tausende juridisch fragwürdige und in ihren Grenzziehungen ungenaue oder gefälschte Land Grants auf ihre Gültigkeit und Korrektheit zu überprüfen. Die vielen schwebenden Verfahren, die ungeklärten Besitzverhältnisse und die allgemeine Rechtsunsicherheit führten zu einer schwer durchschaubaren Situation und eröffneten für

Winkeladvokaten, Geschäftemacher und Landspekulanten ein reiches Betätigungsfeld. Kompliziert wurde die Lage noch durch die verschiedenartigen Formen des Land- und Grundbesitzes und der damit zusammenhängenden Weide- und Nutzungsrechte. Sie verteilten sich nicht nur auf Privatpersonen, sondern auch auf mexikanische Landgemeinden und indianische Pueblos, wobei letztere besonders stark auf ihre verbrieften Rechte pochten. Dies erklärt, warum im Gegensatz zum übrigen Westen ein Großteil der Indianergebiete nicht enteignet und von den Weißen in Besitz genommen werden konnte.

Illegale Machenschaften, gewaltsame Besitzergreifungen sowie ein hohes Maß an politischer Korruption standen auf der Tagesordnung. Die Geschäftsinteressen aller Beteiligten waren so dominierend, dass eine wirksame politische und legistische Kontrolle nicht funktionieren konnte. So bildete sich im Umkreis der Territorialverwaltung von New Mexico der sog. "Santa Fe Ring", ein Syndikat von lokalen und regionalen Politikern, Richtern, Bürokraten, Advokaten, Bankern, Eisenbahnunternehmern, einflussreichen Geschäftsleuten und Investoren.[5] Sie sahen ihre wichtigste Aufgaben darin, Landbesitz für amerikanische Klienten sicherzustellen und das wirtschaftliche und politische Geschehen im Territorium unter ihre Kontrolle zu bringen. Sie wandten alle möglichen juristischen Kunstgriffe an, manipulierten die öffentliche Meinung über eine gut geschmierte Presse und bedienten sich in Washington einflussreicher Lobbies. Ihr Ziel war es, die kommerzielle Ausbeutung der Region so rasch und so effizient wie möglich voranzutreiben, wenn nötig auch unter Anwendung von Gewalt. Das herausragendste Beispiel dieser Entwicklung ist der spektakuläre Lincoln County War im Südosten New Mexicos zwischen 1878 und 1881.[6] Er ist längst zu einem genau erforschten Dauerbrenner der amerikanischen Westgeschichte geworden und fand auch Eingang in zahlreiche Wildwestfilme.

Rinderbarone und Bankbesitzer wie John S. Chisum brachten nicht nur Cowboys und Revolverhelden ins Lincoln County, sondern zogen auch profitgierige Finanz- und Bodenspekulanten an, die auf ihrer Jagd nach dem raschem Geld bald in einen erbitterten Konkurrenzkampf zueinander gerieten. Auf der einen Seite stand der monopolistische Geschäftsmann Lawrence G. Murphy, sein Partner und späterer Nachfolger James. J. Dolan und der mit allen Wassern gewaschene Distriktsstaatsanwalt Thomas B. Catron. Ihre Opponenten waren der 23 jährige aus England zugewanderte Millionärssohn, Kapitalinvestor und Rancher John H. Tunstall und sein Kompagnon Alexander McSween, Rechtsanwalt und Vizepräsident der von John Chisum gegründeten Lincoln County Bank. Als in der Kleinstadt Lincoln eine Distriktregierung eingerichtet wurde, ließ sich Murphy mit Hilfe des Santa Fe Rings zum Bezirksrichter und sein engster Vertrauter William Brady zum Sheriff ernennen, und sie brachten damit alle politischen und wirtschaftlichen Agenden von Lincoln County unter ihre Kontrolle. Aus dem Aufeinanderprall zwischen den etablierten "Platzhirschen" und der neu hinzukommenden, vom "Ausländer" Tunstall angeführten Konkurrenz entstand ab 1878 eine blutige Fehde. Tunstall versuchte durch die Gründung eines Handelszentrums in Lincoln das Monopol der Murphy-Dolan-Gruppe zu brechen, prangerte die Unterschlagung von Steuergeldern durch Sheriff Brady öffentlich an und zog damit den Hass seiner Opponenten auf sich. Zum Funken im Pulverfass wurde die fragwürdige Lebensversicherungssumme eines verstorbenen Schuldners Dolans, deren Auszahlung McSweens Bank verweigerte. Dolan zettelte gegen McSween einen Gerichtsprozess wegen Unterschlagung an und setzte gleichzeitig dessen Geschäftspartner Tunstall unter Druck. Sheriff Brady entsandte eine Gruppe halbkrimineller Hilfssheriffs zur Ranch Tunstalls, um dessen Rinderherde zu beschlagnahmen. Als Tunstall sich zur Wehr setzte und in Lincoln gerichtliche Anzeige erstatten wollte, wurde er auf dem Weg dorthin von Bradys Schergen unter Vortäuschung von Notwehr erschossen. Brady unterdrückte die vom Friedensrichter John B. Wilson angeordnete Verfolgung der Schuldigen, worauf McSween eine 40 Mann starke Vigilante-Gruppe unter dem Namen "The Regulators" zusammenstellte. Im Gegenzug erwirkten Murphy und Dolan bei Gouverneur Axtell die Amtsenthebung des Richters und blockierten die Verfolgung der Mörder Tunstalls. Die Regulators nahmen darauf hin das Recht in ihre Hand und töteten Sheriff Brady und zwei seiner Hilfssheriffs. Diese Ereignisse lösten in der Folge eine wahre Orgie von Gewalt und Gegengewalt zwischen den beiden Gunmen-Gangs aus. Sie lauerten einander auf und lieferten sich blutige Schießereien. Am Höhepunkt der Auseinandersetzung wurde Lincoln zum Schauplatz eines fünf Tage dauernden Feuergefechts. McSween verschanzte sich mit seinen Mitstreitern in seinem Haus, während sich Dolan ohne gesetzliche Genehmigung militärische Unterstützung aus dem nahen Fort Stanton holte. McSweens Haus wurde belagert, in Brand gesetzt und er selbst erschossen. Mehrere Regulatoren kamen ums Leben, und nur wenigen – unter ihnen Billy the Kid – gelang die Flucht.

Als die Kunde von den blutigen Ereignissen nach Washington drang, erklärte Präsident Hayes den Ausnahmezustand in Lincoln County und ließ die Vorfälle untersuchen. Der Santa Fe Ring hintertrieb jedoch mit Hilfe des Gouverneurs und des Distriktrichters die Nachforschungen. Der Präsident enthob daraufhin Gouverneur Axtell seines Amtes und ersetzte ihn durch General Lew Wallace, der später als Verfasser des Historienromans *Ben Hur* berühmt wurde. In seinem Wunsch, die Unruhen rasch zu beenden, erließ Wallace eine Generalamnestie für alle am Lincoln County-Krieg Beteiligten und setzte ebenfalls eine Untersuchungskommission ein. Diese sprach McSween posthum von Schuld frei, erklärte den Einsatz von Unionssoldaten als ungesetzlich und forderte die gerichtliche Verfolgung der Schuldigen. Die für den Santa Fe-Ring arbeitenden Behörden boykottierten jedoch auch diese Entscheidung. Erst als die Drahtzieher ins Kreuzfeuer öffentlicher Kritik gerieten, kam es zu einigen Verhaftungen, laxen Verurteilungen und fragwürdigen Freisprüchen. Als einziger wurde Billy the Kid, den die Murphy-Dolan-Gruppe als Mörder von Sheriff Brady anprangerte, zum Tod verurteilt. Als er nach seiner Flucht aus dem Gefängnis von Sheriff Pat Garrett zur Strecke gebracht wurde, war eine blutige Phase amerikanischer Westgeschichte zu Ende. Sie wäre möglicherweise bald in Vergessenheit geraten, wenn nicht Billy the Kid aufgrund der nachfolgenden Ereignisse im Lauf der Zeit zu einer der berühmtesten Kultfiguren der USA aufgestiegen wäre.[7]

Billy the Kid: Ikone des Südwestens

Von allen amerikanischen Westernhelden ist Billy the Kid bis heute der populärste und beliebteste. Dabei besteht eine merkwürdige Diskrepanz zwischen seiner historischen Bedeutungslosigkeit und der ungeheuren Quantität und Intensität seiner Rezeption. Obwohl die Geschichtsforschung die Akten über den jugendlichen Outlaw mehr oder weniger geschlossen hat, nimmt dieser in der amerikanischen Populärkultur noch immer einen zentralen Platz ein. Hunderte Groschenhefte und Trivialromane, über 20 Dramen, mehrere Opern, ein Ballett, an die 40 Kino-Filme, über 20 Biographien, unzählige Fernsehstücke, Gedichte, Pop-Songs und Comic-Hefte sowie tausende biographische und historische Artikel und Beiträge in Journalen und Büchern haben ihn zu einer amerikanischen Ikone werden lassen.[8] Was dieser Figur an historischer Substanz fehlt wurde durch Phantasieprodukte, Mythenbildungen und ideologische Projektionen kompensiert. In jeder Phase seiner 125-jährigen Rezeption diente Billy the Kid auf jeweils neue und andere Weise als Projektionsfigur populärkultureller Phantasien, wobei seine anti-autoritäre, rebellierende oder eskapistische Grundhaltung den gemeinsamen Nenner bildete.

Relativ wenig Gesichertes hingegen ist über das reale Leben Billys bekannt. Schon über Geburtsjahr, Name und Herkunft gibt es widersprüchliche Informationen. Zur Verwirrung beigetragen hat vor allem die fehler- und lückenhafte *Authentic Biography*, die Pat Garrett – Billys Exekutor – schon ein Jahr nach dessen Tod im Jahr 1882

Billy the Kid

zusammen mit Ash Upson herausbrachte.[9] Neuere historische und biographische Recherchen haben längst die vielen Fehlinformationen dieses Buches ans Tageslicht gebracht.[10] Billy wurde wahrscheinlich im Jahr 1861 und nicht schon zwei Jahre früher, wie Garrett behauptet, als Henry McCarty in New York geboren. Garrett wollte offensichtlich den Umstand vertuschen, dass er einen Minderjährigen zur Strecke gebracht hatte. Nach dem frühen Tod des Vaters übersiedelte die Mutter Catherine mit ihren zwei Söhnen zunächst nach Indiana, wo sie 1868 mit dem Bürgerkriegsveteranen William Antrim eine Lebensgemeinschaft einging und ihn etwas später heiratete. 1870/71 zieht die Familie über Kansas und Colorado nach New Mexico und lässt sich in der neuen Boomtown Silver City im Süden des Landes nieder. Die Mutter stirbt 1874 an Tuberkulose; der Stiefvater arbeitet auswärts im Bergbau und Billy kommt bei Nachbarn unter. Er besucht kurzzeitig die Schule, kommt unter den Einfluss krimineller Elemente und begeht kleinere Diebstähle. 1875 wird er wegen Beteiligung an einem Kleiderdiebstahl erstmals eingesperrt, bricht aber nach zwei Tagen aus, flieht nach Arizona und schlägt sich als Cowboy und Wagenführer auf verschiedenen Ranches und in Bergbau-Camps durch. Er lernt mit Feuerwaffen und Pferden umzugehen und legt sich das Pseudonym William Bonney, vulgo Billy the Kid, zu. Im August 1877 nimmt sein Leben eine negative Wende, als er in Camp Grant einen streitsüchtigen Schläger in Notwehr mit einem Revolverschuss tötet. Er wird verhaftet, kann aber auf dem Weg ins Gefängnis fliehen, taucht kurze Zeit in Mexiko unter und beginnt ein unstetes Leben als Glücksspieler und Revolverheld. Anschließend schließt er sich einer Bande von Viehdieben unter Führung des berüchtigten Jesse Evans an. „The Boys", wie sich die Gruppe nennt, kommen in Bedrängnis, weichen in das weiter nördlich gelegene Lincoln County aus und werden gedungene Handlanger der Murphy-Dolan-Gruppe. Wegen eines Pferdediebstahls auf der Tunstall-Ranch kommt Billy ins Gefängnis und wird dort von dem jungen Engländer aufgesucht. Dieser empfindet Sympathie für den Jungen, macht ihn seinen Gegnern abspenstig und stellt ihn auf seiner Farm an. Zum ersten Mal in seinem Leben findet der jugendliche Vagabund eine legale Nische. Doch die erwähnte Ermordung seines Gönners und Freundes stößt Billy in die Wirrnisse des Lincoln County War. Er nimmt an dem kollektiven Mordanschlag auf Sheriff Brady teil, trägt eine Schusswunde davon und wird als Rädelsführer angezeigt. Nach dem berüchtigten Lincoln-Shootout flüchtet er nach Fort Sumner, versteckt sich längere Zeit mit einigen Kumpanen in den Schaf-Camps der Umgebung und lebt von Viehdiebstählen und dem Glückspiel. Unter Berufung auf die Amnestiezusage sendet Billy Gouverneur Wallace mehrere Bittbriefe und wird sogar zu einem geheimen Gespräch mit ihm geladen. Aber auch dieser Versuch führt zu nichts, da dem Gouverneur die Suppe inzwischen zu heiß geworden ist. Der Ex-Cowboy Pat Garrett wird zum neuen Sheriff von Lincoln County ernannt und setzt alle Hebel in Bewegung, den Haftbefehl gegen Billy auszuführen. Er treibt ihn mit Hilfe lokaler Vigilantetrupps mehrere Male in die Enge, bis es ihm gelingt, Billy gefangen zu nehmen. Im April wird er in Mesilla wegen des Mordes an Sheriff Brady vor Gericht gestellt. Ohne Protektion von oben und ohne Entlastungszeugen hat er gegen den voreingenommenen Richter und das negativ beeinflusste Geschworenengericht keine Chance und wird zum Tod durch Erhängen verurteilt. Die Hinrichtung wird auf den 13. Mai 1881 in Lincoln festgesetzt. Das Urteil, gegen das Billy aus Geldmangel keine Berufung einlegt, ist von außergewöhnlicher Härte. Kein anderer Beteiligter am Lincoln County War wird auf ähnliche Weise zur Rechenschaft gezogen. Ein letztes Gnadengesuch an den Gouverneur bleibt unbeantwortet. Billy wird in das Gerichtsgefängnis von Lincoln überstellt, aus dem ihm am 13. April 1881 seine spektakuläre Flucht gelingt. Er überlistet die zwei ihn bewachenden Deputies, erschießt sie mit Hilfe eines in der Außentoilette für ihn hinterlegten Revolvers, reitet auf einem bereitgestellten Pferd nach Fort Sumner und beginnt noch einmal sein Versteckspiel. Den Rat seiner Freunde, das Territorrium zu verlassen und nach Mexiko zu fliehen, schlägt er in den Wind. Den Grund für sein Verweilen sehen manche Historiker in einer Liebesaffäre zu

Paulita Maxwell, der Schwester Pedro Maxwells, seines halbmexikanischen Gastgebers in Fort Sumner. Angeblich durch dessen Indiskretion kommt Garrett Billy auf die Spur. Nach einem vermutlichen Zusammensein mit Paulita überrascht ihn Garrett gegen Mitternacht des 14. Juli 1881 in einem Schlafzimmer und streckt ihn mit zwei Revolverschüssen aus nächster Nähe nieder. Am nächsten Tag wird Billy von seinen trauernden Freunden am Friedhof von Fort Sumner beigesetzt. Sein Grab ist bis heute eine Pilgerstätte seiner Bewunderer und Verehrer. Der Grabstein musste sogar mit Ketten befestigt werden, um ihn vor dem Verschlepptwerden zu schützen. Ein ihm gewidmetes Museum in Fort Sumner informiert anschaulich über sein Leben, und im alljährlichen Old Fort Days Festival gedenkt der Ort seiner bewegten Geschichte.

In seinen kaum 22 Lebensjahren beging Billy the Kid vier nachgewiesene Morde in Notwehrsituationen und war an fünf weiteren kollektiv beteiligt. Darüber hinaus soll er 21 weitere Personen bei Schießereien getötet haben; aber diese Zahl bleibt im Bereich unbewiesener Legenden. Angesichts dieser Lebensgeschichte, die sich von jener anderer Revolverhelden des Westens nur gradmäßig unterscheidet, stellt sich die Frage, wie der jugendliche Outlaw zu einer so legendären, mythischen Gestalt werden konnte. Von Augenzeugen wird berichtet, dass er schon zu Lebzeiten durch Zeitungsberichte und Erzählungen weit über seine unmittelbare Umgebung hinaus bekannt war und überall, wo er hinkam, von Menschenansammlungen bestaunt wurde. Ein Grund für diese Popularität mag seine äußere Erscheinung gewesen sein. Seine eher kleine, fast feminin wirkende Gestalt, sein geschmeidiger Körperbau, seine feinen Hände und guten Umgangsformen, seine blonden Haare und graublauen Augen, sein durch eine Zahnverformung scheinbar stets lächelndes Gesicht standen in einem merkwürdigen Gegensatz zu seinen Taten. Die Zeitgenossen reagierten auf ihn mit einer Mischung aus Neugier, Gruseln und Furcht.[11] Die offizielle zeitgenössische Presse bedankte sich jedenfalls bei seinem Exekutor dafür, dass er den Südwesten von einem gefährlichen Killer befreit hat, und machte Garrett eine Zeit lang zu einer Symbolfigur des Triumphes von Zivilisation, Recht und Ordnung über Chaos und anarchische Gewalt.

Neben Garretts „authentischer" Autobiographie machten auch mehrere Groschenhefte (*dime novels*), die in Massenauflagen erschienen, Billy einem breiten amerikanischen Publikum bekannt. Die sieben Hefte, die unmittelbar nach seinem Tod erschienen, am bekanntesten *The True Life of Billy the Kid* (1881) von John W. Lewis, schlossen sich der negativen Beurteilung an und konzentrierten sich auf die Gestalt Billys als dämonischen Verbrecher. Erst allmählich wichen diese negativen Klischees ausgewogeneren Beurteilungen, als Billys nähere Lebensumstände publik wurden. Seine Probleme als Jugendlicher, seine Fähigkeit Hindernisse zu überwinden, seine physische Unantastbarkeit, sein Widerstand gegen Autorität und Macht, sein Eintreten für Arme und Schwache, seine gentile äußere Erscheinung und nicht zuletzt seine Beliebtheit bei den Frauen wurden nun in melodramatischen Darstellungen ausgeschlachtet. Die schrittweise Umwandlung des Protagonisten vom satanischen Bösewicht zum tragisch-romantischen Helden vollzog sich im Zuge dieser Fiktionalisierungen.[12]

Das erste wichtige Werk im Rahmen dieser Trendumkehr ist Harvey Fergussons Erzählung *"Billy the Kid"* (1925), die Billys Kriminalität erstmals aus seinen Lebensumständen heraus zu erklären versucht: der frühe Tod der Mutter, das Leiden unter einem tyrannischen und indifferenten Stiefvater, negative Einflüsse durch das rauhe Leben an der Frontier und der harte Kampf ums Überleben.[13] Vor allem die heimtückische Ermordung seines Freundes und Förderers Tunstall ließen ihn zum mitleidlosen Rächer werden. Auch die zahlreichen Darstellungen der 1920er Jahre, am einflussreichsten Walter N. Burns populärer Roman *The Saga of Billy the Kid* (1926), getalten Billy als einen ursprünglich guten, nur durch negative Lebensumstände fehlgeleiteten jugendlichen Kriminellen. In der Depressionszeit der dreißiger Jahre verstärkt sich diese Tendenz, indem das naturalistische Gestaltungsmuster des sozialkritischen Romans – der Mensch als unfreiwilliges Produkt eines repressiven Milieus – auf Billy übertragen wird. Aus dem vormaligen anarchischen Gewalttäter wird nun vollends der durch negative Erfahrungen motivierte, moralisch legitimierte Rebell.[14] Die Attraktivität dieses Interpretationsmusters bestand darin, dass sich Kinogeher oder Romanleser unterschwellig mit den kriminellen, aber moralisch gerechtfertigten Aktivitäten identifizieren und damit ihre eigenen Frustrationen kanalisieren konnten. Billys Viehdiebstähle galten nun als legitime Notwehr gegen die übermächtigen Rinderbarone, Landspekulanten und Banker, die sich das Land der kleinen Leute, der Mexikaner und Squatters widerrechtlich angeeignet hatten. Billy wird zu einer Art Robin Hood des Südwestens hochstilisiert, dem die Hilflosen und Ausgebeuteten mit Sympathie, Ehrerbietung und Liebe entgegentreten. Die Vertreter des Gesetzes hingegen, die korrupten Politiker, Sheriffs, Richter und Banker werden zu Handlangern struktureller Macht und Gewalt. Pat Garrett schrumpft zu einem dubiosen Ehrgeizling, der sich von den Outlaws kaum unterscheidet. Zahlreiche Filme zwischen 1930 und 1945, am bekanntesten King Vidors *Billy the Kid* (1930), folgen dieser Formel. Auch die Gestaltung von Billys äußerer Erscheinung wandelt sich nun von der eines abgerissenen und fragwürdigen Desperados zu der eines Kavalier-Banditen mit guten Manieren, der sich von seiner primitiven Umgebung positiv abhebt.[15]

Nach dem Zweiten Weltkrieg fanden diese idealisierenden Gestaltungselemente in populären Wildwestfilmen ihre Fortsetzung, wichen jedoch in den anspruchsvolleren Produktionen einer differenzierteren psychologischen Durchdringung. Dies führte längerfristig zu einer Reduktion der formelhaften Klischees und eröffnete Zugänge zu einem komplexeren Verständnis seines Charakters. In den fünfziger Jahren führte vor allem das Problem der existentiellen Entfremdung zu einer Aktualisierung der Billy the Kid-Rezeption. In Gore Vidals Fernsehfilm *The Death of Billy the Kid* (1955) ist Billy ein ödipaler, manisch-depressiver Antiheld, der am Ende dem heuchlerischen Materialismus seines Ex-Freundes Pat Garrett unterliegt. In Arthur Penns Film *The Left-Handed Gun* (1958) macht Paul Newmans Schauspielkunst Billy zu einem "rebel without a cause", einem James Dean des Südwestens, der gegen eine repressive konformistische Umwelt anläuft.

In den siebziger Jahren verschiebt sich der Schwerpunkt von dieser individualisierenden Sicht wieder zu einer stärker gesellschaftskritischen, wobei zwei Varianten angeboten werden. Andrew Mc Laglens Film *Chisum* (1970) führt zunächst das herkömmliche Robin Hood-Klischee fort, gelangt aber am Ende zu einer erstaunlichen Umkehr der Werthaltungen. Nicht mehr Billy, der individuelle Vorkämpfer für Demokratie und Gerechtigkeit, steht im Mittelpunkt, sondern der mächtige und wertkonservative Rinderbaron John Chisum. Er macht sich zum Anwalt von Demokratie und Gerechtigkeit im Kampf gegen ein korruptes Establishment. Am dramatischen Höhepunkt des Films lässt der alte Redneck, eindrucksvoll verkörpert von John Wayne, seine Rinderherde in Lincoln alles niedertrampeln, was Recht und Ordnung im Wege steht. Billys ungestüme Aggressivität hingegen wird trotz ihrer moralischen Legitimation als unbedacht und wirkungslos abgewertet. Die Filmkritik hat diese Handlungsvariante als Reaktion des heraufkommenden Neo-Konservativismus auf den jugendlichen Radikalismus der sechziger Jahre interpretiert.[16]

Die Reaktion der ausklingenden Counter Culture auf diese Entweihung ihrer Ikone ließ nicht lange auf sich warten. Sam Peckinpahs Film *Pat Garret and Billy the Kid* (1973), die bis heute künstlerisch anspruchsvollste Gestaltung der Thematik, konzentriert sich auf den letzten Abschnitt von Billys Leben nach dem Lincoln County War. Die beiden Kontrahenten, Pat Garrett, eindrucksvoll gespielt von James Coburn und Billy the Kid, verkörpert vom jungen Kris Kristofferson, werden als Gefangene ihres sozialen Umfelds gestaltet, für die individuelle Handlungsfreiheit nur noch eine Illusion ist. Billy kann sich seiner alten Desperado-Existenz nicht entziehen, und Garrett wird als karrieresüchtiger Aufsteiger zum willfährigen Werkzeug der Machthaber. In seiner Besessenheit, den flüchtigen Billy zur Strecke zu bringen, entfaltet Garrett eine merkwürdig symbiotische Beziehung zu diesem. Als er ihn am Ende aufspürt und nach der Liebesvereinigung mit Paulita erschießt, gilt Garretts letzter Schuss seinem eigenen Spiegelbild, als hätte er in Billy all das ausgelöscht, was in ihm selbst jung und spontan war. Der Tod Billys besiegelt Garretts selbstzerstörerische Sterilität. Am Ende reitet er einsam und von allen verachtet in die Wüste hinaus, während ihm ein verbitterter Junge Steine nachwirft. Eine seltsam nachdenkliche Sequenz kurz vor Filmende zeigt Billys Vorahnung seines bevorstehenden Todes und damit des Endes der alten Wildwest-Freiheit, die er symbolisiert. Im abendlichen Zwielicht sitzt er vor dem zerfallenen Fort Sumner, während der Wind den Wüstenstaub hochwirbelt und die Killer im Hintergrund ihre Vorbereitungen treffen. Das sich in Unschärfe auflösende Tableau evoziert eine chaotische Verfallswelt, wo der Mensch am Ende seiner Möglichkeiten angelangt ist. Die Stimmung, atmosphärisch untermalt von Bob Dylans wehmütigen Songs, bringt die Ernüchterung der frühen siebziger Jahre zum Ausdruck, als der Aufstand der Jugendrevolution gegen ein verkrustetes, im Sumpf von Vietnam und Watergate versinkendes System ihr Ende fand.

Nach 1973 verschwand Billy the Kid für lange Zeit aus dem Gesichtsfeld der Filmemacher. Es schien, als hätte Peckinpahs Film die Thematik endgültig erschöpft. Erst

9 Wilder Südwesten

1988 feierte er in Christopher Cains *Young Guns* und zwei Jahre später in *Young Guns II* ein filmisches Comeback, das von der Generation X begeistert aufgenommen wurde. Billy, eindrucksvoll gespielt von Emilio Estevez, fungiert in diesen Filmen als Anführer einer Gang drogensüchtiger Jugendlicher, die ihre Frustration in einer Reihe von Gewalttaten abreagieren. Die beiden Heavy Metal Westerns kümmern sich nicht mehr um historische Tatsachen und zelebrieren eine nihilistische Gruppendynamik ungezügelter Ultra-Gewalt. Zu einer Neuerung kommt es, als Garrett am Ende von *Young Guns II* Billy the Kid nicht tötet, sondern ihm zur Flucht nach Texas verhilft,

Kris Kristofferson als Billy the Kid in Peckinpahs Film

wo er unter dem Pseudonym Brushy Bill Roberts noch viele Jahre weiterlebt. Der Fiktionalisierungsprozess schlägt hier noch einmal eine erstaunliche Eskapade, indem er die historische Figur auferstehen lässt. Wie sehr dabei Mythos, Phantasie und Realität verschmelzen, zeigt sich daran, dass im Jahr 2003 der Sheriff von Lincoln County die Exhumierung der sterblichen Überreste Billys und seiner Mutter ins Auge fasste, um durch eine vergleichende DNA-Analyse den Wahrheitsgehalt dieser vom Film erzählten Geschichte festzustellen.[17] Nur der Umstand, dass eine Überschwemmung im Jahr 1904 Billys Grab weggespült hatte und seine Gebeine bei der Neuerrichtung des Grabes im Jahr 1932 nicht mehr identifiziert werden konnten, setzte dem Unfug ein Ende. Aber dem Billy the Kid-Kult tat dies keinen Abbruch. Die Billy the Kid Outlaw Gang, mit ihren tausenden Mitgliedern blüht und gedeiht, vertreibt die Outlaw Gang Gazette und veranstaltet alljährlich in der ersten Augustwoche die dreitägige dramatische Freiluft-Aufführung „The Last Escape of Billy the Kid." Sie lockt Massen von Besuchern aus allen Teilen der USA nach Lincoln und bildet den Höhepunkt des Billy the Kid-Tourismus im Südwesten. Auch der Ort Lincoln selbst ist längst zu einem State Monument und Freilichtmuseum geworden, wo vieles an die alten Zeiten erinnert. Ein Rundgang durch den Ort führt zu den verschiedenen restaurierten Schauplätzen der legendären Ereignisse. Der Tunstall Store ist zu einem kleinen Museum ausgestaltet worden, in dem sich auch die Grabstätte des glücklosen Engländers befindet, und im zweistöckigen

Lincoln County Courthouse können Fans noch immer die Einschusslöcher von Billys Schüssen bewundern.

Tombstone, Arizona: Geschichte und Mythos einer Stadt

Neben dem legendären Lincoln County War gab es eine Reihe weiterer Konflikte im Südwesten, die zu ähnlichen Gewaltspiralen und erschreckenden Zahlen von Tätern und Opfern führten. Besonders spektakulär war der Pleasant Valley War zwischen 1886 und 1892 am Rand des Mogollon-Gebirges an der Ostgrenze des Arizona-Territoriums, in dessen Verlauf der Konkurrenzkampf zwischen zwei verfeindeten Rancher-Klans zu einer blutigen Fehde eskalierte. Eine Reihe unaufgeklärter Viehdiebstähle mit gegenseitigen Schuldzuweisungen löste den Streit zwischen den Graham- und Tewkesbury-Familien aus. Statt den Konflikt vor Gericht auszutragen, nahmen die Rivalen das Recht in die eigene Hand und rotteten sich gegenseitig in einer Serie von Überfällen und Attentaten mit Hilfe angeheuerter Gunmen fast zur Gänze aus.[18] Der zuständige Sheriff stellte schließlich eine Vigilantentruppe auf, die in einer wahren Schreckensherrschaft für Ruhe und Ordnung im Pleasant Valley sorgte. Insgesamt fanden 50 Menschen in der Fehde den Tod. In einem makabren Nachspiel fünf Jahre später versuchte die übriggebliebene Graham-Mutter, ihren ermordeten Sohn im Gerichtssaal an einem Tewkesbury-Spross durch einen Revolverschuss zu rächen. Es war der letzte Paukenschlag einer unruhigen und gewaltsamen Epoche. 1893 begann eine Serie von Dürreperioden die überweidete Region in eine wasserlose Trockenzone zu verwandeln. Tausende Rinder, die nicht rechtzeitig geschlachtet oder abtransportiert werden konnten, verendeten, und die alte Cowboyherrlichkeit und Viehdieb-Romantik der Open Range wurden Geschichte. Erst zu Beginn des 20. Jahrhunderts, als sich die Situation allmählich besserte, entstanden eine Reihe kleinräumiger Homestead-Rinderfarmen mit Stacheldrahtzäunen und Brunnen-Windrädern, wie sie zum Teil bis heute existieren.[19]

Der Zeitraum von 1870 bis 1890 ist als klassische Periode des Wilden Südwestens in die amerikanische Geschichte und populäre Kultur eingegangen. Aber nicht nur Cowboys, Viehdiebe, Ranchers, Rinderbarone und ihre Fehden, sondern vor allem der schon erwähnte Umstand, dass der Südwesten in diesen zwei Jahrzehnten skrupellose Desperados, Gesetzesbrecher und Hasardeure aller Art anlockte, trug zu dieser Sonderstellung bei. Arizona wurde 1863 zu einem eigenständigen, von New Mexico losgelösten Territorium, aber die politischen und juristischen Einrichtungen, die für eine funktionierende Verwaltung und Rechtssprechung notwendig gewesen wären, blieben noch lange unterentwickelt. Zwar gab es die Territorialhauptstadt Prescott, die 1867 von Tucson abgelöst wurde, aber die großen Entfernungen und schlechten Verkehrsverbindungen verhinderten eine effiziente territoriale Administration. Die Bundesregierung im fernen Washington kümmerte sich wenig um die regionalen Gegebenheiten, und die US-Armee diente fast ausschließlich der Unterwerfung der Indianer und ihrer Einweisung in

Reservationen. In einer Zeit, da in anderen Teilen des Westens die zivile Gesellschaft mit ihren rechtsstaatlichen Kontrolleinrichtungen schon Fuß zu fassen begann, bildete das entlegene, von der Zivilisation noch wenig berührte Arizona eine Art Niemandsland in der leeren Mitte.[20]

Vor allem im Cochise County im Südosten Arizonas lockten der laissez-faire-Zustand der regionalen Verwaltung und das Fehlen einer effizienten Exekutive eine große Zahl krimineller Elemente an. Die aufsteigende Region mit ihren Großranches und Silberminen, allen voran die aus dem Boden gestampfte Bergbaustadt Tombstone, wurden zu einem Anziehungspunkt nicht nur für Prospektoren und Karrieristen, sondern vor allem für anderswo beschäftigungslos gewordene Viehdiebe (*rustlers*). Die Nähe zur mexikanischen Grenze und die schwer kontrollierbaren riesigen Weidegebiete im mexikanischen Sonora boten diesen ein unerschöpfliches, von den US-Behörden kaum kontrollierbares Betätigungsfeld. Mexikanische Viehschmuggler trieben ganze Rinderherden über die Grenze, ohne dass die Justiz eingriff. Während sich Rinderbarone wie Henry C. Hooker mit ihren privaten Gunmen- und Cowboy-Armeen zu wehren wussten, wurden die kleineren Rancher Opfer des professionell betriebenen Rinder- und Pferdediebstahls. Die anfänglich individuell agierenden Rustlers schlossen sich im Lauf der Zeit zu kriminellen Großorganisationen zusammen, die als Rancher getarnten Bossen unterstanden. Sie verfügten über bewaffnete und bewegliche Cowboy-Trupps, Schlupfwinkel, Schleichwege und Fluchtrouten, die eine wirksame Verfolgung unmöglich machten. Eine der größten Organisationen dieser Art war die 70 Mann starke Clanton-Bande, angeführt von "Old Man" Newman Clanton. Weitere wichtige Mitglieder waren dessen Söhne William und Ike, das Brüderpaar Frank und Tom McLaury und Curly Bill Brocius, der nach Old Man Clantons gewaltsamem Tod die Führung übernahm. Die meisten der Männer waren aus den berüchtigten Rinderorten in Kansas nach Arizona gekommen und machten Tombstone zum Mittelpunkt ihrer kriminellen Unternehmungen. Aber dies war nur eine Seite der Medaille, denn in der Geschichte der Stadt liefen zwei zentrale Entwicklungsstränge des "wilden Südwestens" zusammen: Tombstone war nicht nur das Zentrum des umliegenden Ranchlandes, sondern auch eine rasch aufsteigende Silber-Bergbaustadt. Das Zusammentreffen dieser zwei Kräftezusammenballungen trug zu den spektakulären Ereignissen bei, die sich dort Anfang der 1880er Jahre abspielten.[21]

Das Tal des San Pedro River, in dem Tombstone liegt, war ursprünglich ein fast menschenleeres, semi-arides Gebiet. Gelegentliche Gewitterstürme und Wolkenbrüche brachten eine karge, aber für großflächig grasende Rinderherden ausreichende Grassorte hervor. Es war die einzige verwertbare Vegetation in der sonnendurchglühten, baumlosen und zerklüfteten Mesalandschaft. Alle früheren Versuche, dieses Weideland permanent zu nutzen, hatten die in der Region lebenden Chiricahua-Apachen zu Fall gebracht. Die Pima-Indianer, die spanischen Vaqueros und die frühen amerikanischen Gold- und Silber-Prospektoren, die sich in dieses Gebiet vorwagten, wurden immer wieder zu Opfern von Apachenüberfällen. Einen besonders spektakulären Fall bildete

9 Wilder Südwesten

Von Maultieren gezogene Erzwagen

der russischstämmige Edelmetallsucher Frederic Brunchow, der 1858 erstmals Silber in der Gegend entdeckte und beim Ausheben eines Schürfgrabens von Indianern aus dem Hinterhalt überfallen und mit Pfeilschüssen ins Jenseits befördert wurde. Die indianische Bedrohung ließ erst nach, als Militärstützpunkte in der Region errichtet wurden, die die Apachen in Schach hielten. Von einem dieser Forts aus, Camp Huachuca in der Nähe der Dragoon-Berge, machte sich im Jahr 1877 ein gewisser Edward Schieffelin aus Oregon auf Mineralien- und Edelmetallsuche. Die Garnisonssoldaten prophezeiten dem Westoriginal mit seinen schulterlangen Haaren und abgerissenen Kleidern spöttisch, dass er in dieser gottverlassenen Indianergegend wohl nur seinen eigenen Grabstein (*tombstone*) finden würde. Aber der Eigenbrötler ließ nicht locker, stieß nach unermüdlichen Probeschürfungen auf Silber und nannte die Fundstelle ironisch "Tombstone". Er machte sich mit Gesteinsproben auf den Weg zu Richard Gird, dem damals bekanntesten Geologen des Südwestens. Dieser stellte in den Proben einen hohen Silbergehalt fest und bot Schieffelin seine Unterstützung an. Mit Girds Hilfe entdeckte dieser kurze Zeit später eine hochkarätige Silberader, die er "Lucky Cuss" (Glückspilz) nannte. Aus Furcht vor einem Bekanntwerden seiner Entdeckung suchte er fieberhaft weiter und stieß bald auf „Tough Nut" (harte Nuss), eine nicht weniger ertragreiche Mine. Schieffelin steckte seinen Claim ab, erwarb durch Teilverkäufe das nötige Startkapital und gründete die Tombstone Mining und Milling Company. Im Sommer 1879 begann er mit dem Abbau der größten je in Arizona gefundenen Silbermine. Innerhalb kurzer Zeit wurde Schieffelin zum Multimillionär, verkaufte drei Jahre später die Minen und zog sich in ein Luxusleben nach Kalifornien zurück.[22] Die Bonanza sprach sich wie ein Lauffeuer im ganzen Westen herum und lockte Prospektoren aus allen Himmelsrichtungen in die Gegend. Insgesamt wurden im Lauf der Zeit an die 3.000 Claims registriert und eine Reihe weiterer Minen gingen in Betrieb. Die Mineure arbeiteten in Tag- und Nachtschichten, das Erz wurde in riesigen, von 16 Mulis gezogenen Karren zu den Schmelzöfen am San Pedro River verfrachtet und die gewonnenen Silberbarren mittels Wells-Fargo-Wagen zum Eisenbahn-Depot in Benson transportiert.

Für die über 2.000 Mineure, Bergarbeiter, Fuhrleute und Gewerbetreibenden, die sich im Umkreis der Minen niederließen, musste schnellstens eine notdürftige Infrastruktur geschaffen werden. Das anfängliche, aus primitiven Holzbuden, Lehmhütten und Zelten errichtete Camp wich bald einer regelrechten Stadt auf der oberhalb der Minen liegenden Mesa. Eine Entwicklungsgesellschaft formierte sich und entwarf einen rechteckig angelegten Straßengrundriss (*grid*) mit vier Längsstraßen und sieben Querstraßen. An der zentralen Allen Street ließen sich die wichtigsten Geschäfte, Hotels, Gastbetriebe und Vergnügungsstätten nieder. In rascher Folge sprangen über 100 Saloons, Bars und Restaurants aus dem Boden, und ein Grand Hotel, zwei Banken, Eisenwarenhandlungen für Geräte und Feuerwaffen, mehrere Beerdigungsinstitute, vier Kirchen und eine Schule ließen sich nieder. Das Wasserproblem wurde gelöst, indem man Quellwasser über eine 23 Meilen lange Rohrleitung aus den Huachuca-Bergen herleitete. Überdachte hölzerne Gehsteige (*boardwalks*) entstanden entlang der Häuser, um die Bewohner vor der starken Sonneneinstrahlung zu schützen, und Gaslampen beleuchteten bei Nacht die Straßen. Am Rand der Stadt nisteten sich ein florierender Rotlichtdistrikt und ein Chinesenviertel ein. Ein Bahnhof mit einer Verbindungslinie zum 25 Meilen entfernten Benson schloss Tombstone an das nationale Eisenbahnnetz an.[23]

1881 wurde Tombstone offiziell zur Bezirkshauptstadt des neu geschaffenen Cochise County erklärt. Die Stadt erhielt ein eigenes Gerichtsgebäude samt Gefängnis sowie den Posten eines County-Sheriffs, der auch für die Einhebung der Steuern zuständig war. Er erhielt eine Provision von 10 % für diese Tätigkeit, was seine Position zu einem einträglichen und korruptionsanfälligen Geschäft machte. So arbeitete John H. Behan, der erste Sheriff der Stadt, illegal mit der erwähnten Clanton-Bande zusammen. Da er mehr an Steuerprovisionen interessiert war als an der Ausforschung von Viehdieben, wurden auf den Viehmärkten der Stadt gestohlene Rinder und Pferde ohne behördliche Kontrolle verkauft. Die "Cowboys", wie sich die Rustlerbande nannte, konnten sich in den Straßen, Saloons, Bars und Spielhöllen ungeniert bewegen. Zusätzlich zum Sheriff wurden indes die Positionen eines US Marshals und eines Deputy Marshals mit zwei Männern besetzt, die später in die Westgeschichte eingehen sollten: Wyatt Earp und sein Bruder Virgil.[24] Als bundesstaatliche Ordnungshüter waren sie primär für überregionale Angelegenheiten zuständig, etwa die Sicherheit der Postkutschen. Da diese regelmäßig von Mitgliedern der Clanton-Bande überfallen und ausgeraubt wurden, avancierten die Earp-Brüder bald zu den erbittertsten Gegnern der Bande. Das Konkurrenzverhältnis zwischen den beiden Einflussbereichen der Exekutive entwickelte sich zu einer Dauerfehde, die entscheidend zu Tombstones Aufstieg zur „crime city" des Südwestens beitrug.

Die zwei Tageszeitungen der Stadt brachten die konträren Ansichten der feindlichen Fraktionen unter die Leute. Die vom Bürgermeister John P. Clum, dem ehemaligen Indian Agent der San Carlos-Reservation, herausgegebene Zeitung *The Epitaph* stand auf der Seite der Earps. Sie war das Sprachrohr der wohlhabenderen und respektablen, für Law und Order eintretenden Bürger Tombstones. In ihrem Umkreis formierte sich ein Citizen's Safety Committee, das die Aufrechterhaltung von Ordnung und Sitte in der Stadt auf ihre Fahnen schrieb. Die Konkurrenzzeitung *The Nugget* unterstützte Sheriff

Tombstone zur Zeit seiner Gründung

Behan und die Rustler-Lobby. Die widersprüchlichen Berichterstattungen und Bewertungen der zahllosen Auseinandersetzungen, Gewaltakte und Verbrechen bereiteten später den Historikern einiges Kopfzerbrechen. Fakten, Zusammenhänge und Hintergründe konnten wegen der durchwegs manipulierten und geschmierten Presseberichte oft nur durch akribische Recherchen rekonstruiert werden.

Tombstone entwickelte sich in Windeseile zur wohlhabendsten, kapitalkräftigsten und größten Stadt des Arizona-Territoriums, und bis Ende 1882 schnellte die Einwohnerzahl auf ca. 15.000. Bis 1884 erwirtschafteten die Silberminen die ungeheure Summe von 25 Millionen Dollar. Aber nicht nur die Eigentümer, Aktionäre und Banken profitierten von diesem Reichtum, sondern auch die tausenden im Bergbau beschäftigten Mineure. Sie arbeiteten in Tag- und Nachtschichten und wurden mit 4 Dollar pro Schicht sehr gut bezahlt. Die meisten von ihnen waren junge Männer ohne Familien und brachten das eingenommene Geld schnell wieder durch. Die rund um die Uhr geöffneten Saloons, Bars, Spielkasinos, Poker-Hallen und Freudenhäuser bereicherten sich üppig am allgemeinen Geldsegen. Die Gourmet-Restaurants brüsteten sich, die besten zwischen New Orleans und San Francisco zu sein und auch die Theater erfreuten sich größter Popularität. Die Schieffelin-Hall, ein überdimensionales Adobe-Gebäude, stand in seiner luxuriösen Ausstattung dem Broadway in New York nur wenig nach. Fahrende Theatergruppen boten ein reiches Programm an Opern, Operetten, Musicals, Vaudeville-Stücken und Melodramen. Für die noch leichtere Muse war das Bird Cage Theater zuständig, das sich auf Revue- und Varieténummern mit leichtgeschürzten Tänzerinnen und Soubretten spezialisierte und eine überwiegend männliche Klientel bediente. Wer über das nötige Kleingeld verfügte, konnte sich eine der an der Decke eingebauten 14 Logen (*birdcages*) mieten und sich hinter zugezogenen Vorhängen mit Animierdamen amüsieren. Da diese am Verkauf alkoholischer Getränke beteiligt waren und sich in der Regel durch Prostitution gute Nebeneinkünfte verschafften, naschten auch sie kräftig am großen Geld mit. Einige von ihnen, etwa die mit Doc Holliday liierte Big Nose Kate ("Spürnasen-Kate"), avancierten bald zu betuchten Hotel- oder Bordellbesitzerinnen.[25]

9 Wilder Südwesten

Von den Bewohnern, die sich in den Gründerjahren in Tombstone aufhielten, stieg später vor allem Wyatt Earp in den Olymp der populären Kultur auf und wurde neben Billy the Kid zum legendärsten Helden des Südwestens. Schon in jungen Jahren hatte er sich als Büffeljäger, Cowboy und Gunman in den Great Plains und später als gefürchteter Sheriff in den Rinderstädten von Kansas, Abilene und Dodge City einen Namen gemacht. Alte Fotos zeigen ihn als gut aussehenden, hochgewachsenen Intelligenzler mit Schnurrbart und durchdringendem Blick. Im Jahr 1881 suchte er zusammen mit seinen vier Brüdern Virgil, Morgan, James und Warren in der Boomtown ein neues Betätigungsfeld. Virgil erlangte die Position eines US Town Marshals und Wyatt, nach vergeblicher Bewerbung um den Sheriff-Posten und neben seiner Tätigkeit als Saloonbesitzer, wurde Deputy Marshal. Wyatts engster Freund Doc Holliday war Ex-Dentist, Gambler, Pokerpieler, Alkoholiker und berüchtigter Revolverheld und suchte im heißen Wüstenklima Arizonas Linderung für seine fortgeschrittene Tuberkulose. Eine wichtige Nebenrolle in dem eskalierenden Konfliktszenario von Tombstone spielte die Schauspielerin Josephine Sarah Marcus, die attraktive Tochter eines jüdischen Geschäftsmannes aus San Francisco und Ex-Begleiterin von Sheriff Behan. Als sie ihre Gunst dem eleganten und gut aussehenden Wyatt Earp zuwandte, heizte dies das gespannte Verhältnis zwischen Sheriff und Marshal noch weiter auf.

„Big Minnie" - eine der populärsten Freudendamen in Tombstone

Der berühmteste "Shoot-out" in der amerikanischen Westgeschichte, nacherzählt in dutzenden Groschenromanen und Wildwestfilmen, ereignete sich am Morgen des 26. Oktober 1881. Der Zusammenstoß zwischen den Earp-Brüdern und Doc Holliday auf der einen Seite und Mitgliedern der Clanton-Bande auf der anderen hatte sich schon über einen längeren Zeitraum angebahnt. Im Jahr davor unterstützten die Earps das Bemühen des Town Marshals Fred White, die alkoholisierten Schießeskapaden der "Cowboys" unter Kontrolle zu bringen. White ordnete ein strenges Waffenverbot an, demzufolge jeder Besucher beim Betreten der Stadt seine Handfeuerwaffen in Verwahrung geben musste. Als die Clantons dies verweigerten, kam es zu einem Krawall, in dessen Verlauf White eine tödliche Schusswunde erhielt. Curly Bill, der den Schuss angeblich aus Versehen abgab, sowie andere Bandenmitglieder wurden von den Earps überwältigt, hinter Schloss und Riegel gebracht, aber kurze Zeit später von Sheriff Behan gegen Kaution freigelassen. Es kam zu weiteren Zusammenstößen und offenen Morddrohungen an die Adresse der Earp-Brüder. Eine Wells Fargo-Kutsche mit Silberbarren im Wert von 80.000 Dollar wurde überfallen und der Wagenführer getötet. Wyatts Verdacht fiel auf vier Mitglieder der Clanton-Bande, die sich nach Mexiko abgesetzt hatten. Zum Eklat kam es, als Sheriff Behan die falsche Zeugenaussage einer alkoholisierten Prostituierten dazu benützte, Doc Holliday des Überfalls und die Earps der Komplizenschaft zu bezichtigen. Als Behan obendrein den unter Tatverdacht stehenden Postkutschenräuber Stilwell als Deputy Sheriff einstellte, läuteten alle Alarmglocken. Virgil Earp ernannte seinen Bruder Morgan und Doc Holliday zu Deputy Marshals.[26]

Der offene Shoot-out im Stadtzentrum von Tombstone vor einer Menge sensationslüsterner Zuschauer wurde unvermeidlich, als die mit Revolvern bewaffneten Brüderpaare Ike und Bill Clanton und Tom und Frank McLaury sowie der junge Billy Clairborne im O. K. Corral an der Fremont Street Stellung bezogen. Sie waren fest entschlossen, die verhassten Marshals ein für alle

Wyatt Earp

Mal zur Seite und die Stadt wieder unter ihre Kontrolle zu bringen. Für die Earp-Brüder und Doc Holliday war der Kampf eine private Abrechnung mit ihren persönlichen Todfeinden und andererseits eine Verpflichtung, als gewählte Gesetzeshüter die öffentliche Ordnung wieder herzustellen. Ihr gemeinsamer Gang durch Tombstone in schwarzen Gehröcken und mit breitkrempigen Hüten, bewaffnet mit Revolvern und Gewehren, ist zu einem der eindrucksvollsten Tableaus der Westgeschichte geworden. Nach Augenzeugenberichten sahen sich die drei Earp-Brüder mit ihren Schnurrbärten und stattlichen Erscheinungen so ähnlich, dass man sie kaum unterscheiden konnte. Der kleinere, weniger penibel gekleidete und von seiner Krankheit gezeichnete Doc Holliday, mit einem abgesägten, aus dem Mantel hervorragenden Gewehr, schnitt weniger spektakulär ab. Die Fragen, wer den Schusswechsel begann, ob er den gängigen Spielregeln entsprach, wer wen wann und wie angeschossen hat, wurden unzählige Male gestellt, diskutiert, akribisch analysiert und auf verschiedenste Weise beantwortet. Fest steht, dass sich der Shoot-out blitzschnell abspielte und nach 34 in 30 Sekunden abgefeuerten Schüssen drei Tote, zwei Schwerverletzte und ein Leichtverletzter auf der Strecke blieben. Billy Clanton, Frank und Tom McLaury lagen sterbend am Boden, Virgil und Morgan waren schwer und Doc Holliday leicht verletzt. Nur Ike Clanton und Wyatt Earp kamen ungeschoren davon.[27]

Die Beurteilung der Ereignisse spaltete die Bevölkerung von Tombstone in zwei Fraktionen: die einen interpretierten sie als die berechtigte Vorgangsweise von Gesetzeshütern gegen bewaffnete Kriminelle, die anderen als einen von den Earp-Brüdern und Doc Holliday kaltblütig inszenierten Mordanschlag. Das spätere Gerichtsurteil schloss sich ersterer Beurteilung an und sprach die Earp-Brüder frei. Die Clantons jedoch gaben sich damit nicht zufrieden, schürten weiterhin den Widerstand gegen die ihrer Meinung nach korrupten Verschwörer und kündeten auf einer Todesliste die Ermordung ihrer Gegner an. So überrascht es nicht, dass der Shoot-out ein tragisches Nachspiel fand: Einige Zeit später wurde Virgil Earp von Mitgliedern der Clanton-Bande auf offener Straße zum Krüppel geschossen und Morgan Earp aus dem Hinterhalt ermordet. Wyatt Earp und Bürgermeister Clum entkamen nur mit knapper Not einem Attentat. Sheriff Behan zeigte wenig Interesse an der Aufklärung dieser Gewaltverbrechen, so dass Wyatt Earp, assistiert von Doc Holliday, noch einmal das Recht in die eigene Hand nehmen musste. Während des Bahntransportes seines toten Bruders Morgan nach Tucson erschoss er den ihm auflauernden Frank Stilwell, worauf Sheriff Behan Mordanklage gegen Wyatt erhob und ihn durch ein Aufgebot (*posse*) verfolgte. Es war eine absurde Situation, die das totale Rechtschaos im damaligen Tombstone verdeutlicht: Wyatt Earp wurde vom lokalen Sheriff mit Hilfe jener Verbrecher gejagt, die er selbst in seiner Funktion als US Marshal offiziell zur Strecke zu bringen suchte. Beim Aufeinandertreffen der beiden Trupps in den Whetstone-Bergen gelang es Wyatt, Curly Bill zu erschießen. Aber Behan ließ nicht locker und setzte seine Verfolgungsjagd mit Hilfe der Clantons noch längere Zeit fort. Wyatts Tage in Cochise County waren nun gezählt; sein und Doc Hollidays Leben war nach dem Vorgefallenen keine Minute mehr sicher, so dass sie Tombstone den Rücken kehrten und sich nach Colorado absetzten.

Doc Holliday erlag einige Jahre später in einem Sanatorium in Colorado Springs seinem Lungenleiden. Virgil stieg ins Bergbaugeschäft ein und starb 1906 in Nevada. Wyatt Earp heiratete Josie Marcus, die 50 Jahre treu an seiner Seite blieb. Mit Hilfe eines Ghostwriters veröffentlichte sie später ihre Memoiren unter dem Titel *I Married Wyatt Earp* und trug damit wesentlich zu dessen Mythisierung bei.[28] Nach erfolgreicher Goldsuche in Alaska und Nevada starb Earp 1929 im Alter von 81 Jahren in Los Angeles als schwerreicher Minenspekulant und gefragter Zeitzeuge für die Wildwestproduktionen Hollywoods. In den letzten Jahren seines Lebens erzählte er Stuart N. Lake, dem Pressesekretär Präsident Theodore Roosevelts, seine Lebensgeschichte, die dieser 1931 unter dem Titel *Wyatt Earp: Frontier Marshal* veröffentlichte. Das Buch festigte Earps Rolle als legendärer Western-Held in der populären Kultur. George Cosmatos Film *Tombstone* (1993) und Lawrence Kasdans *Wyatt Earp* (1994), mit Kevin Costner in der Titelrolle, bieten zwei verschiedene Versionen der Geschichte. Die eine schildert Wyatt Earp als einen heroischen und unbeugsamen Mann des Gesetzes, während die andere eine problematische Lebensgeschichte präsentiert, die die dunklen und kriminellen Seiten seines Charakters nicht ausblendet.

Nach dem Abgang der Earps kam das Cochise County noch längere Zeit nicht zur Ruhe. Das Geschäftsviertel von Tombstone ging kurze Zeit später in Flammen auf und die "Cowboys" wurden der Brandstiftung verdächtigt. Der Krieg zwischen den Vigilanten der Stadt und den Rustlers schwelte weiter und führte zu weiteren Bluttaten, was schließlich den amerikanischen Präsidenten Chester A. Arthur zum Eingreifen zwang. Im April 1882 drohte er für den Fall, dass Gewalt und Anarchie nicht innerhalb eines Monats ein Ende fänden, mit der Einführung des Kriegsrechts und dem Einsatz von Bundestruppen. Die Drohung zeigte Wirkung und die Aggressionen ließen langsam nach. Die Viehdiebstähle und die in ihrem Dunstkreis begangenen Verbrechen flauten jedoch erst 1887 ab, als der vormalige texanische Rancher John Slaughter zum County Sheriff gewählt wurde und den Rustlers den totalen Krieg erklärte. Slaughter hielt nichts von legistischen Formalitäten und Gerichtsverhandlungen und machte kurzen Prozess mit jedem Viehdieb, der ihm über den Weg lief. Das endgültige Aus des "Wilden Südwestens" und seiner kriminellen und gewaltsamen Aktivitäten bewirkte die Schaffung der Arizona Rangers im Jahr 1902, einer 125 Mann starken, als Cowboys eingekleideten, hochmobilen paramilitärischen Elitetruppe, die für Recht und Ordnung sorgte.[29]

Auch im Bergbau kam es ab 1885 zu starken Veränderungen. Der Silberpreis verfiel, so dass die Minen das gewohnte Lohnniveau nicht mehr halten konnten. Im Umkreis von Tombstone kam es zu wilden Streiks, die von Bundestruppen niedergeschlagen wurden. Die Bergarbeiter wanderten ab, die Minenbesitzer gingen Bankrott, legten ihre Minen still und versuchten anderswo ihr Glück. Die letzte Katastrophe ereignete sich 1886, als massive Grundwassereinbrüche die Stollen und Schächte der Bergwerke im Umkreis von Tombstone unter Wasser setzten und das große Pumpgebäude abbrannte. Innerhalb kurzer Zeit sank die Bevölkerungszahl der Stadt auf ein Drittel und die meisten Geschäfte, Saloons und Unterhaltungseinrichtungen sperrten zu. Die einstmals größte und vielversprechendste Stadt des Südwestens wurde zur Geisterstadt.

Von den alten Silberbergwerken ist heute nicht mehr viel übriggeblieben. Nach deren endgültiger Auflassung im Jahr 1911 wurde alles, was nicht niet- und nagelfest war, demontiert und wegtransportiert, so dass außer Grundmauerresten und Abraumhalden nichts mehr zu sehen ist. Auch die Stadt selbst war lange Zeit dem Verfall preisgegeben. Während der Depressionszeit in den dreißiger Jahren lebten in ihr nur noch an die 100 Menschen. Die meisten Häuser wurden abgerissen, und nur einige Gebäude entlang der zentralen Allen Street blieben erhalten. Erst 1955 zeichnete sich eine Wende ab, als ABC die Wyatt Earp-Story in einer Fernsehserie verfilmte und überall in den USA ausstrahlte. Die Öffentlichkeit wurde auf die Wild-West-Romantik des in Vergessenheit geratenen "Sagebrush Sodom" aufmerksam und die alten Geschichten wurden wieder ausgegraben. Berichte erschienen in Zeitschriften und Magazinen, und immer mehr Interessierte besuchten den einst so spektakulären Ort. Eine Kommission ging daran, die wichtigsten Gebäude, Ensembles und Straßen der "Town Too Tough To Die" unter Denkmalschutz zu stellen und zu restaurieren. Jede Veränderung von Außenfassaden war hinfort per Gesetz genehmigungspflichtig. Was von den historischen Gebäuden übriggeblieben war, vor allem die Allen Street mit ihren überdachten hölzernen Sidewalks und Gaslampen, wurde wieder hergestellt.

Heute hat die Stadt über 1.500 Einwohner, die hauptsächlich vom Fremdenverkehr leben. Besonders die alljährlich in der zweiten Oktoberhälfte veranstaltete dreitägige Wildwest-Show"Helldorado"lockt tausende Schaulustige an. Im Mittelpunkt steht ein Umzug, der die alten Gunfights dramatisch zur Schau stellt. Bei einem Rundgang durch die Stadt sind das alte Courthouse, die City Hall, der Crystal Palace Saloon, die historische Rose Tree-Kneipe, die Schieffelin Hall, das Bird Cage Theater, das Verlagshaus des *Tombstone Epitaph* und vor allem der O. K. Corral sehenswert. Dort setzt eine halbstündige Multimediashow den berüchtigten Shootout immer wieder in Szene. Im alten Tombstone Courthouse Museum wurden die Innenräume im ursprünglichen historischen Zustand wieder hergestellt, und zahlreiche Ausstellungstücke und Photographien veranschaulichen die glorreiche Zeit der Stadt. In den Straßen präsentieren sich außerdem SchauspielerInnen als Bergmänner, Cowboys, Sheriffs und Animierdamen in den Kostümen des 19. Jahrhunderts und bemühen sich, dem Ort einen historischen Touch zu geben. Das noch erhaltene Bird CageTheater mit seinen "Vogelkäfigen" ist als Museum für Besucher zugänglich. Ansonsten mussten die früheren Vergnügungslokale, Saloons, Kneipen und Spielhöllen zumeist den Souvenirläden weichen, die eine eher öde Atmosphäre verbreiten. Sehenswert ist das kleine Pioneer Home Museum, das einzige im Originalzustand erhaltene Wohnhaus einer Bergarbeiterfamilie. Nicht versäumen sollte man den Boot Hill Graveyard, den historischen Friedhof von Tombstone mit seinen über 250 Gräbern. Der 1884 stillgelegte Friedhof wurde 1920 verlegt und wiederhergestellt. Auf weißen Holztafeln, die als Absicherung gegen Souvenirjäger in Betonfundamenten verankert sind, stehen die Namen all jener Verstorbenen, die auf ungewöhnliche Weise zu Tode kamen.

Die makaber-komischen Epitaphe erinnern an Verbrecher, Revolverhelden, Selbstmörder, Gehenkte, Gelynchte, Erstochene oder Erschossene, die unter den Erdhügeln angeblich ihre letzte Ruhe fanden. Auch die Gräber von Bill Clanton und den Laury-Brüdern, die im O.K. Corral-Gunfight auf der Strecke blieben, sind darunter.

Boot Hill Graveyard

10. Boomtowns und Geisterstädte

Bergbaugeschichte des Südwestens und ihre Wiederentdeckung im 20. Jahrhundert – Geisterstädte am „Turquoise Trail" im nördlichen New Mexico: **Cerrillos, Madrid, Golden** – Geisterstädte in der Südwestecke New Mexicos: **Silver City, Pinos Altos** und **Columbus** – ehemalige Kupfer-Boomtowns in Arizona: **Bisbee** und **Jerome** – die alte Territorial-Hauptstadt **Prescott** – berühmte Bergbaustädte im südlichen Colorado und ihre Geschichte(n): **Silverton, Telluride** und **Leadville**.

Überall im Südwesten stößt der Reisende auf die Relikte der vergangenen Bergbau-Boomzeit und bestaunt sie in einer Mischung aus historischer Neugier und nostalgischer Faszination. Zumeist sind es nur ein paar kümmerliche Mauerreste, verrottete Holzstrukturen und Bretterbuden, während mancherorts noch ganze Straßenzüge, Fördertürme und Lagergebäude existieren. Einige dieser Geisterorte dämmern menschenleer in abgelegenen, schwer zugänglichen Gegenden vor sich hin, andere haben sich zu florierenden Touristenattraktionen gemausert. In New Mexico und Arizona gibt es an die 260 Geisterstädte, und Arizonas Staatswappen besteht nicht umsonst aus einem Bergmann mit Pickel und Schaufel. Fast alle Orte in Arizona stehen in irgendeiner Verbindung zum Bergbau, entweder als Produktionsorte selbst oder als Transport- und Versorgungsplätze. Auch ein Großteil der Landwirtschaft und des Militärs sowie ungezählte Geschäftsleute, Banker, Verwaltungsbeamte, Ordnungshüter, Anwälte, Richter oder Ärzte standen im Dienst des Bergbaus.[1]

Die Entdeckung und Ausbeutung der Bodenschätze der Region, vor allem Gold, Silber und Kupfer, konzentrierte sich auf den relativ kurzen Zeitraum von 1870 bis 1900; nur wenige Minen produzierten bis ins 20. Jahrhundert weiter. Nach der Niederwerfung der Indianer und ihrer Zwangseinweisung in Reservationen wagten sich immer mehr Edelmetall- und Mineraliensucher in die Gebirgsregionen und Canyons des Südwestens. Viele von ihnen kamen mit einschlägigen Erfahrungen aus Kalifornien und Nevada zurück, wo der Goldrausch von 1849 schon Geschichte war. Neue geologische und mineralogische Kenntnisse, effizientere Abbaumaschinen und Erzverarbeitungs- und Schmelztechniken sowie der Bau von Straßen- und Eisenbahnverbindungen eröffneten neue Möglichkeiten. Die Prospektoren zogen in der Regel in monatelangen mühsamen Suchstreifzügen von einem Ort zum anderen, unternahmen Probebohrungen und Schürfversuche, bis ihnen entweder das Geld ausging oder sie durch einen glücklichen Zufall fündig wurden. Einige von ihnen machten die Bonanza ihres Lebens und wurden in kurzer Zeit zu Millionären, die überwiegende Zahl jedoch rackerte sich vergeblich ab. Wenn jemand auf eine Erz- oder Edelmetallader stieß, die er für abbauwürdig hielt, dann steckte er so schnell wie möglich seinen Besitzanspruch (*claim*) ab. Er ließ ihn registrieren, um Konkurrenten zuvorzukommen, heuerte Mineure und Transporteure an und beutete den Fund aus. Hatte er den erwünschten Profit erzielt, dann verkaufte er in der Regel die Grube und machte sich auf die Suche nach einer anderen, möglicherweise noch ertragreicheren. Ergiebige Fundorte sprachen sich zumeist wie ein Lauffeuer im ganzen Westen herum und lockten andere Prospektoren zu Hauf an. So existierten allein in der Umgebung von Tombstone zwischen 1880 und 1890 an die 3.000 Claims. Bergbau-Camps und Boomtowns sprangen über Nacht aus dem Boden und verschwanden wieder, sobald die Erzadern erschöpft waren oder sich als unprofitabel erwiesen. Dann zogen die Bergleute und Siedler fort und ließen zurück, was sie provisorisch errichtet hatten und nicht mitnehmen konnten. Aufgelassene Minen und Abraumhalden, verwitternde Überreste alter Förderanlagen, vor sich hin rostende Bergbaugeräte und Erzmühlen (*stamp mills*) blieben zurück. Manchmal waren es ganze Städte, die dem Verfall preisgegeben wurden, nachdem ihr ursprünglicher Existenzgrund verloren gegangen war. Die im Vergleich zum übervölkerten Europa schier unerschöpflichen Raumreserven im damaligen Westen und die allgemeine „Boom or Bust"-Mentalität der Pioniere erklären, warum Geisterstädte ein so spezifisch amerikanisches Phänomen geworden sind. Sie verkörpern anschaulich den amerikanischen Traum vom schnellen Reichtum oder auch, was oft vergessen wird, den Alptraum des Scheiterns.

Ungefähr ab den dreißiger Jahren des 20. Jahrhunderts, als die Bonanzazeit längst Geschichte war, traten die Souvenirsammler, Lokalhistoriker, Volkskundler und schließlich die Touristen auf den Plan. Das Interesse an den Verfall- und Trümmerstätten nahm immer größere Ausmaße an, so dass lokale Geschäfts- und Gastgewerbeunternehmer begannen, aus dem Besucherstrom Nutzen zu ziehen. Sie richteten die halb verfallenen und baufälligen Bauwerke, Anlagen und Mining Camps notdürftig wieder her, sammelten die verrosteten Geräte und Maschinen und stellten sie in Museen aus. „Antique Shops" sprangen aus dem Boden und verkauften Mineralien, Bergbaugeräte, Karbid- oder Petroleumlampen und andere West-souvenirs wie Flaschen, Pfannen, Kaffeekannen und Blechbecher. Reichte der Nachschub an echten Antiquitäten nicht aus, dann produzierte man sie „auf alt" nach, oft so geschickt, dass der Laie Original und Replika kaum noch unterscheiden kann. Bars, Restaurants und Motels im Western Style kamen hinzu und bedienten sich ebenfalls der alten West-Romantik. Heute ziehen die ehemaligen Boomtowns und Geisterstädte jährlich Tausende von Besuchern an und sind zu einer einträglichen Branche des Tou-

Überreste einer alten Minenanlage

rismusgeschäfts geworden. Manche von ihnen – etwa Bisbee oder Jerome – entwickelten sich zu Aussteigerorten, Hippie- und Künstlerkolonien, die mit ihren Bars, Saloons, Galerien und Boutiquen nicht selten eine eigentümliche Aura ausstrahlen. Schon aufgrund der großen Quantität und Popularität von Geisterstädten müsste ihnen in einem Buch über den Südwesten größte Aufmerksamkeit geschenkt werden. Dagegen spricht jedoch, dass sich die Phänomene in einer relativ geringen Variationsbreite wiederholen und eine enzyklopädische und flächendeckende Aufarbeitung nur bei ausgesprochenen Ghosttown-Enthusiasten Anklang fände. Eine Erörterung der wichtigsten und historisch interessantesten Schauplätze und ihrer Geschichte(n) ist hier zweifellos vorzuziehen.

Geisterstädte in New Mexico

In New Mexico sind dies vor allem die alten Bergbauorte entlang des historischen „Turquoise Trail" zwischen Santa Fe und Albuquerque.[2] Um sie zu besuchen, sollte man anstelle des schnellen Highway 25 die beschauliche alte Kolonialstraße 14 befahren. **Cerrillos**, der erste Ort, den man von Santa Fe kommend nach ca. 20 Meilen erreicht, ist durch seine reichen Türkisfunde in die Geschichte eingegangen. Die umliegenden Berge versorgten die Indianerstämme der gesamten Region Jahrhunderte lang mit den typischen blaugrünen Schmucksteinen. In der spanischen Kolonialzeit fanden die Türkise von Cerrillos sogar ihren Weg bis in die spanischen Kronjuwelen. Seinen wirtschaftlichen Höhepunkt erreichte der Ort um 1880, als zusätzlich zu den Türkisen Gold und Silber gefunden wurden und die Bevölkerungszahl stark anstieg. Vier Hotels, darunter das prominente „Palace Hotel", und 21 Saloons säumten die alte Durchfahrtsstraße. Heute wohnen nur noch wenige Familien im Ort, der mit seinen viktorianischen Häusern Old-West-Atmosphäre ausstrahlt. In einem kleinen Museum kann man sich über die Vergangenheit informieren und im Museumsshop Türkissteine und andere Souvenirs erwerben. Drei Meilen weiter erreicht man **Madrid**, einen Ort, der einst die wichtigste Kohlebergbau-Stadt New Mexicos war. Das im alten Bahnhof untergebrachte Old Coal Mine Museum mit seinen alten Dampflokomotiven und die überall sichtbaren Überreste des Steinkohleabbaus erinnern an die Boom-Zeit ab 1880, als dieser Ort die Santa Fe-Eisenbahn mit Kohle versorgte. Die Mining Company stellte ihren Arbeitern und Angestellten firmeneigene Behausungen, eine Schule, Sportplätze und ein eigenes Krankenhaus zur Verfügung. Die größtenteils noch vorhandenen gleichförmigen Reihen der Company-Holzhäuser geben dem Ort seine besondere Prägung. Den Höhepunkt erreichte Madrid zwischen 1928 und 1945, als die Jahresproduktion von Anthrazitkohle auf 180.000 Tonnen anstieg. Die Einführung der Diesellok setzte dem Boom schließlich ein Ende. Eine Attraktion besonderer Art bot der Ort später durch seine alljährlichen Ausstellungen und Veranstaltungen in der Weihnachtszeit. Ein eigenes „Christmas Center" und die üppigen Weihnachtsilluminationen der Straßen und Häuser mit über 40.000 Glühbirnen lockten Tausende von Besuchern in die alte Mining Town. Dann beendete der Zweite Weltkrieg auch diese Aktivität. 1954 gab es den Plan, den ganzen Ort samt Schule, Hotel, Geschäften für 250.000 Dollar an ein Touristikunternehmen zu verkaufen, aber glücklicherweise scheiterte dieses Vorhaben. Das inzwischen zur Ghosttown herabgesunkene Madrid ist heute ein ruhiger Besuchsort, an dessen Main Street Souvenirläden, Antique Shops, Künstler-Studios und einige originelle Ghosttown-Restaurants zum Verweilen einladen. Elf Meilen weiter kommt man durch das Geisterstädtchen Golden. Der Ort erinnert mit seinen zerfallenen Goldgräberhäusern und einem von verwitterten Grabkreuzen umgebenen, weißgetünchten Adobekirchlein an den ersten Goldrausch im amerikanischen Westen. Im Jahr 1825 wurde am Fuß der San Pedro Berge Gold gefunden und zwei Jahrzehnte lang abgebaut. 1884 wurde die Mine aufgelassen; die Bergleute zogen fort und die in der Gegend verstreuten Hütten verfielen. Die alte Kirche und der Friedhof aus der Gründerzeit wurden 1960 von einem Franziskanerpriester liebevoll restauriert. Von Golden führt der letzte Wegabschnitt des Turquoise Trail an der Rückseite der Sandia-Berge entlang durch schöne Waldlandschaften nach Albuquerque, der heutigen Hauptstadt New Mexicos.

In der äußersten Südwestecke New Mexicos an der Grenze zu Arizona liegt eine weitere, früher wichtige Bergbauregion mit einigen sehenswerten Orten. So verdankt **Silver City** seine Existenz der 1870 einsetzenden Silber-Bonanza. Diese brachte nicht nur Bergleute, sondern auch Geschäftsleute und Handwerker in den Ort und ließ zahlreiche Banken, Saloons und Restaurants aus dem Boden schießen. Auch die Eltern des legendären Billy the Kid ließen sich hier 1873 mit ihren beiden Söhnen nieder. Da in der Stadt die Errichtung von Holzbauten wegen der Feuergefahr verboten war, wurden die Häuser aus Stein und Adobe gebaut und sind deshalb größtenteils noch erhalten. Im Gegensatz zu anderen Bergbauorten der Umgebung, die inzwischen zu Geisterstädten herabgesunken sind, ist Silver City heute noch bewohnt, und in der nahen Santa Rita Open Pit Mine wird noch immer Kupfer abgebaut. In den alten viktorianischen Häusern haben sich Künstler-Studios, Boutiquen, Galerien und Restaurants niedergelassen. Das Silver City Museum ist in der Luxusvilla eines vormaligen Silberbergwerkbesitzers untergebracht. Neben den im Stil des 19. Jahrhunderts möblierten Zimmern informiert es über die Geschichte des Ortes. Alte Fotos zeigen die alten Erzmühlen (*stamp mills*) und die von Maultieren gezogenen Holzwagen, die das Silbererz von den Bergwerken zu den Schmelzöfen transportierten. Ein touristischer Gag hingegen ist der Billy-

Alte Erzmühle

the-Kid-Rundgang anhand von historischen Hinweistafeln. Vom Haus, in dem Billy the Kid seine Kindheit verbrachte, ist nichts mehr zu sehen; nur das Grab von Kid's Mutter Catherine Antrim ist erhalten geblieben.

Zehn Kilometer nordöstlich von Silver City liegt von Pinienwäldern umgeben **Pinos Altos**, der älteste Bergbauort der Region. Er wurde 1860 gegründet, als dort eine Gruppe von Prospektoren auf Gold stieß und die Kunde davon trotz der großen Indianergefahr eine Menge von Goldschürfern anlockte. Im September 1861 kam es zu einem historisch folgenreichen Ereignis: An die 500 Apache-Krieger unter der Führung ihres Häuptlings Mangas Coloradas griffen das Camp an, töteten mehrere Bergleute und vertrieben den Rest. Die Rache dafür folgte zwei Jahre später, als 1863 eine US Militäreinheit Coloradas gefangensetzte und ermordete. Dieses Ereignis führte zum Ausbruch der jahrelangen Apachenkriege. Erst 1866 konnten Bergleute den Ort wieder in Besitz nehmen und den Abbau von Gold und Silber fortsetzen. Das lokale Museum, das im alten Schulhaus untergebracht ist, berichtet über die bewegte Vergangenheit. Auch das sorgfältig restaurierte alte Opera House, in dem in den Sommermonaten historische Stücke aufgeführt werden, ist besuchenswert. In Pinos Altos haben übrigens die Eltern des berühmten kalifornischen Zeitungsmagnaten William Randolph Hearst den Grundstein des späteren Familienreichtums gelegt. Die Hearst Church mit ihren bunten Glasfenstern geht auf eine Stiftung dieser Millionärsfamilie zurück und beherbergt eine Sammlung von alten Pferdekutschen, darunter den Leichenwagen, in dem Sheriff Pat Garrett angeblich zum Friedhof gefahren wurde.

Es gibt im weiteren Umkreis von Silver City noch mehrere Geisterstädte, etwa **Shakespeare**, ein kleiner Stationsort an der alten Butterfield-Postkutschenroute mit ruppiger Wildwestatmosphäre oder der weiter im Norden, abseits des Highway 180 liegende Silberort **Mogollon**. Sein Gründer, ein ehemaliger US Army Offizier, kam bei einem Apachenüberfall des berüchtigten Häuptlings Victorio ums Leben Es ist ein gottverlassener, in einen Canyon der Mogollon-Berge hineingepferchter Ort, der noch geisterhafter wirkt als die meisten anderen Bergbaunester der Region (s. Abb. 27) . Eine Ghosttown mit besonderer historischer Vergangenheit ist **Columbus**, 60 Meilen südöstlich von Silver City an der Grenze zu Mexiko. Der Ort, der seine Existenz der Southwestern Railroad verdankt, trat während der mexikanischen Revolution kurze Zeit ins Rampenlicht der Geschichte. Die Revolution gegen das Regime des Diktators Porfirio Diaz führte ab 1910 zu einer Reihe von kriegerischen Überfällen aufständischer mexikanischer Banden auf amerikanische Grenzorte. Präsident Woodrow Wilson, der sich anfänglich neutral verhalten hatte, wechselte wegen dieser Übergriffe auf die Seite der mexikanischen Regierung und ließ entlang der Grenze Militärstützpunkte errichten, unter anderem in Columbus. Am 9. März 1916 überfiel der Revolutionsführer Pancho Villas mit 500 seiner *villistas* den Ort, brandschatzte und plünderte ihn und tötete 17 amerikanische Soldaten und Zivilisten. Amerikanische Truppen konnten schließlich die Eindringlinge über die Grenze vertreiben. Im Anschluss daran jagte eine 4.800 Mann starke Strafexpedition unter Führung von General John J. Pershing Pancho Villa ein

Jahr lang durch das nördliche Mexiko, ohne seiner habhaft zu werden. Neben der alten Bahnstation und den Adobe-Ruinen des alten Forts ist das Pancho Villa Museum heute die Hauptsehenswürdigkeit der kleinen Geisterstadt.[3]

Kupfer-Boomtowns in Arizona

Mit dem Verfall des Silberpreises ab 1890 fand der Silber-Bergbau ein rasches Ende. Gleichzeitig gewann Kupfer im Zuge neuer technologischer Entwicklungen immer mehr an Bedeutung. Orte mit großen Kupfergruben, etwa das an der Grenze zwischen Arizona und Mexiko gelegene **Bisbee**, liefen deshalb den alten Silberorten schon bald den Rang ab. 1878 war dort ein Prospektor auf ein reiches Kupferlager gestoßen. Eine Gruppe von Investoren aus San Francisco kaufte den Claim auf, gründete die Copper Queen Mining Company und begann mit dem systematischen Abbau. Anfänglich wurde das Erz auf Maultierkarren zur nächsten Eisenbahnstation transportiert, aber schon ab 1880 nahmen Schmelzöfen neben der Mine ihren Betrieb auf. Eine zunächst aus primitiven Holzhütten bestehende Mining Town begann sich terrassenförmig am Berghang und in die zwei Canyons hinein auszubreiten. Im Jahr 1881 besuchte der Bergbauspekulant James Douglas die aufstrebende Mine und erkannte sofort ihr ungeheures Potential. Der finanzkräftige New Yorker Geschäftsunternehmer Phelps Dodge, für den Douglas agierte, kaufte die Atlanta-Mine und erschloss weitere große Kupferlager. 1884 erwarb Dodge auch die Copper Queen Mine und gründete die Copper Queen Consolidated Mining Company mit Douglas als erstem Präsidenten. 1889 wurde Bisbee an das Eisenbahnnetz der Southern Pacific Railroad angeschlossen. Später kam eine weitere, firmeneigene Eisenbahnlinie nach El Paso mit Anschluss an die Santa Fe Railroad hinzu. Durch den Einsatz neuer, effizienterer Erdbewegungsmaschinen und Großlastwägen ging man zum Tagbau *(open pits)* über, und Bisbee stieg in kurzer Zeit zu einem der größten Kupferproduzenten der Welt auf. Die 137 ha große und 300 m tiefe Grube der Lavender Pit mit seinen grün oxidierenden Erzterrassen setzt die Besucher bis heute in Erstaunen.[4] Um 1900 zählte Bisbee 10.000 Einwohner und entwickelte sich zur größten und wohlhabendsten Stadt im damaligen Arizona. 1929 löste sie Tombstone als Provinzhauptstadt ab und erreichte eine Größe von 20.000 Einwohnern. Der Ort erhielt seinen Namen übrigens nach De Witt Bisbee, einem kalifornischen Rechtsanwalt der Investorengruppe, der selbst den Ort nie zu Gesicht bekam.

Zwischen 1885 und 1908 wurden in Bisbee 370 Millionen Kilo Kupfer produziert und Dividenden in der Höhe von 30 Millionen Dollar ausgeschüttet. Den absoluten Förderrekord erreichte die Mine im Jahr 1917. Durch die Waffenproduktion des ersten Weltkrieges war ein Riesenbedarf an Kupfer entstanden, der die Profite ins Astronomische hochschnellen ließ. Als die gewerkschaftlich organisierten Bergarbeiter am Boom teilhaben wollten und höhere Löhne forderten, scheiterten sie an den Bossen. Es kam zu einem erbitterten Arbeitskampf, zu Streiks und schließlich zur berüchtigten

"Bisbee-Deportation". Am 12. Juli 1917 brachte die Betriebsleitung eine 2.000 Mann starke, mit Armbinden gekennzeichnete und mit Maschinengewehren bewaffnete Vigilantentruppe unter Führung von Sheriff Harry Wheeler zum Einsatz. Diese trieben die über 1.100 streikenden Bergarbeiter auf einem Fußballfeld zusammen, schafften sie auf Güterzügen außer Landes und setzte sie bei Columbus, New Mexico, mitten in der Wüste ab. Nur die persönliche Intervention Präsident Wilsons, der ein Auffanglager errichten und die Arbeiter mit Nahrung versorgen ließ, konnte das Schlimmste verhindern. Der Präsident setzte eine Kommission ein, die das Vorgehen der Minenbosse für ungesetzlich erklärte, ohne dass dieser Entscheid gerichtliche Folgen zeitigte. Die freien Gewerkschaften in Arizona erhielten dadurch einen Todesstoß, von dem sie sich nie mehr erholten.[5]

Das heute 6.500 Einwohner zählende Bisbee ist in seiner Anlage und historischen Atmosphäre authentischer und attraktiver als Tombstone (s. Abb. 25). Im Gegensatz zur Nachbarstadt wurde der Ort nicht im üblichen rechteckigen Gitter-Schema angelegt, sondern folgt der natürlichen topographischen Lage der steil abfallenden Berghänge und der zwei sie durchschneidenden Canyons. Tombstone Canyon entwickelte sich zur Hauptgeschäftsstraße und Brewery Gulch zu einem berüchtigten Vergnügungszentrum mit etlichen Saloons, Bars, Spielhöllen und Freudenhäusern. Heute sind diese längst schicken Boutiquen, Souvenirläden und Galerien gewichen. Von der einstigen multikulturellen Prägung der Stadt mit ihren irischen, italienischen, deutschen oder südosteuropäischen Vierteln *(neighborhoods)* ist kaum noch etwas übrig geblieben, und auch die Hippie-Kolonie, die sich hier in den 1960er Jahren einnistete, hat sich wieder aufgelöst. Stattdessen haben Künstler und Kunsthandwerker ihre Studios in den bunten viktorianischen Häusern eingerichtet. Das legendäre Copper Queen Hotel, das früher zu den besten Hotels des Südwestens gehörte, macht dem luxuriösen Gadsden Hotel im benachbarten Douglas Konkurrenz. Das Bisbee Mining and Historical Museum im ehemaligen Verwaltungsgebäude der Bergwerksgesellschaft sowie die aufgelassenen Lavender- und Copper Queen-Minen mit ihren ausgedehnten Stollensystemen sind einen Besuch wert.

Jerome, die zweite wichtige Kupfer-Boomtown Arizonas, liegt 380 Meilen weiter nördlich. Von Phoenix kommend erreicht man diese sehenswerte Ghosttown am schnellsten auf der Interstate 17 vom Verde Valley aus. Der Ort liegt hoch über dem Talboden an den steilen Hängen des Cleopatra Hill, dessen ursprüngliche Bewaldung den Minen und Schmelzöfen zum Opfer fiel. 1876 stieß dort der Prospektor M. A. Rufner auf ergiebige Kupfervorkommen und machte gute Profite, bevor er 1882 den Claim an den New Yorker Finanzmagnaten Eugene Jerome verkaufte. Dieser gründete die United Verde Copper Company, baute die Minen zu voller Kapazität aus und transportierte das Kupfererz über eine Bergstraße zur Eisenbahnstation in Ash Fork. 1887 verkaufte er die Mine an Senator William A. Clark, einen dynamischen Minenbesitzer aus Montana, der Riesengewinne einstrich. Er baute eine eigene Schmalspurbahn zwischen Jerome und der Santa Fe Railroad und gründete vier Meilen unterhalb des Ortes die Hüttenstadt

Clarksdale. Das Hinaufschnellen des Kupferpreises zu Beginn des Ersten Weltkrieges ließ Jerome zu einer Boomtown mit Millionenumsätzen aufsteigen. Die Union Verde Company wurde zur größten privat betriebenen Kupfermine der Welt, die Profite in der Gesamthöhe von 800 Millionen Dollar einheimste und erst 1938 aufgelassen wurde.[6]

Zu Beginn des 20. Jahrhunderts hatte Jerome ca. 15.000 Einwohner, davon 2.350 Mineure. Es gab jede Menge Bars, Saloons, Spielhöllen und Bordelle, wo die Bergleute ihre hart verdienten Dollars durchbrachten. Jennie Bantels, eine geschäftstüchtige Bordellbesitzerin, galt

Little Daisy Mine in Jerome

damals als die reichste Frau Arizonas. Eine lokale Legende berichtet, dass sie den Feuerwehrleuten von Jerome freien Zutritt zu ihrem Etablissement gewährte, nachdem sie einen gefährlichen Brand gelöscht hatten. Zwei weitere Male, 1897 und 1899, fielen große Teile der Stadt Feuersbrünsten zum Opfer. Dass es in der umtriebigen Stadt auch sonst rau zuging, verrät das alte bunkerartige Gefängnis, das zeitgenössischen Berichten zufolge immer voll belegt war, besonders als der berühmte ehemalige Revolverheld Jim Robertson das Sheriff-Amt übernahm. Der endgültige Abstieg Jeromes begann mit der Wirtschaftskrise der dreißiger Jahre. Der mittels Dynamit forcierte Erzabbau im 80 Meilen langen Stollensystem unterhalb der Stadt destabilisierte den Berghang, so dass er schließlich ins Gleiten kam. Ein riesiger Erdrutsch zerstörte hunderte Häuser und Anlagen, die Minen wurden geschlossen und Jerome sank zur Geisterstadt herab. Was heute übriggeblieben ist, ist nur noch ein kleiner Teil der alten Boomtown. Die Hauptstraße schlängelt sich in weiten Serpentinen durch den Ort hinauf zu den höchstgelegenen Häusern 500 Meter über der Talsohle. Aus der einstmals quirligen Bergbaustadt ist ein behäbiger Künstler- und Aussteigerort geworden, der mit seinem nostalgischen Charme und attraktiven Antiquitätenläden jährlich an die 90.000 Besucher anzieht. An die ehemaligen Bergwerke erinnert der Jerome State Historic Park. Die Luxusvilla des legendären Minenbesitzers James Douglas wurde als Museum im Stil der Bonanza-Zeit mit viktorianischem Interieur und einer hervorragenden Mineraliensammlung eingerichtet. Die für Besucher zugängliche Gold King Mine gibt interessante Einblicke in die vergangene Bergbauzeit. In einem Seitencanyon wurde sogar ein komplettes Mining

Camp nachgebaut und eine Unmenge Bergbaugeräte und Erzmühlen aus der Umgebung zusammengetragen.[7]

Von Jerome aus gelangt man auf dem gebirgigen Highway 89 zur alten Territorialhauptstadt **Prescott**. Sie trägt ihren Namen nach dem bekannten Historiker William Prescott und diente nach dem Bürgerkrieg mehrere Jahre als Sitz der verfassungsgebenden Versammlung des Arizona-Territoriums. Präsident Lincoln zog die anglo-amerikanische Frontierstadt dem damals noch stark mexikanisch geprägten, mit den Südstaaten sympathisierenden Tucson vor. Die auf 1.600 m Seehöhe liegende Stadt mit ihren 32.000 Einwohnern verdankt ihre spätere Bedeutung der umliegenden Bergbauorte und dem landschaftlich reizvollen, von Kiefernwäldern, Seen und Granitfelsen bedeckten Talbecken. Das alljährlich im Juni stadtfindende Blue Grass Festival ist zu seinem Markenzeichen geworden. Das historische Prescott verfügt noch über viel alte Bausubstanz, die auf dem Wohlstand des ehemaligen Regierungssitzes zurückgeht. Vor dem alten Gerichtsgebäude steht das Reiterstandbild des legendären William Buckley O'Neill, der sich als Abenteurer, Politiker und Vorkämpfer für die Staatsgründung Arizonas verdient machte. Durch seinen tollkühnen Einsatz als „Rough Rider" auf Kuba im spanisch amerikanischen Krieg im Jahr 1889 erlangte er nationale Berühmtheit. Das nahe Sharlot Hall Museum, ist nach der regional bekannten Pionierin und Schriftstellerin Sharlot Hall benannt, die 1882 als Zwölfjährige in einem Planwagen nach Arizona kam. Das Museumsareal beherbergt über 100 historische Gebäude und gibt einen umfassenden Einblick in die Pionierzeit Arizonas. Im zweistöckigen Blockhaus des Governor's Mansion hielt die gesetzgebende Versammlung des Arizona-Territoriums ihre Sitzungen ab, und das nahe Fremont House diente dem berühmten Explorer und zeitweiligen Gouverneur des Arizona-Territoriums John C. Fremont als Wohnhaus.

Den Mittelpunkt der einstmals boomenden Bergbauregion im Umkreis von Prescott bildete das heute 4.500 Einwohner zählende **Wickenburg**. Der Ort mit seiner alten Westromantik verdankt seinen Namen dem aus Österreich stammenden Henry Wickenburg. Er entdeckte die nahegelegene legendäre Vulture-Goldmine mit dem ergiebigsten Goldvorkommen, das in Arizona je gefunden wurde. Bevor Wickenburg das volle Ausmaß seines Claims erkannte, verkaufte er ihn tragischerweise an einen skrupellosen Konkurrenten. Der neue Besitzer wurde in kurzer Zeit zum Millionär und förderte Gold im Wert von 2,5 Millionen Dollar, während Wickenburg leer ausging und sich 85jährig mit seinem Colt das Leben nahm. Heute steht noch eine Menge verrostetes Bergbaugerät in der Kaktuslandschaft im Umkreis der Mine und erinnert an die Bonanza-Vergangenheit.

Legendäre Bergbaustädte im südlichen Colorado

Ein Überblick über die Boomtowns und Geisterstädte des Südwestens wäre unvollständig, wenn nicht wenigstens die drei legendärsten Bergbaustädte des südlichen Colorado – Silverton, Telluride und Leadville – Erwähnung fänden.[8] Als idealer Ausgangspunkt für den Besuch von **Silverton** bietet sich Durango an, ein Ort, der seine Existenz der 1881 eröffneten Eisenbahnlinie nach Silverton verdankt. Noch heute profitiert der Ort von der alten Schmalspurbahn, die als Touristenattraktion betrieben wird. Von Mai bis Mitte Oktober verkehrt die Bahn bis zu vier mal täglich zu dem 45 Meilen entfernten, auf 2.750 m Seehöhe liegenden Silverton. Die Gesamtfahrzeit hin und zurück beträgt 6 Stunden. Der Dampfzug folgt dem Verlauf des Animas River, kämpft sich durch tiefeingeschnittene Schluchten und an steilen Bergflanken entlang und eröffnet immer wieder atemberaubende Ausblicke auf die San Juan-Berge. Es ist zweifellos die attraktivste Eisenbahnfahrt, die der Südwesten zu bieten hat. Silverton liegt in einem großen Talkessel inmitten hochaufragender Berge. Anfangs musste das Silbererz mühsam mit Maultieren über die Pässe zu den Schmelzorten transportiert werden, und erst die Eisenbahn brachte den erwünschten Aufschwung. Im Winter allerdings war die Linie oft durch schwere Schneefälle blockiert, etwa im Jahr 1884, als der Ort 73 Tage von der Außenwelt abgeschnitten war. Im Jahr 1882, am Höhepunkt der Bergbauzeit, hatte die Stadt 400 Häuser, zwei Banken und für jede Religionsgemeinschaft eine Kirche. Entlang der Main Street stehen noch immer ansehnliche viktorianische Gebäude, am eindrucksvollsten das dreistöckige Grand Imperial Hotel mit seinen pompösen Mansardenaufbauten sowie das Haus des deutschstämmigen Silbermagnaten Edward Stoiber. In den Seitenstraßen gab es die obligaten Saloons und die Bordelle beschäftigen an die 60 Freudendamen. Als um die Jahrhundertwende die erschöpften Minen aufgelassen wurden und die Bergleute wegzogen, verfiel die Stadt zur Ghosttown. Erst der aufblühende Fremdenverkehr nach dem Zweiten Weltkrieg weckte den Ort aus seinem Dornröschenschlaf. Heute leben die ca. 1.000 Einwohner von den vielen Souvenirläden, Bars und Restaurants der Stadt. Besonders am Abend, wenn der letzte Touristenzug nach Durango abgefahren ist, kann man bei einem Bummel durch die parallel verlaufenden, zum Teil nicht asphaltierten Straßen Westernatmosphäre schnuppern oder am Bach, der den Talkessel durchfließt, bunte Mineraliensteine sammeln.

Das alte Gold- und Silberstädtchen **Telluride**, das man über eine kurvige Bergstraße erreicht, liegt in einem bergumrahmten Talkessel mit prächtigen Wasserfällen. 1875 wurden auf den Berghängen tellurhaltige Gold- und Silberadern entdeckt, und mehrere Claimholders, unter ihnen die Familie Rothschild, konkurrierten miteinander mit zum Teil kriminellen Praktiken. Die alten Bergarbeiterhäuser und die Schmuggler-Mine, deren Claim-Grenze betrügerisch manipuliert wurde, erinnern an diese unruhigen Zeiten. Ein über 500 km langes Stollensystem wurde im erzreichen Berg vorangetrieben, und allein die Liberty Bell Mine förderte in den 20 Jahren ihres Bestehens Gold im Wert von 16 Millionen Dollar. Wie wohlhabend die 1878 gegründete Stadt mit ihren damals 5.000 Einwohnern war, zeigt sich an den eleganten Villen der Bergwerkbesitzer und Ingenieure, dem Opernhaus und dem ansehnlichen New Sheridan Hotel. Der Gangsterkönig Butch Cassidy überfiel 1889 bei hellichtem Tag die Bank des Ortes und erleichterte sie um 30.000.- Dollar. Der Niedergang des von häufigen Überschwemmungen und Lawinenabgängen heimgesuchten Ortes beschleunigte sich um die Jahrhundertwende durch die bewaffneten Auseinandersetzungen zwischen Minenbossen und Bergarbeitern. Die rechtlosen Vertragsarbeiter, die sich in 16-Stunden-Schichten zu Tode schufteten, gründeten Gewerkschaften, um bessere Löhne und Arbeitsbedingungen zu erzwingen. Im Jahr 1903 weigerten sich die Minenbesitzer die Gewerkschaften anzuerkennen und jagten ihre Mitglieder samt dem um Ausgleich bemühten Bürgermeister aus der Stadt. Der Gouverneur des Staates Colorado musste die Nationalgarde einsetzen, um die Situation in den Griff zu bekommen. 15 Monate lang wurde Telluride regelrecht belagert, bis die Gewerkschaftstrupps besiegt und abtransportiert wurden. Man ersetzte die Bergleute durch angeheuerte Immigranten, die zu Hungerlöhnen und unter noch härteren Bedingungen arbeiten mussten. Alle Zugänge zum Ort wurden hermetisch abgeriegelt, um eine Rückkehr der gewerkschaftlich organisierten Arbeiter zu verhindern.[9] Da Bergbau noch bis in die Zeit des Zweiten Weltkrieges betrieben wurde, verfiel die Stadt nie völlig zu einer Ghosttown. Heute ist Telluride mit seinen 1300 Einwohnern ein florierender Wintersportort, in dem sich Altes und Neues auf originelle Weise mischen.

Leadville ist die vielleicht berühmteste Bergbau-Geisterstadt des gesamten Westens. Sie liegt 109 Meilen vor Denver auf 3.000 m Seehöhe. Schon um 1860 gab es dort die erste Bonanza, als in der California Gulch Gold im Wert von 10 Millionen Dollar geschürft wurde. Aber schon zwei Jahre später war die Goldader erschöpft und der Ort verlor seine Anziehungskraft. Dies änderte sich jedoch abrupt, als im Jahr 1875 große Silbervorräte entdeckt wurden und Leadville einen zweiten, ungleich größeren Boom erlebte. Nach Bekanntwerden des Fundes strömten Tag für Tag an die 200 neue Prospektoren, Abenteurer und Spekulanten in den Ort, der sich in kürzester Zeit von einem primitiven Mining Camp zur hektischen Boomtown mauserte. Fast täglich stieß man auf eine neue Silberader. Claims wurden abgesteckt, ausgebeutet, verpachtet oder weiterverkauft, und über Nacht wurden aus ärmlichen Prospektoren Silberbarone. Leadvilles Bevölkerung wuchs auf 40.000 Einwohner an und es wurde zur zweitgrößten Stadt Colorados neben der Hauptstadt Denver. Innerhalb von nur einem Jahrzehnt förderten die Bergwerke der Stadt Silber im Wert von 200 Millionen Dollar und Leadville brachte mehr Millionäre hervor als irgendeine andere Boomtown des Westens.[10]

Die berühmteste Erfolgsgeschichte Leadvilles ist die des Kleinhändlers Horace A. Tabor. Im Jahr 1878 beteiligte er sich finanziell am Claim zweier mitteloser

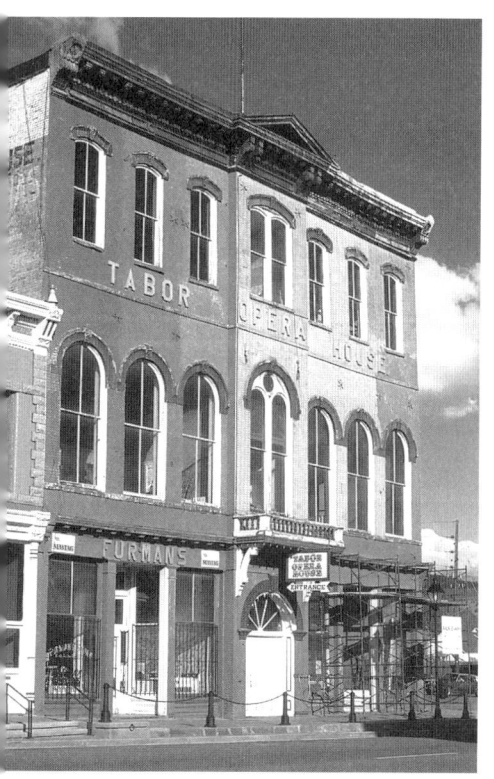

Tabor Opera House in Leadville

Prospektoren, die durch Zufall auf die Little Pittsburgh Mine stießen und in der Folge Millionengeschäfte machten. Bei seiner Suche nach weiteren Gold- oder Silbervorkommen wurde Tabor von einem Schwindler hereingelegt, der Goldstaub in ein Grabungsloch geschüttet hatte. Dennoch ließ sich Tabor nicht entmutigen, grub tiefer und stieß auf die größte Silberader, die in Leadville je gefunden wurde. Er nannte sie „Matchless Mine", die unvergleichliche Mine. Aber die Millionen, die er einheimste, warf er entgegen den Warnungen seiner sparsamen Ehefrau in kürzester Zeit zum Fenster hinaus. Bei einem Luxusdinner begegnete er Baby Doe McCourt, einer lebenslustigen Kellnerin, die nach Leadville gekommen war, um dort ihr Glück zu machen. Tabor ließ sich von seiner frühzeitig gealterten Frau scheiden, wurde Bürgermeister von Leadville und Senator des Staates Colorado und heiratete Baby Doe. An der pompösen Hochzeit in Washington nahm sogar der Präsident der Vereinigten Staaten teil. Tabor baute sich und seiner neuen Frau eine Luxusvilla in Denver und ließ in Leadville ein feudales Opernhaus errichten. Aber sein Glück war nur von kurzer Dauer, denn 1893 bereitete der Silber-Crash seinem Silberimperium ein Ende. Der rapide Verfall des Silberpreises, geschäftliche Misserfolge, fehlgeleitete Investitionen und das Luxusleben seiner neuen Frau und der beiden Töchter, die wöchentlich an die 10.000 Dollar verjubelten, zwangen Tabor schließlich, den Bankrott anzumelden. Bis zu seinem Tod im Jahr 1899 fristete er als kleiner Postbeamter sein Leben und ermahnte noch am Sterbebett Baby Doe, an der Matchless Mine festzuhalten. Sie befolgte diesen Rat bis zu ihrem bitteren Ende. 36 Jahre lang hauste sie völlig mittellos in einer kleinen Hütte neben der Mine. 1935 wurde ihr zum Skelett abgemagerter, steifgefrorener und in Zeitungpapier eingewickelter Körper im eiskalten Haus inmitten ihrer Andenken an die gute alte Zeit aufgefunden. Es war das grausame Ende eines amerikanischen Traumes. Die Matchless Mine und Baby Does Hütte sind heute Teil eines Museums.[11]

Es gibt noch eine weitere schillernde Frauenpersönlichkeit, die in die Geschichte Leadvilles eingegangen ist: Molly Brown. Als Siebzehnjährige zog sie 1884 mit ihrem älteren Bruder von Missouri nach Colorado und landete als Kellnerin im Leadville der Boomzeit. Joseph Brown, ein junger Minenmanager, wurde auf das aufgeweckte und hübsche Mädchen aufmerksam und heiratete sie zwei Jahre später. 1894 stieß Brown auf eine überaus ertragreiche Goldmine und wurde über Nacht zum Multimillionär. Er erwarb in Denver eine viktorianische Luxusvilla aus Sandstein, stattete sie pompös aus und vermachte sie seiner Frau, bevor er sich von ihr trennte. Das Molly Brown-Haus an der Philadelphia Street, wenige Gehminuten vom Capitol entfernt, ist heute ein überaus beliebtes Museum, das jährlich über 40.000 Besucher anlockt. Seine Anziehungskraft beruht auf dem Ruhm, den Molly Brown später in der populären Kultur der USA erlangte. Sie besaß das Haus bis zu ihrem Tod, bewohnte es aber kaum. Als ungebildete Frau irisch-katholischer Abstammung wurde sie von der besseren Gesellschaft Denvers geschnitten und kam außerdem wegen ihres exzentrischen *noveau riche*-Auftretens und ihrer extravaganten Pariser Kleidung in Verruf. Aus Verbitterung darüber unternahm sie auf eigene Faust ausgedehnte Reisen in Europa. Auf der Rückreise im Jahr 1912 wurde sie im Zusammenhang mit dem Untergang der „Titanic" zur Berühmtheit. Als der Luxusdampfer am 15. April nach der Kollision mit einem Eisberg sank, konnte Molly in einem der Rettungsboote Platz finden. Im allgemeinen Chaos der Situation besann sich die resolute Frau auf ihre Westvergangenheit, übernahm den Befehl über das Boot, teilte mit den Erfrierenden ihre Kleider, rettete Ertrinkende aus dem Wasser, ruderte vom sinkenden Ozeanriesen weg und ermunterte die Bootsinsassen zu gemeinsamem Singen. Auf die spätere Frage von Reportern, ob sie nicht Angst gehabt hätte, antwortete sie: „Hell no, I'm unsinkable." Als „Unsinkable Molly Brown" ist sie durch das gleichnamige Drama von Meredith Wilson (1960) und dessen Verfilmung mit Debbie Reynolds in der Hauptrolle in die Annalen der populären Kultur eingegangen. Mollys Versuch, ihre große Publizität politisch zu nützen und einen Sitz im amerikanischen Senat zu erringen, scheiterte jedoch.

Die sehenswerteste Kuriosität Leadvilles ist heute das Tabor Opera House. Mit seinem handgemalten Dekor und roten Plüschsitzen war es das eleganteste Theater des gesamten Westens. Operninszenierungen, Ballett- und Shakespeare-Aufführungen durch fahrende Theater-Ensembles, aber auch Vaudeville-Vorführungen und öffentliche Lesungen fanden hier statt. Eleonore Duse trat an diesem zahlungskräftigen Ort auf, und 1882 erntete Oscar Wilde mit seinen populären Vorträgen bei den ruppigen Zuhörern Riesenapplaus. Anschließend feierte er seinen Erfolg im gegenüberliegenden Silver Dollar Saloon, wo auch Doc Holliday Stammgast war und in mehrere Schießereien verwickelt wurde, bevor ihn 1887 die Tuberkulose hinwegraffte. Der Plüsch und Pomp der Bar, der 10 m lange Tresen aus massivem Mahagoni und der riesige Wandspiegel aus Kristallglas erinnern bis heute an diese bewegten Zeiten. Auch Oscar Wildes lakonischer Kommentar wurde festgehalten: „Sie gingen mit mir in den Saloon, wo ich die einzige rationale Methode der Kunstkritik sah, die mir je begegnete. Über dem Klavier hing folgende gedruckte Anweisung: BITTE ERSCHIESSEN SIE NICHT DEN PIANISTEN. ER TUT SEIN BESTES. Die Sterblichkeit unter Pianisten an diesem Ort ist erstaunlich."

In Leadville gab es noch 120 weitere Saloons, dutzende Restaurants, Hotels, Varietés und einen prosperierenden Rotlicht-Distrikt. Der legendäre Reichtum der Stadt lockte Kriminalität, Korruption, Hochstapelei, dubiose Geschäfte, Glückspiel und leichte Mädchen in einem Ausmaß an, das Leadville den Titel "the wickedest city of the West" eintrug. Der Six-Shooter saß extrem locker, und Geschäftsleute und Banker trauten sich nur in Gruppen auf die Straße. Aber neben dem kriminellen Pöbel gab es in der Stadt auch respektable Bürger, etwa die aus Philadelphia zugewanderte Guggenheim-Familie. Sie lebten in den bis heute erhalten gebliebenen vornehmen Backsteinvillen an der Main Street oder verkehrten im Tabor Grand Hotel mit seiner mit Silberdollars gepflasterten Lobby. Daneben gab es Schulen, Kirchen und kultivierte Frauenclubs, die sich bemühten, etwas Zivilisation in die rauhe Weststadt zu bringen. Einen der unvergessenen Höhepunkte in Leadvilles Stadtgeschichte bildete ein riesiger Eispalast, der im Winter 1895/96 für 40.000 Dollar erbaut und zur symbolischen Verkörperung der Bonanzazeit wurde. Der aus meterdicken Eisblockmauern errichtete Bau wurde mit elektrischem Licht von innen zum Leuchten und Glitzern gebracht. Es bestand aus 25 Kuppeln, Ballsälen, einem Eislaufplatz und mehreren Restaurants. Aber die Wärme des darauffolgenden Frühlings ließ das Prunkstück schnell verrinnen. Es war wie ein letztes Aufbäumen der Stadt vor ihrem unvermeidlichen Untergang. Schon kurze Zeit darauf sank die Einwohnerzahl auf einen Bruchteil herab, die alten Holzhäuser wurden größtenteils abgerissen und als Feuerholz verheizt, und in der Prohibitionszeit dienten die ehemaligen Minenanlagen als illegale Whisky-Brennereien. Später verhinderten die langen und schneereichen Winter im Gegensatz zu anderen Ghosttowns den Zuzug von Aussteigern, Pensionisten oder Künstlern, so dass von der alten Bausubstanz nur noch wenig erhalten geblieben ist. Aber gerade der zur Schäbigkeit herabgesunkene Glanz macht den eigentümlichen Reiz dieses Ortes aus, wo man sich in der Phantasie anschaulicher als anderswo in den alten Südwesten zurückversetzen kann.

Im Umkreis von Leadville und im Gebiet des Pike Peak gibt es noch eine Reihe weiterer Ghosttowns, darunter besonders erwähnenswert **Cripple Creek** und **Victor** (s. Abb. 26). In Cripple Creek erinnern die vielen sorgfältig restaurierten viktorianischen Backsteingebäude mit ihren farbig gestrichenen Türen und Fensterrahmen an die Zeit, als die Stadt nicht weniger als 50.000 Einwohner zählte, darunter etliche Millionäre. Der Niedergang des Ortes begann um 1903, als sich der Abbau in den fast 500 Minen kaum noch auszahlte und ein blutiger Aufstand arbeitslos gewordener Bergleute die Stadt erschütterte. Heute ziehen vor allem die Spielcasinos Touristenmassen in den Ort. Ein Schmalspur-Dampfzug führt von Cripple Creek durch die alten Goldfelder ins hochgelegene Victor. Der Ort ist kleiner und bescheidener, aber mit seinen gediegenen historischen Häuserreihen und originellen Antiquitätsläden, den Mengen von herumstehendem verrostetem Bergbaugerät und der alten Molly Kathleen-Mine überaus sehenswert. Ein Besuch des interessant gestalteten Colorado History Museum in der nahegelegenen Hauptstadt **Denver** könnte einer Reise durch die Geisterstädte des Südwestens einen zusammenfassenden Abschluss geben. Das Museum bietet eine anschauliche Gestaltung der Geschichte der Rocky Mountains und der Pionierzeit und gibt vor allem dem Bergbau größten Raum.

11. Konstruktion eines Südwest-Mythos

Mabel Dodge Luhans Künstlerkolonie im **Taos** der 1920 und 30er Jahre – der Pueblo-Kreuzzug gegen eine indianerfeindliche Gesetzgebung – Taos als Zentrum kultureller Erneuerung und das Entstehen eines Südwest-Mythos – Mabels Anwesen **Los Gallos** – D. H. Lawrence in Taos und die **Lawrence Ranch** – die Malerin Georgia O'Keeffe in New Mexico und ihr **Studio-Haus in Abiquiu** – weitere SchriftstellerInnen im Umkreis der Taos-Kolonie: Mary Austin, Willa Cather, Aldous Huxley, C. G. Jung und Frank Walters – Los Gallos als Dennis Hoppers Filmkommune und Hippiezentrum in den 1960er Jahren – die Weiterentwicklung von Los Gallos bis heute.

Die utopische Künstlerkolonie von Taos

Neben Santa Fe ist Taos der kulturell wichtigste Ort New Mexicos und hat in der Geschichte der Region vom 17. bis ins 20. Jahrhundert mehrere Male eine herausragende Rolle gespielt. Heute ist die von ihrer spanisch-mexikanischen Vergangenheit geprägte Kleinstadt längst zu einem beliebten Touristenort geworden, der von dem nahen Wintersportgebiet des Taos Ski Valley profitiert. Alte Adobe-Häuser, Galerien, Boutiquen, Souvenirläden, Restaurants und historische Gedenkstätten bilden den Ortskern im Umkreis der zentralen Plaza. Auch einige exquisite Museen laden zum Besuch ein, etwa das 1947 gegründete Millicent Rogers Museum mit seiner hervorragenden Sammlung indianischer und hispanischer Kunst oder das als Museum eingerichtete ehemalige Wohnhaus des legendären Trappers und Scouts Kit Carson. Unter den vielen Sehenswürdigkeiten bildet jedoch das indianische Pueblo am Ortsrand nach wie vor die Hauptattraktion.[1]

Bereits seit dem Ende des 19. Jahrhunderts zogen zahlreiche Künstler und Schriftsteller in den malerischen Ort am Südrand der Rocky Mountains und gründeten eine Künstlergemeinschaft.[2] Der früheste und bekannteste Zuwanderer war der Maler Ernest Blumenschein, dessen Wohnhaus heute ein beliebtes Museum mit Mobiliar und Bildern aus dieser Zeit ist. Aber erst in den zwanziger und dreißiger Jahren des 20. Jahrhunderts rückte die Stadt in den Mittelpunkt nicht nur des regionalen, sondern auch nationalen Interesses, als sich dort ein illustrer Kreis von Künstlern, Schriftstellern und Intellektuellen einfand. Sie scharten sich um die junge Schriftstellerin und Mäzenatin Mable Dodge Luhan, eine literatur- und kunstbegeisterte Millionärstochter aus New York, die sich unter dem traumatischen Eindruck des Ersten Weltkrieges und den geistigen und kulturellen Umbrüchen, die er auslöste, nach New Mexico zurückzog. Nach Jahren unruhiger Identitäts- und Sinnsuche in Italien und in Greenwich Village, New York, die sie mit der künstlerischen und intellektuellen Elite in Berührung brachte, folgte sie 1917 ihrem damaligen Ehemann, dem Bildhauer und Maler Maurice Sterne, nach Taos.

Mit Hilfe des Pueblo-Indianers Antonio Luhan, den sie nach ihrer Scheidung von Sterne 1923 heiratete, errichtete sie das feudale Anwesen „Los Gallos" und baute es im Lauf der Zeit zu einer Künstler- und Schriftstellerkolonie aus.³ Im Gegensatz zu anderen, zumeist kurzlebigen utopischen Gemeinschaften in den USA verfolgte die Taos-Kolonie hauptsächlich kulturelle und künstlerische Ziele und überlebte damit erstaunlich lang.

Hinter den Aktivitäten dieser bemerkenswerten und eigenwilligen Frau stand eine vitalistisch-idealistische Lebensphilosophie, die die indianisch-hispanische

Los Gallos

Kultur des Südwestens zum Vorbild kultureller Erneuerung erhob. Das indianische Pueblo von Taos, das Mable als eine intakte und in sich ruhende Lebensgemeinschaft erlebte, diente ihr als Gegenmodell zu den Auflösungs- und Fragmentierungstendenzen der Moderne. Der kosmisch-animistischen Naturreligion der Indianer traute sie zu, die dekadente weiße Kultur mit neuer Lebensintensität zu erfüllen. Taos und die umliegende, damals noch weitgehend unberührte Berg- und Wüstenlandschaft sollten zu einem Ort geistiger und künstlerischer Regeneration werden. Gleichzeitig wollte Mabel die Pueblo-Kultur und ihren Lebensraum vor den zerstörerischen Zugriffen der anglo-amerikanischen Zivilisation bewahren. Zu diesem Zweck holte sie 1922 den progressiven Sozialreformer John Collier als Vorkämpfer des sog. „Pueblo-Kreuzzuges" nach Taos.⁴ Collier, der als junger Sozialarbeiter in New York die zivilisatorischen Entfremdungserscheinungen der modernen Industrie- und Großstadtkultur hautnah erfahren hatte, entwickelte eine tiefe Hochachtung vor dem religiös verwurzelten Gemeinschaftsleben der indianischen Pueblos. Er setzte sich vehement für deren Interessen ein, vor allem für den Schutz ihrer natürlichen Ressourcen und das Recht auf kollektiven Landbesitz. Konkret ging es damals um die Abwehr eines Gesetzesvorschlags, den der neumexikanische Senator H. O. Bursum dem amerikanischen Kongress vorgelegt hatte. Die sog. „Bursum Bill" sollte die alten, bis in die Kolonialzeit zurückreichenden, von den Amerikanern im Friedensvertrag von Guadalupe-Hidalgo bestätigten Rechte der Pueblo-Indianer aufheben. Die Übertragung oder der individuelle Verkauf von Pueblo-Land an Außenstehende sowie die Unterordnung der indianischen Gerichtsbarkeit unter jene der USA waren Zielsetzungen des Gesetzesentwurfes, dessen Realisierung zweifellos zum Untergang der Pueblo-Kulturen in New Mexico geführt hätte. Collier informierte in öffentlichen Versammlungen die Pueblos über die ihnen drohende Gefahr. Ein Aktionskomitee bildete sich, und seine Anliegen wurden von zahlreichen Künstlern, Schriftstellern und Intellektuellen tatkräftig unterstützt. Sie verfassten Proklamationen an die amerikanische Öffentlichkeit und bombardierten die Zeitungen in ganz Amerika mit Protestresolutionen, Artikeln und Briefen. Die Pueblos entsandten eine von Collier begleitete Delegation nach Washington, um sich im Kongress Gehör zu verschaffen. Ein Stimmungsumschwung zugunsten der Pueblos setzte ein und das Bursum-Gesetz wurde zurückgezogen. Zehn Jahre später, im Jahr 1933, wurde Collier von Präsident Franklin D. Roosevelt zum Commissioner of the Bureau of Indian Affairs (BIA), der obersten Behörde für Indianerangelegenheiten in den USA, ernannt. Colliers „Indian New Deal"-Politik bewirkte, dass der Kongress 1934 das fortschrittliche Indian Reorganization-Gesetz verabschiedete, das die Selbstverwaltung und Gerichtsbarkeit der Indianer-Reservationen auf eine neue Grundlage stellte. Am Ende seiner Tätigkeit als BIA-Commissioner veröffentlichte Collier die von ihm durchgesetzen Prinzipien in seinem einflussreichen Buch *Indians of the Americas: The Long Hope* (1947).[5]

Trotz dieses wichtigen Engagements verstand sich Mabels Kolonie nicht primär als ein politisches, sondern als ein kulturell und künstlerisch orientiertes Unternehmen. Die modernistischen Experimente im Bereich von Ästhetik, Malerei, Fotografie und Literatur, die von Taos ausgingen, gaben wichtige Impulse für die Region und die amerikanische Kulturentwicklung insgesamt. Zu einer Zeit, als der große Exodus amerikanischer Künstler und Schriftsteller nach Europa einsetzte, wurde Mabels utopische Kolonie zu

Mabel Dodge Luhan　　　　　　　　　　　Tony Luhan

einer Art Denklaboratorium, wo verschiedene Bestrebungen zusammenliefen. Im Gegensatz zu den „Expatriates", etwa Gertrude Stein, Ernest Hemingway, F. Scott Fitzgerald oder John Dos Passos, suchte Mabel nicht in Europa, sondern im provinziellen New Mexico nach Wegen aus der allgemeinen Desillusionierung und Zivilisationsmüdigkeit. Nicht Lost Generation-Resignation stand am Programm, sondern das Bemühen, neue Synergien aus Kultur, Natur und Landschaft der Region zu gewinnen. Nachdem Mabel sich in Taos niedergelassen hatte, bemühte sie sich, gleichgesinnte, in ähnlichen Sinnkrisen stehende Mitstreiter für ihre kulturelle Welterneuerung zu gewinnen. Sie lud prominente Schriftsteller, Dichter, Maler, Musiker, Ethnologen, Anthropologen, Soziologen oder Psychologen nach Taos ein, um sie mit dem Geist New Mexicos zu inspirieren. Ihr indianischer Ehemann diente ihr dabei als Vermittler zwischen weißer und indianischer Kultur. Tony verfügte über keine formale Bildung, konnte nicht auf Englisch schreiben und zog sich in Zeiten ehelicher Krisen gelegentlich zu seiner indianischen Erstfrau ins Pueblo zurück, aber seine imponierende, in sich ruhende Persönlichkeit strahlte Spiritualität, Vitalität und Stabilität aus. Er war Mabels Mentor in ihrer Annäherung an indianisches Leben und Denken. Er diente ihr darüber hinaus als repräsentativer Vermittler zwischen den Kulturen, verschaffte den Gästen Zugang zum Pueblo und chauffierte sie zu den Indianerfesten und -tänzen in der Umgebung. Ein berühmtes Porträtfoto, das Ansel Adams von ihm mache, zeigt ihn in einer nach außen zur Schau getragenen, von leichter Ironie gedämpften „Noble Savage"-Erhabenheit.

Schriftsteller wie D. H. Lawrence, Mary Austin, Willa Cather, Frank Waters, Aldous Huxley, Jean Toomer, Robinson Jeffers und Thornton Wilder, der Psychologe C. G. Jung, die Maler Andrew Dasburg, Marsden Hartley, John Marin, Nicolai Fechin und – am prominentesten – Georgia O'Keeffe sowie die Kunstfotografen Paul Strand, Ansel Adams und Edward Weston folgten Mabels Einladung und gerieten für eine Zeit lang in den Bann der großzügigen und gastfreundlichen Atmosphäre von Los Gallos. Darüber hinaus erwiesen sich auch die Beziehungen der Besucher untereinander als äußerst fruchtbar. Gemeinsam suchten und fanden sie in der Pueblokultur spirituelle Anregungen für neue, alternative Formen menschlichen Zusammenlebens. Das Fazit, das Mabel in der Einleitung zu ihrem Buch *Taos and Its Artists* (1947) aus ihrem Lebenswerk zieht, hat zweifellos seine Berechtigung: „Dieser Ort hat über viele Jahre hinweg Künstler angezogen; er war eine wunderbare Bienenwabe, unwiderstehlich und nahrhaft."[6] Das Taos-Experiment vertrat einen transzendentalen Modernismus, der gegen die „Krankheit der Moderne", das Auseinanderfallen von Seele, Geist, Körper und Natur ankämpfte. Mabels prominente Gäste, so verschieden sie im einzelnen waren, trafen sich in ihrer Skepsis am kommerz- und technologiehörigen Materialismus der Zeit und bemühten sich um eine neue Ganzheit. Die grandiosen Wüsten- und Gebirgslandschaften New Mexicos und die naturnahen Gemeinschaftsformen der dort lebenden Menschen empfanden sie als Antipoden zur labyrinthischen Großstadt- und Industriewelt. Der Südwest-Mythos, der daraus hervorging, mag heute etwas abgehoben und überidealistisch erscheinen, aber er erzielte dennoch erstaunliche und nachhaltige Wirkungen.

Mabels Lebensgefühl fand im Ambiente, das sie sich mit **Los Gallos** schuf, seinen äußeren Ausdruck.[7] Sie griff einerseits auf die indianisch-mexikanische Adobe-Bauweise der Pueblos und Haziendas zurück und setzte andererseits auch moderne Akzente. Es gelang ihr – erstmals in den USA – eine indigene Bautradition neu zu beleben und damit den Anstoß für die Pueblo Revival-Architektur des Südwestens zu geben. Schon das Adobe-Tor, durch das der Besucher das Anwesen betritt, mit seinen geschnitzten Holzbalken aus der alten Missionskirche von Taos, bietet einen eindrucksvollen Auftakt, der sich im idyllischen Innenhof mit seinen Tierstatuetten und Taubenschlägen fortsetzt. Überragt wird das Ganze vom dreistöckigen „Big House", an das sich eine Reihe von Studios, Gästehäusern und ein Torhaus anschließen. An der Rezeption in der gediegen gestalteten Eingangslobby kann der Besucher die Erlaubnis einholen, die Säle und Räume des Erdgeschoßes zu besichtigen. Von der alten, vielgepriesenen Pracht des Hauses sind noch Restbestände vorhanden, etwa ein gotisch geformter Türbogen, ein großer geschwungener Adobe-Kaminofen, die Original-Küche, die massiven Möbel und zeitgenössische Gemälde. In der Phantasie kann man sich in die Zeiten zurückversetzen, als in diesem Haus große Feste gefeiert wurden und prominente Persönlichkeiten ein- und ausgingen.

Los Gallos wird heute als „Historic Inn" und Konferenzzentrum geführt, und man logiert in Räumen, die nach berühmten Gästen des Hauses wie Willa Cather, Mary Austin, Georgia O'Keeffe oder Ansel Adams benannt sind. Auch Mabels legendäres Schlafzimmer im zweiten Obergeschoß, das man bei einer Hausführung zu sehen bekommt, wurde wiederhergestellt und enthält ihr handgeschnitztes Riesenbett und den ursprünglichen Kaminofen. Äußerlich ist das Hauptgebäude mit seinen mehrstöckigen Adobekuben, Aussichtsterrassen und Leitern dem nahen Pueblo nachempfunden, die Innenausstattung hingegen war eklektisch und mischte Bodenständiges mit Fremdem. Indianische Webereien und indianisches Schnitzwerk an Türen und Möbeln kontrastierten mit französischen Seidentableaus, Louis XVI-Sofas und pastellfarbenen Kissen, was offensichtlich Mabels kosmopolitischer Geschmacksrichtung entsprach. Sie war eine geschickte Innenarchitektin, der es gelang, das lichtdurchflutete Haus mit den bunten Keramikhähnen am Dach (span. *gallos*), seiner Lebensfreude, Eleganz und ästhetischen Vielfalt zu einer Art Gesamtkunstwerk zu gestalten. Auf das Schlafzimmer ließ Mabel eine Sonnenterrasse aufsetzen, die sie mit großflächigen Glasfenstern einfaßte. Von dort eröffnete sich ein großartiger Blick zu den Wüstenebenen und Mesas im Westen und den Sangre de Cristo-Bergen im Norden. Darüber hinaus umgab Mabel das Haus mit Bäumen, Obst- und Gemüsegärten und fügte in den späten zwanziger Jahren ein Torhaus, Ställe, Scheunen und mehrere Gästehäuser hinzu. Im Endausbau erstreckte sich das Haupthaus über 150 Meter und verfügte über 22 Wohnräume. Tony Luhan zog in den dreißiger Jahren in ein eigenes, von ihm selbst gestaltetes Haus um; und auch Mabel bewohnte von 1948 bis zu ihrem Tod im Jahr 1962 ein kleineres Domizil. In der Gestaltung von Los Gallos und seiner Umgebung fanden Mabels Persönlichkeit und ihr Streben nach Individualität, Einfachheit und Harmonie den unmittelbarsten Ausdruck.

Auch ihre autobiographischen Bücher, die sie zwischen 1920 und 1950 schrieb – *Lorenzo in Taos* (1932), *Intimate Memories* (1933), *Winter in Taos* (1935), *Edge of Taos Desert: An Escape to Reality* (1937) und *Taos and Its Artists* (1947) – geben reichlich Auskunft über ihre innere Entwicklung. Sie gehören zum Genre konventioneller Bekenntnisliteratur, in der die Ich-Erzählerin eine Art Purifikationsprozess in Richtung eines Vollkommenheitsideals durchläuft.[8] In der Bibliothek kann sich der Besucher in diese Bücher vertiefen und sich auch sonst über die Geschichte des Hauses und seine Bedeutung informieren.

D. H. Lawrence und Georgia O'Keeffe in New Mexico

Der bleibende Wert des Taos-Experiments liegt weniger in seinen konkreten Hervorbringungen als in seiner Wirkungsgeschichte – d. h. in den geistigen und künstlerischen Aufbrüchen, die es stimulierte. Die Maler, Schriftsteller und Intellektuellen, die mit Mabels Welt in Berührung kamen, übernahmen, was ihnen entsprach und stießen anderes, für sie weniger Brauchbares wieder ab. Die meisten von ihnen kehrten nach einiger Zeit dorthin zurück, woher sie kamen, und entwickelten das Erfahrene auf vielfältige Weise weiter. Das spektakulärste literarische Großereignis im Umkreis von Mabels Künstlerkolonie war zweifellos der Aufenthalt D. H. Lawrences und seiner Frau Frieda in Taos zwischen 1922 und 1925.[9] Der eskapistische Wunsch, das als erstickend empfundene Europa hinter sich zu lassen, an einem fernen Ort im amerikanischen Westen eine ideale Lebensgemeinschaft zu gründen und ein neues, von zivilisatorischen Zwängen befreites Leben zu beginnen, hatte nach dem Ersten Weltkrieg von Lawrence Besitz ergriffen. Obwohl er in dieser Zeit mit seinen großen Romanen *Sons and Lovers* (1913; dt.: *Söhne und Liebhaber*), *The Rainbow* (1915; *Der Regenbogen*) und *Women in Love* (1920; *Liebende Frauen*) schon den Zenit seiner schriftstellerischen Laufbahn erreicht hatte, verdüsterte sich sein Lebensgefühl zusehends zum Bewußtsein eines zivilisatorischen Scherbenhaufens. Aus diesem Grund wandte er sich immer intensiver Amerika zu und begann sich mit den großen Klassikern der amerikanischen Literatur – Cooper, Melville, Thoreau, Hawthorne und Whitman – auseinanderzusetzen.

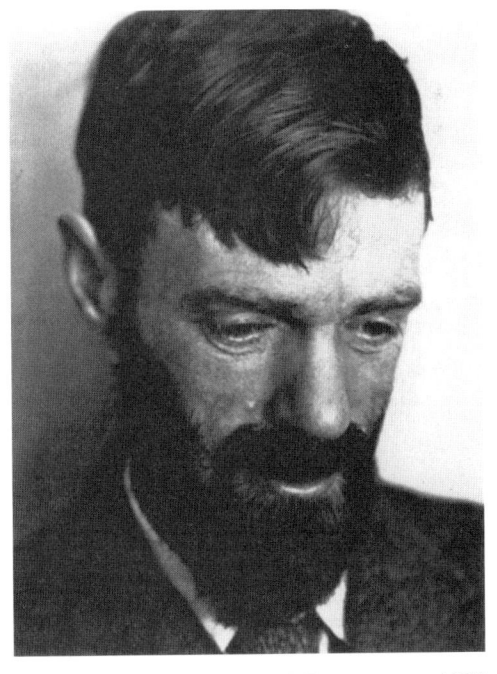

D. H. Lawrence um 1920

Lawrence hatte keine Illusionen über die USA als modernen Industriestaat und urbane Zivilisation und lehnte deren materialistische und technologische Orientierung als Fehlentwicklungen ab. Einen Neubeginn erhoffte er sich ausschließlich von den noch unberührten Naturgebieten des Westens und der sie bewohnenden indianischen Bevölkerung. Wie sehr er sich dabei von realitätsfremden Vorstellungen leiten ließ, zeigt sein 1920 in *The New Republic* veröffentlichter Appell an Amerika „America, Listen to Your Own".[10] Dort rät er den Amerikanern, sich vom europäischen Erbe loszusagen und das daraus entstehende Vakuum an Tradition und Geschichte mit einer Rückbesinnung auf die alten indianischen Kulturen zu füllen. Es mögen Gedanken dieser Art gewesen sein, die trotz oder wegen ihrer illusionären Abgehobenheit die Aufmerksamkeit Mabels auf sich zogen und in ihr den Wunsch weckten, Lawrence nach Los Gallos einzuladen. Sie war davon überzeugt, dass er mehr als jeder andere Autor in der Lage wäre, die Faszination, die sie für die Landschaft und die Menschen New Mexicos empfand, zu verstehen und zu verbreiten. In ihrem Einladungsbrief übermittelte sie ihm diesen Wunsch zusammen mit einer enthusiastischen Beschreibung von Taos.[11] Lawrence und seine Frau Frieda, trotz anfänglicher Bedenken gegenüber einer möglicherweise mediokren Kolonie von Pseudokünstlern und Halbintellektuellen, nahmen schließlich die Einladung an, kamen auf dem Umweg über Ceylon, Australien und Kalifornien im September 1922 in Taos an und bewohnten zunächst eines der Gästehäuser von Los Gallos. Aber die ständige Vereinnahmung durch die vitale und exzentrische, alle Aktivitäten bestimmende „Queen Bee", wie sie ihre Gastgeberin nannten, wurde ihnen bald zu viel, und sie übersiedelten in Mabels 17 Meilen entfernte, auf den Hängen der Sangre de Cristo-Berge hoch über der Wüstenebene gelegene Kiowa-Ranch. Lawrence schränkte in der Folge seine Kontakte mit der Künstlerkolonie in Taos ein, unterstützte jedoch auch weiterhin ihre kulturellen Bestrebungen.

Lawrence überarbeitete und vollendete in den ersten Monaten seines Aufenthaltes zunächst seine viel beachteten *Studies in Classic American Literature* (1923) sowie seinen Gedichtband *Birds, Beasts and Flowers* (1923). Die Zeit von März bis Juli 1923 verbrachten die Lawrences mit Freunden in Mexico, wo „Quetzacoatl", die erste Fassung des Romans *The Plumed Serpent* (veröffentlicht 1927; dt.: *Die gefiederte Schlange*) entstand. Nach ehelichen Zwistigkeiten zog sich Frieda im August nach Europa zurück, wohin ihr Lawrence nach einem zweiten Mexiko-Aufenthalt und einer längeren Reise durch die USA im November folgte. Im März 1924 jedoch kehrten sie gemeinsam in Begleitung von Dorothy Brett, einer Freundin und Verehrerin Lawrences, nach Taos zurück. Sie bezogen wieder die Ranch, die ihnen Mable als Gegenleistung für das Manuskript von *Sons and Lovers* überlassen hatte. Im Sommer 1924 schrieb Lawrence jene Werke, die sein New Mexico-Erlebnis am stärksten reflektieren – vor allem den Kurzroman *St. Mawr* (1925 dt.; *Der Hengst St. Mawr*) und die Erzählung „The Woman Who Rode Away" (1925; dt.: „Die Frau, die davonritt"). Von Oktober 1924 bis März 1925 reisten die Lawrences noch einmal nach Mexiko, wo in Oaxaca einige jener Essays entstanden, die Lawrence 1927 unter dem Titel *Mornings in Mexico* (dt.: *Mexika-*

nischer Morgen) veröffentlichte. Nach einer schweren Lungenerkrankung, die sich bald als offene Tuberkulose herausstellte, lebten er und Frieda ab März 1925 nochmals auf der Ranch. Im September kehrten sie endgültig nach Europa zurück und hielten sich vorwiegend in Italien und Frankreich auf. Lawrences mehrfach geäußerter Wunsch, nach New Mexico zurückzukehren, sollte nicht mehr in Erfüllung gehen. 1930 starb er im Lungensanatorium von Vence in Südfrankreich. Fünf Jahre später ließ Frieda die sterblichen Überreste exhumieren und einäschern, brachte sie zur Kiowa Ranch, mauerte sie dort – als Schutzmaßnahme vor einem möglichen Zugriff Mabels – eigenhändig in einen Betonblock ein und errichtete darüber einen mit dem Vogel Phoenix gekrönten Schrein. Sie selbst ließ sich mit ihrem neuen Lebensgefährten Angelo Ravagli in Taos nieder, starb dort 1956 und fand neben Lawrence ihre letzte Ruhestätte.[12]

Über D. H. Lawrences Lebensabschnitt in New Mexico und dessen Auswirkungen auf sein schriftstellerisches Werk ist viel geschrieben worden. Das Hauptinteresse richtete sich auf die zum Teil skandalumwitterten biographischen Ereignisse dieser Zeit, vor allem die konfliktreiche Dreiecksbeziehung zwischen Lawrence, Frieda und Mabel. Mabel selbst hat ihre Sicht der Dinge in ihrem egozentrischen, dennoch auch aufschlussreichen autobiographischen Buch *Lorenzo in Taos* (1932) niedergelegt. Lawrences Bestreben während seiner Zeit in Taos war darauf gerichtet, mittels der indianischen Kulturen in New Mexico und Mexiko seine vitalistisch-naturmythische Weltsicht zu vertiefen und ästhetisch zu gestalten. Die Texte, die Lawrence in dieser Lebensphase schrieb, illustrieren seinen Wunsch, die europäische Kulturtradition abzuschütteln und in einer vorzivilisatorischen kosmischen Ganzheit eine Art spirituelle Wiedergeburt zu erfahren. Das lebensphilosophische Traumbild, das Lawrence in diesem Zusammenhang entwarf, hatte von Anfang an wenig mit der in New Mexico und Mexiko vorgefundenen Realität zu tun, sondern war vielmehr eine mythisierende Projektion. Nicht die konkrete kulturelle und gesellschaftliche Umgebung in New Mexico interessierten ihn, sondern die alten Indianerkulturen und die großartige Naturlandschaft, in der diese eingebettet waren. Was er in New Mexico suchte und letztlich auch fand, wird aus seiner lange nach seiner Rückkehr nach Europa niedergeschriebenen, reflektierenden Retrospektive „New Mexico" (1931) deutlich:

Ich glaube, New Mexico war die wichtigste Erfahrung der Außenwelt, die ich je gemacht habe und die mich für immer verändert hat. So seltsam es klingt, New Mexico befreite mich von der gegenwärtigen zivilisatorischen Ära materiellen und technologischen Fortschritts. In dem Augenblick, als ich zum ersten Mal den strahlenden Morgen über der Wüste von Santa Fe aufsteigen sah, stand etwas still in meiner Seele und ich begann mich auf etwas Unerwartetes einzustellen. An diesem wunderbaren, kalten New Mexico-Morgen ergriff etwas Neues von mir Besitz; ein bis dahin unbekannter Bereich meiner Seele erwachte, und die alte Welt wich einer neuen.[13]

Mit dem Pueblo, seinen Bewohnern und ihrer Kultur versuchte sich Lawrence schon bald nach seiner Ankunft unter der sachkundigen Führung Tony Luhans vertraut zu machen. Er besuchte auch indianische Tanzzeremonien und beschrieb diese in mehreren Essays.[14] Aber schon der erste dieser Essays, „Indians and an Englishman", zeigt eine merkwürdig ambivalente Haltung, die zwischen herablassender rationaler Skepsis und Bewunderung gegenüber den Indianern schwankt. Nach dem Besuch einer Apachen-Reservation macht Lawrence folgende Feststellung: „Es war nicht so, wie ich es erwartet hatte. Es war eher wie ein Schock. Wieder einmal zerbrach etwas in meiner Seele."[15] Die real existierenden Indianer, deren „unerträglichen schwefelartigen Geruch"[16] er kaum ertragen konnte, entsprachen offenbar nicht dem Ideal, das er sich von ihnen in seinen Wunschphantasien gemacht hatte. Ernüchtert musste er feststellen, dass die ethnische Barriere für ihn unüberwindbar war und er der indianischen Alltags- und Stammeskultur letztlich nicht viel abgewinnen konnte. Frierend in eine Decke gewickelt, innerlich isoliert und das Lagerfeuer der Indianer aus der Distanz betrachtend kommt er zur resignativen Schlussfolgerung, dass es keine Rückkehr des modernen Bewußtseins zu den vorzivilisatorischen Stammesmysterien (*tribal mysteries*) geben kann. Sogar die indianischen Tanzzeremonien empfand er zu Mabels Enttäuschung zunächst als eine Art komische Oper und touristischen Zirkus.[17] Dennoch bemühte er sich – schon um Mabels Missfallen zu entkräften – auch um ein tieferes Verständnis, indem er sich mit Hilfe ethnographischer und anthropologischer Studien mit den naturreligiösen Hintergründen auseinandersetzte. Im Essay „The Hopi Snake Dance" erörtert Lawrence die rituell-entpersönlichte Überwindung der Trennung von Natur und Mensch bzw. von Materie und Spiritualität im Trancezustand der Tänze. In „Dance of the Sprouting Corn" schildert er die sinnlichen Eindrücke des indianischen Tanzes, die ekstatischen Rhythmen und Bewegungen, die glänzenden Körper der Männer und die bunten Kleider der Frauen. In „Indians and Entertainment" ergründet er den Unterschied zwischen der individualisierenden europäischen Theaterkultur und dem animistischen Ganzheitserleben indianischer Gesang- und Tanzzeremonien. Nicht das Individuum steht in diesen im Mittelpunkt, sondern das kollektive Eintauchen in einen kosmischen Energiestrom, der das Gegenüber von Gottheit und Schöpfung überwindet.

Trotz dieser Bemühungen blieb Lawrences Kenntnis indianischer Kulturen fragmentarisch. Dies zeigt sich schon darin, dass er zwischen den vielfältigen Stammeskulturen und ihren spezifischen Hervorbringungen – etwa der Pueblo-Indianer, der Navajo oder Apachen – kaum differenzierte. Alles was Lawrence über die Indianer schrieb, beruhte letztlich weniger auf genauer Beobachtung oder fundiertem ethnographischem Wissen als auf stark persönlich gefärbten Projektionen. Dies mag auch der Grund dafür sein, dass er seinen Roman *The Plumed Serpent* – im Gegensatz zu Mabels Intentionen – nicht in der konkreten Lebensrealität New Mexicos spielen lässt, sondern in einem imaginären, von aztekischen Mythen durchdrungenen Mexiko. Auf diese Weise konnte er religiöse Phantasievorstellungen, bizarre Charakterfigurationen und fiktionale Handlungsverläufe entwerfen, die mehr seiner eigenen krisenhaften Selbst- und Sinnsuche entsprachen als irgendeiner kulturhistorischen Realität. Die abgehobene, stellenweise fast präfaschistisch anmutende Blut- und Boden-Mystik dieses Romans, sein autoritär-archaischer Irrationalismus sowie der patriarchal-gewalttätige und misogyne Herrschafts- und Virilitätskult verweisen auf einen inneren Zwiespalt, den Lawrence durch spekulative Fiktionalisierungen zu bannen suchte.[18]

Was von Lawrences existentieller Grunderfahrung in dieser Zeit gültig geblieben ist, ist das starke Naturerlebnis, das ihm die Wüsten- und Berglandschaft New Mexicos vermittelte. Die psychische und künstlerische Regeneration, die er in diesem Zusammenhang erfuhr, stellte Lawrence am Ende seines Lebens über alles, was ihm in der Neuen Welt begegnet war. In diesem Zusammenhang ist letztlich auch sein Verhältnis zu den Indianern zu sehen. Er bewunderte an ihnen vor allem ihre tiefe religiöse Verbundenheit mit dem Land und der Natur. Um die komplexe Qualität von Lawrences New Mexico-Erfahrung zu begreifen, muss man sich deshalb vor allem auf die intensiven Landschaftsschilderungen einlassen, die er in dieser Zeit in seine Gedichte, Essays und Erzähltexte einfließen ließ. Die lichtdurchflutete Weite der Landschaft und die langen Sonnenuntergänge über der Wüstenebene empfand er als eine Art psychische Entgrenzung und die von ihr ausgehende Ruhe als etwas Sakrales und Transzendentes[19]. In der folgenden Beschreibung der mächtigen nach Westen gerichteten Kiefer vor dem Ranchhaus vermittelt er etwas von diesem Gefühl:

> *Der Baum sammelt seine Urkraft aus den dunklen Eingeweiden der Erde und aus dem sternglitzernden Firmament darüber. Der Baum ist ganz er selbst, hölzern, riesig, träge, aber voll unbeugsamer Lebenskraft. Er knistert vor geballter Energie und strahlt untergründig eine große Kraft aus. Er vibriert seine Gegenwart in meine Seele und ich werde eins mit Pan. Der Baum stemmt sich zischend gegen die aus den Wüsten im Westen anstürmenden Windböen und neigt sich nicht nach Osten. Er trotzt mit gewaltiger Kraft, ganz aus sich selbst heraus; sein Stamm ist von ruppiger, großartiger Selbstbehauptung. Ich bin mir des Baumes und seiner bedeutungsreichen Umwandlung in mein eigenes Leben bewusst geworden. Vor langer Zeit müssen die Indianer all dies noch viel stärker und unmittelbarer erfahren haben.[20]*

Die Textstelle gibt Einblick in Lawrences Landschaftserfahrung in New Mexico: die mystische Vereinigung mit dem Naturgott Pan, das Sich-Stemmen gegen den nach Osten, d. h. zur Zivilisationswelt hin wehenden Wind, eine in der Erde, dem symbolischen Energiereservoir des Unbewussten wurzelnde Kraft sowie die

Der „Lawrence-Baum"

Vebindung zum naturreligiösen Erbe der Indianer. Der Essay „Pan in America" (1926), dem diese Beschreibung entstammt, unterstreicht Lawrences Überzeugung, dass nur das Eintreten des Menschen in eine lebendige Kommunikation mit der ihn umgebenden Natur ihn davor bewahren kann, von einer seelenlos gewordenen und übertechnisierten Zivilisationswelt aufgesogen zu werden. Wie die Indianer dem Fortschrittsfetischismus zu widerstehen, der alles Natürliche zu beherrschen und zu vernichten droht, ist für Lawrence die Voraussetzung spirituellen Überlebens. Im schon erwähnten Essay „New Mexico" hat Lawrence die Quintessenz seines Landschaftserlebnisses zum Ausdruck gebracht. Er beginnt mit einer Klage über eine immer oberflächlicher werdende Lebenswelt, wo man schon überall gewesen ist, alles gesehen, gewusst und getan hat, wo jedoch die tieferen Seinsregionen verloren gegangen sind. Er vergleicht die zivilisatorische Welt mit einem in buntes Zellophan gewickeltes Bonbon, an dessen Oberfläche wir uns wie Fliegen bewegen: „Darunter liegt alles, was wir nicht wissen und deshalb fürchten. Es ist diese Erfahrung, die ich in New Mexico mit großer Erschütterung gemacht habe." Auch dort gibt es die Oberflächenwelt der Sombrero-Folklore, den Adobe-Kitsch und den Pueblo-Tourismus, „aber wenn man dieses sterilisierte Äußere durchbricht und das Wesen des Landes berührt, dann bleibt man nicht mehr derselbe.[...] Es ist die ästhetisch beglückendste Landschaft, die ich kenne, aber für mich war sie noch mehr. Von ihr geht ein stummer Schrecken aus, eine unendliche Erhabenheit, die sich über das bloß Ästhetische erhebt. Nirgendwo ist das Licht reiner und überwältigender als hier und von einer fast grausamen Majestät."[21] Durch dieses Naturerlebnis sucht Lawrence in das einzudringen, was er als das Wesen des Religiösen erachtet: die Berührung mit einer kosmischen, lebensspendenden Energie. Es ist das Gegenteil eines flachen „Gott-ist-überall"-Pantheismus, der ein vages „Übernatürliches" über die natürlichen Phänomene stülpt. Wenn es eine Gottheit gibt, so Lawrence, dann ist diese nicht jenseits oder über den Dingen, sondern in ihnen: „Es ist Religion pur, mächtig, ohne Idole und Bilder, nicht einmal spirituelle. Es ist eine Religion, die dem Gottesbegriff vorausgeht und daher größer und tiefer ist als jede Gottesreligion. Und sie lebt für eine Weile in New Mexico fort, lange genug um mir zur Offenbarung zu werden."[22] Die indianische Religion kann zwar dem differenzierten Bewusstsein des modernen Menschen kein nachvollziehbares Lebenskonzept mehr anbieten, denn dies käme einer atavistischen Regression in eine längst überwundene magische Denkweise gleich, aber eine intakte Naturreligiosität kann den westlichen Menschen an Seinsbereiche erinnern, die ihm im zivilisatorischen Leben abhanden gekommen sind. In einer Zeit, da die Indianerkulturen in den USA als ein obsoletes, dem Untergang geweihtes Phänomen abgeschrieben wurden, war dies zweifellos eine zukunftsorientierte Perspektive. Sie nahm jene Tendenzen vorweg, die später in der New Age-Bewegung und Tiefenökologie wiederentdeckt worden sind.

Neben dem Mexiko-Roman *The Plumed Serpent* sind es vor allem die im Sommer 1924 entstandenen Erzählungen „The Woman Who Rode Away" und *St. Mawr*, die Lawrences naturmystisches Landschaftserlebnis thematisieren: In beiden Werken verlässt eine enttäuschte, ihre eigene verschüttete Authentizität suchende Frau die zivilisatorische Umwelt, um in der unberührten Wüsten- und Berglandschaft eines fiktiven New Mexico eine neue Identität zu finden. Zu einem seltsam misogynen und masochistischen Mystizismus kommt es in „The Woman Who Rode Away", wo die weiße Protagonistin die psychische und schließlich auch physische Auslöschung ihrer zivilisatorischen Individualität in einem indianischen Ritual selbst herausfordert. Ihre abschließende Opferung an den Sonnengott und das damit einhergehende Verschmelzen mit einem kollektiven kosmischen Bewusstsein dient der Wiederherstellung der männlichen Zeugungskraft und Fruchtbarkeit des indianischen Stammes. Ein interessanter Nebenaspekt dieser Geschichte ist, dass Mabel sie als Anspielung auf ihre eigenen indianisch-naturreligiösen Ambitionen empfand und sich zutiefst verletzt fühlte. Für sie war es die Erzählung, in der Lawrence versuchte, ihr „den Rest zu geben" („to finish me up").[23]

Am ausführlichsten hat Lawrence das kosmische Natur- und Landschaftserlebnis, das ihm New Mexico vermittelte, in *St. Mawr* gestaltet. Obwohl die künstlerische Qualität dieses Werkes umstritten ist, steht seine autobiographische Relevanz außer Frage. Noch einmal wird eine weiße Frau – Lou Witt – zur Symbolfigur einer spirituellen Transformation. Gefangen in einer Zivilisationswelt, die nur noch abstrakte Wortgespinste produziert, sehnt sie sich nach den „leeren Räumen" und der „absoluten Stille" ursprünglicher Wildnis. Die dämonische Urkraft des unzähmbaren Hengstes St. Mawr, den die Protagonistin aus dem überzivilisierten England in den Westen Amerikas bringt, nimmt ihr Wunschdenken vorweg. Die Reise von Ost nach West, von England nach New Mexico, wird für sie zu einem seelischen Purifikationsprozeß, einem *rite de passage* in eine kosmisch-ganzheitliche Realitätserfahrung. Schritt für Schritt entledigt sich Lou aller für sie substanzlos gewordenen Bindungen an die zivilisatorische Welt und unterwirft sich einer autoritären Naturmacht. In ekstatischen Schilderungen der Wüstenlandschaft, in denen Lawrence seinen Gefühlen künstlerisch freien Lauf gibt, findet dieses neue Bewusstsein seinen umittelbaren Ausdruck „Die Landschaft lebte wie die Welt der Götter, unberührt und gleichgültig," so beendet er eine dieser Naturapotheosen."Ihr großer Kreis hatte sein eigenes Leben, überschwänglich und rücksichtslos. Der Mensch existierte für sie nicht."[24]

Warum ist D. H. Lawrence, der Zivilisationsmüde, in die Alte Welt zurückgekehrt, um dort sein Leben zu beenden? Ein trivialer Grund mag gewesen sein, dass ihm im Jahr 1925 die Rück-Einreise von Mexiko in die USA auf Grund seiner Krankheit verweigert wurde und er nur durch diplomatische Interventionen eine auf sechs Monate befristete Aufenthaltsbewilligung erhielt. Aber dies hätte er in Kauf genommen, wie aus einem Brief an Mabel aus dieser Zeit hervorgeht. In diesem teilte er ihr seinen Plan mit, nach Taos zurückzukehren und mit einer Gruppe junger Menschen noch einmal neu zu beginnen.[25] Aber sein Tod im März 1930 kam diesem Wunsch zuvor. Seine amerikanische Gönnerin, frustriert und erbittert über das widerspenstige Genie, das sich ihrem Willen so oft widersetzte, fand folgende, auf seine tödliche Krankheit anspielende, einseitige, aber dennoch plausible Erklärung: „Lawrence konnte sich nie von seiner Vergangenheit, der Vergangenheit seiner Herkunft befreien. Er erkannte, dass das Leben hier ur-

11 Konstruktion eines Südwest-Mythos

sprünglich und unberührt war, aber er konnte nicht lange in dieser reinen Luft atmen. Zu viel Sauerstoff verbrennt die Lunge. Er lief vor dieser Reinheit davon und starb in der Alten Welt. Er begriff einige Fragmente eines Kosmos, den er kaum erschaute."[26] Was immer Lawrences Motive gewesen sein mögen, seine Konstruktion eines mythischen Südwestens und das intensive Erleben von Landschaft und Kultur enthalten in nuce vieles von jener Aura, die die nachfolgende Literatur, Malerei und Fotografie in dieser Region hervorbrachten. Die Wüstenlandschaft wurde zu einer Art Übermetapher für Zivilisationsflucht, Kulturkritik und ganzheitliches Erneuerungsstreben.

Die **Lawrence Ranch** kann heute als Gedenkstätte besucht werden. Sie ist 17 Meilen von Taos entfernt und in etwa einer Fahrstunde zu erreichen. Bei San Cristobal zweigt eine Schotterstraße bergwärts vom Hwy. 522 ab und windet sich durch Pinienwälder auf eine Hochebene hinauf, von wo sich ein prächtiger Rundblick auf die Wüstenebene eröffnet. Von dort sind noch ca. zwei Meilen zur abgelegenen Ranch. Frieda Lawrence hat sie vor ihrem Tod im Jahr 1956 der University of New Mexico vermacht, die sie bis heute verwaltet. Ein gepflasterter Serpentinen-Weg führt hinauf zum D. H. Lawrence-Schrein – eine weißgetünchte Kapelle, wo Lawrence seine letzte Ruhestätte fand. Vor der Gedenkstätte liegt der grob behauene weiße Marmorstein von Friedas Grab. Hinter dem Verwaltungsgebäude versteckt steht das alte Ranchhaus, das die Lawrences bewohnten. Dorothy Brett war in einer daneben liegenden winzigen primitiven Holzhütte untergebracht. Nach dem Weggang der Lawrences im Herbst 1925 blieb sie noch einige Zeit auf der Ranch. Den Rest ihres langen Lebens bis zu ihrem Tod im Jahr 1977 verbrachte sie in Taos, wo sie sich als stadtbekanntes Original mit Indianer- und Landschaftsmalereien ihren Lebensunterhalt verdiente. Das Ranchhaus ist von spartanischer Einfachheit. Auf der überdachten Veranda steht noch der ungefüge hölzerne Lehnstuhl, den sich Lawrence selbst gezimmert hatte. Rechts vom Haus ist der von Lawrence selbst gebaute Horno-Backofen zu sehen, wo er täglich Brot backte. Am Rand des kleinen Wiesenfleckens an der Südwestseite des Hauses, von wo sich ein weiter Ausblick eröffnet, ragt noch immer die von Lawrence gepriesene Pinie in den Himmel. Das Innere des Hau-

D. H. Lawrence-Schrein auf der Ranch

ses besteht aus zwei kleinen Räumen, die damals noch nicht mit Holzdielen, sondern nur mit einem einfachen Lehmboden ausgestattet waren. Im Wohnzimmer gibt es einen offenen Kamin mit einem einfachen Holzsims, ein paar primitive Sessel mit einem von Frieda selbst gestickten Kissen. Auf einem Tisch steht noch heute die von Lawrence zurückgelassene alte Reiseschreibmaschine. An einer Wand hängt seine verschlissene Jeansjacke über einem alten Lederkoffer, und im Schlafzimmer füllt ein riesiges eisernes Doppelbett den Raum. Die angebaute Küche gab es damals noch nicht. Frieda kochte am offenen Kamin oder in einem Bretterverschlag im Freien und holte sich das Wasser von einem nahen Brunnen. Es gab im Haus weder fließendes Wasser noch Strom oder Telefon, kein Badezimmer, und auch die Toilette befand sich außerhalb des Hauses. Trotz der Entlegenheit der Farm verfügten die Lawrences über kein Auto und waren für Ausfahrten auf Mabels Wagen und Tony Luhan als Chauffeur angewiesen. Da sie selbst nichts anpflanzten oder produzierten, mussten sie die nötigen Lebensmittel von den Nachbarn beziehen, die jedoch Lawrence wegen seiner kauzigen und oft rüden Art aus dem Weg gingen.

Von den wenigen Künstlern der Taos-Kolonie, die für immer mit New Mexico verbunden blieben, ragt die Malerin Georgia O'Keeffe als größtes Genie heraus. In der Strenge und Leuchtkraft der Wüstenlandschaft fand sie jenes Reservoir an Motiven und Inspirationen, das ihre Malerpersönlichkeit zur vollen Entfaltung brachte. Im Alter von 42 Jahren war sie 1929 über Einladung Mabels nach New Mexico gekommen und verbrachte mehrere Monate in Los Gallos und auf der Lawrence-Farm.[27] Der Kontakt war über Dorothy Brett zustande gekommen, die 1928 mit Mabels Unterstützung eine Ausstellung ihrer Bilder in der Galerie „The New American Place" in New York veranstaltete. Die Galerie gehörte O'Keeffes Ehemann, dem berühmten Kunstfotografen Kurt Stieglitz. Zwischen den drei Frauen entwickelte sich eine Freundschaft, die später auch Frieda Lawrence miteinschloß. O'Keeffe hatte Lawrence selbst nicht persönlich kennengelernt, war aber mit seinem schriftstellerischen Werk vertraut. Wie sehr sie von seiner Naturmystik beeinflusst war, lässt sich

Die Veranda der Lawrence-Ranch

aus ihrem Gemälde „The Lawrence Tree" erschließen, das nach einem Aufenthalt auf der Ranch entstand. Sie hatte eine sternklare Nacht unter der mächtigen Pinie verbracht und diese später aus einer Perspektive von unten „hinauf zu den Sternen" gemalt (s. Abb. 29). „Der Baum sieht aus," so beschreibt sie das Bild in einem Brief an Mabel, „als stünde er auf dem Kopf, so wie Lawrence ihn in seiner Mystik wurzeln ließ."[28]

Unter den Künstlern, mit denen O'Keeffe in Taos Kontakt pflegte und die sie am meisten anregten, sind vor allem die großen Fotografen Paul Strand und Ansel Adams hervorzuheben. Strand verdichtete Landschaft und Architektur zu monumental-reduktionistischen Kompositionen, deren prägnante, flächenhafte Licht-Dunkel-Kontraste der Fotografie neue Impulse gaben und auch O'Keeffes Malerei inspirierten.[29] Ansel Adams, der 1929 als 27jähriger nach Taos kam, wurde sich unter Strands Einfluss seiner Berufung als Kunstfotograf bewusst. Die transzendental anmutende Intensität seiner Landschafts- und Architekturkompositionen erschlossen für die Fotografie ähnliche Dimensionen wie O'Keeffes Bilder für die Landschaftsmalerei. Die strikte Ablehnung des bloß Atmosphärischen und Impressionistischen in seiner „straight photography" zugunsten von Zeitlosigkeit und Spiritualität hat längst Fotogeschichte gemacht.[30] Adams fotografische Beiträge zu Mary Austins Dokumentation *Taos Pueblo* (1930) gehören zu seinen besten Leistungen aus dieser Zeit. Im Jahr 1937 unternahm O'Keeffe mit Adams und dem Fotoenthusiasten David McAlpin eine mehrtägige Autofahrt durch New Mexico und Arizona und lernte die für Adams typische foto-optische Verknüpfung von Nah- und Fernsicht, von Zoom und Weitwinkel für ihre Malerei auszuwerten.[31]

O'Keeffes Bewunderung für Tony Luhan und die ausgedehnten Autofahrten mit ihm führten bald zum Abbruch ihrer Freundschaft mit Mabel. Um unabhängig und mobil zu sein, lernte O'Keeffe Auto fahren, schaffte sich einen Ford an, baute diesen zu einem kleinen Malstudio auf Rädern aus und bereiste die nähere und weitere Umgebung. Neben Landschaften malte sie vorwiegend Motive aus der historisch-kulturellen Vergangenheit der Region, etwa das Taos-Pueblo, die Kirche von Ranchos de Taos oder die Holzkreuze der Penitenten-Sekte. Im Herbst kehrte sie regelmäßig nach New York zurück, um die Wintermonate mit ihrem Mann zu verbringen. Schon damals brachte sie große Mengen von Sammelobjekten mit, vor allem sonnen-

Georgia O'Keeffe in ihrem Haus in Abiquiu

gebleichte Tierknochen, die ihr als Motive für originelle Bildkompositionen dienten.³²
1930 veranstaltete sie in New York die erste Ausstellung ihrer im Südwesten entstandenen Bilder und fand große Beachtung. In New Mexico mietete sie sich im Jahr darauf in der Nähe von Espaniola ein Haus und malte ihre ersten großen Wüstenvisionen. Nach einer schweren Lebenskrise, Krankheit und Depression kehrte sie erst im Sommer 1934 wieder nach New Mexico zurück, und ließ sich auf der Ghost Ranch bei Abiquiu nieder.³³ Die Bilder bizarrer Fels- und Wüstenlandschaften, die aus dieser Zeit stammen, erregten in der nachfolgenden New Yorker Ausstellung großes Aufsehen und begründeten O'Keeffes endgültigen künstlerischen Durchbruch. Berühmte Museen, wie das Metropolitan Museum of Art, begannen ihre Werke anzukaufen, und Ausstellungen am Art Institute in Chicago, im Museum of Modern Art oder im Whitney Museum in New York ließen sie bald zur größten amerikanischen Malerin ihrer Zeit werden. Die Abgeschiedenheit der Ghost Ranch und die damit verbundene Mühe der Selbstversorgung veranlassten O'Keeffe 1945 nach Abiquiu zu übersiedeln, wo sie ein altes, halb zerfallenes Adobe-Anwesen aus der Kolonialzeit samt großem Obst-, Gemüse- und Kräutergarten erwarb und zu einem eindrucksvollen Studio-Wohnhaus umgestaltete. Nach dem Tod ihres Mannes im Jahr 1949 ließ sich O'Keeffe im Alter von 61 Jahren permanent in diesem Haus nieder. Als sie 1971 fast gänzlich erblindete, betreute sie Juan Hamilton, ein junger Keramikkünstler, der ihr engster Vertrauter und Verwalter wurde. Ihre letzten zwei Lebensjahre verbrachte O'Keeffe in Santa Fe, wo sie im Jahr 1986 im Alter von 98 Jahren starb.

Das Studio-Haus in **Abiquiu** ist heute so erhalten, wie es O'Keeffe 1984 verließ.³⁴ Es wird von der Georgia O'Keeffe Foundation verwaltet und kann über Voranmeldung besichtigt werden. Haus und Garten sind von einer hohen Adobemauer umgeben, die keinen Blick in das Innere des Anwesens zulässt. Innen besticht es durch die einfachen und klaren Formen des Patio mit seinen scharfumrissenen Türöffnungen und den zum Dach führenden Holzleitern. Das in seiner funktionellen Ästhetik und Einfachheit fast klösterlich anmutende Haus, ist mit Ausnahme der großen licht- und luftspendenden Glasfenster und Oberlichten und einer technisch perfekt installierten Stereoanlage nur mit dem Notwendigsten ausgestattet. Die weiß gekalkten Innenwände, die einfachen Lehmböden, der offene Kamin, die Deckenbalken und massiven Holztische, die indianisch-gewebten Decken, die an Balken, Wänden und Türen befestigten Tierschädel, die vielen gesammelten Knochen, Steine, fossilierten Muscheln und Tierschalen, die Federn, Holzstücke und Wurzelknollen machen das Haus zu einem Gesamtkunstwerk.

In einem Artikel für die Zeitschrift *Creative Art* (1931) beschreibt Mabel Dodge Luhan die tiefgreifende Veränderung, die sie an O'Keeffe während ihres Aufenthaltes in Taos beobachtete: „Ihre Malkunst folgte geheimnisvollen Strömen vom Gehirn in die Hände und [...] ihre ganze Persönlichkeit intensivierte und vertiefte sich."³⁵ Die künstlerische Regeneration, die sie erfuhr, schlägt sich in einer neuen Tendenz zu radikaler Einfachheit, Klarheit und abstrahierender Reduktion nieder. Eine ekstatische Spiritualisierung der natürlichen Welt verbindet sich in ihren Bildern mit hoher ästhetischer

Gestaltungsdisziplin. Von James Joyce, dessen Werk sie bewunderte, übernahm sie den Begriff der Epiphanie als ästhetisches Prinzip. Das künstlerische Objekt sollte nicht vom Künstler in Besitz genommen und ästhetisch erobert werden, sondern aus sich selbst heraus seine geistige Substanz entfalten. Vor allem die starke Wüstensonne mit ihren vielfältigen Effekten aus Licht und Schlagschatten und die gelb-, orange-, ocker- oder rotleuchtenden Flächen und Schründe der Mesas mit den abendlichen Übergängen in Rosa, Violett, Grau und Schwarz zogen die Malerin in ihren Bann. Die Menschenleere der Wüste, die Abwesenheit organischen Lebens, die Konfrontation mit einer Fremdheit, die keine anthropomorphe Identifikation zulässt, inspirierten sie. Schrittweise näherte sich O'Keeffe den kargen Motivkreisen dieser Landschaft – der spärlichen Vegetation, den geologischen Formationen und vertrockneten Flussläufen. Gleichzeitig beginnt sie, natürliche Gegenstände wie Steine, Treibholz und sonnengebleichte Tierknochen zu sammeln und zu ausdrucksstarken Bildkompositionen zu gestalten. Bilder wie „Pelvis with Shadow and the Moon" (1943) geben überdimensionierte, die Bildfläche ausfüllende Nahansichten von weißen Schädel- und Beckenknochen, durch deren Öffnungen sich ein transzendenter, azurblauer Himmel zeigt. Im Bild „From the Faraway Nearby" (1937) überwölbt ein überdimensionaler, fotorealistisch gemalter Hirschschädel eine in Sonnenglast getauchte Wüstenlandschaft. Der genau analysierte Vordergrund und die elementare Weite des Hintergrundes transponiert das Bild ins Phantastische. Einen Mittelgrund gibt es nicht, die Gegenstände erscheinen in der kristallklaren Wüstenluft entweder ganz nahe oder ganz fern, als hätte sie die Malerin von einem höheren Punkt aus in den Lüften schwebend gemalt. Von Bildern dieser Art geht eine surreale, ans Mystische grenzende Aura aus. Sie vermitteln den Eindruck, als verberge sich hinter dem vordergründig Wahrgenommenen etwas Unerklärliches, Mytisches, dem man sich nicht annähern kann. In immer neuen Variationen suchte O'Keeffe die Kontrastierung von Vordergründigem und Unendlichem, von Vertrautem und Visionärem malerisch auszuloten.[36]

Eine stark reduktive Gestaltungstendenz, das Ausblenden von Vorder- und Mittelgrund und der daraus resultierende unvermittelte Übergang in die räumliche Tiefe, das Fehlen impressionistisch-atmosphärischer Elemente sowie die

Georgia O'Keeffe „Pelvis with the Distance" (1943)

völlige Abwesenheit des Menschen, wenn man von gelegentlichen unterschwellig sexuellen Konnotationen absieht, geben diesen Bildern ihre zeitlos-statische Qualität. Von hier ist es nur noch ein kleiner Schritt zur Gestaltung einer surrealen Transzendenz im Spätwerk O'Keeffes. Im 1958 entstandenen Bild „Ladder to the Moon" schwebt über der mondbeschienenen Wüste eine Leiter im Abendhimmel und verleiht der Landschaft eine traumhaft-magische Wirkung. (s. Abb. 28). O'Keeffe enthielt sich auch bei diesem Bild jeglicher spiritueller Interpretation, obwohl der Bezug auf die Anasazi-Lebenswelt unübersehbar ist.[37]

Innenhof des O'Keeffe- Museums in Santa Fe

Auch dort verband die Holzleiter nicht nur die verschiedenen Terrassenebenen der Behausungen, sondern diente darüber hinaus in der unterirdischen Kiva als spirituelle Brücke zwischen Himmel und Erde, Kosmos und Natur. In der Gestaltung des Horizontes, wo die dunkle Erde und der saphirgrüne Himmel im magischen Licht des Mondes aufeinander treffen, nähert sich dieses Bild der archaischen Vorstellungswelt. So ist der Pedernal-Berg in der Mitte des Horizonts in der Mythologie der Navajo der Geburtsort von „Changing Woman", der Symbolfigur der Wechselbeziehung zwischen Mensch und Gottheit. Die Entgrenzung der natürlichen Erscheinungswelt zu einem kosmisch-numinosen Lebenszusammenhang, wie es für die indianischen Naturreligionen kennzeichnend ist, findet hier eine eindrucksvolle Gestaltung. Als O'Keeffe 1986 starb, verlieh sie diesem Denken eine letzte symbolische Geste, indem sie ihre Asche auf dem Pedernal in den Wind streuen ließ.[38] Das großartige seit 1997 bestehende, in einem modernen Adobe-Bau untergebrachte Georgia O'Keeffe-Museum in Santa Fe drückt die Hochachtung aus, die der Staat New Mexico der großen Künstlerin entgegenbringt. Es ist das erste Museum in den USA, das ausschließlich ihrer Kunst gewidmet ist.

Schriftsteller, Filmemacher, Hippies: Ausklang eines Experiments

Zu den Schriftstellern, die Mabels Vision am stärksten beeinflusste, gehört Mary Austin.[39] Sie hatte sich schon früh durch ihr Wüstenbuch *The Land of Little Rain* (1903) einen Namen gemacht. Nachdem sie bei einem ihrer New Yorker Vorträge über indianische Kultur Mabel kennengelernt hatte, kam sie 1919 nach Taos. Als Gast Mabels stand auch für sie Tony Luhan als Vermittler, Führer und Chauffeur zur Verfügung. Mit seiner Hilfe erkundete sie die Landschaften und historischen Orte New Mexicos und veröffentlichte die Ergebnisse und Erkundungen in ihrem Buch *Land of Journey's Ending* (1924). Dort deutet sie das indianisch-hispanische Erbe als das Ende der Reise Amerikas zu sich selbst bzw. als Beginn einer utopischen „großen und fruchtbaren Weltkultur".[40] Sie beschreibt New Mexico als die einzige Region in den USA, wo sich aufgrund einer jahrhundertelangen ungebrochenen Kulturentwicklung ursprüngliche Formen religiösen, sozialen und kulturellen Zusammenlebens als Vorbild für den Rest der Welt erhalten haben. Mit ihrem Eintreten für regionale, kommunale, matriarchale und ökologische Lebensformen wurde sie zu einer Vorläuferin heutiger ökofeministischer Bestrebungen. Leider führten – ähnlich wie bei Georgia O'Keeffe – Eifersüchteleien und ein zunehmendes Konkurrenzdenken zwischen den beiden starken Frauenpersönlichkeiten bald zu einer Entfremdung. 1924 übersiedelte Austin nach Santa Fe, wo sie ihren folkloristischen Interessen verstärkt nachging. Sie erwarb die im spanischen Kolonialstil erbaute Casa Querida, sammelte indianische und mexikanische Kunstobjekte und trat auf öffentlichen Empfängen in kolonialer Tracht auf. Gleichzeitig setzte sie sich vehement für die Frauenemanzipation ein, gründete einen Indian Arts Fund zur Förderung indianischer Handwerkskunst und kämpfte gegen die fortschreitende Landschaftszerstörung. Darüber hinaus forderte sie ein multikulturelles und mehrsprachiges Bildungswesen für die Region und trug mit der Gründung der Spanish Colonial Art Society maßgeblich zur Wiederbelebung bodenständiger Volkskunst in New Mexico bei. Sie setzte auch Mabel Luhan in ihrem satirischen Roman *Starry Adventure* (1931) ein kritisches Denkmal und beschloss ihr Lebenswerk mit ihrer Autobiographie *Earth Horizon* (1932). Kurz vor ihrem Tod im Jahr 1933 verlieh ihr die University of New Mexico das Ehrendoktorat für ihre großen Verdienste um die Kultur der Region.

Eine weitere Autorin, die von Mabels Vision in den zwanziger Jahren nachhaltig beeinflusst wurde, ist Willa Cather.[41] Ihr viel gepriesener Roman *Death Comes for the Archbishop* (1927; dt.: *Der Tod kommt zum Erzbischof*) brachte wie kaum ein anderes Werk New Mexico einem breiten amerikanischen Lesepublikum näher. Das Buch ist das Ergebnis einer zweijährigen intensiven Beschäftigung mit Geschichte, Kultur und Landschaft der Region, wobei auch ihr Tony Luhan als Führer, Fahrer und Erzähler zur Verfügung stand. In ihrem Roman hat sie ihn in der Gestalt des Eusabio verewigt. Die Reisen ihres Protagonisten, des französischen Bischofs Latour, durch seine Wüstendiözese, dienten Cather als Aufhänger für ihre vielfältigen Schilderungen indianischer und spanisch-mexikanischer Kulturgeschichte. Latours behutsamer Umgang mit den Indianern lässt ihn ihre Lebens- und Denkweise als etwas Fremdes aber auch Einmaliges und und Schützenswertes erfahren, was ihn mit dem traditionellen spanisch-mexikanischen Klerikalismus in Konflikt bringt. Carters kritische „frankophile" Einstellung stieß in den alteingesessenen Kreisen New Mexicos auf Ablehnung. Dennoch gelingt es ihrem Roman bis heute mit seinen atmosphärisch dichten Schilderungen der Landschaften New Mexicos und seiner Geschichte, eine große, weit über die USA hinausgehende Leserschaft anzusprechen.

Aldous Huxleys Beziehung zu Taos kam über D. H. Lawrences Vermittlung zustande.[42] Nach seiner Rückkehr nach Europa führten die beiden intensive Gespräche über New Mexico und das Taos-Experiment. Ähnlich wie Lawrence vertrat auch Huxley eine gesellschafts- und zivilisationskritische Position und beklagte das Auseinanderklaffen von Geist und Körper, Verstand und Gefühl, Mensch und Natur sowie das Überhandnehmen technokratischer Tendenzen auf Kosten spiritueller. Die Ergebnisse der Gespräche mit Lawrence hat Huxley in seine berühmte Anti-Utopie *Brave New World* (1932; dt.: *Wackere neue Welt*) einfließen lassen. Als Antipode zur hochtechnisierten, hedonistischen und kulturlosen „wackeren neuen Welt" schildert Huxley eine durch einen Stacheldrahtzaun von der Umwelt abgeschlossene Indianerreservation in einem imaginären New Mexico. Die etwas grotesk geratenen Schilderungen des Pueblo, die Schlangentänze, Penitentenflagellationen und archaischen Lebensformen spiegeln D. H. Lawrences Einfluss. Die Indianer erscheinen zwar insgesamt als Halbwilde, aber ihre Erdverbundenheit und Naturnähe, ihr kooperatives, von Macht-, Geld- und Erfolgstreben freies Stammesleben sowie ihre naturverbundene Religiosität werden zur radikalen Kritik an der dystopischen Realität. John Savage, der Halbblut-Indianer, der von der Reservation nach England gebracht wird, entwickelt sich im Verlauf des Romans zu einer Art Erlöser- und Kontrastfigur gegenüber einer dekadenten und sinnentleerten Zivilisationswelt. Fünf Jahre nach der Veröffentlichung von *Brave New World* im Jahr 1937 stattete Huxley New Mexico einen Besuch ab. Auf der Lawrence-Farm schrieb er die sozialreformerische Programmschrift *Ends and Means* (1937) und zeichnet darin ein authentischeres und realistischeres Bild der Pueblo-Kultur als in seinem Roman. Er wirft u. a. die Frage auf, ob die indianische Lebensform und animistische Religiosität überhaupt noch mit der westlichen Zivilisation in Einklang gebracht werden können.[43]

Im Jahr 1925, zur gleichen Zeit wie D. H. Lawrence, besuchte auch der Schweizer Psychoanalytiker Carl Gustav Jung Taos und ließ sich von den Luhans in die Pueblo-Kultur einführen.[44] Seine Beobachtungen legte er später in seinem autobiographischen Buch *Erinnerungen, Träume, Gedanken* (1962) nieder.[45] Unter anderem berichtet er dort von einem intensiven Gespräch mit dem Häuptling Ochwiah Blanco auf der obersten Dachterrasse der Hausanlage von Taos, aus dem er seine Schlussfolgerungen zieht: Im Gegensatz zur rationalistischen Fragmentierung der Euro-Amerikaner und ihrer Verbannung uralter religiöser Erfahrungen und Symbole ins kollektive Unbewusste, leben die Taos-Indianer noch immer in einer kosmologischen Seinsganzheit. Für sie sind die Kräfte und Phänomene der Natur – Sonne, Wasser und Berge – Gottheiten, die durch magische Partizipation in rituellen Tänzen und Gebeten in Harmonie gehalten werden müssen. Wird diese gestört oder gar unterbunden, dann droht die Welt ins Chaos zurückzufallen. Wie stark das Taos-Erlebnis C. G. Jungs Denken beeinflusst hat, zeigt sich in seinem berühmten Aufsatz „Über die Archetypen des kollektiven Unbewussten" (1934), wo er auf das erwähnte Gespräch zurückgreift und den Häuptling wörtlich zitiert: „Die Amerikaner sollten aufhören, unsere Religion zu stören, denn wenn diese zugrunde geht, und wir der Sonne, unserem Vater, nicht mehr helfen können, über den Himmel zu gehen, dann werden die Amerikaner und die ganze Welt bis in zehn Jahren etwas erleben; dann wird nämlich die Sonne nicht mehr aufgehen." „Das heißt," fügt Jung hinzu, „es wird Nacht, das Licht des Bewusstseins erlischt, und das dunkle Meer des Unbewussten bricht herein."[46]

Ein amerikanischer Autor, der ebenfalls das Gedankengut der Taos-Gruppe aufnahm und weiterführte, ist Frank Waters.[47] Als er 1937 nach Taos kam, entwickelte sich bald eine enge Freundschaft zwischen ihm und den Luhans. Tony vermittelte ihm den Zugang zur indianischen Lebenswelt, woraus der Roman *The Man Who Killed the Deer* (1942; dt.: *Martiniano und der Hirsch*) entstand. Das erfolgreiche Werk handelt von einem jungen Taos-Indianer, der im Spannungsfeld zwischen weißer Kultur und Stammestradition seine Identität sucht. Der Roman bildet den Beginn eines Genres, das in der Literatur der Native Americans bis heute immer wieder nachgeahmt wird. In einem weiteren Roman, *People of the Valley* (1941), schildert Waters den Überlebenskampf einer kleinen spanisch-mexikanischen Berggemeinde gegen das zerstörerische Vordringen der Anglo-Zivilisation. Was Waters mit Mabel und dem Taos-Mythos jedoch am meisten verband, war das gemeinsame Bemühen um einen Vergleich der indianischen Naturreligion mit fernöstlichem buddhistischen und hinduistischen Denkansätzen. Waters Buch *Masked Gods: Navajo and Pueblo Ceremonalism* (1950), das indianische Riten, Zeremonien und Symbole auf ihre archetypischen Bedeutungsinhalte zurückführt, wurde zu einem Klassiker und steht deutlich unter dem Einfluss C. G. Jungs. Erst in späteren Werken wandte sich Waters verstärkt ökologischen Fragestellungen zu, stellte Verbindungen zwischen indianischer Naturspiritualität und ökologischem Vernetzungsdenken her und wurde damit zu einem Wegbereiter der New Age-Bewegung und Counter Culture der sechziger Jahre. Als ein Lehrmeister der Blumenkinder trug er dazu bei, dass Tausende von ihnen nach New Mexico zogen. 1969 wurde Taos mit seinen damals 3.500 Einwohnern von über 2.000 Hippies geradezu überschwemmt. Die meisten von ihnen hausten in agrarischen Kommunen und ahmten mehr oder weniger naiv die kollektiv-naturnahe indianische Lebensweise nach. Während die Pueblo-Indianer ihnen mit distanziertem Wohlwollen entgegentraten, stießen ihr alternativer Lebensstil, ihr Drogenkonsum und ihre sexuelle Freizügigkeit bei der konservativen weißen Bevölkerung auf heftige Ablehnung. Auch Los Gallos wurde bald in diesen Konflikt hineingezogen.

Mabel starb 1962 im Alter von 83 Jahren und wurde im historischen Kit Carson Cemetery in Taos beigesetzt. Tony starb ein Jahr später und seine Stammesgenossen begruben ihn schlicht am Friedhof des Pueblo. Nach Mabels Tod bezog ihr Sohn John Evans mit seiner Familie das Anwesen und setzte sich für eine fortschrittliche Pueblo-Politik ein. 1968 übergab er das Haus an seine Tochter Bonnie Evans, die es jedoch wegen finanzieller Schwierigkeiten 1970 an den Hippie-Poeten, Allround-Künstler und alternativen Filmemacher Dennis Hopper verkaufte. Dieser war während der Produktion seines Kultfilmes *Easy Rider* in New Mexico auf Los Gallos gestoßen und nannte es nach seinem Ankauf „The Mud Place".[48] Er gestaltete das Haus völlig um, beherbergte darin sein alternatives Film-Kollektiv und machte es zum Mittelpunkt seiner Kommunen-Wunschträume.

Dennis Hopper als Easy Rider

Mit kultur- und gesellschaftskritischen Anti-Hollywood-Filmen wollte er in seiner Generation eine Bewusstseinsveränderung in Richtung ganzheitlich-vitalistischer Lebensformen herbeiführen und schloss damit indirekt an den Taos-Mythos an. Alternative Künstler, Poeten, Musiker, Schauspieler und Sänger wie Leonard Cohen, Bob Dylan, Peter Fonda, Kris Kristofferson, Jack Nicholson, Joni Mitchell oder Allan Watts waren Gäste in Hoppers Kommune. Aber die Auseinandersetzungen mit der lokalen Bevölkerung eskalierten, und „The Mud Place" wurde immer mehr zu einer Verteidigungsbastion der Counter Culture. Besitzstörungen und sogar Morddrohungen waren an der Tagesordnung, und das Haus versank zusehends im Hippie-Chaos. 1977 warf Hopper das Handtuch und verkaufte das Anwesen an die Bildungsreformer Kittie und George Otero. Diese funktionierten es in der Folge zu einem multikulturellen Bildungszentrum namens „Las Palomas de Taos" um. Noch einmal wurde Los Gallos zu einem geistigen Mittelpunkt, wo Leben und Lernen eine Einheit bilden. Otero renovierte das heruntergekommene Haus und ließ es in das US-Register denkmalgeschützter Gebäude eintragen. In den 14 Jahren seines Bestehens nahm Las Palomas über 20.000 Bildungsbeflissene auf und führte unzählige Lehrerfortbildungskurse, Creative Writing Workshops und Kurse in „Global Education" durch. Nach einigen finanziell überzogenen Neuinvestitionen musste Otero jedoch den Konkurs anmelden und das Haus verkaufen. Seit 1991 ist Los Gallos ein National Historic Landmark, Konferenzzentrum und Hotel mit einer freundlichen und weltoffenen Atmosphäre. Es bleibt jedoch zu wünschen, dass die große kulturgeschichtliche Bedeutung und Ausstrahlung dieses Ortes in der Zukunft noch stärker wahrgenommen wird und zur Gründung eines Kulturmuseums von überregionalem Format führt.

12. Der Südwesten in Literatur und Film

Die Sonderstellung der Literatur des Südwestens – frühe literarische Reaktionen auf die Wüstenlandschaft: Charles Lumnis, John Van Dyke, Mary Austin, Everett Ruess - zwei neuere Südwestautoren: Edward Abbey *(Desert Solitaire)* und Charles Bowden (*Blue Desert*) – Literatur der Native Americans: N. Scott Momaday (*House Made of Dawn*), Leslie Marmon Silko (*Ceremony*) – der Chicano-Schriftsteller Rudolfo Anaya (*Bless Me, Ultima*) – Monument Valley und Old Tucson als Drehorte klassischer Westerns – der Kultfilm *Salt of the Earth* – John Nichols Roman *The Milagro Beanfield War* und seine Verfilmung durch Robert Redford - Tony Hillermans Ethnokrimis - der Südwesten als mythische Landschaft in der Literatur.

Die „Wüstenliteratur" der Anglo-Amerikaner

Der amerikanische Historiker Frederick Jackson Turner interpretierte 1893 in seinem einflussreichen Essay „The Significance of the American Frontier in American History" die Eroberung und Besiedlung des amerikanischen Westens als einen nationalen Selbstfindungsprozess in Richtung Freiheit, Demokratie und Individualismus.[1] Ethnische Überlegungen, etwa die Rolle der indianischen Bevölkerung oder der Einfluss nichtangelsächsischer Kulturen kamen in diesem Konzept kaum vor. Dennoch beherrschte die Turner-These viele Jahrzehnte lang die kulturelle Darstellung des Westens in der Literatur und im Film. Sie führte zu ethnozentrischer und ideologischer Eindimensionalität, zu Mythisierungen und formelhaften Verkürzungen sowie zur generellen Unterbewertung regionaler Entwicklungen durch die nationale Elitekultur.[2] Im Gegensatz dazu nahm die kulturelle Situation des Südwestens von Anfang an eine Sonderstellung ein. Der Einfluss der spanisch-mexikanischen Kultur und das Fortleben alter indianischer Stammeskulturen, vor allem in den Pueblos New Mexicos, führten zu einer eigenständigen regionalen Entwicklung. Indianische, hispanische und anglo-amerikanische Traditionen liefen nebeneinander her, ohne sich je zu vermischen und erzeugten innerhalb des gemeinsamen regionalen Lebensraumes ein vielfältiges Mosaik.[3]

Für die frühen Entdecker, Goldsucher und Pioniere war der Südwesten, wie wir aus den Briefen, Reiseberichten und Tagebüchern dieser Zeit wissen, eine schreckenserregende, fast unüberwindliche Barriere auf dem Weg zum Pazifik. Zebulon Pike, einer der ersten Anglo-Amerikaner, der den Südwesten betrat, schreibt in seinem Reisebericht *Exploratory Travels through the Western Territories of North America* (1811) von der „Great American Desert", einem „öden, wilden, armseligen Land, das sich durch Kultivation kaum verbessern lässt."[4] Man trachtete die gebirgigen, heißen und wasserarmen Gebiete mit ihrer steinigen Weglosigkeit, ihren Indianerhinterhalten, Kakteen und Klapperschlangen so schnell wie möglich hinter sich zu lassen, um zu den fruchtbareren

Landschaften im Far West zu gelangen. Nur relativ kleine Gruppierungen von Soldaten, Trappern oder Händlern verweilten längere Zeit in der Region. Erst nach dem Ende des amerikanischen Bürgerkrieges und der militärischen Unterwerfung der Indianer schwemmte die Entdeckung von Gold-, Silber- und Kupfervorkommen erste Zuwandererwellen in den Südwesten. Über Nacht sprangen Mining Camps, Siedlungen und Städte aus dem Boden und behaupteten eine Zeit lang ihre raue, provisorische Existenz. Als der Boom vorüber war, zogen die Prospektoren und Mineure wieder fort und hinterließen Geisterstädte und zerschürfte Landstriche. Nicht viel nachhaltiger waren die Bemühungen der Rancher, die das bis dahin ungenutzte Weideland der „Open Range" anlockte, eine dauerhafte Besiedelung einzuleiten. Lange Trockenperioden in den 1890er Jahren, Wasserarmut und die ständige Überweidung des kargen Bodens entzog auch ihnen die Existenzgrundlage. Erst die großen Dammbau- und Bewässerungsprojekte des 20. Jahrhunderts schufen die Grundlage für eine großräumige Landwirtschaft.

Es liegt auf der Hand, dass in diesen unruhigen und harten Gründerzeiten mit ihrer minimalen Bevölkerungsdichte kulturelle Aktivitäten kaum zu erwarten waren. Der Kampf ums Überleben und das Streben nach materiellem Erfolg ließen dazu wenig Zeit und Muße. Es überrascht deshalb nicht, dass die frühen literarischen Hervorbringungen über den Südwesten nicht von mexikanischen und indianischen Einheimischen oder von anglo-amerikanischen Pionieren stammen, sondern von zugereisten oder auch nur durchreisenden Besuchern. Nicht das Lokale, Bodenständige und Alltägliche, sondern die Neugier auf das Exotische, Abenteuerliche und Fremdartige gaben die ersten Impulse. Der rückständige, menschenleere, aber landschaftlich großartige Südwesten begann ab Beginn des 20. Jahrhunderts zu einer Art Rückzugsgebiet für Zivilisations- und Großstadtmüde zu werden. Angesichts der rapiden Industrialisierung und Urbanisierung der restlichen USA machten sich Wildnis-Enthusiasten, Abenteurer und schließlich Touristen auf, die Naturschönheiten der Region und die Kulturen ihrer indianischen und mexikanischen Bewohner zu entdecken und in Bildern und Texten zu gestalten.[5]

Eine der frühesten Stimmen dieser Art war Charles F. Lumnis (1859-1928), ein junger Harvard-Absolvent und Zeitungsreporter, der 1884 einen 143 Tage langen Fußmarsch von Ohio nach Kalifornien unternahm, um am Ende der Reise die Position eines Redakteurs der *Los Angeles Times* anzutreten. Schon unterwegs schickte er wöchentlich Zeitungsdepeschen voraus und machte sein Unternehmen zu einer Art Medienevent. Nach weiteren Aufenthalten in New Mexico und Arizona wurde er zum wichtigsten frühen Propagandisten des Südwestens und seiner Bewohner. Sein Buch *The Land of Poco Tiempo* (1902) war ein viel gelesener Reisebericht, der wesentlich zur Entstehung des späteren Südwest-Tourismus beitrug.[6] Die Grundhaltung, die Lumnis gegenüber dem spanisch-mexikanischen Südwesten einnahm, wurde in der späteren regionalen Anglo-Literatur immer wieder nachgebetet: Nach der großen Kraftanstrengung der spanischen Eroberung, so Lumnis, verfiel das Land in lethargische Langsamkeit (*poco tiempo*), aus der es erst die Konfrontation mit den dynamischen Anglo-Amerikanern aufweckte. Trotz mancher journalistischer Übertreibungen machten die lebendigen Beschreibungen und authentischen Berichte, etwa über die Apachenkriege oder die Penitenten-Sekte, das Buch zu einem populären Reisebegleiter für frühe Südwest-Fans.

Das erste umfassende Werk einer „Wüstenliteratur" des Südwestens stammt ebenfalls von einem Ostküsten-Intellektuellen, einem Kunsthistoriker der Rutgers University namens John C. Van Dyke (1861-1931). 1897 übersiedelte er wegen eines Asthmaleidens von New Jersey nach Kalifornien und unternahm von dort aus, nur mit einem Pony und dem Notwendigsten ausgerüstet, drei Jahre lang ausgedehnte Wüstenexplorationen. Manche Kritiker behaupten allerdings, dass der Autor nur die Ranch seines Bruders am Rand der Mojave-Wüste als Ausgangspunkt für seine Ausritte benützte. Wie dem auch sei, seine vielfältigen Beobachtungen, Tagebucheintragungen, Forschungen und persönlichen Impressionen veröffentlichte er schließlich in seinem Buch *The Desert* (1901).[7] Darin preist er die Wüste als einen Ort sublimer Schönheit und verteidigt ihre ökologische Fragilität gegen den utilitaristischen Zeitgeist der Pioniere, Prospektoren und Landspekulanten. Zwei Grundmotive machten Van Dyke zum Wüstenenthusiasten: eine zivilisationsfeindliche, fast misanthropische Grundeinstellung und eine stark ästhetische Empfänglichkeit für die Weite, Leere und Stille der Wüste. Ihr größter Wert bestand für ihn darin, dass sie sich wegen ihrer Nicht-Verwertbarkeit dem zerstörerischen Zugriff des Menschen am nachhaltigsten widersetzt. Insgesamt ist das Buch eine enzyklopädische, mit vielen Schwarz-Weiß-Fotografien illustrierte Beschreibung der Erscheinungsformen der Wüste: Landschaften, Berg- und Sandformationen, Wasserläufe und Canyons, geologische und klimatische Bedingungen sowie der Überlebenskampf der Tiere und Pflanzen. Besonders interessierte den Kunstbegeisterten das Spiel von Licht und Schatten, Farben und optische Täuschungen, die er in den Kapiteln „Light, Air and Color" und „Illusions" mit ästhetischer Einfühlung erörtert. Der Mensch kommt, abgesehen von den archäologischen Spuren prähistorischer Indianer, in dieser Welt nicht vor.[8]

Eine weitere frühe Vertreterin der Wüstenliteratur des Südwestens ist Mary Austin (1868-1934). Ihr zum Südwest-Klassiker gewordenes Werk *The Land of Little Rain* (1903) begründete ihre schriftstellerische Karriere und wird bis heute immer wieder verlegt.[9] Als Zwanzigjährige war Austin 1888 mit ihren Eltern von Illinois in das abgelegene Owens Valley am Ostrand der Sierra Nevada gezogen. Nach einer unerfüllten Ehe begann sie bald ihre eigenwillige emanzipatorische Persönlichkeit durch Schreiben zu verwirklichen. Im Gegensatz zu Van Dyke richtet Austin ihr Augenmerk nicht nur auf die Wüstenlandschaft selbst, sondern vor allem auf die Menschen, die in ihr leben. Das Buch besteht aus lose aneinander gereihten Geschichten, die erst in ihrer Gesamtheit eine durchgehende Gestaltungsintention erkennen lassen. Wiederholt beschreibt Austin das Bemühen der Unterprivilegierten und Ausgebeuteten, vor allem der Indianer und der mexikanischen Kleinfarmer, sich in der kargen Landschaft zu behaupten. Manche Schilderungen, etwa die eines mexikanischen Dorfes als Verkörperung ursprünglicher Erdverbundenheit und Lebensfreude, sind nicht immer frei von idyllisierenden und folkloristischen Tendenzen. Am ansprechendsten sind neben den präzisen Naturschilderungen die Beschreibungen der Arbeitswelt von Menschen, vor allem der Frauen in der Wüste. So lebt Seyavi, eine arme Paiute-Korbflechterin im Kapitel „The Basket Maker" mit ihrem Kind zurückgezogen in einem abgelegenen Canyon. Sie verwendet die natürlichen Materialien ihrer Umgebung, entnimmt ihr die Motive für ihre Kunst und wird so zu einem mit der Natur ausgesöhnten Menschen. In der ökofeministischen Sicht, die hier zum Ausdruck kommt, nahm Austin heutige Entwicklungen des Nature Writing-Genres vorweg. In ihrer späteren Laufbahn als Schriftstellerin schloss sich Austin, wie schon im vorangegangenen Kapitel erwähnt, dem Kreis um Mable Dodge Luhan in Taos an und wurde zur wichtigsten Begründerin der Volkskunstbewegung in New Mexico.[10]

Ein junger Abenteurer und Wüstenenthusiast aus Kalifornien, der in unseren Tagen wiederentdeckt wurde und starke Beachtung gefunden hat, ist Everett Ruess (1914-34). Seine Briefe wurden 1983 unter dem Titel *Everett Ruess: A Vagabond of Beauty* neu herausgegeben; 1998 folgten seine *Wilderness Journals* (dt. *Der Poet der Canyons*, 2001).[11] Schon als Sechzehnjähriger durchstreifte Ruess mit einem Maultier und spartanischer Ausrüstung monatelang die einsamen Wüsten-und Canyonlandschaften des Südwestens. Er führte ein Wandertagebuch, schrieb Gedichte und Briefe, malte Landschaften und fertigte Holzschnitte an. Voller Begeisterung schildert er seine Naturerlebnisse, seine Begegnungen mit Indianern und mormonischen Siedlern und das Erklimmen von Anasazi-Klippenhäusern in abgelegenen Canyons. Aus den zurückgebliebenen Fragmenten, Eintragungen, Gedichten und Briefen lässt sich die Psyche des jungen Außenseiters einigermaßen rekonstruieren. Berühmt geworden ist Ruess durch sein rätselhaftes Verschwinden in der Canyon-Wildnis des südlichen Utah. Seine letzte Wanderung unternahm er im Jahr 1934, als er ausgerüstet mit Proviant, Büchern und Staffelei mit zwei Wildeseln in das Escalante-Canyonsystem hinabstieg und nie mehr zurückkehrte. Sein letztes Lebenszeichen ist die eingeritzte Inschrift „NEMO 1934" in einer Sandsteinwand – das kürzeste Stück Wüstenliteratur! Die intensiven Nachforschungen nach dem Verschwundenen führten zwar zur Entdeckung seiner Esel in einem Seitencanyon, seine Ausrüstung und er selbst blieben jedoch unauffindbar. Mutmaßungen und Geschichten ranken sich bis heute um Ruess und sein unaufgeklärtes Verschwinden. Noch heute, 70 Jahre später, unternehmen junge Leute auf den Spuren ihres Idols abenteuerliche Trecking Tours in die Canyonlabyrinthe Utahs.

Die Suche nach einer ultimativen Seinsrealität ist das zentrale Anliegen fast aller literarischen Südwest-Enthusiasten. So zog sich 1950 der Kulturphilosoph Joseph W. Krutch für ein Jahr lang in eine abgelegene Wüstengegend in New Mexico zurück. Es war für ihn eine Art existentielles Experiment, dessen Erfahrungen er in seinem bis heute viel gelesenen Buch *The Desert Year* (1951) veröffentlichte.[12] Neben einfühlsamen Beschreibungen der Wüstenlandschaft und ihrer Pflanzen und Tiere, verdichtet sich das Buch zu einer geistigen Abrechnung mit dem damaligen Kulturpessimismus. Nur wer sich dem Extrem einer menschenleeren Wüste gestellt hat, so schreibt er in einer Schlüsselpassage des Buches, erkennt den Eigenwert des menschlichen Individuums.

Edward Abbey

Der bis heute am meisten gelesene Wüstenschriftsteller des Südwestens ist Edward Abbey (1927-1989). In jeder Nationalpark-Buchhandlung stapeln sich seine Bücher auf den Verkaufsregalen. Leider sind seine besten Werke bis heute nicht ins Deutsche übersetzt worden. Abbey ist der bedeutendste und kontroversiellste Proponent des Wildnis-Gedankens und des ökologischen Landschaftsschutzes im Südwesten und bewegt sich dabei sowohl auf einer öko-politischen als auch einer individuell-philosophischen Ebene. Unter anderem fordert Abbey eine Neuordnung der amerikanischen Nationalparks, vor allem die Verbannung des motorisierten Verkehrs und damit die Wiedergewinnung der großen Wildnis- und Abenteuer-Räume. Ein See ohne Motorboote, so schreibt er in *Desert Solitaire*, ist in seiner Wirkung auf den Menschen hundert Mal größer und der Wegfall des Autos würde der Wildnis jene (ehr)furchterweckende Dimension und Wahrnehmungsintensität wiedergeben, die sie für die frühen Pioniere hatte.[13] Abbey ist auch ein Vorläufer der heutigen Tiefenökologie (*deep ecology*): Alle Lebewesen, Tiere und Pflanzen sowie alle anderen natürlichen Erscheinungen – Fels, Wasser, Sand – haben für ihn grundsätzlich dieselbe Daseinsberechtigung wie der Mensch. Das jahrhundertelang vorherrschende anthropozentrische Denken muss, so fordert er, einem biozentrischen weichen. Abbey setzt mit Überlegungen dieser Art die Traditionslinie früherer amerikanischer Naturschriftsteller fort, von Henry David Thoreau, den er als großen Mentor verehrte, über John Muir, den Vater der Nationalparkidee, bis zu Aldo Leopold, den Vorkämpfer der Landschafts- und Naturschutzbewegung in den USA. In seinem Öko-Klassiker *A Sand County Almanac* (1949) hatte Leopold als erster den Begriff einer „land ethic" eingeführt, d. h. die Ausweitung ethischen Denkens vom menschlichen und sozialen Bereich auf die Natur.[14]

Bekannt geworden ist Abbey durch seinen komisch-phantastischen Roman *The Monkey Wrench Gang* (1975; dt. *Die Universal-Schraubenschlüssel-Bande*), in dem eine öko-terroristische Aussteigergruppe Sabotageakte gegen naturzerstörerische Einrichtungen begeht und davon träumt, den verhassten Glen Canyon Dam in die Luft zu sprengen. Das Buch ist zu einem Kultbuch für Öko-Aktivisten geworden und hat Bewegungen wie Greenpeace oder Global 2000 fiktional vorweggenommen. Aber auch in seinen anderen Werken wird Abbey nicht müde, die Zerstörung der Wüstengebiete durch Profiteure, Technokraten, Wirtschaftsmogule und Politiker anzuprangern. Materialismus, Utilitarismus und blinder Wachstumsfetischismus folgen, so beklagt er, der Ideologie der Krebszelle und berauben den Menschen seiner natürlichen Lebensgrundlage und seiner persönlichen Freiheit. Trotz dieser ökologischen Ausrichtung lehnte es jedoch Abbey stets ab, lediglich als „environmentalist" klassifiziert zu werden, da er diese Bezeichnungen für sein schriftstellerisches Selbstverständnis als zu eng empfand.[15]

Das Verlangen nach uneingeschränkter Bewegungsfreiheit hatte Abbey als jungen Menschen dazu bewegt, die Großstadtwelt der Ostküste hinter sich zu lassen und in den Südwesten zu ziehen.[16] In den frühen fünfziger Jahren studierte er an der University of New Mexico in Albuquerque Philosophie. Schon in dieser Zeit unternahm er ausgedehnte Touren und Bootsfahrten durch die Canyon- und Wüstenlandschaften. Nach erfolgreichem Abschluss des Studiums war er kurze Zeit journalistisch tätig und arbeitete in den Sommermonaten 1956/57 als Ranger im Arches National Park und in den nachfolgenden Jahren in einer Reihe weiterer Nationalparks wie Sunset Crater, Organ Pipe National Monument oder Grand Canyon North Rim. Mit Frauen verband Abbey eine Art Hassliebe, da er sich durch emotionale und familiäre Bindungen in seinem Freiheitsstreben eingeschränkt fühlte. Er war viermal verheiratet und Vater von fünf Kindern. Er starb 1989 im Alter von 62 Jahren und wurde von Freunden an einem unbekannten Ort in der Wüste beigesetzt. Neben einigen Gedichtbänden hat Abbey acht Romane hinterlassen, von denen neben dem erwähnten Öko-Thriller *The Monkey Wrench Gang* vor allem *The Brave Cowboy* (1956) und *Black Sun* (1975) hervorzuheben sind. Darüber hinaus schrieb er zehn Nonfiction-Bücher, darunter sein Hauptwerk *Desert Solitaire. A Season in the Wilderness* (1968). Dieses immer wieder neu aufgelegte Buch, das Abbey in der Einleitung als „Grabstein" für ein schon fast verschwundenes Eden bezeichnet, ist zum Klassiker der Wüstenliteratur geworden. Was Abbey an den Wüsten- und Canyonlandschaften faszinierte, war neben Weite und Leere ihre absolute Indifferenz gegenüber dem Menschen. Nicht die übliche Romantisierung der Natur interessierte ihn, sondern die unmittelbare ontologische Konfrontation und die Überwindung des anthropozentrischen Bewußtseins:

> *Die Personifizierung der Natur ist die Tendenz, die ich in mir unterdrücken und für immer überwinden möchte. Ich gehe nicht nur deshalb in die Natur, um für einige Zeit dem Lärm, dem Schmutz und der Verwirrung des zivilisatorischen Apparates zu entkommen, sondern um so direkt wie möglich mit dem innersten Kern der Existenz, dem Elementaren und Fundamentalen, dem Granitgrund, der alles trägt, konfrontiert zu werden. Ich möchte einen Wacholder-Baum, ein Stück Quarz, einen Raubvogel oder eine Spinne in ihrer Essenz erfassen, jenseits aller menschlichen Zuschreibungen.[...] Ich träume von einer harten und brutalen Mystik, in dem das bloße Selbst mit der nicht-menschlichen Welt in Berührung kommt.[17]*

Desert Solitaire basiert auf den Tagebucheintragungen, die Abbey während zweier sechsmonatiger Aufenthalte als Ranger im Arches National Park niederschrieb. Das Buch ist vielschichtig und widersprüchlich, eine Mischung von Naturbeschreibung, Abenteuererzählung, Reisebericht, autobiographischer Selbstreflexion, philosophischer Betrachtung und ökologischer Zivilisationskritik. Immer wieder geht Abbey der Frage nach, warum sich der Mensch so weit von der Wildnis-Natur entfernt hat. Über die üblichen Begründungen wie Materialismus oder Technologiegläubigkeit hinaus sind es im wesentlichen drei Motive, die Abbey als Begründung anführt: 1. das Überhandnehmen des Prinzips der Zeit über das Prinzip des Raumes, 2. die Verdrängung des Realen durch Sprache und Ideen und 3. die Angst vor dem primordialen ganz Anderen. Was die Zeit-Dimension anbelangt, so beklagt Abbey die zunehmende Überbetonung des Aspekts der Geschwindigkeit im modernen Leben und die damit zusammenhängende Verkümmerung des Raumgefühls. Die Verdünnung der Zeit durch Geschwindigkeit im technischen Zeitalter hat eine uralte Lebenserfahrung des Menschen verschwinden lassen: das langsame Vordringen in große Naturräume und das intime Sich-Einlassen auf den natürlichen Mikrokosmos. Nur durch radikale Verlangsamung könnte diese Bewusstseinsdimension wiedergewonnen werden. Das Sich-Verlieren in eine grenzenlose, menschenleere und ungezähmte Wildnis ist für Abbey die archetypische Urerfahrung des Menschen schlechthin, die besonders im amerikanischen Nationalcharakter tiefe Spuren hinterlassen hat.

Was Sprache und Ideen und anbelangt, so sieht Abbey in ihnen die Hauptursache für den zunehmenden Verlust an Realitätsbewusstsein und die daraus resultierende geistig-spirituelle Verarmung des Menschen: „Die Trennwand der Wörter, der Schleier der Gedanken, die das Gehirn als mentalen Smog aussendet, stellen sich zwischen Mensch und Welt und verdunkeln die Sicht.[...] Manchmal erscheint mir der Mensch als ein Traum, als Hirngespinst und Illusion – nur der Fels ist real. Fels und Sonne."[18] Zwar hat die Sprache für Abbey eine wichtige kommunikative Funktion, aber er misstraut jeglicher Wirklichkeitswahrnehmung, die primär auf sprachlicher Benennung beruht: „Durch das Benennen entsteht unser Wissen; d. h. wir erfassen mental einen Gegenstand, indem wir ihm einen Namen geben.[...] Durch Sprache schaffen wir uns eine eigene Welt, die mit der realen Welt da draußen korrespondiert. Oder wir glauben zumindest, dass sie es tut. Aber auf diese Weise geht diese reale Welt für uns wieder verloren. Oder vielmehr, sie bleibt bestehen, d. h. die einzigartigen, konkreten Wacholder-Bäume und Sandstein-Felsen bleiben bestehen, und wir sind es, die verloren gehen."[19] Was Abbey letztlich in der Wüste suchte, war eine vor-sprachliche, nicht-humane Seinsrealität. Zweifellos hätte Abbey die fortschreitende Wirklichkeitsverdrängung in der Gegenwart durch die digitalen Medien oder die Virtualisierung der Wildniserfahrung in der technisch perfekten Ersatzwelt der IMAX-Kinos am Rand der Nationalparks vehement abgelehnt.

Das dritte Hindernis auf dem Weg zu einem tieferen Seinsbewusstsein sieht Abbey in der Angst des Menschen vor dem ursprünglich Wilden. Immer wieder umkreist *Desert Solitaire* diese Urangst (*dread*) – etwa in der Begegnung mit einem wilden Tier, im Durchklettern einer Felswand, in der Bewältigung einer reißenden Stromschnelle oder in der lebensbedrohenden Leere und Trockenheit der Wüste. Aus dieser Angst entspringt das Streben des Menschen, zu zerstören, was er nicht versteht, zu zähmen, was er fürchtet, zu vermenschlichen, was wild und nicht human ist. Alles ist ihm erträglicher als die direkte Konfrontation mit der Dimension des ganz Anderen. Aber nur die

Überwindung der Angst und die Öffnung zum Primordialen könnte unser Bewusstsein verändern und eine Wiedergeburt zurück in eine ursprüngliche Freiheit auslösen. Die Quintessenz von Abbeys Wüstenfaszination ist der immer neu zu wagende Versuch, an diese imaginäre Grenze zu stoßen, den Schock des Realen zu erfahren. Im Kapitel „Serpents in Paradise" gibt Abbey dafür in der Schilderung der Intim-Begegnung mit zwei Wüstenschlangen ein anschauliches Beispiel. Während diese miteinander eine Art Paarungsritual zelebrieren, kriecht Abbey bis auf Armeslänge an sie heran. Abrupt beenden die Schlangen ihr Spiel und nehmen Kurs auf den Störenfried; sie züngeln und ihre gelben Augen starren unmittelbar in die seinen. Einen Augenblick lang fühlt er sich wie gelähmt, aber dann überkommt ihn eine instinktive Angst; er kriecht zurück und richtet sich auf. Die Schlangen wenden sich ab und verschwinden im Dickicht. Dies ist Abbeys Kommentar zu diesem Erlebnis: „Wenn ich in diesem Augenblick zu mehr Urvertrauen als Angst fähig gewesen wäre, dann hätte ich vielleicht etwas fundamental Neues lernen können, eine Wahrheit, die so uralt ist, dass wir sie längst vergessen haben."[20] Diese Episode ist kennzeichnend für Abbeys Erzählweise: Hier wie in anderen Geschichten, etwa in den Kapiteln „Down the River", „The Moon-Eyed Horse" oder auch in seinen späten Essays gelingt es ihm, unmittelbar Erlebtes zu existentieller Reflexion zu vertiefen. In seinem Essayband *The Journey Home* (1977) erzählt Abbey von dem für ihn so wichtigen Entgrenzungserlebnis. Eine ausgedehnte Wüstenwanderung führt ihn zu einem 300 Meter steil abfallenden Canyonrand. In der Abgeschiedenheit aus Fels und Sand stößt er auf ein altes indianisches Wegzeichen, einen Pfeil, der nach Norden zeigt. „Warum weist der Pfeil dorthin?", so fragt er sich. Um die Frage zu beantworten, folgt er der angegebenen Richtung und gelangt nach einiger Zeit zu einem weiteren Felsabbruch. Auf der anderen Seite des Canyons ist nichts Auffälliges zu sehen, und auch ein Blick durch das Fernglas zum Horizont ergibt nichts, keine Steinmarkierungen, keine Anasazi-Ruine, keine aufgelassene Mine. „Es ist nichts da draußen. Absolut nichts. Nichts als die Wüste. Nichts als die schweigende Welt. Dies ist der Grund."[21]

Abbey hat eine Reihe späterer amerikanischer Naturschriftsteller wie Ann Zwinger, Terry Tempest Williams, Barry Lopez und Charles Bowden nachhaltig beeinflusst und zu eigenen originellen Hervorbringungen stimuliert. Ann Zwingers intensive und naturwissenschaftlich genaue Explorationen der Canyonlandschaft des südlichen Utah in *Run River, Run* (1975) und *Wind in the Rock* (1978) sind vielleicht die konsequentesten Fortsetzungen seiner Intentionen. Zwinger ist in ihren Naturbeobachtungen genauer und wissenschaftlicher als Abbey und lässt persönliche Reflexionen nur selten zu. Literarisch gesehen ist deshalb Charles Bowden (geb. 1945), der mit Abbey befreundet war, sein bedeutendster Nachfolger.[22] Bowden übersiedelte 1957 mit seinen Eltern von Chicago nach Tucson, wo er an der University of Arizona Geschichte studierte. Anschließend arbeitete er als Wissenschaftler am Office of Arid Land Studies, unternahm ausgedehnte Wüstenwanderungen und erforschte die ökologischen Probleme des Landes, vor allem die fortschreitende Zerstörung der Sonora-Wüstenlandschaft durch die Sun Belt-Industrialisierung. Nach dreijähriger Tätigkeit als Journalist wurde er schließlich freier Schriftsteller. Sein Aufsehen erregendes non-fiction Werk *Blue Desert* (1986),[23] das die Diktion des amerikanischen „New Journalism" aufgreift, ist eines der eigenwilligsten und kontroversiellsten Werke der Wüstenliteratur, soweit dieser Begriff hier überhaupt noch passend ist. Denn Bowden macht kein Hehl aus seiner dezidierten Ablehnung der Öko-Literatur und Naturschriftstellerei. In einem Vortrag zum Thema „Useless Deserts & Other Goals" schockierte er 1985 auf einem Symposium in Tucson seine Schriftsteller-Kollegen, indem er die Abschaffung der Umweltliteratur forderte:

Diese ist zu einer langweiligen Pietätspflichtübung geworden. Sie ist das Symptom einer kranken Gesellschaft, die neben Büchern über Gewichtsabnahme und Ford-Motoren auch solche über die Umwelt produziert. Könnten wir das Wort „Umwelt" (environment) eliminieren, dann wäre vielleicht die Wirklichkeit für uns noch erreichbar. Wir alle leben in dieser Umwelt und können sie nicht von unserer Großstadt-Realität ablösen, außer in dieser Art von Literatur. Dort huldigen wir der Biosphäre, den verschiedenen Ökosystemen und Naturkräften in den kleinen geordneten Szenarios sonntäglicher Natur-Spaziergänge, um sie am Montagmorgen bei Arbeitsbeginn wieder beiseite zu legen.[24]

Charles Bowden

Unentwegt weist Bowden darauf hin, dass der Sunbelt-Südwesten längst einer naturzerstörerischen, urbanen, technisch-industriellen Raubgesellschaft zum Opfer gefallen ist, während die Literatur nostalgisch einer vorzivilisatorischen Wüsten-, Canyon- und Bergwildnis nachhängt. In Zeitschriften wie *Arizona Highways*, in Sierra Club-Kalendern und Bildbänden auf Hochglanzpapier, so polemisiert Bowden, „haben wir uns eine Art pornographische Ersatzwelt geschaffen, die eine unberührte Naturwelt herbeiphantasiert, die es kaum noch gibt und in der wir nicht mehr leben. Dies aber ist gefährlich sowohl für uns selbst als auch für die winzigen Wildnis-Enklaven, die übriggeblieben sind."[25]

Bowden stellt kritische Gedanken dieser Art auch an den Anfang von *Blue Desert*: „Ich lebe seit meiner Kindheit in der Sonora-Wüste, und wenn ich Glück habe, werde ich auch dort sterben. Aber meine Heimat ist zu einer Art Traumgespinst geworden. Tausende von Menschen ziehen jedes Jahr unter dem Motto des „New West" oder des „Sun Belt" hierher, weil sie glauben, ihrer Vergangenheit entkommen zu können – der Arbeitslosigkeit, der Luftverschmutzung, den heruntergekommenen Städten und ihrer Vermassung. Aber es wird ihnen nicht gelingen. Stattdessen werden sie die Welt, der sie entfliehen wollten, noch einmal reproduzieren. Mich regt die Unsinnigkeit dieses Verhaltens auf."²⁶ Bowdens Buch umkreist den fundamentalen Widerspruch zwischen der „schmerzlichen Schönheit" der Wüstenlandschaft und den Menschen, die diese systematisch zugrunde richten. Eine Collage aus lose aneinander gereihten impressionistischen Beobachtungen, sozio-politischen Reportagen, ökologischen Reflexionen und autobiographischen Reminiszenzen, die durch den Schauplatz der Wüste zusammengehalten werden, umkreist diesen Widerspruch. Die Erzähltechnik ähnelt den harten Schnitten, Rückblenden und raschen Szenenwechseln eines *direct cinema*-Dokumentarfilms.

Das Material, das Bowden auf seinen Fahrten und Wanderungen durch die Wüstenlandschaften Arizonas gesammelt hat, gliedert er in in drei Großabschnitte:„Beasts" (Tiere), „Players" (Mitspieler) und „Deserts" (Wüsten). Sie werden durch eingeschobene autobiographische Erinnerungfragmente in Kursivschrift verknüpft. Die eindrucksvollsten Episoden des Buches schildern die Vernichtung einer Fledermauskolonie durch DDT, den zum Scheitern verurteilten Überlebenskampf von Wüsten-Schildkröten, einen Wüsten-Schießplatz der US Air Force, der wegen des dort bestehenden Jagdverbotes zu einem Fluchtort für Tiere geworden ist, eine öde Kupfer-Bergbaustadt in Arizona, wo Streik und gegenseitiger Hass das Leben paralysieren, oder illegale Einwanderer aus Mexiko, die auf ihren Schleichwegen nach Norden in der Sonora-Wüste an Durst und Erschöpfung zugrunde gehen. Wiederkehrende Schauplätze sind Autobahnen, Tankstellen, Bars, Nachtlokale und Spielcasinos, Landschaften, die durch Dammbauten oder Landversalzung ihre Lebensgrundlage verloren haben, von Shopping Malls, Industrie- und Militäranlagen zubetoniert wurden oder dem wuchernden Moloch der Vorstädte (*suburban sprawl*) zum Opfer gefallen sind. Die Menschen, die zu Wort kommen, sind Teil einer entropischen Realität – Barkeeper, Strip-Tänzerinnen und Prostituierte, verarmte mexikanische Kleinbauern, Papago-Indianer, Minenarbeiter, illegale Einwanderer, Politiker, Manager, Bodenspekulaten, Werbefachleute, Bürokraten, Grenzbeamte oder auch radikale Naturschützer. Der ständige Schauplatz- und Personenwechsel, die genauen Einzelbeobachtungen, der polemisch-satirische Grundton und die eingestreuten sozial- und selbstkritischen Reflexionen verleihen dem Oberflächen-Chaos eine dichte Authentizität. Sie evozieren eine apokalyptische Endzeitwelt, die den realitätsverweigernden und profitabel vermarkteten Klischees und Mythen des Südwestens, aber auch den selbsternannten oder beamteten Naturaposteln eine radikale Absage erteilt. Dennoch existiert neben dieser pessimistischen Grundhaltung auch eine andere Erzählebene, die nicht nur Hoffnungslosigkeit signalisiert. Auf seinen endlosen Wüsten-Fußwanderungen, manchmal am Rande von Durst- und Erschöpfungsdelirien, erfährt der Ich-Erzähler – versinnbildlicht durch die Farbe Blau – Augenblicke mystischer Überhöhung. In Abschnitten dieser Art deutet sich eine vage Hoffnung an, dass die Wüste ihren Niedergang am Ende doch noch überdauern könnte: „Eines Tages wird diese exilierte Welt zurückkehren – wenn die Wasserspeicher leer, die Kohle- und Ölreserven erschöpft, die geschändeten Flüsse versiegt, die Böden ausgelaugt sind, wenn der Boom zu Ende ist, nicht mit einem Knall, sondern mit dem Wüstenwind. Die Natur wartet. Sie kann lange, lange Zeit warten. Die Wüste ist ihr Ort."²⁷

Literatur der Native Americans und Chicanos

Ab den sechziger Jahren des 20. Jahrhunderts begannen in der Literatur des Südwestens stärker multikulturelle Tendenzen hinzuzutreten. Neben der von Anglo-Amerikanern hervorgebrachten Literatur rückten nun ethnische, vor allem indianische und spanisch-mexikanische Autoren immer mehr in den Mittelpunkt des Interesses. Waren die Indianer des Südwestens lange Zeit Gegenstand von Werken ausschließlich weißer Romanschriftsteller – etwa in Adolf Bandeliers *The Delight Makers* (1890), Oliver La Farges *Laughing Boy* (1929; dt. *Indianische Liebesgeschichte*) oder Frank Waters *The Man Who Killed the Deer* (1942; dt. *Martiniano und der Hirsch*) – so übernehmen nun Autoren indianischer Herkunft diese Aufgabe. Das erste hervorragende, weit über die Region hinaus auch international anerkannte Werk eines Native American ist N. Scott Momadays Roman *House Made of Dawn* (1968; dt. *Haus der Morgendämmerung*).[28] Momaday wurde 1934 in Oklahoma geboren und übersiedelte als Kind mit seinen Kiowa- und Cherokee Eltern in den Südwesten. Auf der Navajo-Reservation und im Jemez Pueblo, wo diese als Lehrer tätig waren, verbrachte er einen Teil seiner Kindheit und Jugend, bevor er die Universität besuchte, eine akademische Laufbahn einschlug und Literaturprofessor wurde, zuletzt an der University of Arizona in Tucson. Sein spektakulärer Erstlingsroman, der 1969 den Pulitzer-Literaturpeis erhielt, spielt in einem fiktiven Ort zwischen Jemez Pueblo und Navajo Reservation und in einem Umsiedlungslager *(relocation camp)* für Indianer in Los Angeles. Die Handlung umkreist die individuelle und kulturelle Entfremdung eines jungen Indianers von seinem Stamm und den daraus resultierenden Orientierungsverlust. Abel, der Protagonist, kehrt als Veteran aus dem Ersten Weltkrieg zurück und versucht, in seiner alten Heimat in der Reservation wieder Fuß zu fassen. Aber seine Eltern sind gestorben, und es gelingt ihm nicht sich zu reintegrieren. Er fühlt sich entwurzelt, denn auch die alte Stammesreligion ist ihm weitgehend abhanden gekommen. Er lebt in zwei Welten, in der weißamerikanischen Welt des Relocation Camp, wo er dem Alkoholismus verfällt, und im indianischen Walatowa seiner Vorfahren, wo er nicht mehr wirklich zu Hause ist. Während eines rituellen Tanzfestes tötet er eine unheimliche Albino-Gestalt, die ihn bedrängt und demütigt. Er wird zu einer Gefängnisstrafe verurteilt und erleidet einen völligen moralischen und psychischen Zusammenbruch. Nach

N. Scott Momaday

seiner Rückkehr in die Reservation kümmert sich sein alter Großvater Francisco um ihn und lehrt ihn durch das Erzählen von alten Geschichten, seine Herkunft zu verstehen und sich mit dem indianischen Glauben an einen kosmischen Kreislauf in Einklang zu bringen. Am Ende des Romans erlebt Abel eine geistige und emotionale Wiedergeburt in die Welt der Väter und des Stammes. In einem ekstatischen Lauf durch eine mythisch überhöhte Canyonlandschaft erfährt er in eine Art Erleuchtung, fühlt sich eins mit der Natur und stößt zu einer neuen transpersonalen Identität durch.

Sein ganzes Sein war durchdrungen von der reinen Bewegung des Laufens und aller Schmerz war überwunden. Völlige Erschöpfung bemächtigte sich seines Geistes, und er konnte schauen, ohne denken zu müssen. Er schaute den Canyon und die Berge und den Himmel. Er schaute den Regen, den Fluss und die Felder jenseits davon. Er konnte die dunklen Hügel schauen. Er lief und begann atemlos zu singen, ohne Ton und Stimme, nur die Worte eines Gesangs. Er lief weiter und der Gesang erhob sich: Haus aus Pollen gemacht, Haus aus Morgendämmerung. Qtsedaba.[29]

Die expressiven Naturschilderungen, die den ganzen Roman durchziehen, finden in dieser Szene ihren abschließenden Höhepunkt. Die modernistische Erzähltechnik eines nicht-linearen, assoziativen Bewusstseinsstromes auf verschiedenen Zeitebenen vermischt sich mit den symbolischen Geschichten, Ritualen und Figuren aus der mündlichen Tradition der Jemez-, Navajo- und Kiowa-Indianer zu einem faszinierenden Ganzen. Momaday gelang es mit diesem Roman, ein breites, überwiegend weißes und literarisch interessiertes Lesepublikum anzusprechen und andere indianische Autoren zu ähnlichen Leistungen zu inspirieren.

Vor allem die viel gelesene Autorin Leslie Marmon Silko ist in diesem Zusammenhang zu nennen. Sie wurde 1948 im Laguna Pueblo, New Mexico, als Kind einer anglo-hispano-indianischen Familie geboren, besuchte die katholische Indian School und anschließend die University of New Mexico in Albuquerque, wo sie es in der Folge bis zur Dozentin brachte. Mit ihrem Roman *Ceremony* (1977; dt. *Gestohlenes Land wird ihre Herzen fressen*)[30] erreichte sie den Durchbruch zur national und international anerkannten Schriftstellerin. Die Handlung spielt in Silkos Heimat und schöpft aus dem reichen Schatz der mündlichen Überlieferung ihres Stammes. Die modernistische Struktur des Romans, der häufige Schauplatz- und Perspektivewechsel sowie die nicht-lineare, assoziative Zeitstruktur fordern die aktive Mit- und Denkarbeit des Lesers. So spielt der erste Teil des Romans an einem einzigen Tag im Mai 1949, während sich der restliche Teil über das ganze darauffolgende Jahr erstreckt. Vergangenheit und Erzählgegenwart vermischen sich in Form von Erinnerungen, Rückblenden und Träumen. Der ohne Kapiteluntergliederung dahinfließende Erzählstrom springt von einer Zeitebene zur anderen und schildert neben den Kriegsepisoden auch Szenen aus der Kindheit und Jugendzeit des Protagonisten, eines früh verwaisten mischblütigen Outsiders namens Tayo. Der Horror des Zweiten Weltkrieges, vor allem der von den Japanern erzwungene Todesmarsch in den Dschungeln von Bataan, hat in ihm einen traumatischen Identitätsverlust hinterlassen. Im Niemandsland zwischen weißer und indianischer Existenz findet er sich nicht mehr zurecht, wird von Alpträumen, Erinnerungen und Schuldgefühlen umgetrieben und fällt in eine tiefe Depression. Nach Kriegsende scheitert eine psychotherapeutische Behandlung in einem Veteranenhospital in Los Angeles und er kehrt krank und seelisch gebrochen auf die Reservation zurück. Dort bemüht sich die Großfamilie, vor allem die alte, noch stark in der Pueblo-Tradition verwurzelte Großmutter um seine Genesung. Da die weißen Ärzte versagt haben, bittet sie Ku'oosh, einen Medizinmann um Hilfe. Dieser behandelt Tayo mit Kräutermedizinen und geweihtem Kornmehl, erkennt jedoch bald, dass Tayos Krankheit Ausdruck einer tieferen Krise ist und nur durch eine große Heilungszeremonie (*ceremony*) kuriert werden kann. Ein alter Navajo-Schamane namens Betonie übernimmt diese Aufgabe. Er gibt Tayo zu verstehen, dass sein persönliches Unglück und das Unglück der Welt insgesamt nicht von ihm selbst, sondern von uralter Hexerei (*witchery*) verursacht worden sind. Betonie unterzieht ihn der Skalp-Zeremonie für heimgekehrte Krieger und macht ihn mittels magischer Sandzeichnungen mit den für die Heilung nötigen Handlungen und Stern-Konstellationen vertraut. Allmählich beginnen für Tayo die alten Geschichten und Riten wieder lebendig zu werden, und es gelingt ihm dort anzuschließen, wo er vor dem Krieg aufgehört hatte.

Leslie Marmon Silko

Ein wichtiges Gestaltungselement des Romans bilden die in Kursivschrift eingestreuten poetischen Texte oder Gesänge (*chants*), die größtenteils der Mythologie und mündlichen Tradition der Navajo und Laguna-Indianer stammen. Sie bilden ein komplexes mythisches Beziehungsgeflecht, das das Handlungsgeschehen in einen kosmisch-religiösen Rahmen stellt und die biographische Erzählebene in eine transzendente Dimension ausweitet. Die Natur, der Mensch und seine Handlungen werden als Teil eines fragilen Netzwerkes erkennbar, das durch negative Einflüsse aus dem Gleichgewicht geraten ist. Die Heilung Tayos, des Stammes und letztlich der Welt durch eine Zeremonie ist das Ziel der mythischen Handlung. In ihrem Mittelpunkt steht die Schöpfungsmutter Spider Woman, die in Verbindung mit dem Sonnen-Vater für Wachstum und Fruchtbarkeit zuständig ist und mit der Kraft ihres Wortes die Welt in Bewegung setzt. Ihre positive weibliche Energie wendet sich gegen die destruktiven, das kosmische Gleichgewicht störenden Hexenmächte, die nicht nur Tayos desolaten Seelenzustand, sondern auch eine verheerende Dürreperiode, den Krieg und die Tod und Vernichtung bringenden Atombomben verursacht haben. Diese wurde im nahen Los Alamos aus Uran gebaut, das auf der Reservation gefunden wurde und das Land radioaktiv verseucht hat. Nicht zufällig treffen sich die Hexen seit urdenklicher Zeit an diesem unheilvollen Ort. Der Höhepunkt ihres Fluches bildet der Zweite Weltkrieg und der Abwurf der Atombomben auf Hiroshima und Nagasaki. Tayos Heilungsprozess wird zur letzten Hoffnung, den weltweite Dimensionen annehmenden Hexenfluch zu bannen. Nur wenn es ihm gelingt, das Böse und die Neigung zur Gewalt in sich selbst zu überwinden, dann können auch Gewalt und Aggression in der Welt als Ganzes besiegt werden. Dies geschieht gegen Ende des Romans, als er bei der Uranmine auf seinen Erzrivalen, den gewalttätigen Kriegsveteranen Emo stößt. Obwohl dieser seinen Freund Harley vor seinen Augen zu Tode quält, unterdrückt Tayo sein Verlangen nach Rache, durchbricht den Kreislauf der Gewalt und überwindet damit den über ihm, dem Land und der Welt lastenden Fluch.

Die eindrucksvollsten Abschnitte des Romans sind jene, wo sich Tayo auf seinem Weg zur Heilung der Landschaft und den sie bewohnenden Ahnen-und Naturgeistern annähert. Landschaft, so schreibt Silko in ihrem Aufsatz „Landscape, History, and the Pueblo Imagination" (1986),[31] ist nie bloßer Hintergrund, sondern immer Protagonist. Im Gegensatz zur euro-amerikanischen Denkweise mit ihrem Gegenüber von Zivilisation und Natur, ist für die Indianer das Land ein heiliger Raum, Ursprung und Quelle aller spirituellen und physischen Lebensenergien, an denen der Mensch teilhat. Jeder Ort in der konkreten Topographie einer Landschaft – Quellen, Gewässer, Berge oder Höhlen – hat eine Geschichte mit einer zeitlosen Funktion. Zu solchen Orten ist Tayo auf seiner inneren Reise unterwegs. Auf den Hängen von Mount Taylor, dem heiligen Berg der Keres-Indianer, stößt er auf seiner Suche nach den verstreuten Rindern seines verstorbenen Onkels Josiah auf das Hirtenmädchen Ts'eh. Er verbringt eine Liebesnacht mit ihr, und der Liebesakt wird zur symbolischen Wiedervereinigung mit dem geheiligten Land. Ts'ehs gelbes Kleid, die Regenwolken auf ihrer Decke und Betonies Sternen-Konstellation über ihrer Hütte lassen sie als eine magische Reinkarnation von Spider Woman erkennen. Mit ihrer Liebe setzt sie Tayos verschüttete Lebenskräfte frei, heilt ihn von Selbstspaltung und Schuldgefühlen und leitet seine Reintegration in die Stammesgemeinschaft ein. Mit seiner Genesung kehren Regen und Fruchtbarkeit in das Land zurück und auch die aus dem Gleichgewicht geratene Welt bekommt eine neue Chance.

Leider ist in Silkos nächstem Werk, dem dystopischen Roman *Almanac of the Dead* (1991; dt. *Almanach der Toten*),[32] nur noch wenig von dieser Hoffnung zu spüren. Bitterkeit und Verzweiflung treten an ihre Stelle. In einem imaginären Südwesten gestaltet der Roman einen gewaltsamen Aufstand des indigenen Amerika gegen die Zerstörungsmächte der weißen Zivilisation. Die Vertreibung der ausbeuterischen, materialistischen und kulturzerstörerischen weißen Mehrheitsbevölkerung und die Tilgung aller Spuren der Kolonialisierung und der von ihr geschaffenen Zivilisationswelt ist das Ziel dieser Revolution. Hier ergeben sich Analogien zu den Texten anderer indianischer Autoren, etwa des aus dem Acoma Pueblo stammenden Lyrikers Simon J. Ortiz. In seinem Gedichtband *Woven Stones* (1998) fordert er eine radikale ökologische Umkehr, die Beendigung des Uranabbaus und die Rückgabe des geraubten und ausgebeuteten Indianerlandes an seine ursprünglichen Besitzer.

Auch in der Literatur der Chicanos geht es um Landschaft und den Wunsch, die alte hispanisch-mexikanische Kultur, die sich in ihr entfalten konnte, vor der Auslöschung durch die Anglo-Zivilisation zu bewahren. Im Gegensatz zu anderen Regionen der USA, wo die Chicano-Literatur erst in jüngerer Zeit in Erscheinung tritt, gehen die Anfänge der hispanischen Literaturtradition im Südwesten bis in die Kolonialzeit zurück. Sie reichen von den frühen spanischen Expeditions- und Missionsberichten des 16. und 17. Jahrhunderts und den historischen und religiösen Schriften des 18. und 19. Jahrhunderts über die Erzählungen und Balladen (*cuentos* und *corridos*) der Volkstradition bis zur spanischsprachigen Literatur der Gegenwart.[33] Erst in jüngerer Zeit entstand eine englischsprachige Chicano-Literatur und verdrängte die früheren, stereotypisierenden Darstellungen spanisch-mexikanischen Lebens durch Anglo-Autoren. Darüber hinaus bilden das jahrhundertelange Zusammenleben mit den Pueblo-Indianern und die daraus entstandene *mestizo*-Kultur eine weitere wichtige Thematik. Der Versuch einer weltanschaulichen Positionierung der Chicanos in der sog. Atzlan-Bewegung ist im Zusammenhang mit dieser Entwicklung zu sehen. Ihr Ziel ist die Schaffung einer spezifischen Chicano-Identität durch die Rückbesinnung auf eine mythische Ur-Heimat, das Mexiko der präkolumbianischen Indianer und ihre religiösen Vorstellungen.[34]

Der prominenteste Chicano-Schriftsteller des Südwestens und einer der Gründervater des Genres ist Rudolfo Anaya (geb. 1937).[35] Er entstammt einer alteingesessenen spanisch-mexikanischen Familie, deren Vorfahren im 17. Jahrhundert einen kolonialen Land Grant im Rio Grande-Tal nahe dem heutigen Albuquerque übernommen hatten. Anayas Vater verließ den alten Familienbesitz und zog in die Prärien am Ostrand New Mexicos, wo er als Vaquero und Straßenarbeiter seinen Lebensunterhalt verdiente und in eine mexikanische Farmerfamilie einheiratete. Anaya wurde in La Pastura geboren, einem kleinen mexikanischen Dorf in der Nähe von Santa Rosa. Dort verbrachte er seine Kindheit weitgehend unter der Obhut einer im Dienst der Familie stehenden alten halbindianischen Heilerin. 1952 übersiedelte die Familie nach Albuquerque, wo Anaya mit der konfliktbeladenen urbanen Welt der Chicanos konfrontiert wurde. Nach Beendigung seines Studiums an der University of New Mexico im Jahr 1963 wurde er Highschool-Lehrer im Gebiet des ehemaligen Familienbesitzes. Er begann die Geschichte seiner mexikanischen und indianischen Vorfahren zu erforschen und beschäftigte sich mit aztekischer Mythologie und der Religion der Pueblo-Indianer. Die mythischen Analogien, die er zu finden glaubte, führte er auf eine gemeinsame indianische Urkultur zurück, die er „Atzlan" nannte. Gleichzeitig engagierte sich Anaya in der Chicano-Bürgerrechts-

Rudolfo Anaya

bewegung, nahm sein Hochschulstudium wieder auf und graduierte 1969 mit einem M.A. aus englischer Literatur. Er begann schriftstellerisch zu arbeiten und veröffentlichte drei Jahre später seinen ersten und bis heute bekanntesten Roman *Bless me, Ultima* (1972; dt. *Segne mich, Ultima*).[36] Anaya erhielt den Quinto Sol-Preis für den besten Chicano-Roman des Jahres und bald darauf eine Anstellung im Creative Writing-Programm der University of New Mexico. Dort weitete er den ersten Roman mit zwei weiteren Werken – *Heart of Atzlan* (1976) und *La Tortuga* (1979) – zu einer Trilogie aus. Außerdem veröffentlichte er eine Sammlung alter Volkserzählungen aus seiner Heimat in englischer Sprache, *Cuentos: Tales from the Hispanic Southwest* (1980). Neben seiner Tätigkeit als Universitätslehrer und Schriftsteller setzte sich Anaya für die Förderung der Chicano-Literatur ein und verhalf einer Reihe jüngerer Autoren zu ihren ersten Erfolgen.

Bless Me, Ultima (1972) ist das bis heute weltweit meist gelesene Werk der Chicano-Literatur. Es ist ein stark autobiographisch geprägter, in einem Dorf an der Ostgrenze New Mexicos spielender Entwicklungsroman. Er konzentriert sich auf die Identitätssuche des heranwachsenden Jungen Antonio im Spannungsfeld mehrerer Kulturen. Die Mares-Familie des Vaters steht für die raue, ungebundene und naturnahe Vaquero-Lebensart seiner kolonialen Vorfahren, während die Luna-Familie der Mutter aus einem traditionsbewussten, katholisch-bäuerlichen Milieu kommt. Antonios ältere Brüder haben sich von ihren Eltern abgewandt und sind in eine wurzel- und orientierunglose Anglo-Existenz abgeglitten. Um ihren jüngsten Sohn vor dem gleichen Schicksal zu bewahren, übergeben sie ihn der Obhut der alten, halb-indianischen Heilerin (*curandera*) Ultima. Sie führt Antonio in die überkommenen Geschichten, Riten und Gebräuche der *mestizos* ein und hilft ihm, sich zu einem naturnahen, in sich selbst ruhenden Menschen zu entfalten. Am Ende des Romans, als der nukleare Riesenpilz des Atombombentests am Trinity Site in den Himmel steigt, entscheidet sich Antonio für die freiheitsliebende Tradition seiner väterlichen Familie. Der Roman ist voller Lokalkolorit, Folklore, mündlicher Überlieferungen, Hexen, Wunderheilungen, Riten und allerlei Tieren mit mythischen Bedeutungen. So ist eine Eule Ultimas spirituelles Totemtier und umgibt sie mit einer Aura unergründbarer Weisheit und uralten Wissens. Die magisch-realistische Handlung erreicht ihren Höhepunkt in der Legende vom Goldenen Karpfen, dem religiösen Symbol einer lebensbejahenden und fruchtbarkeitsspendenden Naturkraft, die auf uralte aztekische Traditionen zurückgeht. Ultima erzählt Antonio die alten Geschichten und Legenden seiner Vorfahren und führt ihn auf diese Weise zu einer tieferen Bewusstwerdung seiner Identität. Was den Roman über seinen ethnischen Gehalt hinaus zu einem besonderen Leseerlebnis macht, ist seine große erzählerische Qualität, das Zusammenwirken von Naturschilderungen, Symbolik und lebendiger Charakterisierung in einer klaren, einfachen Sprache.

Auch in seinem zweiten Roman *Heart of Atzlan* (1976) verarbeitet Anaya autobiographisches Material – diesmal das Bemühen seiner Familie in der Großstadt Fuß zu fassen. Im Mittelpunkt steht die verarmte *campesino*-Familie Chavez, die ihr Dorf in den Prärien *(llanos)* des nördlichen New Mexico verlässt, um im Chicanoviertel (*bar-

rio) von Albuquerque eine neue Existenz aufzubauen. Aus einer agrarisch-pastoralen Kultur verschlägt es sie in die desillusionierende Realität der anglo-amerikanischen Industriegesellschaft, in Armut, Dekulturation und Desintegration. Das molochartige und labyrinthische Bahnhofdepot von Albuquerque, in dem der Vater Clemente Arbeit findet, wird zu einer Art modernem Wasteland. Der Tiefpunkt wird erreicht, als der Vater seinen Arbeitsplatz verliert und seine Verzweiflung im Alkohol ertränkt. Erst als er bei einer Gewerkschaftsversammlung dem alten Barrio-Poeten Crispin begegnet, der den Chicanos die Rückkehr zu den alten Traditionen, Mythen und Legenden predigt, beginnt er wieder Fuß zu fassen. Er wendet sich von der Ideologie des Marxismus ab und befolgt die Aufforderung Crispins, in eine Solidargemeinschaft von Chicanos einzutreten. Auf der Suche nach dem „Herzen von Atzlan", gelangt er schließlich zu einer neuen gemeinschaftlichen Identität und überwindet seine kulturelle Entwurzelung. Neue Wege ging Anaya in seinem Roman *Albuquerque* (1992), wo er sich von seiner vormaligen Vorliebe für Landschaft, Folklore und Mythos abwendet und mit der Schilderung einer materialistischen urbanen Gesellschaft einen stärker gesellschaftskritischen Ton anschlägt.

Anayas großer schriftstellerischer Erfolg, seine persönliche Ausstrahlung und sein Bemühen um ein neues ethnisches Selbstbewusstsein ermutigten und inspirierten eine Reihe jüngerer Chicano-Autoren, unter ihnen Denise Chavez (geb. 1948). Sie entstammt einer halb spanisch-mexikanischen, halb texanischen Familie in Las Cruces im südlichen New Mexico. Sie begann ihre schriftstellerische Karriere mit einer Reihe volkstümlicher Straßendramen, in denen sie die Menschen ihrer Umgebung, vor allem die Unterprivilegierten und Ausgebeuteten, Revue passieren lässt. 1982 studierte sie an der University of New Mexico Creative Writing und kam unter den Einfluss von Anaya und Leslie Marmon Silko. Sie begann Romane zu schreiben, wobei die vormalige Tätigkeit als Dramatikerin, der Sinn für lebendige Dialoge und Lokalkolorit ihrer lebensnahen Charakterisierungskunst zugute kamen. Über die Region hinaus bekannt wurde sie vor allem durch ihren Episodenroman *The Last of the Menu Girls* (1986). Mit wechselnden Erzählperspektiven gestaltet dieser das Erwachsenwerden einer jungen Chicana in einer Kleinstadt im südlichen New Mexico. Sie lernt mit ihrer patriarchalischen Macho-Umgebung fertigzuwerden und zwischen ihrer mexikanischen Herkunft und der Anglo-Lebensrealität Brücken zu schlagen und reift allmählich zu einer selbstbestimmten jungen Erwachsenen heran. Wie bei Anaya spielen auch in diesem Roman Elemente des magischen Realismus, ergänzt durch eine feministische Sichtweise, eine wichtige Rolle.

Film und populäre Literatur

Schon in den 1930er Jahren entdeckte die populäre Kultur den Südwesten als einen faszinierenden, national vermarktbaren Schauplatz. Hollywood begann die weiten, lichtdurchfluteten Horizonte, die Fels-, Canyon-, und Wüstenlandschaften mit ihren klaren Konturen und Farben als großartige Filmkulisse zu nützen. 1938 wählte John Ford erstmals das damals noch wenig bekannte Monument Valley als Drehort für seinen Film *Stagecoach* (1939; *Höllenfahrt nach Santa Fe*). Sechs weitere Filme folgten, etwa *Fort Apache* (1948; *Bis zum letzten Mann*) oder *She Wore a Yellow Ribbon* (1949; *Der Teufelshauptmann*), und nahmen ebenfalls Ruhmesplätze in der amerikanischen Filmgeschichte ein.³⁷ Das Gebiet mit seinen bizarren Felsformationen wurde später als „Ford Country" zum Inbegriff des klassischen Westerns mit John Wayne als unsterblichem Protagonisten. Fords Filme erhöhen Monument Valley zu einem mythischen Raum jenseits von Geographie und Geschichte, wo der Mensch noch über sich hinauswachsen und zu heroischer Größe aufsteigen kann. In der Spannung zwischen Realität und Mythos liegt bis heute der Reiz dieser Filmlandschaft. Ein weiterer wichtiger Drehort, mit einem spezifisch spanisch-mexikanischen Lokalkolorit war die Filmstadt Old Tucson. Sie wurde 1940 eigens für den Western *Arizona* errichtet und diente als Schauplatz und Hintergrund für weitere Filmklassiker wie *Rio Grande* (1950), *Rio Bravo* (1959) oder *High Chaparral* (1971). 1995 fiel Old Tucson einer Feuersbrunst zum Opfer, wurde jedoch bald darauf als stilechtes Western-Disneyland für Touristen wieder aufgebaut.

John Ford bei Filmaufnahmen im Monument Valley (1956)

Es würde den hier vorgegebenen Rahmen sprengen, die im Südwesten entstandenen Hollywood-Westerns auch nur ansatzweise erörtern zu wollen, zumal die meisten dieser Produktionen an einer authentischen Gestaltung von Land und Leuten oder einer wahrheitsgetreuen Wiedergabe der regionalen Geschichte nur wenig interessiert waren. Im Mittelpunkt standen die kommerzielle Verwertung und formelhafte Ästhetisierung eines imaginären Wildwest-Mythos aus anglo-amerikanischer Sicht. Zu den wenigen bemerkenswerten Ausnahmen gehört Robert Youngs Chicano-Western *The Ballad of Gregorio Cortez* (1982), in dem ein mexikanischer Cowboy, eindrucksvoll realisiert von Edward Olmos, in Notwehr einen Sheriff tötet und sich durch seine Geschicklichkeit und Naturverbundenheit wochenlang einem 600 Mann starken Aufgebot von Verfolgern entziehen kann. Der Film beruht auf einer wahren Begebenheit aus dem Jahr 1901 und ist im hispanischen Südwesten zu einer bekannten Volksballade (*corrido*) geworden.

Von anderen wirklichkeitsnahen und geschichtsgetreuen Produktionen, die aus dem üblichen Hollywood-Klischee herausfallen, sollen im folgenden zwei Filme wegen ihres besonderen Stellenwerts in der Kultur des Südwestens hevorgehoben werden: *Salt of the Earth* (1954; dt. *Das Salz der Erde*) und *The Milagro Beanfield War* (1988; dt.:

Milagro. Der Krieg im Bohnenfeld). *Salt of the Earth* ist ein von Hollywood unabhängig produzierter Film, der wegen seiner sozialrevolutionären Tendenz beim breiten amerikanischen Kinopublikum nie angekommen ist. Seit den 1960er Jahren ist er jedoch zu einer Art Kultfilm für sozial, ethnisch und politisch Engagierte, für Chicanos, Feministinnen und auch für Cineasten geworden. Der Regisseur Herbert Bibermann, der während der McCarthy-Zeit vom „Komitee für unamerikanische Aktivitäten" wegen seiner politischen Haltung zu einer sechsmonatigen Gefängnisstrafe verurteilt wurde, revanchierte sich nach seiner Freilassung mit diesem Film am amerikanischen Establishment. Der Weg dorthin war steinig: Bibermann musste *Salt of the Earth* gegen den massiven politischen Widerstand konservativer Kräfte sowohl in Hollywood als auch in der regionalen Bevölkerung durchsetzen. Diese lehnten den Film als angeblich anti-amerikanische, kommunistische Propaganda ab, wobei der spätere US-Präsident Ronald Reagan als Vertreter des amerikanischen Filmschauspielerverbandes als militantester Gegenspieler hervortrat.[38]

Handlungsschauplatz des Films ist die Bergbaustadt Silver City, New Mexico, wo sich während der McCarthy-Zeit zwischen 1950 und 1954 ein Sozialdrama abspielt. Wegen der ungerechten und unzulänglichen Lohnzahlungen organisiert die lokale Chicano-Bergarbeitergewerkschaft einen unbefristeten Streik gegen die Minengesellschaft. Sie fordern die übliche Entlohnung und sanitäre Einrichtungen in den gesellschaftseigenen Mietshäusern. Der Streik zieht sich über mehrere Monate hin, ohne zum gewünschten Erfolg zu führen. Die Situation verschärft sich, als die Streikkasse leer ist und die Minenbosse die Gewerkschafter per Gerichtsbescheid vom Streik ausschließen. In dieser hoffnungslosen Situation treten die Bergarbeiterfrauen auf den Plan: Da sie im Gerichtserlass nicht aufscheinen, besetzen sie gegen den Widerstand ihrer Männer die Streikposten. Die Situation eskaliert, als die Polizei Tränengas einsetzt, um den Autos der von der Firma angeheuerten Streikbrecher den Weg zu bahnen. Die Frauen gehen zum Gegenangriff über, werfen Steine, attackieren die Fahrer mit Pfefferstaub, bringen die Wagen zum Kippen und schlitzen Reifen auf. Nach mehreren Streiktagen verhaften die Sheriffs 60 Frauen wegen Landfriedensbruch und werfen sie ins Gefängnis. Dort singen sie so lange revolutionäre Lieder, bis sie vom entnervten Sheriff freigelassen werden. Der ungewöhnliche Streik spricht sich im ganzen Land herum. Andere Gewerkschaften unterstützen die Streikenden mit Geld und Lebensmitteln, und die Männer übernehmen stillschweigend die Hausarbeit und die Kinderbetreuung. Der Streik dauert 15 Monate, bis die Bergbaugesellschaft nachgibt und die Forderungen der Streikenden erfüllt. Am Ende feiern die Arbeiterinnen mit ihren Männern in mexikanischer Überschwänglichkeit ihren Sieg über soziale Unterdrückung, Rassismus und Patriarchat. Wegen des massiven, teilweise gewalttätigen Widerstandes der lokalen Bevölkerung, vor allem gegen die kommunistische Hauptdarstellerin mexikanischer Herkunft, Rosaura Revuelta, mussten Teile des Films in Mexiko gedreht werden. *Salt of the Earth* verdankt seinen Ruhm seiner ungewöhnlichen Authentizität und menschlichen Würde. Das wirklichkeitstreu gestaltete Lokalkolorit des ärmlichen Bergbaucamps, die aktive

Mitarbeit der mexikanischen Laienschauspieler bei der Erstellung des Films, ihr tiefer Ernst bei der Inszenierung der Massenszenen und die engagierte Realisierung einzelner Rollen schufen ein für die USA einzigartiges Filmwerk. Verleihanstalten, lokale Kinos und sogar die Filmvorführer boykottierten jedoch die Aufführung des Films, so dass dieser erst Jahre später ein größeres Publikum erreichte.

Robert Redfords Film *The Milagro Beanfield War* (1988) geht in Machart und Tendenz ganz andere Wege, dennoch ist auch er zu einem Kultfilm des Südwestens geworden. Auch hier steht eine kleine Chicano-Landgemeinde im Mittelpunkt, die sich gegen das kapitalistische Ausbeutersystem der Anglos auflehnt. Der Anlass des Konflikts ist die drohende Zerstörung einer jahrhundertealten ländlichen Umwelt durch skrupellose Bodenspekulanten und Finanzkapitalisten. Der Film basiert auf John Nichols Erfolgsroman *The Milagro Beanfield War* (1974; dt. *Milagro – der Krieg im Bohnenfeld)*, dem ersten Band einer umfangreichen Romantrilogie.[39] Nichols, der 1940 in New York geboren wurde und dort aufwuchs, engagierte sich gegen Ende der sechziger Jahre in der Anti-Vietnam-Bewegung. Er schrieb mehrere politische Romane, die jedoch keinen Verleger fanden. 1969 zog er frustriert mit seiner Familie nach Taos, New Mexico, versuchte sich als Journalist und verfasste Presseartikel über Land- und Wasserrechtsprobleme. Die ökologischen und sozio-politischen Recherchen, die er während dieser Zeit unternahm, flossen in seinen Roman ein. Dieser gestaltet auf 630 Seiten in mehreren Handlungssträngen einen ländlichen Mikrokosmos, der von ca. 200 alteingesessenen, überwiegend spanisch-mexikanischen Charakteren bevölkert wird. Während diese in elegischer Passivität ihre althergebrachten Gewohnheiten und Bräuche pflegen, verkörpern die Anglo-Charaktere Dynamik, Fortschrittsglauben, Materialismus und Unternehmergeist. So plant der mächtige Bodenspekulant Ladd Devine mit Hilfe einer Entwicklungsgesellschaft, den Ort Milagro und seine Umgebung in ein Südwest-Disneyland namens „Miracle Valley" mit Golfplätzen, Reitställen, Hotels und Swimming Pools umzufunktionieren. Der daraus entstehende Konflikt zwischen Chicanos und Gringos, Alteingesessenen und Fremden, Big Business und traditionellem Bauerntum, eskaliert zum offenen Aufruhr. Der Bauer Joe Mondragon kann sein Bohnenfeld nicht bewässern, da die Entwicklungsgesellschaft das Wasser für sich beansprucht. Seine illegale Umleitung des Baches wird von Ruby Archuleta, der resoluten Besitzerin einer lokalen Autowerkstatt, tatkräftig unterstützt. Mittels einer Unterschriftenaktion mobilisiert sie die Dorfbewohner und wird dabei von Charlie Bloom, dem Herausgeber der Lokalzeitung, ebenso unterstützt wie von dem jungen idealistischen Entwicklungshelfer Herbie Goldfarb aus New York. Die Zeitung berichtet über den drohenden Ausverkauf, das Bohnenfeld wird zum Symbol des Widerstandes und die passiven Tra-

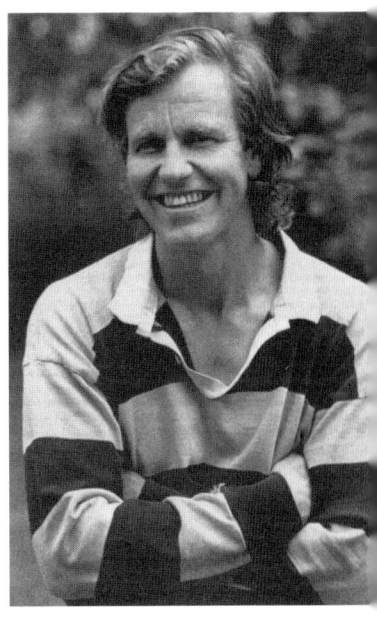

Robert Redford mit „Coyote Angel"

ditionalisten mausern sich zu Aktivisten, die mit allen möglichen Tricks Sand ins technokratische Getriebe werfen. Nach vielem Hin und Her und dem gescheiterten Eingreifen des FBI-Polizisten Kyril Montana wendet sich das Blatt zum Guten. Der von der Polizei gefangen genommene Mondragon wird auf Geheiß des Gouverneurs, der um seinen Wahlerfolg bangt, freigelassen; die Bohnenernte wird eingebracht, der Konflikt löst sich in Wohlgefallen auf und die Dorfbevölkerung feiert ihren Sieg in einer überschäumenden Fiesta.

Nichols konzipierte seinen Roman als politische Parabel für den Kampf des Südwestens gegen die wachsende Überfremdung und Enteignung durch politische und ökonomische Machtstrukturen. Das Werk sollte in unterhaltsamer Form die kritische Bewusstseinsbildung der neumexikanischen Leser mobilisieren. Nichols bediente sich neben folkloristischer und anekdotischer Elemente auch magisch-realistischer Erzählformen in Anlehnung an Garcia Marquez. Es war vor allem diese volkstümlich-mythisierende Diktion, die das Interesse Robert Redfords an einer Verfilmung weckte.[40] Er ließ Nichols eine filmgerechte Skript-Fassung erstellen, probierte diese mit bodenständigen Schauspielern aus und fand einen geeigneten Ort für die Dreharbeiten – die verschlafene und bukolische Landgemeinde Truchas am Turquoise Trail. Redford drängte die sozialkritischen Elemente zugunsten folkloristischer, märchenhafter und landschaftsfotografischer Aspekte zurück, und die politische Parabel mutierte zu einem poetischen Heimatfilm neumexikanischer Prägung. Coyote Angel, eindrucksvoll gespielt von Roberto Carricart, ist ein Engel in Gestalt eines alten Mannes mit Sombrerohut und Ziehharmonika. Als guter Geist von Milagro warnt er die Dorfbewohner vor dem drohenden Unheil, erinnert sie an alte Legenden und Mythen und greift in das Handlungsgeschehen ein. Zusammengehalten wird der Film vor allem durch die atmosphärische Gestaltung der Landschaft, das Spiel der Wolken und des Lichts, den Farbenrausch der orange-roten Sonnenuntergänge und der blau-violetten Mondnächte. Diese ästhetisierenden und romantisierenden Tendenzen transzendieren die realistischen Erzählelemente in Richtung einer stärkeren Mythisierung. Dennoch ist *The Milagro Beanfield War* einer der ganz wenigen amerikanischen Filme, die das Leben und die Kultur des Südwestens einem großen nationalen und internationalen Publikum nahezubringen vermochte.

Nichols wandte sich nach diesem Filmerfolg zunehmend dem Genre der Naturschriftstellerei (*nature writing*) zu. Er veröffentlichte eine Reihe nicht-fiktionaler Bücher, in denen er ökologische und autobiographische Aspekte mit Landschaftsfotografie verbindet. Bücher wie *The Last Beautiful Days of Autumn* (1982), *On the Mesa* (1986) oder

The Sky's The Limit (1990) unterscheiden sich von den figuren- und handlungsreichen Romanen durch ihre Einfachheit und emotionale Dichte. Sie schildern einfühlsam die Wüsten- und Mesa-Landschaften des Rio Grande-Tales und seine Bewohner. Die von ihm selbst gemachten Fotografien konzentrieren sich auf wenige Motive, die in immer neuen Variationen Licht und Schatten, Jahreszeiten, Wetterbedingungen und Wolkenformationen meditativ ausloten. Darüber hinaus sind Nichols Naturbücher von der Sorge überschattet, dass die ökologisch fragilen Landschaften seiner Wahlheimat der fortschreitenden zivilisatorischen Expansion, den Straßen und Feriensiedlungen zum Opfer fallen und seine Bücher diesen negativen Tendenzen noch Vorschub leisten könnten.

Der heute populärste, in viele Sprachen übersetzte und in aller Welt gelesene Kult-Autor des Südwestens ist Tony Hillerman (geb. 1925).[42] Sein unverwechselbares Markenzeichen ist die Verknüpfung von spannend geschriebenen Detektiv- und Kriminalromanen mit den regionalen indianischen Kulturen und dem exotischen Handlungsschauplatz der Wüstenlandschaft. Seine Ethnokrimis sind nicht nur unterhaltend im besten Sinn des Wortes, sondern vermitteln gleichzeitig originelle Einblicke in die Gebräuche, religiösen Riten und Verhaltensmuster der Navajo und Zuni. Hillerman ist ein Experte, der sich seine genaue Kenntnis indianischer Lebensformen aus erster Hand erworben hat. Die interkulturellen Bruchlinien zwischen indianischer und weißer Kultur und das Hin- und Her-Lavieren zwischen den Kulturen *(code switching)* erwecken dabei sein besonderes Interesse.

Hillerman wurde 1925 als Sohn eines Kleinfarmers in einer Provinzstadt in Oklahoma geboren, wo die weißen Bewohner gegenüber der indianischen Bevölkerung eine

Tony Hillerman

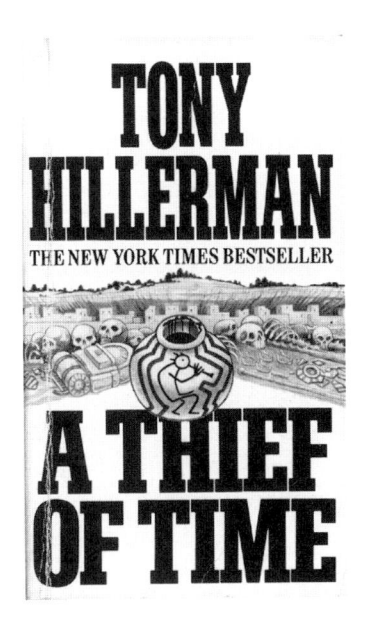

Minderheit bildeten. Mit 18 Jahren wurde er zum Militär eingezogen, nahm an der amerikanischen Invasion in Deutschland teil und kehrte schwer verwundet und fast erblindet in die Heimat zurück. Nach der Beendigung eines Studiums an der University of Oklahoma arbeitete Hillermann ab 1948 zunächst als Polizeireporter in einer texanischen Kleinstadt, bevor er sich als Journalist in Santa Fe niederließ und in den fünfziger Jahren zum Chefredakteur einer lokalen Tageszeitung aufstieg. Gleichzeitig beschäftigte er sich intensiv mit den Indianerkulturen seiner Umgebung. Er besuchte regelmäßig die Navajo-Reservation, machte sich mit ihrer Sprache vertraut, studierte die Protokolle des Tribal Council und schloss viele persönliche Freundschaften. Anfang der sechziger Jahre legte er seine journalistische Tätigkeit nieder, studierte Creative Writing an der University of New Mexico und begann seine Laufbahn als Schriftsteller.

Die besondere Qualität seiner Romane beruht auf den originellen Gestaltungen seiner Navajo-Polizisten Joe Leaphorn und Jim Chee. Leaphorn ist wegen seiner multikulturellen Gewitztheit für die Aufklärung krimineller Aktivitäten auf der Reservation hervorragend geeignet. Die Kriminalfälle, die er zu erkunden hat, reichen von einem unheimlichen, in Wolfsverkleidung auftretenden halb-indianischen Mörder in *The Blessing Way* (1970; dt. *Wolf ohne Fährte*), über eine sich in dunkle indianische Riten verstrickende Gruppe von Hippies in *Dance Hall of the Dead* (1973; dt. *Schüsse aus der Steinzeit*) bis zur Ermordung einer weißen Anthropologin im Chaco Canyon durch eine Grabräuberbande in *A Thief of Time* (1988; dt. *Wer die Vergangenheit stiehlt*). Auf Grund seiner genauen Kenntnis der Reservationslandschaft und der indianischen Denk- und Verhaltensweisen nimmt Leaphorn stets mehr wahr als seine weißen Kollegen. Bei seinen Verfolgungsjagden erkennt er die versteckten Botschaften eines verrutschten Steines, eines Fußabdruckes im Wüstensand oder eines zerbrochenen Zweiges und zieht die richtigen Schlüsse. Befehle führt er nur aus, wenn sie nicht seinem indianischen Gerechtigkeitssinn widersprechen. Obwohl ihn die weißen FBI-Beamten herablassend behandeln, bleibt er am Ende stets der Überlegene. In den achtziger Jahren führte Hillerman, etwa in *People of Darkness* (1980; dt. *Tod der Maulwürfe*) und *The Dark Wind* (1982: dt. *Der Wind des Bösen*), den zweiten, wesentlich jüngeren Stammespolizisten Jim Chee in seine Romane ein. Dieser ist kein abgebrühter Grenzgänger zwischen den Kulturen wie Leaphorn, sondern bereitet sich neben seiner Tätigkeit als Polizist auf das Amt eines Schamanen vor. Er reagiert auf die Ignoranz der weißen FBI-Kollegen gegenüber den Navajo und ihrer Kultur kritischer als Leaphorn. Die Kommunikation zwischen den beiden Männern, etwa im Roman *Skinwalkers* (1988; dt. *Die Nacht der Skinwalkers*), ist für den ethnisch interessierten Leser überaus aufschlussreich. Die Art und Weise, wie Leaphorn den jungen, noch unerfahrenen Kollegen in seine Erfahrungen, Beurteilungen und Tricks einweiht und wie dieser darauf reagiert, gibt präzisere Einblicke in das Denken und die Lebenssituation der Navajo als manche wissenschaftliche Abhandlung. Darüber hinaus findet Hillermans langjährige journalistische Praxis in den klaren Handlungslinien, dem scharfen Blick für Kolorit und Detail und den wirklichkeitsnahen Dialogen ihren Niederschlag. Er vermeidet moralische Schwarz-Weiß-

Malerei; die weißen Charaktere werden nicht idealisiert oder verteufelt und die indianischen nicht romantisiert. Dies erklärt, warum seine Romane auch bei indianischen Lesern beliebt sind und in den Reservationschulen als Unterrichtslektüre verwendet werden.[42]

Es würde den Rahmen dieses knappen Überblicks sprengen, allen neueren Autoren, die heute im Südwesten tätig sind, gerecht zu werden. So erfreut sich der in El Paso ansässige westtexanische Schriftsteller Cormac McCarthy wachsender Beliebtheit. Mit den von unsteten Identitätssuchen und Gewalt geprägten Reisen seiner Protagonisten in imaginäre mexikanische Grenzlandschaften, etwa in seiner Border-Trilogie *All the Pretty Horses* (1992; dt. *All die schönen Pferde*), *The Crossing* (1994, dt. *Grenzgänger*) und *Cities of the Plain* (1998; dt. *Land der Freien*), steht er der Tradition südstaatlicher Schauerliteratur (*Southern Gothic*) nahe. In eine andere, sozialkritische und öko-feministisch geprägte Richtung geht die aus Kentucky stammende, in den siebziger Jahren nach Arizona übersiedelte Autorin Barbara Kingsolver. Auch sie wurde von südstaatlicher Literatur, vor allem Flannery O'Connor, stark beeinflusst. In ihrem Erfolgsroman *Animal Dreams* (1990 dt. *Die Pfauenschwestern*) gestaltet Kingsolver das Leben zweier politisch und ökologisch engagierter Frauen im Lokalkolorit einer kleinen Bergbaustadt in Arizona. Auch neuere ethnische Autorinnen, etwa die Chicana Ana Castillo oder die Navajo-Lyrikerin Luci Tapahonso wären im Gesamtbild einer immer vielfältiger und bunter werdenden literarischen Szene zu erörtern. Alle diese AutorInnen verbindet ihre Ausrichtung auf die gemeinsame Kulturlandschaft des Südwestens. Diese erscheint bei Autoren wie Momaday, Silko, Anaya, und Nichols als eine mythisierte „Landschaft der Hoffnung",[43] wie dies Wallace Stegner nannte, während sie bei Charles Bowden oder Cormac McCarthy als eine apokalyptische, todgeweihte Alptraum-Landschaft gestaltet wird. In allen Werken steht ein ausgeprägter „sense of place" im Mittelpunkt, der nie zu Provinzialität oder einer bloßen Vermarktungsstrategie herabsinkt. Die ernste, weltoffene, suchende, selbstkritische Qualität dieser Literatur hebt sie über den regionalen Rahmen hinaus. In ihrer Konzentration auf Landschaften, Geschichten, Traditionen und Mythen widersetzen sie sich den heutigen Gleichschaltungstendenzen in den USA. In einer zunehmend abstrakter, labyrinthischer und globalisierter werdenden Welt hat diese Literatur darüber hinaus auch Nicht-Amerikanern einiges zu sagen.

13. Südwesten heute: Versuch einer Zusammenschau

Schattenseiten der Südwestgeschichte – die Anfänge von Industrialisierung und Urbanisierung – die Staatsgründungen von Arizona und New Mexico im Jahr 1911 – Rüstungs- und Elektronikindustrie im Sun Belt von Arizona – Bevölkerungsexplosion im Großstadtkonglomerat **Phoenix** – New Mexico im 20. Jahrhundert: **Los Alamos** und das Atombombenprojekt – das Heraufkommen des Massentourismus – **Route 66**: Geschichte und populärkulturelle Bedeutung – der Südwesten heute zwischen Realität und Mythos.

Industrialisierung und Urbanisierung

Die Geschichte des amerikanischen Südwestens ist, wie gezeigt wurde, keineswegs nur eine Erfolgstory, sie ist auch eine Geschichte der Gewalt, der Ausbeutung und des ökologischen Raubbaus. Die Unterwerfung und Vertreibung der Indianer, ihre Dezimierung durch eingeschleppte Seuchen, die Zwangseinweisung in Reservationen sowie die Herabwürdigung der spanisch-mexikanischen Bevölkerung zu Bürgern zweiter Klasse gehören zu den dunkelsten Kapiteln dieser Geschichte. Vieles davon wirkt bis heute nach, so dass dem von der Tourismusindustrie verbreiteten Klischee einer friedlich zusammenlebenden multikulturellen Gesellschaft mit Skepsis zu begegnen ist. Die drei Gruppierungen der Anglos, Hispanics und Native Americans sind keineswegs eine harmonische Kulturmischung, wie dies oft behauptet wird. Unterschiedliche kulturelle und ethnische Traditionen und eine starke soziale Hierarchisierung sorgen bis heute für Konflikte und Fragmentierungen.[1] Vor allem die indianische Bevölkerung mit ihrem deutlich niedrigeren Lebensstandard lebt zum Teil immer noch in einer Art inneramerikanischer Dritter Welt. Hinzu kommt, dass seit dem Ende des 19. Jahrhunderts massive Eingriffe in die natürlichen Ressourcen der Region zur Zerstörung ursprünglicher Naturlandschaften geführt haben. Staatliche und private Finanzierungsgesellschaften trieben konsequent die systematische Ausbeutung von Bodenschätzen und Energiequellen voran und vandalisierten Berg-, Fluss- und Canyonlandschaften. Die Rinderimperien brachten die riesigen Weideflächen der „Open Range" durch Überweidung an den Rand der Versteppung und die großflächige künstliche Bewässerung mit mineralhaltigen Wasser führte zur Versalzung ganzer Landstriche. Im 20. Jahrhundert steigerten sich diese Tendenzen in einem immer größer und schneller werdenden Ausmaß. Landflucht, Industrialisierung und Urbanisierung und die von ihnen ausgelöste gigantische Bevölkerungsexplosion in den städtischen Ballungsgebieten sind heute die herausragendsten Phänomene. Die bei Europäern noch häufig anzutreffende Vorstellung, Arizona wäre ein überwiegend agrarischer Cowboystaat und wegen seiner Trockenheit und Hitze eine Art Entwicklungsland innerhalb der USA, ist deshalb mehr als überholt. Über 80 Prozent der Bevölkerung leben in den städtischen Ballungszentren von Phoenix und Tucson, und nur außerhalb dieser Großstadtzonen ist das Land mit einer Bevölkerungsdichte von 17 Menschen pro Quadratkilometer dünn besiedelt. Der unaufhaltsame Niedergang der landwirtschaftlichen Kleinbetriebe und anderer traditioneller Wirtschaftszweige beschleunigt die Abwanderung in die Großstädte mit ihrem höheren Lebensstandard und den bequemeren Lebensbedingungen. Phoenix mit seinen Satellitenstädten gehört heute zu den größten Metropolen der USA und hat die umliegenden ländlichen Gebiete längst zu einer Art Hinterhof herabsinken lassen.[2]

Eine frühe Voraussetzung für diese Entwicklung bildete der Bau eines effizienten Eisenbahnnetzes. Dieser setzte im Südwesten etwas später ein als in den übrigen USA. Während die Union Pacific und die Central Pacific Railroad schon im Mai 1869 am Promontory Point in Utah ihren legendären Zusammenschluss feierten, wurden die zwei transkontinentalen Bahnlinien durch den Südwesten erst in den 1880er Jahren gebaut. Um 1883 erreichte die Santa Fe Railroad die Westgrenze Arizonas beim kalifornischen Grenzort Needles. Im Süden entstand gleichzeitig die Southern Pacific Railroad über Tucson und Yuma nach Los Angeles.[3] Die beiden Hauptlinien wurden in der Folge durch 46 Querverbindungen untereinander und mit allen größeren Städten verbunden. Die bis dahin üblichen Fortbewegungs- und Transportmittel wie Pferde, Maultiere, Planwagen und Postkutschen und damit der alte Westen verschwanden ab der Jahrhundertwende immer mehr von der Bildfläche und neue zivilisatorische und technische Errungenschaften hielten ihren Einzug. Die Wirtschaftsmagnaten der Ost- und Westküste nutzten die neuen Verkehrswege zur Ausbeutung der Ressourcen der Region und errichteten große Industrie- und Handelszentren, und auch die zunehmend industriell betriebene Landwirtschaft mit ihrer Überproduktion von Baumwolle, Tabak und anderen agrarischern Massenprodukten waren auf ein effizientes Transportwesen angewiesen.

Während die technologische und ökonomische Erschließung der Territorien Arizona und New Mexico rasch voranschritt, ließ der volle politische Anschluß an die USA noch lange auf sich warten.

Vogelperspektive von Phoenix

Bis 1911 wurden alle politischen, finanziellen und militärischen Angelegenheiten von der Bundesregierung in Washington abgewickelt. Es gab keine gewählten Vertretungen in den bundesstaatlichen Gremien, der Präsident besetzte den Gouverneursposten und die hohen Verwaltungsfunktionen und die US-Armee bildete die stärkste Machtkonzentration in der Region. Ein Versuch im Jahr 1904, die beiden Territorien zu einem gemeinsamen Staat zu vereinigen, scheiterte am Widerstand der regionalen Bevölkerungen. Weitere Gegengründe waren die geringe Besiedlungsdichte, die allgemeine Rechtsunsicherheit sowie die zahlenmäßige Mehrheit des mexikanischen Bevölkerungsteils. Erst im Jahr 1911 kam es zur Gründung der beiden Bundesstaaten Arizona und New Mexico durch den Kongress. Als Präsident William Howard Taft die Statehood Bills unterzeichnete, war dies eine Bestätigung dafür, dass der Südwesten auf dem Weg war, den zivilisatorischen Anschluss an die USA zu schaffen. [4]

Abgesehen von den erwähnten Verdrängungs-, Ausbeutungs- und Zerstörungsprozessen verlief die weitere Entwicklung der Region im 20. Jahrhundert insgesamt unspektakulär. Mit den Staatsgründungen wurde der Südwesten politisch in die USA eingegliedert, und die Auswirkungen des Ersten Weltkrieges brachten einen ersten großen wirtschaftlichen Entwicklungsschub. Die Preise für Kupfer, Rindfleisch und Baumwolle schnellten in die Höhe und schwemmten enorme Geldsummen in die Region, von denen vor allem die Bergbaugesellschaften, Kapitalinvestoren und Landspekulanten profitierten. Der Boom der Kupferminen, die Expansion des technologisch betriebenen Agrobusiness, die rapid zunehmende Industrialisierung waren die Folge. Der massive Zugriff auf die natürlichen Energiereserven der Region in Form einer generalstabsmäßig betriebenen Wasserversorgungs- und Elektrizitätspolitik war der nächste Schritt in dieser Entwicklung. Der wachsende Bedarf an Wasser und Energie führte zu einer Reihe von Dammbauprojekten an fast allen größeren Flüssen Arizonas. 1911 wurde der Roosevelt Dam errichtet, der Coolidge Dam am Salt River folgte 1930 und der Hoover Dam am Colorado 1935. Die Verödung weiter Landstriche durch die Absenkung des Grundwasserspiegels in dem wasserarmen Land war eine der Negativfolgen der ökologisch problematischen Energiepolitik.[5] Der Ausbau des Straßennetzes und die Ausweitung der Motorisierung ab den 1920er Jahren waren weitere Schritte in Richtung eines ungebremsten Fortschritts. Die berühmte Route 66 – heute Interstate 40 – wurde 1926 fertiggestellt und die Nord-Südverbindung des Highway 89 von Prescott über Phoenix und Tucson bis zur mexikanischen Grenze ausgebaut. Der Abbau von Kohle führte zur Errichtung thermischer Großkraftwerke mit riesigen Schadstoffemissionen und die Förderung von Uran ab den 1940er Jahren in New Mexico verursachte die nukleare Verseuchung der Abbaugebiete.

In einem noch viel höheren Ausmaß beeinflusste der Zweite Weltkrieg mit seinem gigantischen Ausbau der Rüstungsindustrie den Südwesten. Die Produktion von Aluminium und Stahl, von Kriegsgerät, Kampfflugzeugen, Panzern und Kanonen erreichte ungeahnte Höhen. Vor allem das großflächige und wenig besiedelte Arizona verfügte nicht nur über die notwendigen riesigen Land-, Wasser- und Energiereserven, sondern war mit seinen leeren Lufträumen ein ideales militärisches Test-, Ausbildungs- und Trainingsgebiet für Kampfjet- und Bomberpiloten. Im Sog dieses wirtschaftlichen und technologischen Booms kam es zu immer größeren Zuwanderungswellen und einer beispiellosen Bevölkerungsexplosion. Großstädte wie Phoenix und Tucson begannen sich mit ihren wuchernden Straßensystemen und Großbauprojekten wie Krebsgeschwüre ins offene Land auszubreiten. Lag die Bevölkerungszahl Arizonas im Jahr der Staatsgründung bei ca. 200.000 und 1940 bei 500.000 Einwohnern, so wuchs sie zwischen 1940 und 1990 auf 3,6 Millionen an und hat heute die 6 Millionen-Grenze überschritten. Seit 1920 hat sich die Bevölkerung kontinuierlich alle 20 Jahre verdoppelt, wobei das Wachstum besonders in den 1950er Jahren exponentiale Ausmaße annahm. Eine neue Form des urbanen Wachstums entstand durch die Herausbildung riesiger Großstadtkonglomerate (*cluster cities*). Die Städte wuchsen nicht mehr zentrifugal von einem Nukleus aus, sondern durch die Ausweitung in amorph auswuchernde Satellitenstädte mit jeweils neuen Zentren. Die größte urbane Explosion des gesamten Sun Belt vollzog sich im „Valley of the Sun" mit der Entstehung der Megalopolis Phoenix und ihrer Satellitenstädte. [6]

Die Stadtentwicklung von **Phoenix** begann 1887, als der kleine verschlafene Provinzort an die Southern Pacific Railroad angebunden wurde, Tucson in der Einwohnerzahl bald überflügelte und 1889 zur Hauptstadt des Arizona-Territoriums emporstieg. Ein weiterer Schub erfolgte 1911 mit der Fertigstellung des Roosevelt-Staudammes, der die Versorgung der Stadt mit Wasser und elektrischem Strom sicherstellte. Die vormalige Agrarstadt wuchs zunächst zu einer Industriestadt mittlerer Größe heran, in den darauffolgenden Jahrzehnten siedelten sich jedoch in Phoenix und Umgebung immer mehr Fabriken und Betriebe an, zumeist in Form von Standortverlegungen aus anderen Teilen der USA. Ein Großteil der amerikanischen Elektronik-, High Tech- und Motorproduktion verlagerte sich schrittweise in den Sun Belt. Die schier unerschöpflichen Ressourcen an Raum, Energie und Kapital, attraktive Steuerbegünstigungen und der rasche Ausbau von Infrastrukturen lockten immer mehr Konzerne, Forschungslaboratorien, militärische Entwicklungsprojekte, Luftwaffenstützpunkte und Militärdepots an. 1941 ließ sich die Goodyear Aircraft Corporation in Phoenix nieder und in den darauffolgenden Jahren folgten der Motorola Military Electronics-Konzern, General Electric, IBM und über 300 andere Großunternehmen. Die Bevölkerungszahl von Phoenix samt Satellitenstädte wuchs zwischen 1945 und 1980 auf 2 Millionen und seitdem auf 3 Millionen Menschen. Es waren überwiegend karriereorientierte Facharbeiter, Techniker, Ingenieure, Manager, Professionisten aller Art, die nach höherem Wohlstand und einem gehobenen Lebensstil strebten. Sie kamen nicht nur wegen des Überangebots an gut bezahlten Arbeitsplätzen, sondern auch wegen des permanenten Sommerklimas und der hohen Wohn- und Lebensqualität in den neuen suburbanen Wohngebieten. Die Entwicklung beschleunigte sich in den fünfziger Jahren, als die flächendeckende Einführung von Klimaanlagen das Leben in der heißen Wüstengegend für große Bevölkerungsmassen erträglich machte. Die großzügig ausgelegten Verkehrsinfrastruktur, die luxuriösen Einkaufs-, Sport-, Erholungs- und Freizeiteinrichtungen und nicht zuletzt die nahe gelegenen großartigen Naturgebiete ließen Arizona zu einem attraktiven Lebensraum werden. Auch Pensionisten, Gesundheitssuchende, winterflüchtende Besucher und Aussteiger aus den nördlichen Bundesstaaten zog es zunehmend in die warme Klimazone und ließen Senioren- und Urlauberstädte wie Sun City, Green Valley oder Scottsdale mit einem großen Angebot an Golf- und Tennisplätzen, Parkanlagen, Swimmingpools und Reitställen entstehen.[7] Das alte Arizona wurde darüber zur Geschichte, obwohl die Wildwest-Romantik mit ihren Cowboys, Rodeos, Western Music und lokalen Museen als exotische und touristische Unterhaltungskultur weiterlebte. Die sog. "Disneyfication", d. h. die profitable Vermarktung der alten Kulturstereotypen wurde zu einem einträglichen Geschäft.

Das gigantische Städtekonglomerat von Phoenix ist in riesigen Planquadraten aus endlosen Längs- und Quer-Verkehrsadern angeordnet. Insgesamt erstreckt sich die Megastadt über 30 Meilen von Norden nach Süden und 45 Meilen von Osten nach Westen. Das anfangs eher konturlos erscheinende Stadtmonster entwickelte ab den 1970er Jahren durch den Bau von Wolkenkratzern aus Chrom und Stahl (s. Abb. 30) und die Errichtung feudaler Geschäfts-, Flanier- und Parkareale in mehreren urbanen Zentren ein neues Profil. Eine besondere Attraktion für den europäischen Besucher sind die sich über mehrere Straßenblocks erstreckenden Einkaufsparadiese, etwa das Arizona Center mit seinen terrassenförmig angelegten Gartenanlagen, Fachgeschäften, Boutiquen, Restaurants, Bars, Klubs und Kinopalästen. Die Stadt insgesamt gleicht einer grünen Oase in der Wüstenlandschaft, wo moderne Wolkenkratzer mit den übrig gebliebenen kolonialspanischen und „viktorianischen" Häusern und gepflegten Parkanlagen wetteifern. Von den alten Bürgerhäusern von Phönix sind am am Heritage Square noch insgesamt elf historische Gebäude übriggeblieben, am interessantesten das viktorianische Rosson House aus dem Jahr 1895, der luxuriöse Wohnsitz eines ehemaligen Bürgermeisters der Stadt. Das Wahrzeichen von Phoenix ist das von einer imposanten Kupferkuppel gekrönte Arizona Old State Capitol aus dem Jahr 1899. Seit 1974 dient es als historisches Museum und enthält neben den alten Regierungsräumen viele Exponate aus der Pionierzeit. In seiner unmittelbarer Nähe befinden sich die modernen Regierungs- und Verwaltungsgebäude des Staates Arizona sowie eine Reihe moderner Kultureinrichtungen wie die Convention und Symphony Hall, das Herberger Theater Center, die Central Library und mehrere hervorragende Museen. Das großartigste von ihnen ist das 1929 gegründete, im Spanish Mission-Stil gebaute Heard Museum, das einen einmaligen Gesamtüberblick über die Indianerkulturen des Südwestens vermittelt (s. Kap. 7). Das Arizona Mining and Mineral Museum enthält eine einzigartige Mineraliensammlung und gibt eine anschauliche Darstellung der Entwicklung des Bergbaus in Arizona. Es wird ergänzt durch das Pioneer Arizona Living History Museum 12 Meilen nördlich der Stadt an der Interstate 17. Das Museumsdorf zeigt sorgfältige Rekonstruktionen von authentischen, aus verschiedenen Orten herbeigebrachten Pionier-, Bergarbeiter- und Farmhäusern, Schulen, Kirchen, Sägewerken, Theatern, Banken, sowie Geschäften und Handwerksbetrieben aller Art aus der Zeit um 1870. Die ganze Bandbreite des Lebens in der Bergbau- und Pionierzeit wird hier lebendig und anschaulich vorgeführt. Besuchenswert ist auch die Arizona State University in Tempe am Ostrand von Phoenix. Der Universitätscampus fällt durch seine ansehnlichen Gebäude im Pueblo-Stil auf, wobei vor allem der hypermoderne Gebäudekomplex des Nelson Fine Arts Center herausragt. Es enthält umfangreiche Sammlungen amerikanischer und lateinamerikanischer Kunst. Nordöstlich der Touristenstadt Scottsdale liegt das 1937 erbaute Winterdomizil Taliesin West des berühmten Architekten Frank Lloyd Wright. Es dient heute als Ausbildungszentrum und sehenswertes Architektur-Museum.

Los Alamos und die Atombombe

Auch New Mexico, allerdings weniger überhitzt als Arizona, hat seit Beginn des Zweiten Weltkriegs einen tiefgreifenden Wandel durchgemacht. Industrialisierung und Urbanisierung haben auch hier tiefe Spuren hinterlassen.[8] Albuquerque ist heute eine Sun Belt-Metropole mit über 700.000 Einwohnern, und die Gesamtbevölkerung von New Mexico ist auf über 1. 9 Millionen Menschen angewachsen (s. Abb. 31). Der einschneidendste Entwicklungsschub in New Mexicos trat ein, als das Atom- und Raketenzeitalter die dünn besiedelte Wüstenlandschaft als idealen Schauplatz für militärisch-industrielle Großprojekte entdeckte. So wurde unter dem Tarnnamen "Manhattan Project" die Produktion der ersten Atombombe in Los Alamos paradoxerweise inmitten einer abgelegenen Indianerlandschaft, in unmittelbarer Nähe zum Bandelier National Monument vorangetrieben.[9] Obwohl die Grundlagenforschung und die Produktion der nuklearen Brennstoffe an anderen Orten der USA stattfanden, war in Los Alamos von 1942 bis 1946 alles versammelt, was in der modernen Atomforschung Rang und Namen hatte – neben dem Projektleiter J. Robert Oppenheimer auch Niels Bohr, Enrico Fermi, Edward Teller und Klaus Fuchs. 8.000 Menschen arbeiteten unter militärischer Führung und unter größter Geheimhaltung an der neuen Vernichtungswaffe in den aus dem Boden gestampften Forschungslaboratorien und Produktionsstätten. Für sie und ihre Angehörigen waren die Isolation und Abgeschiedenheit des Ortes, die Restriktionen durch die rigiden Sicherheitsmaßnahmen sowie die einfachen Lebensbedingungen eine große Herausforderung. Zwei Milliarden Dollar wurden in das Projekt gepumpt, um den kriegsentscheidenden Wettlauf mit der gefürchteten nazi-deutschen Konkurrenz zu gewinnen.

In **Los Alamos** erinnert vor allem das Bradbury Science Museum an diese Zeiten. Es wurde 1963 als Teil des Los Alamos National Laboratory eröffnet, eine der größten High-Tech Forschungsstätten der USA mit ca. 13.000 Wissenschaftlern. Das Museum gibt Einblick in die verschiedenen Forschungsbereiche des Laboratoriums, vor allem in die Reaktor-, Laser-, Informations- und Computertechnologie. Die Dokumentation der Geschichte des Manhattan Project bildet den zugkräftigsten Ausstellungsbereich des Museums. Fotos, Dokumente, Zeitungsausschnitte und Filme informieren über den Zweiten Weltkrieg und die verschiedenen Phasen des Projekts bis zum Abwurf der Atombomben auf Hiroshima und Nagasaki. Sogar Nachbildungen der beiden Bomben "Fat Man" und "Little Boy" sind zu bestaunen. Für den sensibleren Besucher mag es jedoch bestürzend sein, dass die Darstellung der Atombombenproduktion letztlich über eine glorifizierende Beschreibung der technischen, wissenschaftlichen und organisatorischen Leistungen nicht hinauskommt. Die schrecklichen Auswirkungen der Vernichtungswaffe, die über 300.000 Toten und die zahllosen verstrahlten und zu lebenslangem Siechtum verurteilten Überlebenden von Hiroshima und Nagasaki werden nur am Rande erwähnt. Mit Recht fürchtete Oppenheimer, der "Vater der Atombombe", dass der Name Los Alamos als Fluch in die Geschichte der Menschheit eingehen könne.

Getestet wurde die erste Plutoniumbombe am 16. Juli 1945 am Atomversuchsgelände Trinity Site 60 Meilen nördlich von Alamogordo im Südostteil New Mexicos. Die Testexplosion war ein Hasardunternehmen ohnegleichen, denn niemand wusste Genaues über die schwer kalkulierbaren nuklearen Kettenreaktionen der Explosion, die einer Sprengkraft von 19.000 Tonnen TNT entsprach. Ihr Lichtblitz war so gigantisch, dass er noch in 200 km Entfernung wahrgenommen werden konnte. Der riesige orange-rote Feuerball und der 10 km in den Himmel aufsteigende Atompilz muss bei den Wissenschaftlern und Militärs einen apokalyptischen Eindruck hinterlassen haben, wobei das Ausmaß der nuklearen Verstrahlung erst viel später erkennbar wurde.[10] Der 400 Meter tiefe Krater kann bis heute nur an einigen Tagen im April und im Oktober über Voranmeldung besucht werden. Unweit von Alamogordo liegt auch die White Sand Missile Range, ein Raketenabschuss-Gelände der NASA und Landeplatz der Space Shuttles. Dort werden bis heute neue Raketen und Marschflugkörper getestet. Das sehenswerte Space Center informiert über die Geschichte der Weltraumforschung. In einem futuristisch anmutenden vier Stockwerke hohen Würfel aus Glas kann man diverse Raketen, Satelliten und die Weltraumprogramme "Apollo" und "Skylab" bestaunen. Eine Space Hall of Fame dient als Gedenkstätte für die großen Weltraumpioniere. Von hier ist es übrigens nicht weit zum eindrucksvollen White Sands National Monument, einem breiten Wüstenstreifen mit bis zu 70m hohen Dünen aus schneeweißem Gipssand. Eine 16 km lange Straßenrundfahrt führt durch das Gebiet, in dem außer ein paar Yucca-Pflanzen und Wüstengräsern kein Grün existiert.

Straße als populärkultureller Mythos

Zu den wichtigsten Wirtschaftssparten des Südwestens gehört heute der Tourismus. Die Nationalparks der Region mit ihren spektakulären Naturwundern und Outdoor-Angeboten locken alljährlich hunderttausende Besucher an. Waren es am Anfang vor allem Lungenkranke, die im trockenen und heißen Klima Linderung suchten, folgten schon bald die Natur- und Indianerbegeisterten, die Wanderer, Trecker, die Kanu-

und Schlauchbootfahrer. In der Frühzeit konnte man per Bahn die wichtigsten Nationalparks des Südwestens erreichen. So brachte die 1901 fertiggestellte Nebenlinie der Santa Fe Railroad die ersten Touristenströme zum Grand Canyon. Der Unternehmer Ralph Cameron legte den Bright Angel Trail am South Rim an, errichtete ein Hotel und Souvenir-Geschäfte mit indianischem Kunsthandwerk und verhinderte mit juristischen Tricks lange Zeit die Errichtung eines Nationalparks. Als dieser 1919 von der Bundesregierung endlich realisiert wurde, besuchten ihn schon bald jährlich an die 100.000 Menschen. Die Fred Harvey Company stieg zum größten Tourismusunternehmen im damaligen Südwesten auf. Sie errichtete hunderte von Hotels (Harvey Houses) im Pueblo Revival-Stil, Restaurantketten und Indian Trading Posts entlang der Eisenbahnlinien und machte den Handel mit "Indian Arts and Crafts" zu einem einträglichen Geschäft.[11] Harvey war auch der Begründer der äußerst populären "Indian Detours in the Southwest", die Reisegruppen in Bussen oder Limousinen zu den Hopi-Mesas, zum Petrified Forest oder zum Canyon de Chelly brachten. Geführt wurden diese von den Harvey Girls, jungen "Couriers", die eine Kurzausbildung in Südwest-Geschichte und indianischer Folklore absolviert hatten und mit Navajo-Bluse, Concha-Silbergürtel und indianischem Schmuck attraktiv uniformiert waren. Die Landschaften der Region und ihre indianischen Bewohner wurden mittels attraktiver Werbeplakate als eine Art Themenpark überall in den USA angepriesen und erfolgreich vermarktet. Die von Präsident Theodore Roosevelt vorangetriebenen Gründungen von National Monuments und Nationalparks – neben Grand Canyon, auch Canyon de Chelly, Casa Grande, Mesa Verde und Petrified Forest – sorgten für die nötigen Infrastrukturen vor Ort.

Anfänglich waren es eher wohlhabende Reisende, die mit der Eisenbahn *(pullman)* nach New Mexico und Arizona kamen, ab den späten 1920er Jahren trat die breite Mittelklasse hinzu, die mit eigenen Autos unterwegs war. Ein Winteraufenthalt in der warmen Klimazone in luxuriösen Hotels, Lodges oder auf Ferienranches *(dude ranches)*, wurde zu den Verkaufsschlagern der Tourismusindustrie. Möglich machte dies vor allem auch die 1926 eröffnete legendäre **Route 66**, die streckenweise entlang der alten Bahnlinien gebaut wurde. 1937 war die Straße zur Gänze fertiggestellt und asphaltiert und führte über 2.450 Meilen durch acht Bundesstaaten von Chicago nach Los Angeles. Der ursprüngliche Umweg über Santa Fe wurde 1938 durch den Bau einer Direktverbindung von Santa Rosa nach Albuquerque verkürzt. Route 66 wurde zur wichtigsten Verkehrsader der USA, zur Mutter aller Straßen *(mother road)*, wie John Steinbeck sie nannte, Symbol für Freiheit, Mobilität und den Traum vom Neubeginn im Westen. Schon 1929 während der verheerenden Staubstürme in der "Staubschüssel" *(dust bowl)* von Oklahoma diente sie als Fluchtstraße der durch die Naturkatastrophe ihrer Existenzgrundlage beraubten Kleinfarmer und Landarbeiter *(okies)* auf dem Weg nach Kalifornien. Steinbeck setzte den über 210.000 Migranten und ihrer Straße in seinem berühmten, von John Ford verfilmten Roman *Grapes of Wrath* (1939; dt.: *Früchte des Zorns*) ein würdiges Denkmal. Noch während der Depressionszeit der dreißiger Jahre war Route 66 die Hauptverkehrsader der Abwanderung tausender Arbeitsuchender nach Westen. In den vierziger Jahren diente sie als Hauptverbindung zu den militärischen Produktionsstätten, Ausbildungs- und Trainingszentren in Arizona und damit der Kriegsmobilisierung.

Ihren absoluten Höhepunkt erreichte die Route 66 in den fünfziger Jahren, als sie von Hunderttausenden als Urlaubsstraße zu den Naturwundern im Südwestens und nach Kalifornien benützt wurde. In endlosen Schlangen bewegten sich die chromblitzenden Straßenkreuzer mit 60 Stundenkilometern und Pneuwechsel alle paar tausend Kilometer auf der relativ schmalen Straße dahin. Verrostete Autowracks an ihren Rändern erinnern noch heute an die zahllosen Unfälle, die die "Blutstraße" forderte. Tankstellen, Reparaturwerkstätten, und Autozubehör-Läden sprangen aus dem Boden, um Autofahrern mit Reifenpannen, überhitzten Kühlern oder gebrochenen Achsen ihre Dienste anzubieten. Die Tankstellen mit dem Emblem der jeweiligen Ölgesellschaft, zwei Zapfsäulen und einem Zubehör-Shop wurden nach einem einheitlichen Entwurf überall entlang der Strecke errichtet. Vor allem aber profitierten die unzähligen neu entstandenen Auto Camps, Motels, Hotels, Restaurants (*diners*), Bars, Gift Shops und Unterhaltungseinrichtungen wie Schwimmbäder, Theater, Drive in-Kinos oder Shows vom Massenansturm und verschafften tausenden von Menschen einen Lebensunterhalt. Eine spezifische Tourismusarchitektur (*roadside architecture*) entstand, deren noch vorhandenen Reste heute wieder restauriert und revitalisiert werden.[12] Sie weckte durch ihre originellen, einfallsreichen und oft skurrilen Außenfassaden und Aufmachungen das Interesse der Durchreisenden. Besonders die Streckenabschnitte in New Mexico und Arizona, etwa die Durchzugsstraßen von Albuquerque, Grants und Gallup, waren überaus populär und überboten sich gegenseitig an mexikanischer, indianischer oder Wild-West-Exotik. Die Hotels, Motels und Unterhaltungseinrichtungen wurden zumeist im Pueblo Revival-Stil, manchmal im Verbindung mit Art Deco-Elementen gebaut. Das Blue Swallow Hotel in Tucumcari, das La Posada Hotel, das El Vado-Motel und die Zia Motor Lodge in Albuquerque, die San Francisco Lodge in Grants oder das wegen seiner illustren Hollywood-Klientel berühmte El Rancho-Hotel in Gallup sind typische Beispiele. In Grants verherrlicht ein großes Denkmal aus Stahl ("Hub of History") die legendäre Straße, und auch an einschlägigen Museen herrscht kein Mangel. Mancherorts erinnern noch ganze Straßenzüge

Alte 66-Tankstelle

mit ihren alten Motel-Bauten an die bewegten Zeiten. So wurde im Nob Hill District an der östlichen Central Avenue in Albuquerque neben etlichen Motels auch die Monte Vista Fire Station aus dem Jahr 1936 liebevoll restauriert und zu einem beliebten Gourmetrestaurant umgestaltet und die alte 66-Horn-Oil Tankstelle wurde als trendiges Spirituosengeschäft (66 Malt Shop) zu neuem Leben erweckt. Das eindrucksvollste Gebäude dieser Zeit ist jedoch das von Durchreisenden stark frequentierte KiMo-Theater im Stadtzentrum von Albuquerque mit seiner Mischung aus Pueblo Revival,

Das KiMo-Theater in Albuquerque

Art Deco und indianischen Elementen. Für genauere Informationen über den Historic Highway und seine vielen Sehenswürdigkeiten gibt es massenhaft englisch- und deutschsprachige Führungsbücher und Internet-Infos. [13]

Aber nicht nur in den Bereichen der Architektur und des Tourismus hinterließ Route 66 im Südwesten ihre Spuren, sondern vor allem auch in der populären Kultur der USA. Wie keine andere Straße in den USA regte sie zu Produktionen aller Art an. So spielten die Jukeboxes in den Bars und Restaurants entlang der Straße stets die neuesten Pop-Songs. Der bekannteste von ihnen, "Get your Kicks on Route 66" (1946), zuerst von Nat King Cole gesungen und später von den Rolling Stones, wurde zu einem populären Evergreen. Ganze Fernsehserien wurden der Route 66 gewidmet, die Warenwerbung nahm von ihr Besitz, Bücher, Fotobände, Reisebeschreibungen und Guidebooks wurden in großen Mengen produziert. Route 66 war weit mehr als nur eine Straße; sie wurde zu einer Art Bewusstseinszustand, Ausdruck eines Lebensgefühls, in dem sich Abenteuerlust, Mobilität und Westexotik verbanden. Die vielfältigen Mythen- und Legendenbildungen überdauerten sogar die offizielle Schließung der Straße im Jahr 1956, als sie nach 30jährigem Bestehen durch die Eröffnung der neuen vierbahnigen Interstate 40 ihr Ende fand. Der neue Highway begrub die alte Straße größtenteils unter sich, andere Streckenabschnitte wurden aufgelassen und dämmern mit ihren verrostenden Brücken, zerfallenden Banketten und verwitterten Reklametafeln romantisch vor sich hin. Die Motels und Tankstellen verloren ihre Kunden und mussten grösstenteils zusperren. Die alte Straßenromantik hatte, zumindest vorübergehend, ein Ende gefunden.

Wiederentdeckt wurde sie, als in den siebziger Jahren ein nostalgischer Route 66-Kult entstand. Private Clubs und Vereine, etwa die New Mexico Route 66 Association, bildeten sich, um die alte Straße und ihr Ambiente vor dem endgültigen Untergang zu retten. Sie publizieren Broschüren und Newsletters und widmen sich der Restaurierung und Revitalisierung alter Hotels, Motels, Restaurants, Bars und gelegentlich ganzer Ortschaften. Lokalhistoriker, Hobby-Fotografen, Populärwissenschaftler, Buchautoren entdeckten in der Route 66 ein reiches und vielfältiges Aufgabenfeld für Recherchen und Dokumentationen aller Art, die besonders in Jubiläumsjahren gefragt sind. Antiquitätengeschäfte und kleine Museen samt Souvenirläden entstanden allerorts und schürten die Nostalgie mit Fotos und Relikten aus den alten Zeiten. Ein eigener Zweig in der amerikanischen populären Kultur mit einem eigenen Route 66-Magazin und sogar eine eigene Route 66-Radiostation entstand. Immer mehr Interessierte machen sich mit Route-66 Guidebooks auf den Weg, um das populäre Kultobjekt im Detail zu erforschen. Im Südwesten gibt es mehrere alte Bergbauorte, etwa Seligman, Oatman und Kingman am Westrand Arizonas, die durch die Route 66-Nostalgie zu neuem touristischem Leben erweckt worden sind. Die landschaftlich schönsten erhalten gebliebenen Streckenteile von Route 66 befinden sich westlich von Kingman auf dem Weg nach Kalifornien, wo sich die alte Straße vorbei an Autowracks, verfallenen Tankstellen und verwitterten Reklameschildern durch die Black Mountains windet.[14]

Route 66 machte noch einmal ein Phänomen sichtbar, das für den Südwesten in besonderem Maße kennzeichnend ist: die Tendenz zur Herausbildung von Geschichten, Legenden und Mythen. Sie haben der Region längst eine Art Hyperrealität aus Simulationen und Projektionen übergestülpt, so dass es dem Besucher, zumal dem europäischen, oft nicht leicht fällt, zwischen Wirklichkeit und Phantasie zu unterscheiden. Da gerade die Phantasieprodukte von den Medien, Touristikern und offiziellen Repräsentanten besonders intensiv gefördert werden, bleibt die Realität oft auf der Strecke. Ein Dilemma des Südwestens von heute besteht darin, dass seine Naturlandschaften und die Vielfalt der ethnischen Kulturen als eine Art Hoffnungsland der Verzauberung *(Land of Entchantment)* in höchsten Tönen angepriesen werden, gleichzeitig aber der Ausverkauf und die Zerstörung der Landschaft durch Industrialisierung, Urbanisierung und Tourismus unaufhaltbar fortschreitet. Bewusst verdrängt werden die Nachtseiten der Geschichte des Südwestens, die, wie schon erwähnt, auch eine des Scheiterns, der Fehlschläge, der Entmachtung und Enteignung, der Demütigung und des Verfalls ist. Die Ruinen einstiger Pueblos, die Geisterstädte, die weit verbreitete Armut in den Landgebieten und Indianer-Reservationen, die Umweltverschmutzung und Landschaftszerstörung sind Zeugen dieser Negativentwicklung. Die Literatur der Region nimmt diese Diskrepanz mit aller Deutlichkeit wahr und warnt vor einer Fortsetzung des entropischen Prozesses. Ob jedoch diese Warnung von den Verantwortlichen ernst genommen wird, bleibt dahingestellt. "Fortschritt" wäre ja nur durch "Rückschritt", d. h. durch eine Verlangsamung und Einbremsung des technisch-zivilisatorischen Modernisierungsprozesses möglich. Dies aber widerspricht der schnelllebigen materialistischen Entrepreneur-Mentalität des Sun Belt. Trotz dieser Negativbilanz existiert jenseits der Klischees und Verkitschungen immer noch etwas von der besonderen Aura dieses Kulturraumes, sein Licht, seine weiten Landschaften, die ethnische Vielfalt der Menschen und ihre überkommenen Lebensformen und kulturellen Hervorbringungen.[15]

Anmerkungen

Kapitel 1: Anasazi

1. Alfred V. Kidder, *An Introduction to Southwestern Archeology*. New Haven: Yale Univ. Press, 1962.
2. Rose Houk, *Prehistoric Cultures of the Southwest: Anasazi*. Tucson: Southwest Parks and Monument Association, 1993; David Stuart. *Anasazi America*. Albuquerque: Univ. of New Mexico Press, 2000.
3. C. W. Ceram, *Der erste Amerikaner. Das Rätsel des vor-kolumbianischen Indianers*. Hamburg: Rowohlt, 1972, 145-154.
4. Michele Strutin, *Chaco: A Cultural Legacy*. Tucson: Southwest Parks and Monuments Association, 1994, 12-14.
5. G. H. S. Bushnell, *The First Americans. The Pre-Columbian Civilizations.* New York: McGraw Hill, 1968; Frank Hibben, *The Lost Americans*. New York: Thomas Crowell, 1968; Werner Rockstroh, *USA – Der Südwesten. Indianerkulturen und Naturwunder zwischen Colorado und Rio Grande*. Köln: DuMont, 1991.
6. Über das von Kidder erstellte Klassifizierungsmodell s. Ceram, *Der erste Amerikaner*, 91-93.
7. Zum medizinischen Aspekt s. Michael D. Yandell, *A Photographic and Comprehensive Guide to Mesa Verde and Rocky Mountain National Parks*, Casper: National Parks Division, 1975, 91-93.
8. Zu den Zeremonialobjekten der Anasazi s. J. Richard Ambler, *The Anasazi*. Flagstaff: Museum of Northern Arizona, 1977.
9. Gary Snyder, *Turtle Island*. New York: New Directions, 1974. Übersetzung des Gedichts vom Autor.
10. Willa Cather, *The Professor's House*. New York: Vintage Books, 1990, 179-180. Übersetzung der Textstelle vom Autor.
11. Frank McNitt, *Richard Wetherill Anasazi: Explorer of Southwestern Ruins. A Biography*. Albuquerque: Univ. of New Mexico Press, 1966.
12. Don Watson, *Cliff Dwellings of the Mesa Verde*. Mesa Verde Museum Association, ohne Ort und Jahr.
13. Don Watson, *Cliff Palace. The Story of an Ancient City*. Mesa Verde National Park Museum, ohne Ort und Jahr.
14. Gustav Nordenskiölds Buch *Die Klippenbewohner der Mesa Verde*, Stockholm 1893, ist der erste Klassiker in der Erforschung der Ansazi.
15. Kathryn Gabriel, *Roads to Center Place: A Cultural Atlas of Chaco Canyon and the Anasazi*. Boulder, CO: Johnson, 1991.
16. Stephen H. Lekson, *Great Pueblo Architecture of Chaco Canyon*. Albuquerque: Univ. of New Mexico Press, 1986.
17. Ceram, *Der erste Amerikaner*, 177-183.
18. Eine Erörterung der gefundenen Artefakte bei Strutin, *Chaco: A Cultural Legacy*, 46-55.
19. Eine erste Darstellung des Frijoles Canyon gibt Adolf F. Bandelier in *Final Report of Investigations of the Southwestern United States from 1880 to 1885*. Cambridge, MS:

Papers of the Archeological Institute, American Series Nr. III, 1980.
20 Zu Bandeliers Leben s. Ceram, *Der erste Amerikaner*, 75-78.
21 Adolph Bandelier, *The Delight Makers. A Novel of Prehistoric Pueblo Indians* (1890). New York: Harcourt Brace, 1971.
22 Polly Schaafsma, *Indian Rock Art of the Southwest*. Albuquerque: Univ. of New Mexico Press, 1980; Klaus Wellmann, *A Survey of North American Rock Art*. Graz: Akademische Druck- und Verlagsanstalt, 1979; Alex Patterson, *A Field Guide to Rock Art Symbols of the Greater Southwest*. Boulder: Johnson Books, 1992. Zum Datierungsproblem von Felszeichnungen s. F. A. Barnes, *Prehistoric Rock Art*. Salt Lake City: Wasatch Publishers, 1995, 77-91.
23 Vgl. das anregende, aber spekulative Buch von La Van Martineau, *The Rocks Begin to Speak*. Las Vegas: KC Publications, 1973.
24 Eine ausführliche Darstellung in Dennis Slifer und James Duffield, *Kokopelli. Flute Player Images in Rock Art*. Santa Fe: Ancient City Press, 1994. Vgl. auch Barnes, 120-21, und Schaafsma, 140-141.

Kapitel 2: Pueblos

1 Edward P. Dozier, *The Pueblo Indians of North America*. New York: Holt, Rinehart, 1970; Bertha P. Dutton, *American Indians of the Southwest*. Albuquerque: Univ. of New Mexico Press, 1983; Alonso Ortiz, *The Pueblo Indians of North America*. New York: Chelsea House, 1994; David G. Noble, *Pueblos, Villages, Forts and Trails: A Guide to New Mexico's Past*. Albuquerque: Univ. of New Mexico Press, 1994; Edward H. Spicer. *Cycles of Conquest: The Impact of Spain, Mexico, and the United States on the Indians of the Southwest, 1533-1960*. Tucson: Univ. of Arizona Press, 1982.
2 Daniel T. Reff, *Disease, Depopulations, and Culture Change in Northwestern New Spain, 1518-1764*. Salt Lake City: Univ. of Utah Press, 1991.
3 Tom Bahti, *Southwestern Indian Tribes*. Las Vegas: KC Publications, 1999.
4 Barry M. Pritzker, *Native American Encyclopedia: History, Culture, and Peoples*. Oxford; Oxford Univ. Press, 2000.
5 Indian Pueblo Cultural Center Video, hg. von The Indian Pueblo Culture Center, Albuquerque, NM., 2401 Street NW, o. J.
6 Bahti, *Southwestern Indian Tribes*, 28-29. Francis Fugate, *Roadside History of New Mexico*. Missoula: Mountain Press, 1989, 220-223.
7 David J. Weber, *The Spanish Frontier in North America*. New Haven: Yale Univ. Press, 133-139.
8 Howard R. Lamar, *The Far Southwest, 1846-1912: A Territorial History*. New York: Norton, 1970, 67-70; Warren A. Beck, *New Mexico: A History of Four Centuries*. Norman: Univ. of Oklahoma Press, 1974, 134-138.
9 Kenneth R. Philip, *John Collier's Crusade for Indian Reform, 1920-45*. Tucson: Univ. of Arizona Press, 1977.
10 Marcia Keegan, *Taos Pueblo and Its Sacred Blue Lake*. New York: Barnes and Noble, 1991. Axel Schulze-Thulin, *Weg ohne Mokassins. Die Indianer Nordamerikas heute*. Düsseldorf: Droste Verlag, 1976, 171-174.
11 Pritzker, *Native American Encyclopedia*, 90-94.

12 Robinson Jeffers, *Selected Poetry of Robinson Jeffers*. New York: Random House, 1938, 363. Übersetzung des Gedichts vom Autor.
13 Zitiert aus Keith Sagar, *D. H. Lawrence and New Mexico*. Salt Lake City: Gibbs, 1982, 11-12.
14 Pritzker, *Native American Encyclopedia*, 43-46.
15 Ib., 109-111.
16 Ruth Benedict, *Zuni Mythology*. New York: AMS Press, 1935.
17 Frank Hamilton Cushing, *The Mythic World of the Zuni*, hg. von Barton Wright. Albuquerque: Univ. of New Mexico Press, 1992.
18 Peter Nabokov, *Native American Architecture*. Oxford: Oxford Univ. Press, 1989; Rudolf Wienands, *Die Lehmarchitektur der Pueblos*. Köln: DuMont, 1983.
19 Wolfgang Lindig und Mark Münzel, *Die Indianer: Kulturen und Geschichte der Indianer Nord-, Mittel- und Südamerikas*. München: Deutscher Taschenbuch Verlag, 1978, 205-211.
20 Ib., 211-219. Edward H. Spicer, *Ethnic Medicine in the South West*. Tucson: Univ. of Arizona Press, 1977.
21 Duane Anderson, Hg., *Legacy: Southwest Indian Art*. Santa Fe: School of American Research Press, 1999.
22 Zum sozialen Zusammenleben s. Paul Horgan, *Great River. The Rio Grande in North American History*. Hanover, NH: Wesleyan Univ. Press, 1984, 37-52; Ruth M. Underhill, *Life in the Pueblos*. Santa Fe: Ancient City Press, 1991.
23 Lindig, *Die Indianer*, 189-190.
24 Horgan, *Great River*, 23-37.
25 Alonso Ortiz, *The Tewa World: Time, Being and Becoming in a Pueblo Society*. Chicago: Univ. of Chicago Press, 1969.
26 Horgan, *Great River*, 39-40.
27 Ruth Underhill, *Red Man's Religion: Beliefs and Practices of the Indians North of Mexico* Chicago: Univ. of Chicago Press, 1972; Elsie C. Parsons, *Pueblo Indian Religion*. 2 Bde. Lincoln: Univ. of Nebraska Press, 1996.
28 Horgan, *Great River*, 31-33; Erna Fergusson, *Dancing Gods. Indian Ceremonials in New Mexico and Arizona*. Albuquerque: Univ. of New Mexico Press, 2001.
29 D. H. Lawrence, „Dance of the Sprouting Corn," *Mornings in Mexico*. London: Penguin, 1986, 62-68.
30 Leslie Marmon Silko, *Gestohlenes Land wird die Herzen fressen* Übers. von Ana Maria Brock. München: Rogner & Bernhard, 112-118.

Kapitel 3: Spanische Entrada

1 David J. Weber, *The Spanish Frontier in North America*. New Haven: Yale Univ. Press, 1992, 45-47.
2 Morris Bishop, *The Odyssey of Cabeza de Vaca*. New York: Century, 1933.
3 Cabeza de Vaca, *Cabeza de Vaca's Adventures in the Unknown Interior of America*, hg. und übers. von Cyclone Corey. New York: Thomas Crowell, 1961.
4 Cleve Hallenbeck, *The Journey of Fray Marcos de Niza*. Dallas: Southern Methodist

Univ. Press, 1987; Warren Beck, *New Mexico: A History of Four Centuries*. Norman: Univ. of Oklahoma Press, 1962, 42-44.
5   Herbert Eugene Bolton, *Coronado: Knight of Pueblos and Plains*. Albuquerque: Univ. of New Mexico Press, 1949; Stewart L. Udall, *Majestic Journey. Coronado's Inland Empire*. Santa Fe: Museum of New Mexico Press, 1995.
6   David Lavender, *The Southwest*. Albuquerque: Univ. of New Mexico Press, 1984, 40. Weber, *The Spanish Frontier*, 48-49; Bolton. *Coronado*, 201-212.
7   Pedro de Castaneda,*The Journey of Coronado*, hg. und übers. von George P. Winship (1922). Ann Arbor: University Microfilms, 1966.
8   Ib., 23.
9   Ib. 51-52
10 Ib. 103
11 John L. Kesell, *Kiva, Cross and Crown: The Pecos Indians and New Mexico 1540-1840*. Washington, D.C.: National Park Service, 1979.
12 Castaneda, *The Journey of Coronado*, 142.
13 Angelico Chavez, *Coronados Friars*.Washington, D.C.: Academy of American Franciscan History, 1966, 64-74.
14 John M. Slater, *El Morro. Inscription Rock, New Mexico. The Rock Itself, the Inscriptions Thereon, and the Travellers Who Made Them*. Los Angeles: Plantin Press, 1961.
15 Douglas Preston, *Cities of Gold. A Journey Across the American Southwest*. Albuquerque: Univ. of New Mexico Press, 1992, 429-430.
16 Castaneda, *The Journey of Coronado*, 72.
17 Francis L. and Roberta Fugate, *Roadside History of New Mexico*. Missoula: Mountain Press, 1989, 139-141.
18 Castaneda, *The Journey of Coronado*, 103-104.
19 Weber, *The Spanish Frontier*, 303.
20 Susan S. Magoffin, *Down the Santa Fe Trail into Mexico. The Diary of Susan S. Magoffin, 1846-47*. Lincoln: Univ. of Nebraska Press, 1982.
21 C. W. Ceram, *Der erste Amerikaner*, 90-91.

Kapitel 4: Kolonie Neuspaniens

1   Pedro Castaneda, *The Journey of Coronado*. Ann Arbor: University Microfilms, 1966, 39.
2   W. Eugene Hollon, *The Southwest Old and New*. Lincoln: Univ. of Nebraska Press, 1968; John F. Bannon, *The Spanish Borderlands Frontier, 1513-1821*. Albuquerque: Univ. of New Mexico Press, 1974; Paul Horgan, *Great River: The Rio Grande in North American History*. Hanover, NH: Wesleyan Univ. Press, 1984; Marc Simmons, *New Mexico: An Interpretive History*. Albuquerque: Univ. of New Mexico Press, 1977.
3   George P. Hammond, *Don Juan de Onate and the Founding of New Mexico*. Santa Fe: El Palacio Press, 1927.
4   Marc Simmons, *The Last Conquistador. Juan de Onate and the Settling of the Far Southwest*. Norman: Univ. of Oklahoma Press, 1991, 112-132.
5   Ib., 139.
6   Hammond, *Don Juan de Onate*, 113-123; Simmons, *The Last Conquistador*, 133-146; Horgan, *Great River*, 203-9.

7   Ward A. Minge, *Acoma Pueblo*. Albuquerque: Univ. of New Mexico Press, 1976; Peter Nabokov, *The Architecture of Acoma Pueblo*. Santa Fe: Ancient City Press, 1986.
8   Willa Cather, *Der Tod bittet den Erzbischof*. Zürich: Manesse, 1998, 115-116.
9   Robert Silverberg, *The Pueblo Revolt*. Lincoln: Univ. of Nebraska Press, 1970; Andrew L. Knaut. *The Pueblo Revolt of 1680: Conquest and Resistance in Seventeenth Century New Mexico*. Norman: Univ. of Oklahoma Press, 1997.
10 Paul Horgan, *The Centuries of Santa Fe*. New York: Dutton, 1965, 42-61; Weber, *The Spanish Frontier*, 137-141.
11 David Lavender, *The Southwest*. Albuquerque: Univ. of New Mexico Press, 1980, 59-61.
12 John Kessell, *The Missions of New Mexico*. Albuquerque: Univ. of New Mexico Press, 1980.
13 Jose E. Espinosa, *Saints in the Valley: Christian Sacred Images in History, Life and Folk Art of Spanish New Mexico*. Albuquerque: Univ. of New Mexico Press, 1967; Marta Weigle, Hg. *Hispanic Arts and Ethnohistory in the Southwest*. Santa Fe: Ancient City Press, 1983. Mary Grizzard, *Spanish Colonial Art and Architecture of Mexico and the U. S. Southwest*. Lanham: Univ. Press of America, 1986.
14 Horgan, „The Desert Fathers," in *Great River*, 219-237; Weber, *The Spanish Frontier*, 92-121.
15 Horgan, „The Penitents," in *Great River*, 374-382; Beck, *New Mexico*, 218-225; Marta Weigle, *The Penitents of the Southwest*, Santa Fe: Ancient City Press, 1970.
16 Marc Simmons, *Spanish Government in New Mexico*. Albuquerque: Univ. of New Mexico Press, 1968; John L. Kessell. *Spain in the Southwest. A Narrative History of Colonial New Mexico, Arizona, Texas, and California*. Norman: Univ. of Oklahoma Press, 2003.
17 Horgan, *Rio Grande*, 238-56; Beck, *New Mexico*, 64-80.
18 H. Allen Anderson, „The Encomienda in New Mexico, 1598-1680," *New Mexico Historical Review*, 60 (1985), 353-377.
19 Beck, *New Mexico*, 68-69.
20 Edward P. Dozier, *The Pueblo Indians of North America*. New York: Holt, Rineheart, 1970.
21 Horgan, *Great River*, 358-360.
22 Oliver La Farge, *Santa Fe: The Autobiography of a Southwestern Town*. Norman: Univ. of Oklahoma Press, 1959; Paul Horgan, *The Centuries of Santa Fe*. New York; Dutton, 1965; David G. Noble, *Santa Fe: History of an Ancient City*. Santa Fe: School of American Research Press, 1989; Chris Wilson, *The Myth of Santa Fe: Creating a Modern Regional Tradition*. Albuquerque: Univ. of New Mexico Press, 1997.
23 Josiah Gregg, *Commerce on the Präries, or the Journal of a Santa Fe Trader* (1844). Lincoln: Univ. of Nebraska Press, 1967, 144. Übersetzung der Textstelle vom Autor.
24 Beverly Spears, *American Adobes*. Albuquerque: Univ. of New Mexico Press, 1985.
25 Zur kolonialen Alltagskultur s. Horgan, *Great River*, 352-367, und Arthur L. Campa, *Hispanic Culture in the Southwest*. Norman: Univ. of Oklahoma Press, 1979. Eine zeitgenössische Darstellung bei Gregg, *Commerce on the Präries*, 205-213.
26 Lavender, 127-128.
27 Cather, *Der Tod kommt zum Erzbischof*, Kap. 5, 155-191.
28 Gregg, *Commerce on the Präries*, 204-205.

Kapitel 5: Ankunft der Gringos

1. Donald Jackson, Hg., *The Journals of Zebulon Montgomery Pike.* Norman: Univ. of Oklahoma Press, 1966; David Lavender, *The Southwest*. Albuquerque: Univ. of New Mexico Press, 1980, 100-105.
2. Robert G. Cleland, *This Reckless Breed of Men. The Trappers and Fur Trade of the Southwest*. New York: Alfred Knopf, 1950.
3. David J. Weber, *The Taos Trappers*. Norman: Univ. of Oklahoma Press, 1971.
4. David Lavender, *Bent's Fort*. Lincoln: Univ. of Nebraska Press, 1954.
5. Susan S. Magoffin. *Down the Santa Fe Trail and into Mexico. The Diary of Susan S. Magoffin, 1846-47*. Lincoln: Univ. of Nebraska Press, 1982.
6. Morgan E. Estergreen, *Kit Carson: A Portrait in Courage*. Norman: Univ. of Oklahoma Press, 1962.
7. Ferol Egan, *Fremont: Explorer for a Restless Nation*. Garden City: Doubleday, 1977; William Goetzmann, *Army Exploration of the American West 1803-1863*. Austin: Texas State Historical Association, 1991, 65-108.
8. David S. Heidler, *Manifest Destiny*. Westport, Conn.: Greenwood Press, 2003.
9. Egan, *Fremont*, 360-405.
10. Charles Fremont, *Report of the Exploring Expedition to the Rocky Mountains* (1845). Ann Arbor: University Microfilms, 1966.
11. Kit Carson, *Autobiography*, hg. von Milo M. Quaife. Lincoln: Univ. of Nebraska Press, 1966, 135.
12. Marc Simmons, *The Old Trail to Santa Fe*. Albuquerque: The Univ. of New Mexico Press, 1996; Arthur K. Peters, *Seven Trails West*. New York: Abbeville Press, 1966, 55-84.
13. Josiah Gregg, *Commerce of the Präries* (1844). Ann Arbor: Univ. Microfilms, 1966.
14. Ib., 110-111.
15. Don Murphy, *Santa Fe Trail. Voyage of Discovery. The Story Behind the Scene*. Las Vegas, NV: KC Publications, 1998; Jack Rittenhouse, *The Santa Fe Trail. A Historical Biography*. Albuquerque: Univ. of New Mexico Press, 1971.
16. Stephen G. Hyslop, *Bound for Santa Fe: The Road to New Mexico and the American Conquest, 1806-1848*. Norman: Univ. of Oklahoma Press, 2002.
17. Ray C. Colton, *The Civil War in the Western Territories, Arizona, New Mexico, and Utah*. Norman: Univ. of Oklahoma Press, 1959.
18. Chris Emmett, *Fort Union and the Winning of the Southwest*. Norman: Univ. of Oklahoma Press, 1965.
19. Clarke L. Dwight and Stephen Watts, *Kearny. Soldier of the West*. Norman: Univ. of Oklahoma Press, 1961.
20. Warren A. Beck, *New Mexico: A History of Four Centuries*. Norman: Univ. of Oklahoma Press, 1974, 134-138.
21. Howard R. Lamar, *The Far Southwest, 1864-1912*. New York: Norton, 1970, 60-63.
22. Ib., 83-102.
23. Frederick Jackson Turner, „The Significance of the Frontier in American History," (1893), in Wilbur R. Jacobs, Hg. *The Frontier in American History*. Tucson: Univ. of Arizona Press, 1986, 1-38.

24 Hermann Vogt, *Europas Ankunft am Pazifik.* Darmstadt: Wissenschaftliche Buchgesellschaft, 1992, 139-145.

Kapitel 6: Vertreibung und Wiederkehr der Navajo

1   Zur Frühgeschichte der Navajo s. Alfonso Ortiz, Hg., *Handbook of North American Indians, Vol. 9: Southwest.* Washington: Smithsonian Institution,1979, 489-501; Raymond F. Locke, *The Book of the Navajo.* Los Angeles: Mankind Publishing, 1992, 7-12.
2   Frank Waters, *Masked Gods. Navajo and Pueblo Ceremonialism.* Albuquerque: Univ. of New Mexico Press, 1950.
3   Locke, *The Book of the Navajo*, 55-129; Paul E. Zolbrod, *Dine Bahane. The Navajo Creation Story.* Albuquerque: Univ. of New Mexico Press, 1984; Laura Gilpin, „The Creation Story", in *The Enduring Navajo.* Austin: Univ. of Texas Press, 5. Aufl., 1980, 3-19.
4   Ruth Underhill, *The Navajos.* Norman: Univ of Oklahoma Press, 1967; Barry M. Pritzker, *A Native American Encyclopedia: History, Culture, and Peoples.* New York: Oxford Univ. Press, 2000, 51-56.
5   Waters, *Masked Gods*, 229-261.
6   Frank McNitt, *Navajo Wars. Military Campains, Slave Raids, and Reprisals.* Albuquerque: Univ. of New Mexico Press, 1972.
7   Robert M. Utley, The *Indian Frontier of the American West, 1846-1890.* Albuquerque: Univ. of New Mexico Press, 1984, 31-99.
8   Howard R. Lamar, *The Far Southwest, 1846-1912. A Territorial History.* New York: Norton, 1970, 109-135; Ray C. Colton, *The Civil War in the Western Territories.* Norman: Univ. of Oklahoma Press, 1959.
9   M. Morgan Estergreen, *Kit Carson: A Portrait of Courage.* Norman: Univ. of Oklahoma Press, 1962, 238-252.
10 Charles Supplee. *Canyon De Chelly: The Story Behind the Scenery.* Las Vegas: KC Publications, 1971.
11 Clifford E. Trafzer, *The Carson Campaign: The Last Great Navajo War.* Norman: Univ. of Oklahoma Press, 1990; Lynn R. Bailey, *The Long Walk. A History of the Navajo Wars, 1848-68.* Los Angeles: Westernlore Press, 1964.
12 Maurice Frink, *Fort Defiance and the Navajos.* Boulder, CO: Fred Pruett, 1968. Fort Defiance wurde vorübergehend in „Fort Canby" unbenannt und erscheint unter diesem Namen in zeitgenössischen Berichten.
13 Eine Darstellung der Ereignisse aus indianischer Sicht gibt Dee Brown, *Bury my Heart at Wounded Knee. An Indian History of the American West.* London: Arena, 1987, 22-36, und Trafzer, 154-162.
14 Estergreen, *Kit Carson*, 251-252; Trafzer, 169-197.
15 Locke, *The Book of the Navajo*, 368-373.
16 Trafzer, 240-244.
17 Locke, *The Book of the Navajo*, 391-452; Lawrence V. Kelly, *The Navajo Indians and Federal Indian Policy, 1900-1935.* Tucson: Univ. of Arizona Press, 1968; Peter Iverson, *The Navajo Nation.* Albuquerque: Univ. of New Mexico Press, 1983.

18 Locke, Kapitel „Learning Paper," *The Book of the Navajos*, 406-419.
19 Ib., 459-462.
20 Martha Blue, *Indian Trader: Life and the Times of J. L. Hubbell*. Walnut, CA: Kiva Publishing, 2000; Frank McNitt, *Indian Traders*. Norman : Univ. of Oklahoma Press, 1962.
21 Blue, 60- 64.
22 David M. Brugge, *Hubbell Trading Post: National Historic Site*. Tucson: Southwest Parks and Monument Association, 1993.
23 Locke, „The Navajos Today", *The Book of the Navajos*, 463-474.
24 P. Reno, *Navajo Resources and Economic Development*. Albuquerque: Univ. of New Mexico Press, 1981.

Kapitel 7: Alte Indianerkulturen in Arizona

1 Emil W. Haury, *The Hohokam*. Tucson: Univ. of Arizona Press, 1974; Linda M. Gregoris und Karl J. Reinhard, *Hohokam Indians of the Tucson Basin*. Tucson: Univ. of Arizona Press, 1983.
2 Emil W. Haury, *Prehistory of* the *American Southwest*. Tucson: Univ. of Arizona Press, 1992; C. W. Ceram, *Der erste Amerikaner*. Reinbek b. Hamburg: Rowohlt, 1972, 184-196.
3 Ruth Underhill, *Papago Indians of Arizona and their Relatives the Pima*. New York: AMS Press, 1977.
4 Victoria Sherrow, *Hopis: Pueblo People of the Southwest*. Brookfield, CN: Millbrook Press, 1993.
5 Barry M. Pritzker, *Native American Encyclopedia: History, Culture and Peoples*. New York: Oxford Univ. Press, 2000, 32-34; Christian F. Feest, *Kulturen der nordamerikanischen Indianer*. Köln: Könemann, 2000, 394-395; Harland Courlander, *The Fourth World of the Hopis: The Epic Story of the Hopi Indians*. Albuquerque: Univ. of New Mexico Press, 1987; Frank Waters, *The Book of the Hopi*. New York: Viking 1963 (dt. *Das Buch der Hopi. Mythen Legenden und Geschichten eines Indianervolkes*. München: Knaur, 2000).
6 Harold S. Colton, *Hopi Kachina Dolls*. Albuquerque: Univ. of New Mexico Press, 1996.
7 Aby Warburg, *Schlangenritual. Ein Reisebericht (1896)*. Berlin: Klaus Wagenbach, 1996.
8 D. H. Lawrence, „The Hopi Snake Dance," in *Mornings in Mexico*. Harmondsworth: Penguin, 1960, 69-87 (dt. *Mexikanischer Morgen: Reisetagebuch*. Zürich: Diogenes, 1985).
9 Frank Waters, *Gesänge der heiligen Berge. Weisheit der Indianer*. München: Knaur, 2001, 227-28.
10 Benjamin L. Whorf, *Sprache, Denken, Wirklichkeit*. Reinbek b. Hamburg: Rowohlt, 1963; 15-18 und 102-106.
11 Ib., 84.
12 Helmut Gipper, *Denken ohne Sprache*. Düsseldorf: Schwamm, 1965.
13 Pritzker, *Native American Encyclopedia*, 61-63; Frank Russell, *The Pima Indians*.

Tucson: Univ. of Arizona Press, 1975.
14 Hubert Gundolf, *Der reitende Padre. Auf den Spuren des Welschtiroler Jesuitenmissionars Eusebio Kino in Amerika*. Innsbruck: Berenkamp, 1995; Herbert Bolton, *Rim of Christendom. A Biography of Eusebio Francisco Kino*. New York: Russell and Russell, 1960; Charles Polzer, *A Kino Guide. His Missions, His Monuments*. Tucson: Southwestern Mission Research Center, 1976.
15 Gundolf, *Der reitende Padre*, 55.
16 Frank Lockwood, *With Padre Kino on the Trail*. Tucson: Univ. of Arizona Press, 1934.
17 Ernest Burrus, *Kino and the Cartography of Northwestern New Spain*. Tucson: Arizona Pioneers Historical Society, 1965.
18 Herbert Bolton, Hg. *Eusebio Francisco Kino. Historical Memoir of the Pimeria Alta (1919)*. Berkeley: Univ. of California Press, 1948.
19 Kathleen Walker, *San Xavier*. Phoenix: Arizona Highways Books, 1998.

Kapitel 8: Die Niederwerfung der Apachen

1 Grenville Goodwin, *Western Apache Raiding and Warfare*. Tucson: Univ. of Arizona Press, 1971.
2 James A. Haley, *Apaches. A History and Culture Portrait*. Norman: Univ. of Oklahoma Press, 1997; Donald Worcester, *The Apaches*. Norman: Univ. of Oklahoma Press, 1979.
3 Jack Forbes, *Apache, Navajo, and Spaniards*. Norman: Univ. of Oklahoma Press, 1979.
4 Marshall Trimble, *Arizona. A Cavalcade of History*. Tucson: Treasure Chest Publications, 1989, 29.
5 Keith H. Basso und Morris Opler, Hg. *Apachean Culture History and Ethnology*. Tucson: Univ. of Arizona Press, 1971.
6 David Lavender, *The Southwest*. Albuquerque: Univ. of New Mexico Press, 1980, 193-194; Edwin E. Sweeney, *Mangas Coloradas. Chief of the Chiricahua Apaches*. Norman: Univ. of Oklahoma Press, 1998, 441-466.
7 Dee Brown, *Bury My Heart at Wounded Knee*. London: Arena, 1971, 199.
8 Robert M. Utley, *Frontier Regulars. The United States and the Indian 1866-1991*. Lincoln: Univ. of Nebraska Press, 1973, 361-365.
9 Edwin R. Sweeney, *Cochise: Chiricahua Apache Chief*. Norman: Univ. of Oklahoma Press, 1991.
10 Waterman L. Ormsby, *Butterfield Overland Mail*. San Marino, CA: Huntington Library Press, 1988.
11 Robert M. Utley, *A Clash of Cultures. Fort Bowie and the Chiricahua Apaches*. Washington, DC: National Park Service, 1977, 21-24.
12 Utley, *Frontier Regulars*, 344-368.
13 Utley, *A Clash of Cultures*, 25-36.
14 Peter Aleshire, *The Fox and the Whirlwind. General George Crook and Geronimo*. Minneapolis: Wiley, 2000.
15 Robert M. Utley, *The Indian Frontier of the American West, 1846-1890*. Albuquerque: Univ. of New Mexico Press, 1984, 129-157.

16 Utley, *Frontier Regulars*, 369-393; Angie Debo, *Geronimo: The Man, His Time, His Place*. Norman: Univ. of Oklahoma Press, 1976.
17 George Crook, *General George Crook: His Autobiography*. Norman: Univ. of Oklahoma Press, 1986.
18 Ib., 69-80.
19 Utley, *A Clash of Cultures*, 66-67.
20 David Roberts, *Once They Moved Like the Wind. Cochise, Geronimo and the Apache Wars*. New York: Touchstone, 1993.
21 Dee Brown, *Bury My Heart at Wounded Knee*, 410.
22 S. M. Barrett, *Geronimo: His Own Story*. New York: Ballantine Books, 1970, 154-155.
23 Barry M. Pritzker, *Native American Encyclopedia: History, Culture, and People*. New York: Oxford Univ. Press, 2000, 20-23.
24 Klaus Frantz, *Indian Reservations in the US*. Chicago: Univ. of Chicago Press, 1999, 218-237.
25 Fergus M. Bordewich, *Killing the White Man's Indian. Reinventing Native Americans at the End of the Twentieth Century*. New York: Anchor Books, 1996, 215-219.

Kapitel 9: Wilder Südwesten

1 Marc Simmons, *New Mexico. An Interpretive History*. Albuquerque: Univ. of New Mexico Press, 1977, 156-159. Marshall Trimble, *Arizona. A Cavalcade of History*. Tucson: Treasure Chest Publications, 1989, 201; Robert W. Frazer, *Forts of the West*. Norman: Univ. of Oklahoma Press, 1972, 3-14 und 95-108.
2 Lewis Atherton, *The Cattle Kings*. Lincoln: Univ. of Nebraska Press, 1972.
3 Richard M. Brown, *Strain of Violence. Historical Studies of American Violence and Vigilantism*. New York: Oxford Univ. Press, 1977, 109-110.
4 Warren Beck, *New Mexico. A History of Four Centuries*. Norman: Univ. of Oklahoma Press, 1962, 174-76.
5 Howard Lamar, *The Far Southwest. 1846-1912. A Territorial History*. New York: Norton, 1970, 136-170.
6 William A. Keleher, *Violence in Lincoln County, 1869-1881*. Albuquerque: Univ. of New Mexico Press, 1957; Frederick Nolan, *The Lincoln County War. A Documentary History*. Norman: Univ. of Oklahoma Press, 1991.
7 Maurice G. Fulton, *History of the Lincoln County War. A Classic Account of Billy the Kid*. Tucson: Univ. of Arizona Press, 1997.
8 Stephen Tatum, *Inventing Billy the Kid. Visions of the Outlaw in America, 1881-1981*. Albuquerque: Univ. of New Mexico Press, 1982, 37-40.
9 Pat Garrett, *The Authentic Life of Billy the Kid, Noted Desperado of the Southwest* (1882). Norman: Univ. of Oklahoma Press, 1965.
10 Jon Tuska, *Billy the Kid: His Life and Legend*. Albuquerque: Univ. of New Mexico Press, 1994.
11 Tuska, *Billy the Kid*, 16-17.
12 Tatum, *Inventing Billy the Kid*, 44-49.
13 Harvey Fergusson, „Billy the Kid". *American Mercury*, 5 (1925), 224-231.

14 Walter N. Burns, *The Saga of Billy the Kid* (1922). New York: Ballantine, 1973.
15 Tatum, 155.
16 Ib., 155-160.
17 www. aboutbillythekid. com.
18 Don Dendera, *The Little War of Our Own. The Pleasant Valley War*. Flagstaff: Northern Press, 1988; Brown, *Strain of Violence*, 9-11; Trimble, *Arizona*, 171-175.
19 Jay J. Wagoner, *Early Arizona*. Tucson: Univ. of Arizona Press, 1975.
20 Joseph Miller, ed. *Arizona. The Last Frontier.* New York: Hastings House, 1956.
21 John M. Myers*, The Last Chance: Tombstone's Early Years*. Lincoln: Univ. of Nebraska Press, 1950.
22 Ib., 23-34.
23 Philip Varney, *Arizona Ghost Towns and Mining Camps*. Phoenix: Arizona Highways Books, 1994, 116-131.
24 Frank Waters, *The Earp Brothers of Tombstone*. Lincoln: Univ. of Nebraska Press, 1976. Casey Tefertiller, *Wyatt Earp: The Life Behind the Legend*. New York: John Wiley, 1997.
25 Odie B. Faulk, *Tombstone: Myth and Reality*. New York: Oxford Univ. Press, 1972.
26 Myers, *The Last Chance*, 136-145.
27 Ib., 157-169. James und Barbara Sherman, *Ghost Towns of Arizona*. Norman: Univ. of Oklahoma Press, 1969, 81-85; Patricia Meleski, *Echoes of the Past. New Mexico's Ghost Towns*. Albuquerque: Univ. of New Mexico Press, 1972.
28 Glenn Boyer, Hg. *I Married Wyatt Earp. The Memories of Josephine Marcus Earp*. Tucson: Univ. of Arizona Press, 1976.
29 Myers, *The Last Chance*, 226-236.

Kapitel 10: Boomtowns und Geisterstädte

1 Michael J. Canty, *The History of Mining in Arizona*. Tucson: Southwest Foundation, 1987.
2 James and Barbara Sherman, *Ghost Towns and Mining Camps of New Mexico*. Norman: Univ. of Oklahoma Press, 1975.
3 Ib., 51-55.
4 Lynn R. Bailey, *Bisbee: Queen of the Copper Camps*. Tucson: Westernlore Press, 1983.
5 Trimble, *Arizona*, 137-143.
6 Ib., 143-146; Sherman, *Ghost Towns in Arizona*, 81-85.
7 James W. Brewer. *Jerome: A Story of Miners, Men, and Money*. Tucson: Southern Parks and Monuments Association, 1987.
8 Sandra Dallas, *Colorado Ghostowns and Mining Camps*. Norman: Univ. of Oklahoma Press, 1985.
9 Carl Ubelohde, *A Colorado History*. Boulder, CO: Pruett, 159-162.
10 Robert Brown, *Colorado Ghost Towns – Past and Present*. Caldwell, ID: Caxton, 1973.
11 Helen Skala, *Leadville's Tales from the Old Times*. Leadville, CO: Chamber of Commerce, 1977.

Kapitel 11: Konstruktion eines Südwest-Mythos

1. Claire Morill, *A Taos Mosaic. Portrait of a New Mexico Village*. Albuquerque: Univ. of New Mexico Press, 1973.
2. Arrell M. Gibson, *The Santa Fe and Taos Colonies. Age of the Muses, 1900-1941*. Norman: Univ. of Oklahoma Press, 1988.
3. Lois Rudnick, *Mabel Dodge Luhan. New Woman's New World*. Albuquerque: Univ. of New Mexico Press, 1997; Rudnick, *Utopian Vistas. The Mable Dodge Luhan House and the American Counter Culture*. Albuquerque: Univ. of New Mexico Press, 1966.
4. Rudnick, *Mable Dodge Luhan*, 175-182.
5. Kenneth R. Philip, *John Collier's Crusade for Indian Reform, 1920-1945*. Tucson: Univ. of Arizona Press, 1977. John Collier, *Indians of the Americas. The Long Hope*. New York: New American Library, 1947.
6. Mable Dodge Luhan, *Taos and Its Artists*. New York: Duell, 1947, 11.
7. Über die Entstehungs- und Entwicklungsgeschichte von Los Gallos s. Rudnick, *Utopian Vistas*, 21-69.
8. Rudnick, *Mable Dodge Luhan, 251-285*.
9. David Cavitch, *D. H. Lawrence and the New World*. New York: Oxford Univ. Press, 1969; Joseph Foster, *D. H. Lawrence in Taos*. Albuquerque: Univ. of New Mexico Press, 1972; Tony Tanner, „D. H. Lawrence and America," in Stephen Spender, Hg., *D. H. Lawrence. Novelist Poet, Prophet*. New York: Harper & Row, 1973, 170-196; Arno Heller, „'Something stood still in my soul' D. H. Lawrences New Mexico," *Arbeiten aus Anglistik und Amerikanistik*, 26 (2001), 165-180.
10. D. H. Lawrence, *Phoenix: The Posthumous Papers of D. H. Lawrence*, hg. von Edward D. McDonald. London: Heinemann, 1961, 87-91.
11. Mabel Dodge Luhan, *Lorenzo in Taos*. New York: Alfred Knopf, 1932, 3.
12. Rudnick, *Mabel Dodge Luhan*, 191-224.
13. Lawrence, *Phoenix*, 142. Dt. Übersetzung der Textstelle vom Autor.
14. Neuausgabe der Essays in Lawrence, *Mornings in Mexico* (1927). Harmondsworth: Penguin, 1960, 50-87.
15. Keith Sagar, Hg., *D. H. Lawrence in New Mexico*. Salt Lake City: Gibbs and Smith, 1982, 3-4.
16. Ib., 5.
17. Lawrence, *Phoenix*, 92.
18. Wayne Templeton, „'Indians and an Englishman': Lawrence in the American Southwest." *D. H. Lawrence Review*, 25 (1993/94), 15-16.
19. Dorothy Brett berichtet über Lawrences Naturmeditationen in ihrem autobiographischen Erinnerungsbuch *D. H. Lawrence and Brett: A Friendship*, Philadelphia: Lippincott, 1933, 141.
20. Lawrence, *Phoenix*, 25. Übersetzung der Textstelle vom Autor.
21. Ib., 142-43.
22. Ib., 147.
23. Luhan, *Lorenzo in Taos*, 238.
24. Lawrence, *St. Mawr and Other Stories*. Harmondsworth: Penguin, 146.
25. Lawrence, *Collected Letters*, hg. von Harry T. Moore. New York: Viking, 1962, 1230.

26 Luhan, *Lorenzo in Taos*, 253.
27 Laurie Lisle, *Georgia O'Keeffe. Das Leben einer großen amerikanischen Malerin*. München: Knaur, 1989, 187-204; Rudnick, *Mabel Dodge Luhan*, 234-241 .
28 Jack V. Cowart. *Georgia O'Keeffe, Art and Letters*. Washington, D.C.: National Gallery of Art, 1987, 192; Britta Benke, *Georgia O'Keeffe. Blumen in der Wüste*. Köln: Taschen, 1994, 56-57.
29 Rudnick, *Mabel Dodge Luhan*, 236-37; Rudnick, *Utopian Vistas*, 138-142.
30 Eric Peter Nash, *Ansel Adams. The Spirit of Wild Places*. New York: Todtri, 1995, 11-16.
31 Ansel Adams, *An Autobiography*. Boston: Little, Brown, 1985, 224-228.
32 Elizabeth H. Turner, *Georgia O'Keeffe. The Poetry of Things*. New Haven: Yale Univ. Press, 1999, 61-68; Benke, *Georgia O'Keeffe*, 57-61.
33 Lisle, *Georgia O'Keeffe*, 263-293.
34 Christine T. Patten, *O'Keeffe at Abiquiu*. New York: Harry N. Abrams, 1995.
35 Mabel Dodge Luhan, „Georgia O'Keeffe in Taos," *Creative Arts* (Juni 1931), 409.
36 Christopher Merrill und Ellen Bradbury, Hg. *From the Faraway Nearby. Georgia O'Keeffe as Icon*. Albuquerque: Univ. of New Mexico Press, 1998.
37 Benke, *Georgia O'Keeffe*, 76-80.
38 Lisle, *Georgia O'Keeffe*, 380.
39 Rudnick, *Mabel Dodge Luhan*, 169-172; Rudnick, *Utopian Vistas*, 88-91; T. M. Pearce, *Mary Hunter Austin*. New York: Twayne Publishers, 1965.
40 Austin, *The Land of Journeys' Ending*. New York: Century, 1924, 442.
41 Rudnick, *Mable Dodge Luhan*, 187-189.
42 Rudnick, *Utopian Vistas*, 149-152.
43 Huxley, *Ends and Means*. London: Chatto and Windus, 1937, 20-24.
44 Rudnick, *Utopian Vistas*, 96-99.
45 C. G. Jung, „The Pueblo Indians," in Tony Hillerman, Hg. *The Spell of New Mexico*, Albuquerque: Univ. of New Mexico Press, 1976, 37-43.
46 C. G. Jung, *Bewusstes und Unbewusstes*. Frankfurt a. M.: Fischer, 1960, 32.
47 Rudnick, *Utopian Vistas*, 178-183.
48 Zur Weiterentwicklung von Los Gallos von der Counter Culture bis in die Gegenwart s. Rudnick, *Utopian Vistas*, 186-331.

Kapitel 12: Der Südwesten in Literatur und Film

1 Frederick Jackson Turner, „The Significance of the Frontier in American History," (1893), in Wilbur J. Jacobs, Hg. *The Frontier in American History*. Tucson: Univ of Arizona Press, 1986, 1-38.
2 Vgl. die Kritik an der „Turner-These" in Patricia Limerick, *Legacy of Conquest: The Unbroken Past of the American West*. New York: Norton, 1987, 20-23.
3 Reed W. Dasenbrook, „Southwest of What? Southwestern Literatur as a Form of Frontier Literature," in Eric Heyne, Hg. *Desert, Garden, Margin, Range. Literature on Writing the Southwest*. New York: Plume Books, 1995, xxvi-xxxiii.
4 Zebulon Pike, *The Expeditions of Zebulon Pike to the Headwaters of the Mississippi River*, Vol. 2, hg. von Elliott Coues. New York: Harper, 1895, 525.
5 Patricia Limerick, *Desert Passages. Encounters with the American Deserts*. Niwot:

Univ. Press of Colorado, 1989, 16-20; Arno Heller, „The Desert Mystique in Literature on the American Southwest," in Hans Bak und Walter Hölbling, Hg. ‚Nature's Nation' Revisited. American Concepts of Nature from Wonder to Ecological Crisis. Amsterdam: VU University Press, 2003, 184-197.

6 Charles F. Lumnis, *The Land of Poco Tiempo*. New York: Scribner, 1902; Peter Wild, *The Opal Desert: Explorations of Fantasy and Reality in the American Southwest.* Austin: Univ. of Texas Press, 48-60.

7 John C. Van Dyke, *The Desert: Further Studies in Natural Appearances* (1903). New York: Scribner, 1930.

8 Limerick, *Desert Passages*, 95-112; Wild, *The Opal Desert*, 75-85.

9 Mary H. Austin, *The Land of Little Rain* (1903). New York: Penguin, 1992; Wild, *The Opal Desert*, 61 –74; T. M. Pearce, *Mary Hunter Austin*. New York: Twayne, 1965.

10 Lois P. Rudnick, *Mabel Dodge Luhan. New Woman's New World*. Albuquerque: Univ. of New Mexico Press, 1997, 169-172.

11 Everett Ruess, *A Vagabond for Beauty*, hg. von W. L. Rusho. Salt Lake City: Peregrine Smith, 1983; ders. *Wilderness Journal*, hg. von W. L. Rusho. Salt Lake City: Gibbs Smith, 1998. Deutsche Ausgabe: *Der Poet der Canyons. Leben und Legende des Abenteurers Everett Ruess*, hg. von Jenny Niederstadt. München: Piper/Malik 2001; John O'Grady, *Pilgrims to the Wild*. Salt Lake City: Univ. of Utah Press, 1993, 1-22.

12 Joseph Wood Krutch, *The Desert Year*. Tucson: Univ. of Arizona Press, 1952; Limerick, *Desert Passages*, 127-148; Wild, *The Opal Desert*, 131-145; Judy Temple, *Open Spaces, City Places. Contemporary Writers on the Changing Southwest.* Tucson: Univ. of Arizona Press, 1994, 131-162.

13 Edward Abbey, *Desert Solitaire: A Season in the Wildernes.* New York: Ballantine, 1971; Kap. „Industrial Tourism and the National Parks," 237-261.

14 Aldo Leopold, *A Sand County Almanac* (1949). New York: Ballantine, 1966; Kap. „The Land Ethic", 237-261.

15 Michael Porsche, *Geographie der Hoffnung? Landschaft in der zeitgenössischen Erzählliteratur des amerikanischen Südwestens*. Essen: Die Blaue Eule, 1998, 125.

16 James Bishop, *Epitaph for a Desert Anarchist. The Life and Legacy of Edward Abbey*. New York: Atheneum, 1994; Ann Ronald, *The New West of Edward Abbey*. Univ. of Nevada Press, 1987.

17 *Desert Solitaire*, 6. Übersetzung vom Autor.

18 Ib., 209 und 19.

19 Ib., 288-289.

20 Ib., 24.

21 Edward Abbey, *The Journey Home: Some Words in Defense of the American West*. New York: Plume/Penguin, 1977, 22.

22 Porsche, *Geographie der Hoffnung*, 233-283.

23 Charles Bowden, *Blue Desert*. Tucson: Univ. of Arizona Press, 1992.

24 Bowden, „Useless Deserts and Other Goals," in Judy Nolte Lensink, Hg. *Old Southwest/ New Southwest. Essay on a Region and Its Literature*. Tucson: The Tucson Public Library, 1987, 138. Übersetzung vom Autor.

25 Ib., 139.

26 *Blue Desert*, 1.

27 Ib., 146-147.
28 N. Scott Momaday, *House Made of Dawn*. New York: Harper, 1968. A. R. Velie, *Four American Indian Literary Masters*. Norman: Univ. of Oklahoma Press, 1982.
29 *House Made of Dawn*, 191. Übersetzung vom Autor.
30 Leslie Marmon Silko, *Ceremony*. New York: Penguin, 1986; Porsche, *Geographie der Hoffnung?*, 181-232; Peter Freese, „Marmon Silko's *Ceremony*. Universalism versus Ethnocriticism," *Amerikastudien*, 37 (1992), 613-645; Krista Comer, *Landscapes of the New West. Gender and Geography in Contemporary Women's Writing*. Chapel Hill: Univ. of North Carolina Press, 1999, 131-137.
31 Silko, „Landscape, History and the Pueblo Imagination," in Daniel Halpern, Hg., *On Nature: Nature, Landscape and Natural History*. San Francisco: North Point, 1987, 83-94.
32 Silko, Leslie Marmon, *Almanac of the Dead*, New York: Penguin, 1992; Joni Adamson, *American Indian Literature, Environmental Justice, and Ecocriticism*. Tucson: The Univ. of Arizona Press, 2001, 162-179.
33 John Chavez, *The Lost Land: The Chicano Image of the Southwest*. Albuquerque: Univ. of New Mexico Press, 1984; Charles M. Tatum, *Chicano Literature*. Boston: Twayne, 1982.
34 Raymund A. Paredes, „Contemporary Mexican-American Literature, 1960-Present," in *A Literary History of the American West*, hg. von J. Golden Taylor und Thomas J. Lyon. Fort Worth: Texas Christian Univ. Press, 1987, 1101-1118; Dieter Herms, *Die zeitgenössische Literatur der Chicanos (1959-1988)*. Frankfurt a. M.: Vervuert, 1990.
35 Porsche, *Geographie der Hoffnung?*, 153-80; Paul Vassallo, Hg. *The Magic Words: Rudolfo Anaya and His Writings*. Albuquerque: Univ. of New Mexico Press, 1982.
36 Rudolfo Anaya, *Bless me, Ultima*. Berkeley: Quinto Sol, 1972. Horst Tonn, *Zeitgenössische Chicano-Erzählliteratur in englischer Sprache: Autobiographie und Roman*. Frankfurt a. M.: Peter Lang, 1988, 133-173.
37 Jean-Louis Leutrat, „ John Ford and Monument Valley," in Edward Buscombe et al., Hg. *Back in the Saddle Again. New Essays on the Western*. London: British Film Institute, 1998, 160-169; Georg Seeßlen, *Geschichte und Mythologie des Westernfilms*. Marburg: Schürer, 1995, 49-84.
38 Herbert Biberman, *Salt of the Earth: The Story of a Film*. Boston: Beacon Press, 1965.
39 John Nichols, *The Milagro Beanfield War*. New York: Ballantine, 1974; *The Magic Journey*. New York: Ballantine, 1978; *The Nirvana Blues*. New York: Ballantine, 1981. Nichols, „The Writer as Revolutionary", in Lensink, *Old Southwest/New Southwest*, 101-111; Dunaway, *Writing the Southwest*, 122-141.
40 Daniel Kothenschulte, *Nachbesserungen am amerikanischen Traum. Der Regisseur Robert Redford*. Marburg: Schürer, 2001, 58-77.
41 Dunaway, *Writing the Southwest*, 62-77.
42 Ellen Strenski und Robley Evans, „Ritual and Murder in Tony Hillerman's Indian Detective Novels," *Western American Literature*, 16 (1968), 205-216.
43 Wallace Stegner, *The Sound of Mountain Water* (1969). Lincoln: Nebraska U.P., 1985, 153.

Kapitel 13 : Südwesten heute: Zusammenschau und Ausblick

1 Donald W. Meinig, *Southwest: Three Peoples in Geographical Change, 1600-1970*.

Oxford: Oxford Univ. Press, 1971.
2 Bradford Luckingham, *The Urban Southwest*. Austin: Univ. of Texas Western Press, 1982.
3 James Marshall, *Santa Fe: The Railroad That Built an Empire*. New York: Random House, 1945; David Myrik, *Railroads of Arizona*. Berkeley: Howell North, 1975.
4 Howard R. Lamar, *The Far Southwest 1846-1912*. New York: Norton, 1970, 486-504; Robert W. Larson, *New Mexico: Quest for Statehood, 1846-1912*. Albuquerque: Univ. of New Mexico Press, 1968.
5 Dean Mann, *The Politics of Water in Arizona*. Tucson: Univ. of Arizona Press, 1963; Rich Johnson, *The Central Arizona Project, 1918-1968*. Tucson: Univ. of Arizona Press, 1977.
6 Wesley Johnson, *Phoenix: Valley of the Sun*. Tulsa, Oklahoma: Continental Heritage Press, 1982.
7 Patricia McEfresh, *Scottsdale. Jewel in the Desert*. Woodland Hills, CA: Windsor Publications, 1984.
8 Richard Etulain, *Contemporary New Mexico, 1940-1990*. Albuquerque: Univ. of New Mexico Press, 1994.
9 Leslie M. Groves, *Now It Can Be Told. The Story of the Manhattan Project*. New York: Da Capo Press, 1962.
10 Lansing Lamont, *Day of Trinity*. New York: Atheneum, 1965; Robert Junck, *Heller als tausend Sonnen*. Stuttgart: Scherz & Govert, 1956.
11 Marta Weigle und Barbara Babcok, *The Great Southwest of the Fred Harvey Company and the Santa Fe Railway*. Phoenix: Heard Museum, 1996; Kathleen L. Howards, *Inventing the Southwest: The Fred Harvey Company and Native American Art*. Flagstaff: Northland, 1996.
12 Don J. Usner, *New Mexico. Route 66 on Tour. Legendary Architecture*. Santa Fe: Museum of New Mexico Press, 2001. Der Klassiker in diesem Bereich ist Tom Snyders in vielen Auflagen erschienenes Buch *Route 66: Traveler's Guide and Roadside Companion*. New York: Martin's Press, 1995; (dt. Ausgabe: *Streckenpilot Route 66*. Berlin: Ullstein, 2002).
13 Horst Brümmer u. a. *Route 66. Amerikas legendärer Highway von Chicago nach Los Angeles*. Köln: Vista Point, 2005.
14 Quinta Scott. *Along Route 66*. Norman: Univ. of Oklahoma Press, 2000; Bill Schneider, *Route 66 Across New Mexico*. Albuquerque: Univ. of New Mexico Press, 1991.
15 Hermann Vogt, *Europas Ankunft am Pazifik. Kulturphänomenologische Streifzüge im Südwesten der Vereinigten Staaten*. Darmstadt. Wissenschaftliche Buchgesellschaft, 1992, 121-145.

Bildnachweis

Seiten 9, 20: The American Museum of Natural History
13, 15, 24: Chapin Mesa Museum, Mesa Verde N. P.
18: United States Geological Survey (Rekonstruktion von William H. Jackson, 1877)
24: Slifer, Dennis, Hg. *Kokopelli*. Santa Fe: Ancient City Press, 1995, passim.

Bildnachweis

37, 68, 213 : Museum of New Mexico, Photo Archives
43, 181 und Abb. 30: Klaus Schumacher, Innsbruck
45, 119, 122, 130, 209, und Abb. 20: Bernhard Nicolussi Castellan, Innsbruck
51: David Lavender. *De Soto, Coronado, Cabrillo*. Washington, D.C.: National Park Service. Handbook 144, 1992, S. 64 (Darstellung von Louis Glanzman)
61: *Pecos National Historical Park*, New Mexico. Broschüre des National Park Service
70: Gouverneurspalast, Santa Fe
90: Kit Carson Historic Museums (Foto aus dem Jahr 1865)
91, 108: Univ. of New Mexico, Photo Archives
94, 149: Denver Public Library, Western History Department
96: Josiah Gregg. *Commerce on the Prairies* (1844). Ann Arbor: University Microprints, 1966, S. 103
101: David G. Noble. *Santa Fe. History of an Ancient City*. Santa Fe: School of American Research Press, 1989, S. 96 („General Kearny's Army of the West Entering Santa Fe" von Dan Spaulding)
109: Canyon de Chelly National Monument: Official Map and Guide
113: Museum of New Mexico (Foto von C.M. Bell, 1847)
133: Karte nach Charles Polzer. *A Life of Eusebio F. Kino*. Tucson: Southwestern Mission Research Center, 1976, S. 110.
135 Karte nach Ernest Burrus, *Kino and the Cartography of Northwestern New Spain*. Tucson: Pioneer's Historical Society, 1965.
142: Klaus Frantz, Innsbruck
146, 150, 151, 152, 170, 181: Arizona Historical Society
170, 172, 181: James Sherman. *Ghost Towns of Arizona*. Norman: Univ. of Oklahoma Press, 1969, S. 84 und 155
173, 174: Southwest Studies
181, 194, 197, 213, 228: Lois P. Rudnick. *Mabel Dodge Luhan*. Albuquerque: Univ. of New Mexico Press, 1984, S. 16 und 206
206: Fotofolio New York (Foto von Phlippe Halsman, 1948)
208: Indianapolis Museum of Art. Farbbilder: „The Lawrence Tree", Hartford, Wardsworth Atheneum; „Ladder to the Moon", Collection Emily Fisher Landau, New York
218: Edward Abbey, *The Fool's Progress*. New York: Henry Holt, 1988 (cover)
222, 224, 228, 223: Judy N. Lensink. *Old Southwest New Southwest*. Tucson: Tucson Public Library, 1987
226: Ellen L. Arnold, Hg. *Conversations with Leslie Marmon Silko*. Jackson: Univ. of Mississippi Press, 2000 (Cover-Foto von Nancy Crampton)
231: Arizona Highways, July 1999, S. 20
234: Daniel Kothenschulte. *Nachbesserungen am amerikanischen Traum. Der Regisseur Robert Redford*. Marburg: Schüren, 2001, S. 63
235: Crawford, John F. *This Is About Vision; Interviews with Southwestern Writers*. Albuquerque: Univ. of New Mexico Press, 1990, S. 40

Alle übrigen Fotos, Abbildungen und Kartenzeichnungen stammen vom Autor und aus seinem Archiv.

Register

Abbey, Edward 218-21
Abiquiu 207
Abó 75
Acoma Pueblo 53, 64, 66-69
Adams, Anselm 195, 196, 206
Albuquerque 31, 103, 229-30, 243, 246
Alvarado, Hernando de 32, 54, 60, 61
Anasazi 7-11
Anaya, Rudolfo 228-30
Anza, Juan Bautista 137
Apachen 131, 136-37, 141-43, 149-50
Armijo, Manuel 94, 101
Austin, Mary 195, 206, 209-10, 216-17
Baja California 132, 134, 135
Bandelier, Adolph F. 22, 224
Bandelier N. M. 21-22
Barboncito 114
Bascom, George 145
Basketmaker-Kultur 9
Becknell, William 93, 97
Bent, Charles 33, 88, 90, 101-02
Bent's Old Fort 89-90, 99
Bent, William 88, 90
Bibermann, Herbert 232
Billy the Kid 59, 159, 161, 162-68, 181
Bisbee 183-184
Black Canyon of the Gunnison N. M. 275
Blumenschein, Ernest 192
Bosque Redondo 112, 114
Bowden, Charles 221-23
Brett, Dorothy 198, 204
Brown, Molly 189
Burbank, Eldridge 117, 118
Bureau of Indian Affairs (BIA) 115, 147, 148, 156, 194
Butterfield, John 144-45
Canyon de Chelly N. P. 108-12
Cardenas, Garcia Lopez de 53
Carleton, James H. 97, 108, 112, 114, 146, 147
Carson, Kit 59, 90, 91, 92-93 97, 111, 112, 114
Casa Grande Ruins N. M. 123
Castaneda, Pedro de 50, 54
Cather, Willa 12, 68-69, 78, 84, 195-96 210-11
Cerillos 180

Chaco Canyon Culture National Historic Park 8, 16-21
Chavez, Denise 230
Chimayo 73-74
Chiricahua N. M. 154
Chisum, John S. 158, 160, 166
Cibola 48, 49, 52
Cimarron Cutoff 96, 97
Clum, John P. 171, 175
Cochise 143, 144, 146-48
Cochise County 169, 171, 175
Collier, John 34. 116, 193-94
Columbus, NM 182
Coronado, Francisco de 37, 49-56
Coronado State Monument 59-60
Cripple Creek 191
Crook, George 147, 149-52
Curtis, Edward S. 117
Cushing, Frank Hamilton 38
Denver 191
Doc Holliday 272-74, 190
Dodge, Henry Chee 118, 121
Douglas, James 183, 185
Durango 187
Earp, Virgil 175, 179
Earp, Wyatt 171, 173, 175
El Morro N. M. 56-59
El Paso 108
Encomienda 65, 79, 80
Eulate, Juan de 58
Fewkes, Jesse 14
Flagstaff 130
Fort Bowie N. H. S. 147, 148, 152-53
Fort Defiance 107, 111, 112, 115
Fort Sill 156
Fort Sumner 163, 164
Fort Union 97-99, 107
Franziskanische Mission 131, 137-38
Fremont, John 91
Gadsden Purchase 144
Garrett, Pat 161, 162, 163
Gatewood, Charles 153
General Allotment Act 156
Geronimo 144, 148-54
Ghost Ranch 207
Gila Cliff Dwellings N. M. 22

Glorieta Pass 108
Golden 180
Grand Canyon N. P. 245
Gran Quivira 77-78
Grant, Ulysses 147
Great Sand Dunes N. M. 272
Gregg, Josiah 85, 94-95
Guadalupe Hidalgo 159, 193
Gunnison, John 58
Hacienda de los Martinez 83-86
Harvey, Fred 245
Hawikuh 49
Heard Museum of Native Cultures 130
Hillerman, Tony 235-37
Hohokam-Kultur 9, 123-25
Hopi 53, 114, 115, 125-29
Hopi Mesas 129
Hopper, Dennis 212
Hovenweep N. M. 15, 22, 275
Howard, Oliver 148
Hubbell, John Lorenzo 116, 119
Hubbell Trading Post 119-20
Huxley, Aldous 195, 211
Indian Pueblo Cultural Center 31-32
Indian Reorganization Act 116, 156, 194
Isleta Pueblo 36, 70
Jeffers, Robinson 35, 195
Jerome State Historic Park 184-85
Jesuitenmission 131-37
Judd, Neill M. 19
Jung, C. G. 195, 211-12
Kachinas 21, 44
Kearny, Stephen W. 90, 99, 100-01, 107, 143
Kern, Richard 8, 18, 58
Kidder, Alfred V. 7, 63
Kingman 248
Kingsolver, Barbara 237
Kino, Eusebio 131-35
Kiva 15, 43
Kokopelli 23-28
Krutch, Joseph 217
La Farge, Oliver 224
Laguna Pueblo 36, 73, 225-26
Lamy, Jean Baptiste 78, 82
Land Grants 159
Las Casas, Bartolomé de 65
Las Trampas 74
Las Vegas, NM 99-101
Lawrence, D. H. 36, 45, 127, 195, 197-205, 211

Lawrence Ranch 204-05
Leadville 188-191
Leopold, Aldo 218
Letrado, Francisco 58, 77
Lincoln County War 160-67
Los Alamos 226, 243-44
Los Gallos 193, 196-213
Luhan, Antonio 193, 126, 199, 206, 210, 212
Luhan, Mable Dodge 192-93, 23, 205, 207, 212
Lumnis, Charles 118, 215-16
Madrid, N. M. 180
Magoffin James 95, 101
Magoffin, Susan 63, 89-90
Mangas Coloradas 143, 182
Manifest Destiny 91, 103
Manuelito 113
Marcus, Josephine S. 173, 175
Martinez, Antonio José 84, 92, 103
Martinez, Martina 31
Mendoza, Antonio de 48
Mesa Verde N. P. 12, 13-16
Mescalero-Apachen 113, 141, 143
Miles, Nelson N. 152-53
Mimbres-Keramik 143
Mogollon 182
Mogollon-Kultur 9, 27
Momaday, N. Scott 224-25
Montezuma Castle N. M. 274
Monument Valley Navajo Tribal Park 105
Museum of Northern Arizona 130
Narbona, Antonio 106
Navajo 17, 19, 104, 120-22, 235
Navajo N. M. 22-23, 122
Navajo Reservation 121-22
Nichols, John 233-45
Niza, Marcos de 4
O'Keeffe, Georgia 74 82-83, 195, 196, 205-09
Old Highroad 73-75
Onate, Juan de 57, 62, 65, 66, 75, 126
O'Neill, William Buckley 186
Oppenheimer, Robert J. 243
Ordonez, Isidor 79
Ortiz, Simon J. 227
Otermin, Antonio de 70
Otero, George 213
Overland Mail 144, 146, 147
Paleo Indians 9
Papago-Indianer 125, 136
Pecos Pueblo National H. P. 60-63

267

Peckinpah, Sam 166
Penitenten 78, 206
Penn, Arthur 165
Peralta, Pedro 79
Petrified Forest N. P. 53
Petroglyphen 24-27
Phoenix 123, 125, 241-42
Pike, Zebulon 87, 214
Pima-Indianer 125, 131, 137, 169
Pinos Altos 143, 182
Pleasant Valley War 168
Popé 33, 69
Powell, John Wesley 24
Prescott 168, 186
Pueblo Mission N. M. 75-78
Pueblo-Revolte 62, 69, 105, 126
Pueblos 29-31, 80
Pueblo-Sprachen 41-42
Ranchos de Taos 74
Reconquista 47, 70
Redford, Robert 233-34
Repartimiento 65
Rio Grande Nature Center 60
Roosevelt, Theodore 19, 117, 155, 156, 175, 194, 245
Route 66 244, 245-48
Ruess, Everett 217
Saguaro N. M. 274
Salinas Pueblo Missions N. M. 75-78
San Carlos Reservation 148, 153, 156
San Gabriel 65
San Miguel 94
Santa Fe 81-83, 93
Santa Fe Railroad 97, 184, 239
Santa Fe Trail 93-97
Santo Domingo 65, 71
San Xavier del Bac Mission 133, 136, 137-40
Schieffelin, Edward 170
Scottsdale 242
Shakespeare, NM 182
Sibley, Henry H. 108, 146
Silko, Leslie Marmon 36, 45, 225-27
Silver City 162, 181-82, 232
Silverton 187
Simpson, James H. 8, 18, 24, 58
Slaughter, John 176
Sonora 131, 132, 134, 222
Southern Pacific Railroad 183, 239

Snyder, Gary 11
Sumner, Edwin V. 97, 107
Sterne, Maurice 192
Stieglitz, Kurt 205
Strand, Paul 205
Sun Belt 222, 241, 243, 248
Sun City 242
Sunset Crater N. M. 274
Swilling, Jack 123
Tabor, Horace A. 188
Taos 102, 192, 212
Taos Pueblo 32-36, 88
Telluride 187-88
Thoreau, Henry David 218
Tiguex 55, 59
Tombstone 169, 176-77
Tovar, Pedro de 53, 126
Trinity Site 229, 244
Truchas 74
Tucson 135, 146, 168, 231
Tumacacori 140
Tunstall, John H. 160
Turner, Frederick Jackson 103, 214
Turquoise Trail 180-81
Tuzigoot N. M. 274
Vaca, Cabeza de 48-49
Van Dyke, John C. 216
Vargas, Diego de 33, 57-58, 63, 70, 81
Victor, CO 191
Vrain, Ceran 88
Villas, Pancho 182
Vittorio 143
Wallace, Lew 161
Warburg, Aby 127
Waters, Frank 128, 195, 212, 224
Wetherill, Richard 8, 9, 12, 13, 18-19, 20
White Sands National Monument 244
Wickenburg 186
Wilde, Oscar 190
Whorf, Benjamin L. 128
Williams, Terry Tempest 221
Window Rock 121
Wright, Frank Lloyd (Tallesien West) 243
Wutpatki N. M. 274
Yuma-Indianer 134, 140
Zaldivar, Juan de 66
Zaldivar, Vicente 66, 75
Zuni Pueblo 37-38

Routenvorschlag

Als Ausgangs- und Endpunkt der Reise empfiehlt sich Denver, Colorado, mit seinem internationalen Flughafen. Der folgende Routenvorschlag versteht sich als Maximalvariante für Reisende, die mindestens vier Wochen zur Verfügung haben. In der Praxis wird man jedoch eine Auswahl treffen, eigene Routenvarianten wählen und Interessensschwerpunkte setzen. Da Reisegeschwindigkeit und Besichtigungskapazität individuell verschieden sind, wurde von einer Tageseinteilung abgesehen. Die Meilenangaben am Ende der einzelnen Reiseabschnitte entsprechen jedoch möglichen Tagesrouten. Bei der dreistufigen Bewertung der Orte mittels Sternchen spielen kulturgeschichtliche Aspekte eine stärkere Rolle als in den gängigen Reiseführern. Aber auch die bekannten Naturparks werden im Routenvorschlag berücksichtigt. Die Entfernungen (ohne Gewähr!) sind nach amerikanischen Straßenkarten in Meilen angegeben (1 Meile = 1, 6 km). Die arabischen Zahlen in eckiger Klammer beziehen sich auf die Durchnummerierung auf der Überblickskarte. Detaillierte Ortsbeschreibungen im Buch lassen sich über das Register finden.

1) Vom Ausgangspunkt **Denver*** [1] (*Colorado History Museum, Molly Brown House*) nach Colorado Springs. Von dort gibt es für Ghosttown-Interessierte eine Abstechermöglichkeit nach **Cripple Creek*** und **Victor*** [2]. Anschließend über Pueblo und La Junta nach **Bent's Old Fort **** [3]. (282 Meilen).
2) Über Walsenburg zum wunderschönen **Great Sand Dunes National Monument **** [4] und zurück. (212 Meilen)
3) Über den Raton Pass zum historischen **Fort Union National Monument **** [5] und nach **Las Vegas*** [6]. Weiter zum **Pecos National Historical Park*** [7] und über den Glorietta Pass nach **Santa Fe***** [8]. Tagesbesichtigung der historischen Bauten und Museen. (234 Meilen)
4) Zwei empfehlenswerte Ausflüge von Santa Fe aus:
a) Zwei-Tage-Ausflug: Auf der **Old High Road**** zum Wallfahrtsort **Chimaio** und weiter über **Truchas**, **Las Trampas** und **Ranchos de Taos** nach **Taos ***** [9] (*Pueblo, Kit Carson Museum, Hacienda de los Martinez*. Für Literaturinteressierte: *Los Gallos* und *D. H. Lawrence-Ranch*, hin und zurück 34 Meilen). Übernachtung in der kulturhistorisch interessanten „Casa Benavides" in Taos sehr empfehlenswert.
Am nächsten Tag am Rio Grande entlang über Espanola nach **Abiquiu*** [10] (*O'Keeffe-Studio*; Vorbuchung nötig. Auf der nahen *Ghost Ranch* Wanderung im „O'Keeffe-Country") Rückkehr nach Santa Fe. (insgesamt 139 Meilen)
b) Tagesausflug: **Bandelier National Monument**** [11] (Rundgang). Danach ins nahe gelegene **Los Alamos*** (*Bradbury Science Museum*) und dann über La Cueva zum **Jemez State Monument *** [12] und zurück nach Santa Fe. (100 Meilen)
7) Am **Turquoise Trail** (=Hwy 14) durch die alten Bergbauorte **Cerrillos**, **Madrid** und **Golden** nach **Albuquerque**** [13] (*Indian Pueblo Cultural Center, Old Town, KiMo Theater, Route 66 Places in Nob Hill* und evtl. *Petroglyph National Monument*) (63 Meilen).

8) Zwei Exkursionen von Albuquerque aus:
a) Sehr weite, ganztägige Fahrt zum Chaco Canyon und zurück. Bei Bernalillo Zwischenstopp im **Coronado State Monument** * [14] und über Cuba und ab Nageezi auf unasphaltierter Straße (nicht bei Regen!) zum **Chaco Culture National Historical Park***** [15]. (340 Meilen hin und zurück!)
b) Über das **Isleta Pueblo** und Belen zum **Salinas Pueblo Mission National Monument** ** [16] (*Abó, Visitor Center in Mountainair, Gran Quivira, Quarai*). Rückfahrt nach Albuquerque am Ostrand der Manzano-Berge entlang. (180 Meilen)
9) Auf der Interstate 40, der ehemaligen Route 66, nach Westen zum **Laguna Pueblo** ** [17] (*Kirche San José*) und etwas weiter südlich zur historischen „Sky City" **Acoma Pueblo** ** [18]. Danach zurück zur Interstate und bei Grants in südwestlicher Richtung durch das Malpais-Lavagebiet zum **El Morro National Monument**** [19] (*Inscription Rock*, schöne *Rundwanderung auf der Mesa*). Auf Weiterfahrt nach Westen Zwischenstopp im **Zuni Pueblo*** [20]. Danach 53 Meilen zu einem Interstate-Übernachtungsmotel in Chambers. (175 Meilen)
10) Sehr lohnender Abstecher nach Norden zum Canyon de Chelly. Auf dem Weg dorthin Besuch des historischen **Hubbell Trading Post National Historic Site***** [21] in Ganado. 38 Meilen weiter nach Norden über Chinle zum **Canyon de Chelly National Park** *** [22] (*Rim Drive-Rundfahrt, Wanderung zum White House am Canyonboden, 4 km*). Übernachtung in der Thunderbird Lodge. (154 Meilen)
11) Für Hopi-Interessierte: Besuch der **Hopi Mesas*** [23] über den Hwy. 264 nach Westen, 120 Meilen hin und zurück. (*Second Mesa mit Hopi Cultural Center, Hopi-Dörfer Walpi und Oirabi*). Zurück nach Chambers. (190 Meilen)
12) Besuch des **Petrified Forest National Park***** [24] und der „Painted Desert" (Wanderung durch die *Blue Mesa*). Weiterfahrt durch den Süd-Ausgang am Hwy. 180 über Springerville durch Gebirgslandschaften zur Geisterstadt **Mogollon*** [25] und nach **Silver City*** [26] (*Museum mit Mimbres-Keramik sehr sehenswert*). (273 Meilen)
13) Abstecher von Silver City zur geschichtsträchtigen Ghosttown **Pinos Altos*** [27] und zum **Gila Cliff Dwellings National Monument*** [28] (90 Meilen hin und zurück). Anschließend in südlicher Richtung nach **Columbus** * [29] und über die Geisterstädtchen **Shakespeare** und **Stein's Ghost Town*** [30] nach Arizona. (130 Meilen)
14) Ins Gebiet der Apachenkriege in der Südost-Ecke Arizonas. Bei Bowie 14 Meilen nach Süden zum **Fort Bowie National Historic Site*** [31] und zum **Chiricahua National Monument*** [32] (*Wanderung zum Echo Canyon*). Dann Weiterfahrt zur alten Bergbau-Stadt **Bisbee** ** [33] (*Boutiquenbummel, Lavender Pit*). (166 Meilen)
15) Besuch der geschichtsträchtigen Silberbergbau-Stadt **Tombstone****[34] (*Stadtrundgang, O.K. Corral, Bird Cage Theater, Boot Hill*). Weiter zur Millionenstadt **Tucson** mit der etwas südlicher gelegenen prächtigen barocken Missionskirche **San Xavier del Bac** ***[35], der Filmkulissenstadt **Old Tucson** und der Kakteenwelt des **Saguaro National Monument**** mit dem **Arizona Sonora Desert Museum** ** [36]. (84 Meilen)
16) Zum **Casa Grande Ruins National Monument**** [37] der Hohokam-Kultur. Dann 40 Meilen weiter in das Großstadtkonglomerat von **Phoenix** ** [38] (*Einkaufspaläste, State Capitol, Heard Museum***, Arizona Mining und Mineral Museum**, *Pioneer Arizona Living Museum* ** an der Interstate 17 12 Meilen nördlich von Phoenix). (120 Meilen)

17) Am Hwy. 89 über das Bergbaustädtchen **Wickenburg*** [39] und Arizonas Gründungshauptstadt **Prescott** zur Fast-Geisterstadt **Jerome**** [40]. Auf der Weiterfahrt nach Norden lohnt sich ein kurzer Aufenthalt bei den Sinagua-Ruinen **Montezuma Castle National Monument*** [41], weiter durch den landschaftlich schönen **Oak Creek Canyon** nach **Flagstaff*** [42] (*Museum of Northern Arizona*). Weiterfahrt zum Grand Canyon durch die Lavalandschaft des **Sunset Crater Volcano National Monument*** und vorbei an den Sinagua-Ruinen des **Wupatki Ruins National Monument*** [43]. (141 Meilen)

18) **Grand Canyon National Park**** [44] (*South Rim Drive*, für Ausdauernde: eintägige Wanderung am *Bright Angel Trail* in den Canyon hinunter zum *Plateau Point* – 980 m Höhenunterschied!). Übernachtung im Grand Canyon Village.

„Grüne" Rundfahrt zu den Nationalparks in Utah (ca. 6 Tage):
Die in diesem Routenvorschlag vorgesehene Kulturreise durch den Südwesten führt vom Grand Canyon weiter zum Navajo National Monument und ins Monument Valley. Die meisten Südwest-Reisenden schließen hier jedoch eine ca. 1000 Meilen lange, mindestens 6 Tage beanspruchende Rundfahrt an zum Lake Powell und zu den fünf großartigen Nationalparks in Utah: **Zion National Park**** [45], **Bryce Canyon National Park**** [46], **Capitol Reef National Park**** [47], **Arches National Park**** [48] **Canyonlands National Park**** [49]. Da alle Südwest-Reiseführer ausführliche Beschreibungen dieser Parks bieten, werden sie hier nur erwähnt.

19) Entweder direkt vom Grand Canyon aus oder am Ende der Nationalpark-Rundfahrt geht es durch Wüstenlandschaften zum **Monument Valley**** [50]. Die bizarren Felsformationen des *Left und Right Mitten* (linker und rechter Fäustling) und des *Totem Pole* erinnern an John Fords berühmte Wildwestfilme. Von Kayenta aus Abstecher (ca. 30 Meilen hin und zurück) zum **Navajo National Monument **** [51] (*Anasazi-Ruinen* im riesigen Felsalkoven). Übernachtung in Kayenta. (199 Meilen)

20) Von Kayenta ostwärts ins Four Corner-Gebiet. Von Cortez führt ein Abstecher zum sehenswerten **Hovenweep National Monument*** [52] mit seinen Anasazi Türmen in einsamer Wüstenlandschaft (ca. 50 Meilen hin und zurück). Von Cortez sind es nur 8 Meilen zum Eingang des **Mesa Verde National Park**** [53] (mindestens ein ganzer Tag: *Chapin-Museum, Cliff Palace, Balcony House* und weitere *Cliff Dwellings*, Wanderung zum *Petroglyph Point*). Übernachtung in der Farview Lodge, Vorbuchung nötig.

21) Nach **Durango**, dem Ausgangspunkt der romantischen Bahnlinie nach **Silverton*** [54] (6 Stunden hin und zurück!). Wesentlich schneller nach Silverton geht es per Auto und anschließend über den Red Mountain Pass 20 Meilen weiter zur historischen Bergbaustadt **Telluride*** [55]. Dann über Montrose und nach einem Abstecher zum abgründigen **Black Canyon of the Gunnison National Park **** [56] nach Leadville. (182 Meilen)

22) Besuch der 3000 m hoch gelegenen alten Bergbaustadt **Leadville **** [57] (*Tabor Opera House, Matchless Mine, Silver Dollar Saloon*) und Fahrt nach **Denver,** dem Endpunkt der Route. (109 Meilen)

Besichtigungsorte und Überblickskarte

1 Denver *
2 Cripple Creek und Victor *
3 Bent's Old Fort N. H. S **
4 Great Sand Dunes N. M. **
5 Fort Union N. M.**
6 Las Vegas *
7 Pecos National Historical Park *
8 Santa Fe ***
9 Taos ***
10 Abiquiu *
11 Bandelier N. M. ** bei Los Alamos *
12 Jemez State Monument *
13 Albuquerque **
14 Coronado State Monument *
15 Chaco Culture National Historical Park ***
16 Salinas Pueblo Mission N. M. **
17 Laguna Pueblo **
18 Acoma Pueblo **
19 El Morro N. M. **
20 Zuni Pueblo *
21 Hubbell Trading Post ***
22 Canyon de Chelly N. P. ***
23 Hopi Mesas *
24 Petrified Forest N. P. ***
25 Mogollon *
26 Silver City *
27 Pinos Altos *
28 Gila Cliff Dwellings N. M. *
29 Columbus *
30 Shakespeare und Stein's Ghost Town *
31 Fort Bowie National Historic Site *
32 Chiricahua N. M. *
33 Bisbee **
34 Tombstone **
35 Tucson: San Xavier del Bac Mission ***
36 Saguaro N. M. ** und Arizona Sonora Desert Museum **
37 Casa Grande Ruins N. M. **
38 Phoenix **
39 Wickenburg *
40 Jerome **
41 Montezuma Castle N. M. *
42 Flagstaff *
43 Sunset Crater, Wupatki Ruins N. M.*
44 Grand Canyon N.P. ***
45 Zion N. P. **
46 Bryce Canyon N. P. ***
47 Capitol Reef N. P. **
48 Arches N. P. ***
49 Canyonlands N. P.**
50 Monument Valley ***
51 Navajo N.M. **
52 Hovenweep N. M. *
53 Mesa Verde N. P. ***
54 Silverton *
55 Telluride *
56 Black Canyon of the Gunnison N. P.**
57 Leadville **

Orte:
***   besonders sehenswert
* oder **   sehenswert

Überblickskarte:
rosa: Kulturelle Besichtigungsorte
grün: Natur-Nationalparks